广东金融学院学术文库

广东金融学院资助出版

Chinese characteristics

中国特色社会主义理论体系渊源研究

■ 余信红　薛安泰
张春华　刘鸿鑫　著

暨南大學出版社
JINAN UNIVERSITY PRESS
中国·广州

图书在版编目（CIP）数据

中国特色社会主义理论体系渊源研究／余信红，薛安泰，张春华，刘鸿鑫著．—广州：暨南大学出版社，2010.5
ISBN 978－7－81135－483－6

Ⅰ.①中… Ⅱ.①余…②薛…③张…④刘… Ⅲ.①中国特色—社会主义建设模式—研究 Ⅳ.①D616

中国版本图书馆 CIP 数据核字（2010）第 044166 号

出版发行：暨南大学出版社

地　址：中国广州暨南大学
电　话：总编室（8620）85221601
营销部（8620）85225284　85228291　85220693（邮购）
传　真：（8620）85221583（办公室）　85223774（营销部）
邮　编：510630
网　址：http：//www.jnupress.com　http：//press.jnu.edu.cn

排　版：暨南大学出版社照排中心
印　刷：佛山市浩文彩色印刷有限公司

开　本：787mm×960mm　1/16
印　张：17.5
字　数：334 千
版　次：2010 年 5 月第 1 版
印　次：2010 年 5 月第 1 次

定　价：35.00 元

目　录

绪 论

党的十七大报告指出："中国特色社会主义伟大旗帜，是当代中国发展进步的旗帜，是全党全国人民团结奋斗的旗帜。"在当代中国，只有高举中国特色社会主义伟大旗帜，才能最大限度地团结全国各族人民，万众一心，共克时艰，创造现代化的新生活；只有高举中国特色社会主义伟大旗帜，才能以经济建设为中心，坚持改革开放，解放和发展生产力，实现我们的战略目标；只有高举中国特色社会主义伟大旗帜，才能不断地建设中国，发展中国，实现中华民族的伟大复兴。中国特色社会主义，是当代中国的民族之魂。

一、"中国特色社会主义"概念的内涵

"中国特色社会主义"这一科学概念是邓小平首先提出来的。他在《中国共产党第十二次代表大会开幕词》中指出："我们的现代化建设必须从中国的实际出发。……把马克思主义的普遍真理同我国的具体实际结合起来，走自己的道路，建设有中国特色的社会主义，这就是我们总结长期历史经验得出的基本结论。"（邓小平文选第3卷．北京：人民出版社，1993. 2～3）党的十二大以后，邓小平反复强调指出："我们建设的社会主义，是有中国特色的社会主义。"（邓小平文选第3卷．北京：人民出版社，1993. 29）"我们建设社会主义，准确地说是建设有中国特色的社会主义。"（邓小平文选第3卷．北京：人民出版社，1993. 191）邓小平还说："一九七八年我们党的十一届三中全会才制定了一系列新的正确的路线、方针和政策，根本内容就是建设具有中国特色的社会主义。"（邓小平文选第3卷．北京：人民出版社，1993. 264）邓小平关于建设有中国特色社会主义的思想既是历史经验的总结，又是新时期的探索和创造；他不仅指出了一条发展道路，而且在其后形成了邓小平理论，成为时代的旗帜。

邓小平以后，党的第三、四代中央领导集体继续带领全党全国各族人民，高举中国特色社会主义伟大旗帜，沿着中国特色社会主义道路，在改革开放的实践中创造和丰富中国特色社会主义的内容，并不断把中国特色社会主义的伟大事业推向前进。

究竟什么是中国特色社会主义？其内涵至少包括四方面的内容：

1. 中国特色社会主义是坚持马克思主义的科学社会主义基本原则的社会主义

中国特色社会主义必须坚持马克思主义的科学社会主义，这既是历史的选择，也是中国共产党人的信仰。但是“什么叫社会主义，什么叫马克思主义？我们过去对这个问题的认识不是完全清醒的”。（邓小平文选第3卷．北京：人民出版社，1993.63）这种疑惑不是信仰上的动摇，而是认识上的不清醒。这种不清醒表现在两个方面：其一，把马克思主义理论教条化。按照马克思恩格斯的设想，社会主义应该在英法一些资本主义发达的国家首先取得胜利，因为这些国家的生产力发展水平高，革命胜利后建设社会主义顺理成章。然而在现实中首先取得胜利的却是像中国这样经济文化都比较落后的国家，其生产力发展水平和经济基础与资本主义发达国家存在着明显差距，所以搞社会主义，我们还“不够格”。但是在实际工作中，我们忽视了中国的社会现实，一味地生吞活剥马克思主义，把马克思主义教条化，按照本本裁剪现实，使社会主义脱离了中国实际。其二，把苏联的经验和做法模式化，照抄照搬。苏联是世界上第一个社会主义国家，在如何建设社会主义的问题上，苏联取得了一些成就和经验。但是苏联的经验和做法是他们结合苏联的实际创造出来的，因而具有时空的局限性。中国建设社会主义自然会向苏联学习，但我们曾经一味地将苏联的经验和做法模式化，不顾中国实际照抄照搬，甚至将苏联的错误也搬到中国来，这就严重背离了马克思主义的基本原理。以上两个方面加之受到“左”倾错误的严重干扰，结果搞了多年的社会主义，还没有摆脱贫穷，还没有使社会主义显现出应有的光彩。因此，人们不得不躬身自问：究竟什么是社会主义？我们应该坚持社会主义的哪些基本原则？

邓小平在领导改革开放的过程中，从理论上进行了积极的探索，使我们对这一问题有了清醒的认识。邓小平说：“三中全会以来，我们一直强调坚持四项基本原则，其中最重要的一条就是社会主义制度。而要坚持社会主义制度，最根本的是要发展社会生产力。”（邓小平文选第3卷．北京：人民出版社，1993.149）他还说：“一个公有制占主体，一个共同富裕，这是我们必须坚持的社会主义的根本原则。”（邓小平文选第3卷．北京：人民出版社，1993.111）“社会主义原则，第一是发展生产，第二是共同致富。”（邓小平文选第3卷．北京：人民出版社，1993.172）在南方谈话中，邓小平又对社会主义的本质作了精炼的概括：“社会主义的本质，是解放生产力，发展生产力，消灭剥削，消除两极分化，最终达到共同富裕。”（邓小平文选第3卷．北京：人民出版社，1993.373）他反复告诫全党：“老祖宗不能丢啊！”（邓小平文选第3卷．北京：人民出版社，1993.369）所以说，中国特色社会主义是坚持马克思主义的科学社会主义基本原则的社会主义。如果“中国特色社会主义”没有内在地包括这一层意思，脱离了或者背弃了马克思主义的科学社会主义的基本原则，中国特色社会主义便失去了科学性和创造性，也断绝了血脉。

2. 中国特色社会主义是切合中国实际的社会主义

邓小平指出：“马克思主义必须是同中国实际相结合的马克思主义，社会主义必须是切合中国实际的有中国特色的社会主义。”（邓小平文选第3卷．北京：人民出版社，1993. 63）他还说：“中国搞社会主义，强调要有中国的特色。我们坚信马克思主义，但马克思主义必须与中国实际相结合。只有结合中国实际的马克思主义，才是我们所需要的真正的马克思主义。”（邓小平文选第3卷．北京：人民出版社，1993. 213）“离开自己国家的实际谈马克思主义，没有意义。”（邓小平文选第3卷．北京：人民出版社，1993. 191）也就是说，建设中国特色的社会主义必须从中国实际情况出发，走自己的道路。中国国情决定中国特色，不从中国的国情出发，不把马克思主义同中国实际结合起来，就不叫中国特色社会主义。

什么是中国的国情呢？即中国社会正处在社会主义的初级阶段，就是不发达的阶段。其主要特征是生产力不发达、商品经济不发达、科技教育不发达、经济文化发展不平衡。我们无论干什么事情，都要从这个实际出发，根据这个实际来制定规划，否则就会犯这样那样的错误。基于对中国国情即初级阶段的认识，揭示了社会主义初级阶段的主要矛盾——人民日益增长的物质文化需要同落后的社会生产之间的矛盾，并据此提出了党在社会主义初级阶段的基本路线。从这个意义上说，中国特色社会主义就是切合中国实际的社会主义。

3. 中国特色社会主义是不断发展的社会主义

社会主义理论本身就是一个发展过程，它先后经历了从空想到科学、从理论到实践、从一国实践到多国实践的历程。中国特色社会主义作为科学社会主义的具体形态，自然也是一个不断发展的过程。这种发展表现在以下几个方面：其一，从实践来看，改革开放是中国特色社会主义的实践基础。改革先后经历了从农村改革到城市改革、从经济体制改革到政治体制、科技体制、教育体制、文化体制、卫生体制等的全面改革。改革是中国的第二次革命，改革既是解放生产力也是发展生产力。改革又离不开开放，在改革的过程中，逐步形成了全方位、多层次、宽领域的对外开放格局。其二，从创新来看，新生事物的不断涌现为中国特色社会主义不断注入生机和活力。创新是中国特色社会主义的显著特点。首先，说新话，创造新概念。1984 年 10 月党的十二届三中全会通过的《关于经济体制改革的决定》，邓小平给予了很高的评价，他说：“这次经济体制改革的文件好，就是解释了什么是社会主义，有些是我们老祖宗没有说过的话，有些新话。”（邓小平文选第3卷. 北京：人民出版社，1993. 91）他还说：“翻两番、小康社会、中国式的现代化，这些都是我们的新概念。”（邓小平文选第3卷. 北京：人民出版社，1993. 54）新概念还有很多，如解放思想、中国特色、初级阶段、改革开放、科学发展等。其二，干新事，干前人没有干过的事。从支持安徽凤阳农村的“包产到户”到创办“经济特区”；从让一部分人和地区“先富裕起来”到对港澳地区实行“一国两制”；从引进外资到加入WTO；从阻止SARS到防治甲型H1N1流感；从反倾销到抵御美国金融风暴冲击，等等。其三，根据实践的发展和认识的深化，不断丰富我们的奋斗目标。如从最初提出物质文明、精神文明，其后又增加了政治文明、生态文明、和谐社会的目标。新的实践必然会产生新经验、新理论。这些新经验、新理论不断丰富和发展着中国特色社会主义理论。

围绕“什么是社会主义、怎样建设社会主义”的主题，在实践中提出的一系列新观点、新经验、新思想，奠定了中国特色社会主义理论体系的基础和基本框架。党的十五大将这一理论命名为“邓小平理论”。党的十三届四中全会以后，以江泽民为主要代表的中国共产党人，继续推进中国特色社会主义伟大事业，围绕着“什么是社会主义，怎样建设社会主义”，“建设一个什么样的党、怎样建设党”的问题做文章，提出了一系列新观点、新论断、新思想，形成了“三个代表”重要思想，丰富和发展了中国特色社会主义理论体系。党的十六大以来，以胡锦涛为总书记的中国共产党人在推进中国特色社会主义事业的历史进程中，围绕着“什么是发展，怎样发展”的战略问题，又提出了一系列理论观点和战略思想，形成了科学发展观，进一步丰富和发展了中国特色社会主义理论体系。

4. 中国特色社会主义是和平的社会主义

邓小平曾指出，中国特色社会主义是主张和平的社会主义。当今世界，和平与发展是世界的主题。和平是人类社会实现发展目标的根本前提，也是世界各国人民的共同诉求。没有和平，不仅人类社会得不到建设和进步，即使以往人类历史所创造的文明成果也会被战争毁于一旦。求和平、谋发展、促合作已经成为不可阻挡的时代潮流。中国特色社会主义是主张和平的社会主义，不只是顺应时代潮流，更为重要的也是中国特色社会主义的内在诉求。中国特色社会主义事业是一项前无古人的伟大事业，要实现我们的战略目标，实现中华民族的伟大复兴，没有和平的国际环境和周边环境是不行的。和平的国际环境尤其是周边环境是我们建设现代化的保证和前提。所以，盼和平、祈和平、保和平是中国人民的时代诉求，也是建设中国特色社会主义的内在诉求。

中国坚持走和平发展的道路，就是走统筹国内发展和对外开放的发展道路；中国坚持走和平发展的道路，就是走勇于参与经济全球化而又坚持广泛合作、互利共赢的发展道路。中国反对各种形式的霸权主义和强权政治，永远不称霸，永远不做超级大国。中国政府和中国人民一贯坚持独立自主的和平外交政策，在坚持和平共处五项原则的基础上，正确处理同发达国家、周边国家和广大发展中国家的关系，通过对话，增强互信，扩大合作，加深友谊，实现共赢。

二、中国特色社会主义理论体系的来源

中国特色社会主义理论体系是当代中国的马克思主义，其内容包括邓小平理论、"三个代表"重要思想和科学发展观。中国特色社会主义理论体系是人类文明历史合乎逻辑的发展。恩格斯说过："任何新的学说……它必须首先从已有的思想材料出发。"（马克思恩格斯选集第3卷．北京：人民出版社，1995.719）他还说："每一时代的哲学……都具有它的先驱者传给它而它便由此出发的特定的思想材料作为前提。"（马克思恩格斯选集第4卷．北京：人民出版社，1995.703~704）中国特色社会主义理论体系的形成既有它的实践基础——改革开放，也必然有它的理论渊源。要科学地理解和把握中国特色社会主义理论，成为中国特色社会主义的自觉的建设者，就有必要探本溯源，寻求它的思想渊源和逻辑发展的轨迹。

（一）马列主义是中国特色社会主义理论体系的"老祖宗"

马克思主义诞生于19世纪40年代中期，但在很长一段时间里，其影响主要限于欧洲。虽说在20世纪初，伴随着西学东进，在中国的一些书报杂志中也提到过马克思的名字和学说，但中国人此时并没有真正了解马克思主义。十月革命的一声炮响，惊醒了中国的先进分子，选择"用无产阶级的宇宙观作为观察国家命运的工具，重新考虑自己的问题"。（毛泽东选集第4卷．北京：人民出版社，1991.1471）早在中国共产党筹建期间，毛泽东就指出："唯物史观是吾党哲学的根据。"（毛泽东著作选读（上册）．北京：人民出版社，1986.1）中国共产党自诞生之日起，就把马列主义写在自己的旗帜上，确立为党的指导思想。以毛泽东为主要代表的中国共产党人在领导中国革命的过程中，始终致力于把马克思主义普遍原理同中国革命具体实际相结合，开辟了"农村包围城市、武装夺取政权"的革命道路，最终取得了中国革命的胜利，建立了新中国。建国以后，又通过社会主义改造，由新民主主义社会过渡到社会主义。邓小平在领导改革开放之初，把"坚持马列主义"确立为"四项基本原则"的重要内容，随后他还说："我们坚信马克思主义，但马克思主义必须与中国实际相结

合。”（邓小平文选第3卷. 北京：人民出版社，1993.213）20世纪80年代末、90年代初面对东欧剧变，邓小平说：“不要惊慌失措，不要认为马克思主义就消失了，没用了，失败了。哪有这回事！”（邓小平文选第3卷. 北京：人民出版社，1993.213）同样，“三个代表”重要思想和科学发展观与马列主义一脉相承。因此，马列主义是中国特色社会主义的理论之源。这种理论之源主要有以下三个方面：

1. 社会主义的原则

这些原则包括：

（1）社会生产力及生产活动是人类社会存在和发展的基础。恩格斯指出：“贯穿《宣言》的基本思想：每一历史时代的经济生产以及必然由此产生的社会结构，是该时代政治的和精神的历史的基础。”（马克思恩格斯选集第1卷. 北京：人民出版社，1995.252）马克思指出：“随着新的生产力的获得，人们便改变自己的生产方式，而随着生产方式的改变，他们便改变所有不过是这一特定生产方式的必然关系的经济关系。”（马克思恩格斯选集第4卷. 北京：人民出版社，1995.533）可见，发展生产力是人类社会存在和发展的基础，也是社会主义的首要任务。

（2）建立公有制。马克思恩格斯说：“从这个意义上说，共产党人可以把自己的理论概括为一句话：消灭私有制。”（马克思恩格斯选集第1卷. 北京：人民出版社，1995.304）取代私有制的必然是公有制。

（3）实行按劳分配。马克思指出：“共产主义社会的第一阶段，是刚刚从资本主义社会中产生出来的，因此在经济、道德和精神方面都还带着资本主义社会的痕迹，对消费品的分配只能实行商品等价交换的原则，即按劳分配的原则。”（马克思恩格斯选集第3卷. 北京：人民出版社，1995.14）只有到了共产主义社会的高级阶段，社会才能在自己的旗帜上写上：各尽所能，按需分配！

（4）建立人民政权。《共产党宣言》说：“工人革命的第一步就是使无产阶级上升为统治阶级，争得民主。”（马克思恩格斯选集第1卷. 北京：人民出版社，1995.293）《哥达纲领批判》指出：“在资本主义社会和共产主义社会之间，有一个从前者变为后者的革命转变时期。同这个时期相适应的也有一个政治上的过渡时期，这个时期的国家只能是无产阶级的革命专政。”（马克思恩格斯选集第3卷. 北京：人民出版社，1995.314）1918年在俄共（布）七大讨论修改党纲时，布哈林建议在党纲中详细论述社会主义特征，列宁的回答采取了非常慎重的态度。他指出，社会主义将来是个什么样子，什么时候达到完备的形式，这些我们不知道，也不能说。只有未来建设者才能具体描述未来是什么样子。我们现在所知道的只是一些基本原则，如公有制，按劳分配和人民政权等。（马克思主

义基本原理概论．北京：高等教育出版社，2007. 198）

2. 社会主义的方法论

马克思恩格斯在《共产党宣言》的德文版序言中说："这些原理的实际运用，正如《宣言》中所说的，随时随地都要以当时的历史条件为转移。"（马克思恩格斯选集第1卷．北京：人民出版社，1995. 248）恩格斯在致维·伊·查苏利奇的信中说："在我看来，马克思的历史理论是任何坚定不移和始终一贯的革命策略的基本条件；为了找到这种策略，需要的只是把这一理论应用于本国的经济条件和政治条件。"（马克思恩格斯选集第4卷．北京：人民出版社，1995. 669）后来，恩格斯还告诫人们说："首先我必须说明：如果不把唯物主义方法当作研究历史的指南，而把它当作现成的公式，按照它来剪裁各种历史事实，那它就会转变为自己的对立物。"（马克思恩格斯选集第4卷．北京：人民出版社，1995. 688）马克思恩格斯的论述告诉我们，马克思主义的理论不是教义，而是方法，马克思主义的基本原理只有同各个国家的具体实际相结合才能显示出巨大的效能和价值。这一点列宁也讲得非常清楚，他在谈到向社会主义转变时指出："一切民族都将走向社会主义，这是不可避免的，但是一切民族的走法却不会完全一样，在民主的这种或那种形式上，在无产阶级专政的这种或那种形态上，在社会生活各方面的社会主义改造的速度上，每个民族都会有自己的特点。"（列宁选集第2卷．北京：人民出版社，1995. 777）

3. 共产主义的信念

社会主义的未来走向必然是共产主义。什么是共产主义呢？马克思指出："在共产主义社会高级阶段，在迫使个人奴隶般地服从分工的情形已经消失，从而脑力劳动和体力劳动的对立也随之消失之后；在劳动已经不仅仅是谋生的手段，而且本身成了生活的第一需要之后；在随着个人的全面发展，他们的生产力也增长起来，而集体财富的一切源泉都充分涌流之后，——只有在那个时候，才能完全超出资产阶级权利的狭隘眼界，社会才能在自己的旗帜上写上：各尽所能，按需分配！"（马克思恩格斯选集第3卷．北京：人民出版社，1995. 305～306）马克思恩格斯在分析了资本主义社会的基本矛盾和运行规律之后得出结论："资产阶级的灭亡和无产阶级的胜利是同样不可避免的。"（马克思恩格斯选集第1卷．北京：人民出版社，1995. 284）邓小平说："为什么我们过去能在非常困难的情况下奋斗出来，战胜千难万险使革命胜利呢？就是因为我们有理想，有马克思主义信念。我们干的社会主义事业，最终目的是实现共产主义。"（邓小平文选第3卷．北京：人民出版社，1993. 110）

（二）中国传统文化是中国特色社会主义的文化底蕴和渊源

中国特色社会主义生长于中国的土地上，必然要受到中国传统文化的熏陶和滋养，使马克思主义与中国文化相对接、相结合、相传承，社会主义也必然带有中国特色。早在抗日战争时期党就提出："中国共产党人是我们民族一切文化、思想、道德的最优秀传统的继承者，把这一切优秀传统看成和自己血肉相连的东西，而且将继续加以发扬光大。"（中共中央文件选集第14册．北京：中共中央党校出版社，1992.41）毛泽东也指出："从孔夫子到孙中山，我们应当给予总结，承继这一份珍贵的遗产。这对于指导当前的伟大运动，是有重要帮助的。"（毛泽东选集第2卷．北京：人民出版社，1991.534）在领导改革开放和社会主义现代化建设中，江泽民曾明确指出：中国特色社会主义，"它渊源于中华民族五千年文明史"，"中国在自己发展的长河中，形成了优良的历史文化传统。这些传统随着时代变迁和社会进步，获得扬弃和发展，对今天中国人的价值观念、生活方式和中国的发展道路，具有深刻的影响。"（转引自曹德本．中国政治思想史．北京：高等教育出版社，2003.4～5）因此，中国优秀的传统文化是中国特色社会主义理论的又一个渊源。主要体现在三个方面：

1. 文化资源

理论体系是由概念群构成的。在中国特色社会主义理论体系中，党提出了一系列的新概念，有些新概念就来源于中国传统文化。如邓小平提出的小康社会，其"小康"概念源于《诗经·大雅》："民亦劳止，汔可小康。"而儒家则在《礼记·礼运》中将"小康"看做是比"大同"低一级的社会状态。又如构建社会主义和谐社会，"和谐社会"的概念源于中国传统文化中的"和谐"文化。从周太史史伯提出"和实生物"开始，中国"和谐"文化源远流长。孔子说："礼之用，和为贵。"（引自《论语·学而》）孟子提出："天时不如地利，地利不如人和。"（引自《孟子》）子思也说："和也者，天下之大道也。"（引自《中庸》）当然这种渊源关系并不是概念的简单照抄照搬，而是经过加工改造和时空的转换，赋予其时代特色的新含义。

2. 求实思想

一切从实际出发，求真务实，崇尚实干，给人民群众以实惠，是中国特色社会主义理论的显著特色。这一特色也可以从中国传统文化中找到其理论渊源。

例如，一切从实际出发，求真务实源于"以实正名"的思想。最早提出"正名"的是孔子，他认为"名不正则言不顺"。而墨子则要求"以实证名"。荀子写有"正名"篇，专论名实关系，并指出："制名以指实"，"名"要随"实"的变化而变化。宋代哲学家陈亮反对道学家的"腐儒之谈"，要求人们"各务其实"。孙中山也明确指出："宇宙间的道理，都是先有事实，然后才发生言论，并不是先有言论，然后才发生事实。"（孙中山选集（下卷）．北京：人民出版社，1981.621）这就告诉人们，无论干什么事情都必须从实际出发，从事实出发，从国情出发，而不是从本本、从理论原则出发。

又如，崇尚实干则渊源于中国传统文化中关于知行关系的思想。在中国哲学思想史上，荀子最早提出“知之不若行之”。汉代哲学家王充认为，无论何种知识，其价值“贵其能用之”。宋代哲学家朱熹说：“为学之实，固在践履。”再如，重视民生、给人民群众以实惠，则渊源于中国传统文化中关于“民以食为天”的古训。早在周王朝时周公就提出：“治民祗惧，不敢荒宁。”（引自《尚书·无逸》）后来孔子主张富民，“子贡问政，子曰：‘足食、足兵、民信之矣’”。（引自《论语·颜渊》）孔子在这里将百姓“足食”看做是为政的第一要事。孟子也提出，“制民之产”让民众生活无忧，甚至“七十者可以食肉矣”。汉初有“食者，人为本也”的说法。《贞观政要·辨兴亡》：“凡理国者，务积于人，不在盈其仓库，古人云‘百姓不足，君孰与足’。”利为民所谋、群众利益无小事、给人民群众以实惠，在这里，不是都能见到先哲们的影子吗?

3. 民族精神

民族精神是民族之魂，也是一个民族赖以生存和发展的向心力、凝聚力和战斗力之所在。中华民族在五千余年的发展中，历经磨难，饱尝艰辛，创造了灿烂的中华文明，也铸造了博大精深的民族精神。例如爱国主义精神、追求真理的精神、自强不息的精神、厚德载物的精神等。

（三）毛泽东思想是中国特色社会主义的理论先导和源头

毛泽东是中华人民共和国的缔造者、社会主义制度的奠基者。他在领导中国革命过程中，把马克思主义的普遍真理同中国的具体情况相结合，走出了一条具有中国特色的革命道路，从而为建设中国特色社会主义提供了启示，积累了经验。同时，毛泽东又是中国社会主义建设的领导者和探索者。他在领导中国社会主义建设过程中，进行过积极而有益的探索，积累了许多经验，其中也不乏教训。他领导社会主义建设所取得的光辉成就为建设中国特色社会主义奠定了物质和制度基础，他关于中国社会主义建设的思想，无论是经验还是教训都为建设中国特色社会主义提供了思想和精神基础。在领导中国特色社会主义现代化建设中，我们党的领袖始终注重继承和弘扬毛泽东关于中国社会主义建设的思想。邓小平郑重指出：“毛泽东思想这个旗帜丢不得。丢掉了这个旗帜，实际上否定了我们党的光辉历史。”（邓小平文选第2卷．北京：人民出版社，1994.298）江泽民在党的十六大报告中指出，“三个代表”重要思想，是对马克思列宁主义、毛泽东思想和邓小平理论的继承和发展。胡锦涛在十七大报告中说："科学发展观，是对党的三代中央领导集体关于发展的重要思想的继承和发展。"并要求全党："要永远铭记，改革开放伟大事业，是在以毛泽东同志为核心的党的第一代中央领导集体创立毛泽东思想，带领全党全国各族人民建立新中国，取得社会主义革命和建设伟大成就以及艰辛探索社会主义建设规律取得宝贵经验的基础上进行的。"这些宝贵的经验成为中国特色社会主义建设的重要启示和思想资源。概括起来有：

1. 实事求是的思想

毛泽东在领导中国革命过程中，坚持从中国的国情这一实际出发，如何认清国情？毛泽东倡导调查研究。早在中国革命的初期，毛泽东就对中国的国情进行了全方位的调查研究，写下了一系列的调查报告，如《湖南农民运动考察报告》、《中国红色政权为什么能够存在》、《井冈山的斗争》、《寻乌调查》、《兴国调查》、《长冈乡调查》、《才溪乡调查》等。1930年5月，毛泽东写了《反对本本主义》，响亮地提出："没有调查，就没有发言权"，"调查就像'十月怀胎'，解决问题就像'一朝分娩'"，"调查就是解决问题"。文章说："离开实际调查就要产生唯心的阶级估量和唯心的工作指导，那么，它的结果不是机会主义，便是盲动主义。"（毛泽东农村调查文集．北京：人民出版社，1982. 1～4）1941年3月，毛泽东为《农村调查》一书写的序言中指出，"要了解情况，唯一的方法是向社会作调查"，调查研究"乃是了解情况的最基本的方法"。（毛泽东选集第3卷．北京：人民出版社，1991. 747）同年5月，毛泽东在《改造我们的学习》的报告中，批评了"不愿作系统的周密的调查和研究，仅仅根据一知半解，根据'想当然'，就在那里发号施令"的主观主义作风，要求广大干部"应用马克思列宁主义的理论和方法，对周围环境作系统的周密的调查和研究"。（毛泽东选集第3卷．北京：人民出版社，1991. 755～760）在毛泽东的倡导和带领下，调查研究在党内蔚然成风。调查研究就是中国的辩证唯物论和历史唯物论。毛泽东将它概括为"实事求是"，并进行了诠释，为我们党确立了实事求是的思想路线。邓小平非常推崇毛泽东倡导的实事求是思想。他说："我读的书并不多，就是一条，相信毛主席讲的实事求是。"他告诫全党："要提倡这个，不要提倡本本。"（邓小平文选第3卷．北京：人民出版社，1993. 382）毛泽东关于实事求是的思想为建设中国特色社会主义奠定了思想理论基础。

2. "中国特色"的缘起

马克思主义中国化是毛泽东始终关注和探讨的重要课题。毛泽东在《中国共产党在民族战争中的地位》一文中指出："对于中国共产党来说，就是要学会把马克思列宁主义的理论应用于中国的具体环境。成为伟大中华民族的一部分，而和这个民族血肉相联的共产党员，离开中国特点来谈马克思主义，只是抽象的、空洞的马克思主义。因此，使马克思主义在中国具体化，使之在其每一表现中带着必须有的中国的特性，即是说，按照中国的特点去应用它，成为全党亟待了解并亟须解决的问题……教条主义必须休息，而代之以新鲜活泼的、为中国老百姓所喜闻乐见的中国作风和中国气派。”（毛泽东选集第2卷．北京：人民出版社，1991. 534）在社会主义建设中，毛泽东说：“前八年照抄外国的经验。但从一九五六年提出十大关系起，开始找到自己的一条适合中国的路线。”（建国以来毛泽东文稿第9册．北京：中央文献出版社，1996. 213）毛泽东的这些思想和论述虽然没有使用“中国特色”概念，但关于“中国特色”的思想应该说是明确而丰富的，是邓小平提出“中国特色”概念的前奏和准备。

3. 关于经济建设的思想

从1956年生产资料的社会主义改造基本完成以后，毛泽东便开始探索如何根据中国实际情况建设社会主义的问题，并提出了一系列的重要思想：

其一，关于经济建设的布局问题。毛泽东指出：“重工业是我国建设的重点。必须优先发展生产资料的生产，……但是决不可以因此忽视生活资料尤其是粮食的生产。”（毛泽东著作选读（下册）．北京：人民出版社，1986. 721）他还说：“我国全部轻工业和重工业，有约百分之七十在沿海，只有百分之三十在内地。这是历史上形成的一种不合理的状况。沿海的工业基地必须充分利用，但是为了平衡工业发展的布局，内地工业必须大力发展。”（毛泽东著作选读（下册）．北京：人民出版社，1986. 723）此外，毛泽东还提出，必须兼顾国家、集体和个人，必须发挥地方的积极性等论断。

其二，关于四个现代化的战略目标。早在1953年12月，毛泽东已经初步具有实现四个现代化的思想，而正式提出四个现代化的战略目标则是在1964年12月召开的第三届全国人民代表大会第一次会议上。在确定战略目标的同时，毛泽东还提出了实现战略目标的时间和步骤。在时间上，毛泽东提出：“要赶上和超过世界上最先进的资本主义国家，没有一百多年的时间，我看是不行的。”（毛泽东文集第8卷．北京：人民出版社，1999. 302）在步骤上，毛泽东提出分两步走，第一步，建立一个独立的、比较完整的工业体系和国民经济体系；第二步，全面实现农业、工业、国防和科学技术的现代化，使我国经济走在世界前列。

其三，关于社会主义社会的基本矛盾。毛泽东在《关于正确处理人民内部矛盾的问题》中说：“在社会主义社会中，基本的矛盾仍然是生产关系和生产力之间的矛盾、上层建筑和经济基础之间的矛盾。不过，社会主义社会的这些矛盾，同旧社会的生产关系和生产力的矛盾、上层建筑和经济基础的矛盾，具有根本不同的性质和情况罢了。”（毛泽东文集第7卷．北京：人民出版社，

1999. 214）同时，毛泽东指出社会主义社会基本矛盾的特点是“又相适应又相矛盾”，这种特点就决定了它的解决方法是不同的。

其四，关于向外国学习的思想。毛泽东在《论十大关系》中讲道：“我们的方针是，一切民族、一切国家的长处都要学，政治、经济、科学、技术、文学、艺术的一切好的东西都要学。”关于怎样学，毛泽东指出：“必须有分析有批判地学，不能盲目地学，不能一切照抄，机械搬运。”同时他还说：“外国资产阶级的一切腐败制度和思想作风，我们要坚决抵制和批判。”（毛泽东著作选读（下册）. 北京：人民出版社，1986. 740～742）可见，毛泽东当时也想对外开放。正如邓小平所说：“毛泽东同志在世的时候，我们也想扩大对外经济技术交流，包括同一些资本主义国家发展经济贸易关系，甚至引进外资、合资经营等等。但是那时候没有条件，人家封锁我们。”（邓小平关于建设有中国特色社会主义的论述专题摘编. 北京：中央文献出版社，1992. 170）

4. 重视革命传统和精神的能动作用

毛泽东提出，人总是要有一点精神的。人要有一点什么精神呢？“我们要保持过去革命战争时期的那么一股劲，那么一股革命热情，那么一种拼命精神，把革命工作做到底。”（毛泽东著作选读下册. 北京：人民出版社，1986. 801）在革命战争年代，无数革命先烈和前辈先后培养和形成了井冈山精神、长征精神、延安精神，等等。这些精神概括起来就是不怕困难、不怕牺牲、勇往直前、革命到底的艰苦创业精神。在新中国成立前夕，毛泽东在党的七届二中全会上告诫全党：“中国革命是伟大的，但革命以后的路程更长，工作更伟大，更艰苦。这一点，现在就必须向党内讲明白，务必使同志们继续地保持谦虚、谨慎、不骄、不躁的作风，务必使同志们继续地保持艰苦奋斗的作风。”（毛泽东选集第4卷. 北京：人民出版社，1991. 1438～1439）毛泽东曾反复告诫全党，一定要发扬革命传统，争取更大的胜利。

毛泽东思想是党的宝贵的精神财富，是中国特色社会主义的理论渊源。他的探索精神，在探索中形成的成果和正反两方面的实践经验与教训，对于中国特色社会主义理论体系的形成具有重要的价值。

三、中国特色社会主义理论体系的特点

党的十七大报告指出：“中国特色社会主义理论体系，就是包括邓小平理论、‘三个代表’重要思想以及科学发展观等重大战略思想在内的科学理论体系。这个理论体系，坚持和发展了马克思列宁主义、毛泽东思想，凝结了几代中国共产党人带领人民不懈探索实践的智慧和心血，是马克思主义中国化最新成果，是党最可宝贵的政治和精神财富，是全国各族人民团结奋斗的共同思想

基础。”在中国特色社会主义理论体系中，邓小平理论、“三个代表”重要思想、科学发展观并非是同一时空下的简单并列，而是在改革开放和社会主义现代化建设实践基础上的逐一展开和逻辑发展。在这一过程中，不断深化了对社会主义建设规律、共产党执政规律和人类社会发展规律的认识，推进了马克思主义中国化，不断丰富和发展了马克思主义。

如果说邓小平理论第一次比较系统地初步回答了中国这样的经济文化比较落后的国家如何建设社会主义、如何巩固和发展社会主义的一系列基本问题，用新的思想、观点，继承和发展了马克思主义的话，那么，随着“三个代表”重要思想和科学发展观的形成，并作为党的指导思想和重大战略方针，中国特色社会主义理论逐步走向成熟，在一定程度上比较系统而清楚地回答了中国这样的经济文化社会比较落后的国家如何建设社会主义、如何发展社会主义的一系列基本问题，用新的经验、新的思想、新的战略不断推进马克思主义升华到新的境界。纵观中国特色社会主义理论的形成过程和理论体系的内容，它具有如下特点：

1. 时代性

任何一种理论都是时代的产物，都必然带有时代的烙印和特性，中国特色社会主义理论也不例外。那么，我们目前正处在一个什么样的时代呢？从全球范围看，我们正处在和平与发展的时代。“现在世界上真正大的问题，带全球性的战略问题，一个是和平问题，一个是经济问题或者说发展问题。”（邓小平文选第3卷．北京：人民出版社，1993. 105）2005年9月，胡锦涛在联合国成立60周年首脑会议上进一步明确指出，当今世界，和平与发展仍是时代主题。从和平问题说，中国特色社会主义是主张和平的社会主义。建设中国特色社会主义需要争取一个和平的国际环境；中国是促进和推动世界和平的力量；中国政府奉行独立自主的和平外交政策；中国坚决反对霸权主义，也永远不称霸。从发展问题来说，发展问题也就是经济问题。自从党的十一届三中全会将全党和全国的工作重心从“以阶级斗争为纲”转移到以经济建设为中心，我们党和全国各族人民就始终咬住青山不放松，坚持党的基本路线不动摇。改革开放是社会实践的新形式，新的实践必然产生新的理论，所以，改革开放是中国特色社会主义理论产生的实践基础。改革在深化，开放在扩大，中国特色社会主义理论也在与时俱进。任何前人都不可能提出和解决自己身后所遇到的新情况、新问题、新矛盾。所以继邓小平创立邓小平理论之后，江泽民和胡锦涛先后提出了“三个代表”重要思想和科学发展观，进一步拓展、丰富和发展了中国特色社会主义理论体系。

2. 继承性

中国特色社会主义理论既是改革开放和社会主义现代化建设实践的产物，又是人类文明发展的沉淀和升华，因而中国特色社会主义理论具有继承性。这种继承性既指对历史上人类社会创造的一切优秀成果的继承，也包括对同时代其他民族创造成果的吸取和借鉴。这种继承性不仅体现在对马克思列宁主义、毛泽东思想的继承，也体现在中国特色社会主义理论体系中各理论单元之间的继承和发展。江泽民在党的十三届四中全会上指出："党的十一届三中全会以来的路线和基本政策没有变，必须继续贯彻执行。在这个最基本的问题上，我要十分明确地讲两句话：一句是坚定不移、毫不动摇；一句是全面执行，一以贯之。"（江泽民文选第1卷. 北京：人民出版社，2006. 57）

中国特色社会主义理论的继承性有两点必须给予肯定。一是在继承历史文化时，特别注重使历史遗产、文化传统现代化。也就是说，中国特色社会主义理论在继承历史遗产、文化传统时，是以当代的视野来评估其价值的，虽说也借用了历史遗产和文化传统中的名词概念，但其内涵已被丰富和改造，被赋予了新的时代内涵，而且其改造和借用的目的是为改革开放和社会主义现代化建设服务的。二是在汲取和借鉴外国文化特别是西方发达国家的先进文化时，特别注重使这种文化中国化。也就是说，中国特色社会主义理论在汲取和借鉴外国文化特别是西方发达国家的先进文化时，完全从中国的国情出发，绝不盲目照搬照抄。在引进的过程中既注重让世界与中国接轨，让世界了解中国；同时注重让中国与世界接轨，让中国了解世界，汇入世界发展的潮流。

3. 探索性

邓小平说："在中国建设社会主义这样的事，马克思的本本上找不出来，列宁的本本上也找不出来，每个国家都有自己的情况，各自的经历也不同，所以要独立思考。"（邓小平文选第3卷. 北京：人民出版社，1993. 260）又说："我们现在所干的事业是一项新事业，马克思没有讲过，我们的前人没有做过，其他社会主义国家也没有干过，所以，没有现成的经验可学。我们只能在干中学，在实践中探索。"（邓小平文选第3卷. 北京：人民出版社，1993. 259）还说："不冒点风险，办什么事情都有百分之百的把握，万无一失，谁敢说这样的话？一开始就自以为是，认为百分之百正确，没那么回事，我就从来没有那么认为。"（邓小平文选第3卷. 北京：人民出版社，1993. 372）

这个探索过程就是"实践没有止境，创新也没有止境"。这个过程正如党在十六大报告中指出的那样："发展必须坚持和深化改革。一切妨碍发展的思想观念都要坚决冲破，一切束缚发展的做法和规定都要坚决改变，一切影响发展的体制弊端都要坚决革除。"当然，探索不是盲目的瞎撞，而是在尊重规律、认识规律和利用规律的基础上进行。同时，探索还要允许失败。总之，没有探索，就不能前进；没有探索，就不可能成功；没有成功，也就不会有经验。正是探索、前进、总结和经验，赋予社会主义以中国特色，不断深化人们对共产党执政规律、社会主义建设规律和人类社会发展规律的认识，在这个基础上形成了中国特色社会主义理论。

4. 人民性

全心全意为人民服务是党的宗旨。毛泽东在《为人民服务》一文中说："我们的共产党和共产党所领导的八路军、新四军是革命的队伍。我们这个队伍完全是为了解放人民的，是彻底地为人民的利益而工作的。"（毛泽东选集第4卷．北京：人民出版社，1991. 1004）这一宗旨在中国特色社会主义理论中体现得非常明显。这个宗旨集中体现了人民性，从这个意义上来说，中国特色社会主义理论就是为人民服务，为人民谋利益，为人民带来福祉的理论。"三步走"战略是为人民谋利益的；小康社会是为人民服务的；"三个有利于"标准是为人民的；"三个代表"重要思想是代表中国最广大人民根本利益的；"权为民所用，心为民所想，情为民所系，利为民所谋"道出了为人民服务的主要内容；"以人为本"是科学发展观的核心，这里的"人"是指广大的人民群众，这里的"本"是指人民群众的根本利益，是全心全意为人民服务这一宗旨的新表述。江泽民曾说，我们党奋斗的一切，都是为人民谋利益的。有了这种人民性，中国特色社会主义理论体系才能深入人心，才能在人民群众中间站稳脚跟，广大人民群众才会自觉地高举起这面伟大旗帜，沿着中国特色社会主义的道路，不断创造中华民族的新辉煌。

第一章　中国特色社会主义理论的渊源

马克思主义是中国特色社会主义产生、形成和发展的思想理论渊源；而中国特色社会主义则是马克思主义基本原理在当代中国的运用和发展。寻找这个渊源，对于我们深刻理解和掌握中国特色社会主义理论体系，坚定不移地沿着中国特色社会主义道路奋勇前进，具有重要意义。

第一节　马克思恩格斯关于社会主义社会的基本设想和原则

马克思恩格斯在批判地继承空想社会主义思想的基础上，在回答资本主义发展过程中产生的一系列问题和对资本主义制度进行深刻剖析的过程中，对未来社会的组织状况、发展方向和基本特征等问题，作了科学的、历史的预测和天才的设想。

一、社会主义代替资本主义的历史必然性

马克思恩格斯运用唯物史观对现代资本主义制度进行了深入分析，具体地揭示了资本主义产生、发展和消亡的历史规律。正如他们自己所表述的那样："唯物主义历史观从下述原理出发：生产以及随生产而来的产品交换是一切社会制度的基础；在每个历史地出现的社会中，产品分配以及和它相伴随的社会之划分为阶级或等级，是由生产什么、怎样生产以及怎样交换产品来决定的。所以，一切社会变迁和政治变革的终极原因，不应当到人们的头脑中，到人们对永恒的真理和正义日益增进的认识中去寻找，而应当到生产方式和交换方式的变更中去寻找；不应当到有关时代的哲学中去寻找，而应当到有关时代的经济中去寻找。"（马克思恩格斯选集第3卷．北京：人民出版社，1995. 740～741）

为此，马克思恩格斯认为：资产阶级本身是随同自己的生存条件发展起来的，是历史长期发展过程中的产物。《共产党宣言》指出：现代资产阶级本身是一个长期发展过程的产物，是生产方式和交换方式的一系列变革的产物。当封建的所有制关系已经成为生产力障碍的时候，它就一定会被资产阶级的生产关系所打破。因此，资产阶级在它产生以后起了巨大的历史作用，正如《共产党宣言》所述："资产阶级在它的不到一百年的阶级统治中所创造的生产

力，比过去一切世代创造的全部生产力还要多，还要大。”（马克思恩格斯选集第1卷. 北京：人民出版社，1995. 277）它所创造的前所未有的生产力，打破了曾经自给自足和闭关自守的状态，与此同时，也造成了社会的两极分化，少数资本家积累了大量财富，广大人民和无产阶级也越来越穷；资产阶级开拓了世界市场，同时也加深了它们与殖民地的矛盾；它们创立了现代大都市，同时又加剧了城乡矛盾。《社会主义从空想到科学的发展》中写道：“社会越来越迅速地分化为大资本家和一无所有的无产者；一切传统的血缘关系、宗法从属关系、家庭关系都解体了。”（马克思恩格斯选集第3卷. 北京：人民出版社，1995. 611）

尤为重要的是，资本主义制度本身包含着无法克服的内在矛盾，也就是生产的社会化和资本主义私人占有之间的矛盾，“这个使新的生产方式具有的资本主义性质的矛盾，已经包含着现代一切冲突的萌芽。……社会化生产和资本主义占有的不相容性，也必然越加鲜明地表现出来”。（马克思恩格斯选集第3卷. 北京：人民出版社，1995. 744）“市场的扩张赶不上生产的扩张。冲突成为不可避免的了。”（马克思恩格斯选集第3卷. 北京：人民出版社，1995. 626）“在危机中，社会性生产和资本主义占有之间的矛盾剧烈地爆发出来。商品流通暂时停顿下来；流通手段即货币成为流通的障碍；商品生产和商品流通的一切规律都颠倒过来了。经济的冲突达到了顶点：生产方式起来反对交换方式，生产力起来反对已经被它超过的生产方式。”（马克思恩格斯选集第3卷. 北京：人民出版社，1995. 627、628）

随着生产力的不断发展，这个矛盾日益尖锐，表现为无产阶级和资产阶级的对立和斗争，表现为周期性的经济危机日益加深。因为：“资产阶级的关系已经太狭窄了，再容纳不了它本身造成的财富了。”“资产阶级用来推翻封建制度的武器，现在却对准资产阶级自己了。”“现代国家也只是资产阶级社会为了维护资本主义生产方式的一般外部条件使之不受工人和个别资本家的侵犯而建立的组织。现代国家，不管它的形式如何，本质上都是资本主义的机器，资本家的国家，理想的总资本家。”（马克思恩格斯选集第3卷. 北京：人民出版社，1995. 629）所以，必须“建立一个全新的社会组织，在这个新的社会组织里，工业生产将不是相互竞争的厂主来领导，而是由整个社会按照确定的计划和社会全体成员的需要来领导”。（马克思恩格斯选集第1卷. 北京：人民出版社，1995. 217）

一条新道路已经找到——社会主义是无产阶级和资产阶级之间斗争的必然产物：“以往的全部历史，除原始状态外，都是阶级斗争的历史；这些互相斗争的社会阶级在任何时候都是生产关系和交换关系的产物，一句话，都是自己时代的经济关系的产物；因而每一时代的社会经济结构形成现实基础，每一历史时期的由法的设施和政治设施以及宗教的、哲学的和其他的观念形式所构成的全部上层建筑，归根到底都应由这个基础来说明。现在，唯心主义从他的最后的避难所即历史观中被驱逐出去了，一种唯物主义的历史观被提出来了，用人们的存在说明他们的意识，而不是像以往那样用人们的意识说明他们的存在这样一条道路已经找到了。”

“社会主义现在已经不再被看做某个天才头脑的偶然发现，而被看做两个历史地产生的阶级即无产阶级和资产阶级之间的斗争的必然产物。它的任务不再是构想出一个尽可能完善的社会体系，而是研究必然产生这两个阶级及其相互斗争的那种历史的经济的过程；并由此造成的经济状况中找出解决冲突的手段。”（马克思恩格斯选集第3卷．北京：人民出版社，1995. 739）

二、实现社会主义是无产阶级的历史使命

马克思恩格斯在揭示了社会主义产生的历史必然性的同时，也找到了实现这一历史使命的社会力量和领导力量。因为，“工人自己的产品变成了奴役工人的力量。于是，劳动资料的节约，一开始就同时成为对劳动力的最无情的浪费和对劳动职能的正常前提的剥夺；机器这一缩短劳动时间的最有力的手段，变成了使工人及其家属一生的时间转化为可以随意用来增殖资本的劳动时间的最可靠的手段；于是，一部分人的过度劳动成了另一部分人失业的前提，而在全世界追逐新消费者的大工业，却在国内把群众的消费限制到忍饥挨饿这样一个最低水平，从而破坏了自己的国内市场”。“这一规律制约着同资本积累相适应的贫困积累。因此，在一极是财富的积累，同时在另一极，即在把自己的产品作为资本来生产的阶级方面，是贫困、劳动折磨、受奴役、无知、粗野和道德堕落的积累。”（马克思恩格斯选集第3卷．北京：人民出版社，1995. 625）

因此，无产阶级自然而然地成为了实现社会主义的主体力量。“至今一直统治着历史的客观的异己的力量，现在处于人们自己的控制之下了。只是从这时起，人们才完全自觉地自己创造自己的历史；只是从这时起，由人们使之起作用的社会原因才大部分并且越来越多地达到他们所预期的结果。这是人类从必然王国进入自由王国的飞跃。完成这一解放世界的事业，是现代无产阶级的历史使命。深入考察这一事业的历史条件以及这一事业的性质本身，从而使负有使命完成这一事业的今天受压迫的阶级认识到自己的行动的条件和性质，这就是无产阶级运动的理论表现即科学社会主义的任务。”（马克思恩格斯选集第3卷．北京：人民出版社，1995. 634）“完成这一解放世界的事业，是现代无产阶级的历史使命。”（马克思恩格斯选集第3卷．北京：人民出版社，1995. 760）为什么呢？

首先，工人阶级是先进生产力的代表，是最有前途的阶级。他们指出：

"在当前同资产阶级对立的一切阶级中，只有无产阶级是真正革命的阶级。其余的阶级都是随着大工业本身的产物。"（马克思恩格斯选集第 1 卷. 北京：人民出版社，1995. 282）

其次，无产阶级最富有革命的彻底性和坚定性，无产阶级不占有任何生产资料，是受剥削、受压迫最深的阶级，马克思恩格斯指出："无产者没有什么自己的东西必须加以保护，他们必须摧毁至今保护和保障私有财产的一切。"（马克思恩格斯选集第 1 卷. 北京：人民出版社，1995. 262）

再次，无产阶级是最富有组织纪律性的阶级。机器大工业把工人像士兵一样地组织在工厂里，使他们养成了良好的组织性和纪律性。"资产阶级不仅锻造了置自身于死地的武器；它还产生了将要运用这种武器的人——现代工人，即无产者。"（马克思恩格斯选集第 1 卷. 北京：人民出版社，1995. 257）

最后，无产阶级是人数众多的群体，它的利益要求也代表了社会大多数人的利益要求。"过去的一切运动都是少数人的或者为少数人谋利益的运动。无产阶级的运动是绝大多数人的、为绝大多数人谋利益的独立运动。"（马克思恩格斯选集第 1 卷. 北京：人民出版社，1995. 283）无产阶级的这些特点使其成为资本主义的掘墓人和共产主义的建设者。

在这个运动中，无产阶级政党是实现社会主义的领导力量。马克思恩格斯认为，无产阶级只有建立起本阶级的革命政党，并在党的坚强领导下才能推翻资产阶级的统治，实现社会主义和共产主义的伟大理想。"无产阶级在反对有产阶级联合力量的斗争中，只有组织成为与有产阶级建立的一切旧政党不同的、相对立的政党，才能作为一个阶级来行动。"（马克思恩格斯全集第 18 卷. 北京：人民出版社，1964. 165）

"一方面，在各国无产阶级的斗争中，共产党人强调和坚持整个无产阶级的不分民族的共同利益；另一方面，在无产阶级与资产阶级的斗争所经历的各个发展阶段上，共产党人始终代表整个运动的利益。"（马克思恩格斯选集第 1 卷. 北京：人民出版社，1995. 264）这就是说，由优秀和先进的无产阶级成员组成的政党没有自己特殊的利益，它代表的是无产阶级和劳动人民的利益，可以得到群众的支持，团结一切可以团结的力量。"工人阶级这样组织成为政党是必要的，为的是要保证社会革命获得胜利和实现这一革命的最终目标——消灭阶级。"（马克思恩格斯选集第 1 卷. 北京：人民出版社，1995. 264）

三、未来的社会发展是一个从低级到高级的过程

随着过渡时期的结束，人类社会的发展就产生了一个新的社会形态。马克思恩格斯把这个新的社会形态称之为共产主义社会，恩格斯很多时候把它称为

社会主义社会。马克思在《哥达纲领批判》一文中第一次明确地把共产主义社会分为两个既互相区别又互相联系的阶段，“共产主义社会第一阶段”即社会主义阶段和“共产主义高级阶段”。他们在考察社会发展规律得出共产主义一定代替资本主义社会制度后，进一步得出共产主义社会代替资本主义社会要有一个过渡时期——社会主义阶段。“我们这里所说的是这样的共产主义社会，它不是在它自身基础上已经发展了的，恰好相反，是刚刚从资本主义社会中产生出来的，因此它在各方面，在经济、道德和精神方面还都带着它脱胎出来的那个旧社会的痕迹。”（马克思恩格斯选集第3卷．北京：人民出版社，1995. 304）

这个社会，在经济上，生产力水平还不高，新的公有制生产关系的建立虽然为生产力的发展开辟了道路，但是发展生产力是个长期过程。在相当长的一段时期内，生产力水平及其提供的社会产品仍不能满足人们日益增长的需要。在精神上和道德上，资本主义社会的影响也将长期存在。由于生产力水平的限制，以及资本主义社会存在的工农、城乡、脑体差别的影响，人们还不能自愿自觉地参加劳动，劳动对大多数人来说，不是生活的第一需要和自己内在本质的表现，而仍然仅仅被视为谋生手段，并且，“这些弊端在共产主义社会第一阶段，在它经过长久的阵痛刚从资本主义社会产生出来的形态中，是不可避免的”。（马克思恩格斯选集第3卷．北京：人民出版社，1995. 647）

马克思的这些设想，是对西方发达资本主义国家的无产阶级革命胜利后过渡时期基本社会现实的描述。这样的社会，是继承了资本主义社会的一切成就基础上的社会主义。

“以往的社会主义固然批评了现存的资本主义生产方式及其后果，但是，它不能说明这个生产方式，因而也就制服不了这个生产方式；它只能简单地把它当作坏东西抛弃掉。……应当说明资本主义生产方式的历史联系和它在一定历史时期存在的一直还隐蔽着的内在性质。这已经由于剩余价值的发现而完成了。”（马克思恩格斯选集第3卷．北京：人民出版社，1995. 740）

“这两个伟大的发现——唯物主义历史观和通过剩余价值揭开资本主义生产的秘密，都应当归功于马克思。由于这些发现，社会主义变成了科学，现在首先要做的是对这门科学的一切细节和联系作进一步的探讨。”（马克思恩格斯选集第3卷．北京：人民出版社，1995. 740）

四、共产主义社会的基本特征

1. 生产力高度发达

马克思恩格斯认为，未来社会发展是以生产力的高度发展为前提的。正如恩格斯所说：“唯有借助于这些生产力，才有可能去实现这样一种社会制度。”

实现共产主义必须“以生产力的巨大增长和高度发展为前提”。“如果没有这种发展，那就会有贫穷的普遍化，而在极端贫困的情况下，就必须重新开始争取必需品的斗争，也就是说，全部陈腐的东西又要死灰复燃。”（马克思恩格斯选集第1卷．北京：人民出版社，1995.86）

2. 消灭私有制，实行生产资料公有制

马克思恩格斯说：“共产党人可以把自己的理论概括为一句话：消灭私有制。”（马克思恩格斯选集第1卷．北京：人民出版社，1995.286）这是因为：私有制是“建立在阶级对立上面、建立在一些人对另一些人的剥削上面的产品生产和占有的最后而又最完备的表现”。（马克思恩格斯选集第1卷．北京：人民出版社，1995.286）马克思恩格斯指出：“共产主义革命就是同传统的所有制关系实行彻底的决裂。”（马克思恩格斯选集第1卷．北京：人民出版社，1995.271～272）因此，他们始终把公有制代替私有制作为无产阶级解放运动的“基本问题”。“要进行无产阶级革命，使无产阶级取得国家政权，并首先把生产资料变为国家财产。”（马克思恩格斯选集第3卷．北京：人民出版社，1995.630）“最终目的是工人阶级夺取政权以便实现整个社会对一切生产资料——土地、铁路、矿山、机器等等——的直接占有，供全体为了全体利益而共同使用。”（马克思恩格斯全集第21卷．北京：人民出版社，1965.386）马克思恩格斯所设想的生产资料公有制，是指生产资料的社会所有制，“使生产资料受联合起来的工人阶级支配”。（马克思恩格斯选集第1卷．北京：人民出版社，1995.390）

3. 没有商品和货币，实行计划调节

在马克思恩格斯看来，未来社会是没有商品、货币和市场交换的社会。“在一个集体的、以生产资料公有为基础的社会中，生产者不交换自己的产品；用在产品上的劳动，在这里也不表现为这些产品的价值，不表现为这些产品所具有的某种物的属性，因为这时，同资本主义社会相反，个人的劳动不再经过迂回曲折的道路，而是直接作为总劳动的组成部分存在着。”（马克思恩格斯选集第3卷．北京：人民出版社，1995.303）“一旦社会占有了生产资料，商品生产就将被消除，而产品对生产者的统治也将随之消除。社会生产内部的无政府状态将为有计划的自觉的组织所代替。”（马克思恩格斯选集第3卷．北京：人民出版社，1995.633）“在这个新的社会组织里，工业生产将不是由相互竞争的单个的厂主来领导，而是由整个社会按照确定的计划和所有人的需要来领导。这种新的社会制度首先必须剥夺相互竞争的个人对工业和一切生产部门的经营权，而代之以所有这些生产部门由整个社会来经营，就是说，为了共同的利益、按照共同的计划、在社会全体成员的参加下来经营。”（马克思恩格斯选集第1卷．北京：人民出版社，1995.237）“生产资料的全国性的集中将成为由自由平等的生产者的各联合体所构成的社会的全国性的基础，这些生产者将按照共同的合理的计划进行社会劳动。”（马克思恩格斯选集第3卷．北京：人民出版社，1995.130）马克思在《资本论》中还提出：在社会公有的生产中，货币资本不再存在了，社会把劳动力和生产资料分配给不同的生产部门。生产者也许会得到纸的凭证，以此从社会的消费品储备中取走一个与他们的劳动时间相当的量。这些凭证不是货币，它们是不流通的。

4. 个人消费品实行按劳分配

马克思认为，为了实现再生产，在消费品分配给劳动者之前，必须从社会总产品中扣除生产力方面的消耗和需要，实行等量劳动领取等量产品的原则。在《哥达纲领批判》中，马克思区分了共产主义发展的两个阶段，并规定了两个阶段的分配原则。共产主义第一阶段，实行“等量劳动领取等量产品”，即一种形式的一定量劳动同另一种形式的同量劳动相交换，也就是按劳分配。随着社会生产力的增长和个人的全面发展，“集体财富的一切源泉都充分涌流之后”，即到了“共产主义高级阶段”，社会才能实行“各尽所能，按需分配”。

5. 消灭剥削、阶级和阶级统治，国家逐步消亡

马克思说：“如果说无产阶级在反对资产阶级的斗争中一定要联合为阶级，如果说通过革命使自己成为统治阶级，并以统治阶级的资格用暴力消灭旧的生产关系，那么，它在消灭这种生产关系的同时也就消灭了阶级对立和阶级本身的存在条件，从而消灭了它自己这个阶级的统治。”（马克思恩格斯选集第1卷．北京：人民出版社，1995.273）“共产主义否认阶级存在的必要性；它要消灭任何阶级，消除任何的阶级差别。”（马克思恩格斯选集第1卷．北京：人民出版社，1995.219）恩格斯在《反杜林论》中提出：“统治阶级和剥削阶级将成为多余的，而且成为社会发展的障碍，他们无论拥有多少直接的暴力，都将被无情地消灭。”“无产阶级只有完全消灭一切阶级统治、一切奴役和一切剥削，才能解放自己。”（马克思恩格斯选集第3卷．北京：人民出版社，1995.336）“阶级统治一旦消失，目前政治意义上的国家也就不存在了。”（马克思恩格斯选集第1卷．北京：人民出版社，1995.294）恩格斯在《家庭、私有制和国家的起源》中说，阶级不可避免地要消失，正如它们从前的不可避免地要产生一样；随着阶级的消失，国家也不可避免地要消失；未来新社会将把全部国家机器放到古物陈列馆去，同纺车和青铜斧陈列在一起。

第二节　列宁对社会主义建设的探索和思想总结

列宁在领导十月革命和苏俄初期的社会主义建设过程中，结合时代特点和具体国情，从理论和实践上进行了艰苦的探索，从战时共产主义到新经济政策，到晚年建设社会主义的新构想，初步找到了适合当时俄国情况的建设道路，开始了科学社会主义思想的创新实践。

一、初步向社会主义过渡的计划

十月革命胜利后，苏俄进入从资本主义到社会主义的过渡时期。马克思恩格斯曾经指出，这个过渡时期的基本任务是改造资本主义旧经济、建设社会主义新经济。根据科学社会主义创始人的这一思想，列宁开始着手制订俄国向社会主义过渡的方案，提出了进行社会主义改造的方法和途径等措施。列宁的主要设想有：

第一，向社会主义过渡时期必须尽快将工作重心转移到经济建设上来，明确了苏维埃政权的中心任务。

列宁指出，苏俄共产党肩负着三项伟大的历史任务：说服俄国人民相信党的纲领和策略的正确；夺取政权并镇压阶级敌人的反抗；组织对俄国的管理，即“用新的方式去建立千百万人生活上最深刻的经济基础”。当时俄国已经基本上完成了前两个任务，因此在这种情况下，“管理俄国”的任务被提上了日程。所谓“管理俄国”的任务，在列宁看来，就是在社会化大生产的基础上，用新的更高级的管理方式来组织产品的生产和分配。列宁认为：“搞好这项任务是社会主义取得完全胜利的主要条件。为了有成效地管理俄国，除了善于说服人民，除了善于在国内战争中取得胜利以外，还必须善于实际地进行组织工作。”（列宁选集第3卷．北京：人民出版社，1995. 477）而这种组织工作，从某种意义上说，比夺取政权更加困难，也更为崇高。之所以更加困难，是因为要用新的方式去建立一种前所未有的最先进的经济制度；之所以更为崇高，“因为只有解决了这个任务以后，……才可以说俄国不仅成了苏维埃共和国，而且成了社会主义共和国”。（列宁选集第3卷．北京：人民出版社，1995. 477）列宁关于把管理任务即组织社会主义经济建设的任务放在首要地位的思想，在当时虽然由于帝国主义的武装干涉而未能实现，不过，在他领导苏维埃俄国的几年过程中，只要有机会，他便重申这一思想，并立即积极地落实。列宁认为，实现这种工作重心的转移，是一切国家社会主义革命的共同发展规律。他指出：“在任何社会主义革命中，当无产阶级夺取政权的任务大体上和基本上解决，必然要把创造高于资本主义社会的社会经济制度的根本任务，提到首要地位。”（列宁选集第3卷．北京：人民出版社，1995.490）可以说，这是建设社会主义的一条基本准则。

第二，社会主义过渡时期必须对产品的生产和分配实行全民的计算和监督，这是社会主义经济的特点和实质。

“计算和监督”，即由工人团体或组织对企业的生产过程和分配过程进行监督，对有关账目进行计算。列宁指出，社会主义经济的特点是建立在社会化大生产基础上的联合劳动，如果没有科学的计算和严格的监督，就根本不可能组织社会主义的新经济。因此，搞好计算和监督是顺利建设社会主义的一个极为重要的条件。早在十月革命胜利之前，列宁就指出：“计算和监督是把共产主义社会第一阶段‘调整’好，使它能正确地进行工作的主要条件。”（列宁全集第31卷．北京：人民出版社，1985.97）十月革命胜利后他又指出，工人阶级应建立起自己监督工厂的制度，对“每一种产品，每一磅粮食都应当统计到，因为社会主义首先就是统计”。（列宁全集第6卷．北京：人民出版社，1959.269）十月革命胜利后，列宁立即针对工厂企业的管理起草了《工人监督条例草案》，规定对一切产品和原材料的生产、储藏和买卖事宜，均应实行工人监督。这个条例的颁布，实际上是剥夺剥夺者的前奏。1917年，苏维埃政府相继颁布了“工业国有化”、“银行国有化”、“国家垄断对外贸易”等法令。1918年，剥夺剥夺者的任务基本完成。这就使苏维埃俄国进入了一个同资产阶级斗争的新阶段，即“由继续剥夺资本家的极简单的任务，转到一个更复杂和更困难得多的任务，就是要造成使资产阶级既不能存在，也不能再产生的条件”。（列宁选集第3卷．北京：人民出版社，1995.498）为了完成这一极其复杂而困难的任务，列宁认为，首先要在那些从资产阶级手中剥夺过来的大企业中建立起严格的社会主义的统计和监督。他说：当前“我们组织工人阶级的计算和监督的工作，显然落后于直接‘剥夺剥夺者’的工作”。（列宁选集第3卷．北京：人民出版社，1995.480）因此，今后的迫切任务是全力以赴地搞好社会主义的统计与监督。为此，列宁不仅主张利用资产阶级专家，而且主张把美国的“泰罗制”这类最完善的计算和监督制应用于苏维埃的国营企业。他认为，只有这样才能建立和不断完善社会主义的计算和监督，才能赢得反资产阶级的彻底胜利。

第三，利用国家资本主义过渡到社会主义。

1922年11月，在实行新经济政策的时候，列宁《在共产国际第四次代表大会上的报告》中说：“我在1918年就认为，国家资本主义较之苏维埃共和国当时的经济情况，是一个进步。这话听起来很奇怪，甚至可能很荒谬，因为那时我们共和国就已经是社会主义共和国了；那时我们每天都在非常匆忙地——也许是过于匆忙地——采取各种新的经济措施，而这些措施只能说是社会主义的措施。但我那时还是认为，国家资本主义较之苏维埃共和国当时的经济状况，是一个进步，而且我为了进一步说明这个思想，还简单地列举了俄国经济制度中的几种成分。这些成分依我看来有以下几种：①宗法式的，即最原始形式的农业；②小商品生产（这里包括大多数出卖粮食的农民）；③私人资本主义；④国家资本主义；⑤社会主义。”（列宁选集第4卷．北京：人民出版社，1995.658）

“这几种经济成分当时在俄国都存在。那时我给自己提出了一个任务，要说明这些成分彼此之间的关系和是否应当把非社会主义成分之一即国家资本主义看得高于社会主义。我再说一遍，在一个宣布为社会主义的共和国里，竟把一种非社会主义成分看得比社会主义还要高，还要优越，这在大家看来是非常奇怪的。但是，如果你们回想一下，我们绝没有把俄国的经济制度看成是一种单一的和高速发达的东西，而是充分认识到，俄国除了社会主义形式的农业之外，还有宗法形式的，即最原始形式的农业，那么，问题也就很清楚了。在这种情况下，国家资本主义究竟能起什么作用呢？（列宁选集第4卷．北京：人民出版社，1995.658）

“我进而自问：这几种成分哪一种占优势呢？显然，在小资产阶级环境里，占主要地位的是小资产阶级成分。我那时认识到小资产阶级成分占优势。不可能有别的想法。当时在一次与现在的问题无关的专题论战中，我给自己提出的问题是：我们怎样对待国家资本主义？我回答自己说，国家资本主义虽然不是一种社会主义形式，但对我们和俄国来说，却是一种比现有形式更为适宜的形式。这是什么意思呢？这就是说，我们虽然已经完成了社会革命，但我们对于社会主义经济的萌芽或基础都没有估计过高；相反，我们当时在某种程度上已经认识到，如果我们先实行国家资本主义，然后再实行社会主义，那就好了。”（列宁选集第4卷．北京：人民出版社，1995.717～718）

“因为国家资本主义是一个集中的有统计、有监督的社会化的东西。”（列宁全集第27卷．北京：人民出版社，1972.269）他指出，在当时俄国存在的五种经济成分中，占优势的是小生产经济，如果能够把小生产经济和资本主义经济纳入国家资本主义轨道，就能够使国家更好地对全部社会产品的生产和分配进行卓有成效的计算和监督，这样也就为对整个旧经济的社会主义改造、为组织和发展全国的社会化生产创造了必要、有利的条件。

二、战时共产主义政策

世界上第一个社会主义国家的建立和初步巩固，引起了国际帝国主义的极端恐慌和愤怒。帝国主义通过各种手段和策略，妄图消灭新生的苏维埃政权。为了捍卫年轻的苏维埃政权，列宁领导的苏维埃政府采取了一种临时性政策——战时共产主义政策，在经济上采取了一系列非常的、特殊的又带有强制性的措施。为动员国内一切资源，保证前线需要，全国转入战争轨道。这一政策的主要内容是：

第一，工业国有化。首先要对大工业实行国有化，而且根据最高国民经济委员会1920年11月的决定，又把拥有机械动力而工人在5人以下和不具有机械动力而工人超过10人的小企业也都宣布收归国有。义务劳动制则从非劳动人民扩大到全体居民，成为国家根据总经济计划吸收和统一分配劳动力的重要形式。

第二，余粮征集制。针对粮食严重匮乏这一最尖锐的问题，苏维埃政府以法令的形式规定，由国家完全控制粮食、饲料及其他农副产品的生产、收购和分配，禁止私人之间的粮食买卖。

第三，限制市场和私人贸易。实行国内外贸易的国家垄断。取消国内市场，禁止一切私商活动；居民生活必需品由国家供销机构在全国范围内实行有组织的定量分配。在这个阶段，政府实行最小限度的商品交易和最大限度的国家分配。

第四，有计划地分配一切必需品。列宁说："建成社会主义就是建成集中的经济，由中央统一领导的经济"，必须"由国家收购粮食供应城市，收购工业品供应农村"。为了达到这样一个目标，就必须"把整个分配机构严格地集中起来"，"有计划地分配一切必需品"。按照不劳动者不得食的原则，要求凡有劳动能力的人必须参加劳动，并强迫剥削分子参加劳动。

战时共产主义政策是俄国在非常困难时期，为战胜国内外敌人所采取的应急措施，它最大限度地动员了全国的财力物力，为粉碎国际帝国主义武装干涉和国内反革命叛乱、保卫新生苏维埃政权创造了必要的物质前提，捍卫了十月革命的成果。但是，战时共产主义政策用行政命令的方式完成经济任务，调整国家产品的生产和分配，违反了经济发展的规律，严重损害了农民利益，挫伤了群众积极性，阻碍了生产力的发展。

三、新经济政策

为了克服苏维埃政权面临的严重危机，苏联决定摒弃战时共产主义政策，实行一种与当时社会生产力相适应的新的经济政策。这项政策的主要内容有以下几个方面：

第一，农业上，1921年3月21日颁布了《关于以实物税代替余粮收集制》的法令，规定用粮食税代替余粮征集制。实行这个办法，主要是刺激农民提高农业产量。因为粮食税的税额比余粮征集制低得多，而且是在春耕前公布，农民提高产量后有权支配纳税后的余粮，多产多得，还可以用这些余粮交换必要的工业品和其他物资。列宁指出：原来实行余粮征集制主要是从国家考虑，现在实行粮食税，“不但要从保证国家方面着眼，而且要从保证小农户方面着眼”。（列宁全集第41卷．北京：人民出版社，1986.22）这就极大地调动了农民群众的生产积极性。1922年，政府通过《土地法令大纲》，允许农民自由使用土地和在苏维埃监督下出租土地和雇佣工人。

第二，工业上，在坚持发展社会主义大生产和国家掌握国民经济命脉的前提下，将部分国有企业以租借制和租让制的形式转变为国家资本主义企业。1920年11月颁布租让法令，允许外国资本家在苏俄经营租让企业或同苏维埃国家组织合营股份公司。1921年5月，国家把一部分小企业还给原主经营。7月，又决定把一批中小工厂和商店租借给本国的合作社或个人。这些租让和租借企业由私人经营，所有权属于国家。承租者必须接受国家的监督指导，遵守苏维埃法令，按期交纳租金和一定比例的利润，到期把企业完好地交还给苏维埃国家。

第三，商业上，废除国家配给制和国家贸易垄断制。在坚持国家计划领导的前提下，实行自由贸易，大力发展社会主义商品经济，包括国营商业机构和私商，建立工业和农业的结合点。早年列宁曾和马克思、恩格斯一样，坚持认为社会主义是没有商品和货币关系的社会，因此在实行战时共产主义政策时曾试图取消商品和货币。但是，这种做法在实践中行不通，于是列宁转而采取灵活机动的措施，主张在过渡时期，充分利用市场和商品货币关系。在农业方面，国家允许并支持小农经济政策。在商业方面，国家支持和鼓励私人经营中小型商业企业。在实践中，允许多种经济成分并存。列宁希望通过上述政策，促进工农业生产的发展和工农产品的流通，以满足城乡居民的生活需要。为此，列宁号召共产党人要学会管理经济，学会文明经商。

此外，还提出了要加强同资本主义国家的经济交往与合作。十月革命后，俄国作为世界上唯一的社会主义国家，处于世界资本主义的包围之中，面临这些国家在经济、政治和军事等方面的阻挠，列宁清醒地认识到：“社会主义共和国不同世界发生联系是生存不下去的，在目前情况下应当把自己的生存同资本主义的关系联系起来。”（列宁全集第41卷．北京：人民出版社，1986.167）而同资本主义联系的最主要形式就是实行租让制。租让制，就是在当时把国内一些暂时无法经营的企业，拟定一定的条件同外国资本家签订合同，租让给他们经营。这样既能利用资本主义国家的资金，引进先进的技术，同时也能学习先进的管理经验，对于当时促进俄国经济的发展大有好处。

四、列宁晚年对“什么是社会主义”的新思考

实行新经济政策以后，列宁的社会主义思想发生了重大变化，正如他说的“我们对社会主义的整个看法根本改变了”。（列宁全集第43卷．北京：人民出版社，1987.367）这些“根本改变”，后人称之为列宁晚年的社会主义思想，它的核心命题是经济文化落后的国家如何建设社会主义。这是列宁通过总结五年多社会主义的实践经验，特别是一年多实行新经济政策的经验，提出的有科学依据的建设社会主义的新构想。列宁的新构想非常丰富，主要有以下几个方面：

1. 进行农业合作化

经过较长时间的考察，列宁发现合作社这种集体经济形式，在农民个人利益服从国家利益的前提下，是把个人利益和国家利益紧密结合起来的最好形式。

列宁认为，无产阶级在取得政权后，首先应该做的就是大大提高社会生产力。提高社会生产力的有效途径就是建设大工业，实现社会主义工业化。列宁把实现工业化形象地比喻为：从农民的、庄稼汉的、穷苦的马上，跨到大机器的、工业的、电气化的马上。列宁还强调：“我们的希望就在这里，而且仅仅在这里。”（列宁选集第4卷．北京：人民出版社，1995.797）对于农村和农民，列宁主张通过合作化的方式将其引上社会主义道路。他认为合作社这种组织形式“农民感到简便易行和容易接受，是在符合国家利益前提下，把农民个人利益和国家利益结合起来的最好形式”。（列宁选集第4卷．北京：人民出版社，1995.768）列宁在《论合作社》一文中指出：合作社的性质不是一成不变的。在资本主义制度下合作社是集体的资本主义组织，在无产阶级夺取政权以后，“合作社的发展也就等于社会主义的发展”，“文明的合作社工作者的制度就是社会主义的制度”。（列宁选集第4卷．北京：人民出版社，1995.771、773）

由于合作化运动是一场社会主义改造运动，还需要有一定的思想和文化条件。他把合作化和文化革命联系起来，强调没有整个的文化革命，要完全合作化是不可能的。他认为，合作化必须坚持自愿原则，同时又要经历一次“文化革命”，因此需要一二十年，甚至更长时间。他说：“为了通过新经济政策使全体居民人人参加合作社，这就需要整整一个历史时代，在最好的情况下，我们度过这个时代也要一二十年。”（列宁选集第4卷．北京：人民出版社，1995.770）但是只要“完全实现了合作化，我们也就在社会主义基地上站稳了脚跟”。（列宁选集第4卷．北京：人民出版社，1995.773）列宁还在论述农业合作化的重大意义时指出：“在生产资料公有制的条件下，在无产阶级对资产阶级取

得了阶级胜利的条件下，文明的合作社工作者的制度就是社会主义的制度。”

2. 实现工业化和电气化

列宁认为，建立社会主义社会的真正的、唯一的基础只有一个——大工业，它是社会主义建立和发展的物质基础，如果没有资本主义的大工厂，没有高度发达的大工业，就根本谈不上社会主义，而对一个农民国家来说就更谈不上社会主义了。“必须这样做，因为我们知道，不挽救重工业，不恢复重工业，我们就不能建成任何工业，而没有工业，我们就会灭亡，而不能成为独立国家。这一点我们是都很清楚的。”“重工业是需要国家资助的。如果我们找不到这种资金，那我们就会灭亡，就不能成为文明国家，更不用说成为社会主义国家了。”（列宁选集第4卷．北京：人民出版社，1995. 724）如何发展大工业？列宁把复兴和发展工业和电气化联系起来。早在1918年，列宁就把全国200多名优秀科学家集中起来，研究制订了为期10～15年的全国电气化计划。对于这个计划，列宁给予了高度评价，称其为“第二个党纲”，并提出了“共产主义就是苏维埃政权加全国电气化”的著名公式。他指出，只有当国家实现了电气化，为工业、农业和运输业打下了现代大工业的技术基础的时候，我们才能彻底取得胜利，并使苏维埃的经济建设成为未来欧洲和亚洲的榜样。

3. 加强国家政权建设和政党建设

苏维埃政权是俄国历史上第一个劳动人民当家作主的政权。它既有无限的生命力，也存在着严重的缺陷。因为苏维埃国家的一些机构“实质上是从沙皇和资产阶级那里拿来的旧东西”，它们“仅仅在表面上稍微粉饰了一下，而从其他方面来看，仍然是一些最典型的旧式国家机关”。（列宁选集第4卷．北京：人民出版社，1995. 779）同时，俄国是小生产者的汪洋大海，而“小生产者散漫性和萎靡状态的上层建筑”就是官僚主义，这种官僚主义不能不对苏维埃国家机关产生巨大的影响。因此，列宁对苏维埃国家机关的基本看法是：一方面，“如果没有‘国家机关’，那我们早就灭亡了”；另一方面，“如果不进行有系统的和顽强的斗争来改善国家机关，那我们一定会在社会主义的基础还没有建成以前灭亡”。（列宁选集第4卷．北京：人民出版社，1995. 376）列宁为了保卫社会主义制度，采取了许多加强政权建设的重大举措。首先，加强国家的专政职能，镇压国内外敌对势力的破坏和反抗，以巩固年轻的苏维埃政权。其次，发扬民主，最大限度地发挥人民群众的积极性和创造性。列宁指出：“没有民主，就不可能有社会主义”，“胜利了的社会主义如果不实行充分的民主，就不能保持它所取得的胜利，并且引导人类走向国家的消亡。”（列宁全集第28卷．北京：人民出版社，1990. 168）

列宁指出，由于执政党地位的变化，使党脱离群众的危险比过去增大了。

他说，对于一个人数不多的共产党来说，“最严重最可怕的危险之一，就是脱离群众”。（列宁全集第42卷．北京：人民出版社，1987.372）列宁强调保持党的纯洁性，严格入党条件，指出：“徒有其名的党员，就是白给，我们也不要。世界上只有我们这样的执政党，即革命工人阶级政党，才不追求党员数量的增加，而注意党员质量的提高和清洗‘混进党里来的人’。”（列宁选集第4卷．北京：人民出版社，1995.51）列宁还特别强调增进党的团结，尤其是党中央的团结，防止党内分裂，“防止中央委员会一小部分人的冲突对党的整个前途产生过分大的影响”。（列宁选集第4卷．北京：人民出版社，1995.743）

4. 开展“文化革命”进行社会主义文化建设

十月革命前的俄国，文化非常落后，城市居民大多数是文盲和半文盲。正因为这样，十月革命后的俄国无论在经济建设还是在民主政治建设上，都遇到了由于文化的落后所带来的一系列困难。所以，列宁在生命最后的几篇文章中，提出了“文化革命”的概念，他认为不从根本上改变这种文化异常落后的状况，就不能建成社会主义。在列宁看来，把俄国这样一个大多数居民都是文盲的国家，变成一个人人识字的文化发达的国家，不是一般的文化建设任务，而是一场深刻的“文化变革”或“文化革命”。（列宁选集第4卷．北京：人民出版社，1995.774）实现这场文化革命，首先要消灭文盲，但不只是消灭文盲，它的根本任务是要建设和发展无产阶级文化。

如何加强无产阶级文化，包括很多方面的内容：扫除文盲，提高全体人民的文化水平；培养和造就各方面的专门人才；进行共产主义思想的道德教育，等等。这一切都取决于教育事业的发展。为此，列宁提出要采取以下两方面的实际措施：一是大力增加教育经费，要把其他部门缩减出来的款项转给教育部门。“现在，只要实现了这个文化革命，我们的国家就能成为完全社会主义的国家了。但是这个文化革命，无论在纯粹文化方面（因为我们是文盲）或物质方面（因为要成为有文化的人，就要有相当发达的物质生产资料的生产，要有相当的物质基础），对于我们来说，都是异常困难的。”（列宁选集第4卷．北京：人民出版社，1995.774）

综上所述，列宁对社会主义建设的探索，在经历了向社会主义的初步过渡，总结了战时共产主义失败的教训以后，推行新经济政策，晚年又对建设社会主义提出许多新构想，在理论上发展了科学社会主义，在实践上为俄国开展社会主义建设指出了方向。这对所有走社会主义道路的不发达国家都有借鉴意义。邓小平曾对列宁的探索给予充分肯定，他指出：“社会主义究竟是个什么样子，苏联搞了很多年，也并没有完全搞清楚。可能列宁的思路比较好，搞了个新经济政策，但是后来苏联的模式僵化了。”（邓小平文选第3卷．北京：人民出版社，1993.139）

第三节　毛泽东思想是中国特色社会主义理论体系的基础与起点

党的十七大报告指出："中国特色社会主义理论体系，就是包括邓小平理论、'三个代表'重要思想以及科学发展观等重大战略思想在内的科学理论体系。这个理论体系，坚持和发展了马克思列宁主义、毛泽东思想，凝结了几代中国共产党人带领人民不懈探索实践的智慧和心血，是马克思主义中国化最新成果，是党最可宝贵的政治和精神财富，是全国各族人民团结奋斗的共同思想基础。""这个理论体系，坚持和发展了马克思列宁主义、毛泽东思想"，因此，毛泽东思想是探索有中国特色社会主义建设道路的理论先导和思想渊源。该体系的哲学基础是相同的，所探索的国家富强的课题是一致的，探索中国社会主义道路的内容是一脉相承的，是中国特色社会主义理论体系的基础与起点。

一、毛泽东思想是探索有中国特色社会主义建设道路的理论先导

党的十七大报告用了三个"我们要永远铭记"来表述以毛泽东、邓小平、江泽民为核心的党中央三代领导集体对探索和开辟这条道路所作出的贡献。第一个永远铭记是："我们要永远铭记，改革开放伟大事业，是在以毛泽东同志为核心的党的第一代中央领导集体创立毛泽东思想，带领全党全国各族人民建立新中国、取得社会主义革命和建设伟大成就以及艰辛探索社会主义建设规律取得宝贵经验的基础上进行的。新民主主义革命的胜利，社会主义基本制度的建立，为当代中国一切发展进步奠定了根本政治前提和制度基础。"这一精辟论断，是符合我国历史实际，经得起历史、人民、实践检验的科学论断。

改革开放伟大事业是在什么基础上进行的？十七大报告中提出的两个"基础"应该牢牢抓住：第一个基础是"新民主主义革命的胜利，社会主义基本制度的建立"，这是"根本政治前提和制度基础"。第二个基础是，改革开放伟大事业是毛泽东思想带领全党全国各族人民"取得社会主义革命和建设伟大成就以及艰辛探索社会主义建设规律取得宝贵经验的基础上进行的"。正是在充分肯定两个"基础"的前提之下得出结论："这个理论体系，坚持和发展了马克思列宁主义、毛泽东思想，凝结了几代中国共产党人带领人民不懈探索实践的智慧和心血，是马克思主义中国化最新成果，是党最可宝贵的政治和精神财富，是全国各族人民团结奋斗的共同思想基础。"中国特色社会主义理

论体系既然是对毛泽东思想的坚持和发展，那么毛泽东思想就是源、就是头，是探索有中国特色社会主义建设道路的理论先导。

第一，从毛泽东开始就在探索中国自己的社会主义建设道路。社会主义改造基本完成以后，以毛泽东为核心的党的第一代中央领导集体，又开始了对社会主义道路的艰难探索，并取得了重大的理论成果。在如何建设中国社会主义的问题上，既学习借鉴过苏联经验，也提出了以苏联的经验与教训为鉴戒，并且独立自主、自力更生地积极探索中国自己的社会主义建设道路。关于这一点，邓小平曾经作过正确的评价："中国社会主义道路与苏联不完全一样，一开始就有区别，中国建国以来就有自己的特点。"（邓小平文选第2卷．北京：人民出版社，1994. 237）

邓小平作为第一代中央领导集体的成员之一，他的评价也可以说是自己的体会，"一开始就有区别，中国建国以来就有自己的特点"，就是有中国特色；就是中国特色社会主义的起点。

毛泽东还提出了许多关于中国社会主义建设的重要观点，涉及经济、政治、文化、国防、外交等各个领域。所以，从毛泽东开始就在探索中国自己的社会主义建设道路，就在回答在中国这样一个半殖民地半封建社会经过短暂的新民主主义社会而进入社会主义社会的国家，怎样建设社会主义的问题。因而，毛泽东和邓小平探索的是同一条道路，即适合中国实际情况的社会主义现代化建设道路；他们回答的是同一个问题，即怎样建设社会主义。这个探索是中国社会主义的源头，是改革开放的历史起点。尽管毛泽东在探索过程中有过严重的失误，但正如邓小平所说，正反两方面的经验教训都是我们党的宝贵财富。如果否定了毛泽东开辟的中国社会主义现代化建设道路，也就否定了建设有中国特色社会主义道路。

第二，毛泽东思想的科学含义本身就包括对中国社会主义建设探索的理论。1981年6月，党的十一届六中全会通过的《中国共产党中央委员会关于建国以来党的若干历史问题的决议》（以下简称《决议》）对毛泽东本人作了如下评价：毛泽东同志"为我们党和中国人民解放军的创立和发展，为中国各族人民解放事业的胜利，为中华人民共和国的缔造和我国社会主义事业的发展，建立了永远不可磨灭的功勋"。这段话肯定了毛泽东为"我国社会主义事业的发展"的功勋，但没有写入对毛泽东思想所写的定义中，这个定义是这样的："毛泽东思想是马克思列宁主义在中国的运用和发展，是被实践证明了的关于中国革命的正确的理论原则和经验总结，是中国共产党集体智慧的结晶。"但是，1982年9月，中共十二大通过的《中国共产党章程》在《决议》的基础上，对毛泽东思想的科学含义作了新的补充，指出："毛泽东思想是马克思列宁主义在中国的运用和发展，是被实践证明了的关于中国革命和建设的正确的理论原则和经验总结，是中国共产党集体智慧的结晶。”在这句话中加上了“和建设”三个字，表明毛泽东思想的科学内涵包括以毛泽东为代表的中国共产党人在社会主义建设过程中所探索出的正确的理论原则和经验总结。《党章》还指出：在毛泽东思想指引下，我国“顺利地进行了社会主义改造，完成了从新民主主义到社会主义的过渡，确立了社会主义基本制度，发展了社会主义的经济、政治、文化”。

以上表述一直到十七大党章也没有改变。所以，中国特色社会主义理论体系理所当然地包括以毛泽东为代表的中国共产党人在社会主义建设过程中所探索出的正确的理论原则和经验总结，即包括毛泽东思想；“确立了社会主义基本制度，发展了社会主义的经济、政治、文化”也应该是中国特色社会主义理论体系的起点。

二、毛泽东思想是邓小平理论、“三个代表”重要思想、科学发展观的思想渊源

十七大报告指出：“科学发展观，是对党的三代中央领导集体关于发展的重要思想的继承和发展，是马克思主义关于发展的世界观和方法论的集中体现，是同马克思列宁主义、毛泽东思想、邓小平理论和‘三个代表’重要思想既一脉相承又与时俱进的科学理论，是我国经济社会发展的重要指导方针，是发展中国特色社会主义必须坚持和贯彻的重大战略思想。”由此可见，中国特色社会主义理论体系，是在继承我们党以往思想理论成果和实践成果的基础上形成和发展起来的，中国特色社会主义理论体系同马克思列宁主义、毛泽东思想之间是既继承又发展、既坚持又创新的关系，表现在以下方面：

其一，哲学基础是相同的，辩证唯物主义和历史唯物主义的基本立场、观点和方法是一致的，表现在思想路线上，贯穿了一条红线，就是实事求是。中国特色社会主义理论体系的精髓仍然是解放思想、实事求是、与时俱进。因为，毛泽东思想的活的灵魂总结概括出来的中国共产党人的世界观、认识论和方法论，是中国共产党全部经验的总结，是中国化的马克思主义的基础理论，是我们党不断发展创新的理论方向。表现在价值观上，都代表着最广大人民的根本利益。

其二，所探索的课题是一致的，这个课题就是民族独立、国家富强。从1840年鸦片战争到1949年中华人民共和国成立，中国人民用了100多年的时间，推翻了三座大山，完成了民族独立的历史任务。从1921年中国共产党成立到建党100周年，我们要实现国内生产总值翻两番，基本实现工业化；从

1949 年中华人民共和国成立到成立 100 周年即 21 世纪中叶基本实现现代化，也要用 100 年左右的时间，去实现国家富强的目标，实现中华民族的伟大复兴。这个课题的连续性，不但是中国共产党自成立以来的宏伟抱负，也是共产党成立以前先进的中国人孜孜以求的目标，代表了民族、人民的深切愿望与期盼，代表了中国最广大人民的根本利益。胡锦涛《在纪念毛泽东同志诞辰 110 周年大会上的讲话》中强调指出："实现国家的现代化，实现祖国的完全统一，实现中华民族的伟大复兴，是毛泽东同志、邓小平同志和他们的战友们以及千百万革命先烈的伟大理想。"所以，中国特色社会主义理论体系所探索的课题从开始到现在是一致的。

其三，探索中国社会主义道路的内容是一脉相承的。十七大报告指出："中国特色社会主义道路，就是在中国共产党领导下，立足基本国情，以经济建设为中心，坚持四项基本原则，坚持改革开放，解放和发展社会生产力，巩固和完善社会主义制度，建设社会主义市场经济、社会主义民主政治、社会主义先进文化、社会主义和谐社会，建设富强民主文明和谐的社会主义现代化国家。"这条道路的许多内容，党的第一代中央领导集体曾经作过艰辛的探索。例如，寻求一条适合中国情况的社会主义建设道路发展生产力，实现四个现代化，关于社会主义发展目标、阶段及发展战略；人民民主专政的理论，关于社会主义社会矛盾的学说，四项基本原则，人民代表大会的根本政治制度，中国共产党领导的多党合作与政治协商的基本政治制度，民族区域自治的基本政治制度；繁荣科学文化事业"百花齐放，百家争鸣"的"双百"方针，对待中国传统文化与外国文化的"古为今用，洋为中用"的方针；国际战略思想与独立自主外交方针，和平共处五项原则，等等。这些内容成为中国特色社会主义理论体系探索的起点，对中国社会主义现代化建设具有长远的指导意义。

在党的文献中，也曾经多次明确表述过邓小平建设有中国特色社会主义理论"是毛泽东思想的重要组成部分"；是"毛泽东思想在新的历史条件下的继承和发展"；"是在新的历史条件下对马列主义、毛泽东思想的一个最重大的贡献"。例如，《中国共产党第十三届五中全会关于同意邓小平同志辞去中共中央军事委员会主席职务的决定》指出："邓小平同志根据马克思列宁主义同中国革命实际相结合的原则提出的一系列规定和理论，特别是建设有中国特色的社会主义的基本理论，是毛泽东思想的重要组织部分，是毛泽东思想在新的历史条件下的继承和发展，是中国共产党和中国人民的宝贵精神财富。"（中央文献研究室编．十三大以来重要文献选编（中）．北京：人民出版社，1991. 678）"建设有中国特色的社会主义的基本理论，是毛泽东思想的重要组织部分"，这充分说明二者是不可分割的。

1991 年 7 月 1 日，江泽民在庆祝中国共产党成立 70 周年大会上的讲话指出：“邓小平同志是捍卫、坚持和发展马列主义、毛泽东思想的杰出代表。他提出的关于建设有中国特色的社会主义的理论、路线、方针和原则，是集中全党智慧和经验的创造，是在新的历史条件下对马列主义、毛泽东思想的一个最重大的贡献，标志着我们党对社会主义建设规律的认识有了一个新的飞跃，标志着我们党对社会主义事业的发展和社会主义制度的完善进入了一个新的历史时期。”（中央文献研究室编．十三大以来重要文献选编（下）．北京：人民出版社，1991. 1635）

因此，毛泽东思想和邓小平理论、“三个代表”重要思想、科学发展观，分别代表了马克思主义中国化历史进程上的不同阶段，它们之间紧密联系、相互依托、相互补充。没有毛泽东思想，也就没有邓小平理论、“三个代表”重要思想、科学发展观；否定了毛泽东思想，就截断了马克思主义中国化这个历史长河的源头，就否定了邓小平理论、“三个代表”重要思想、科学发展观的根基和由来；同样，没有毛泽东思想后面的理论发展，马克思主义中国化的长河就断了流，毛泽东思想就不能随时代的发展而发展，生命也就停止了。所以，毛泽东思想是邓小平理论、“三个代表”重要思想、科学发展观的思想渊源。

三、毛泽东思想是在中国确立社会主义制度的思想政治基础

毛泽东思想是马克思主义与中国实际相结合的第一次历史性飞跃的理论成果，是马克思主义在中国的运用和发展，是中国化的马克思主义，是马克思主义发展史上承上启下、继往开来的重要阶段。毛泽东思想作为中华民族共同追求与理想的凝聚、中华民族精神的升华、中国革命精神的结晶，已经日益成为中华民族新文明的文化血脉。党的十五大报告曾经指出：“中国共产党是非常重视理论指导的党。中国人民找到了马克思列宁主义，中国革命的面貌为之一新。马克思列宁主义同中国实际相结合有两次历史性飞跃，产生了两大理论成果。第一次飞跃的理论成果是被实践证明了的关于中国革命和建设的经验总结。它的主要创立者是毛泽东，我们党把它称为毛泽东思想。”这是在新的历史时期对毛泽东思想历史地位的科学界定。胡锦涛《在纪念毛泽东同志诞辰 110 周年大会上的讲话》中指出：“毛泽东思想、邓小平理论和‘三个代表’重要思想，都代表着最广大人民的根本利益，是我们党在长期实践中形成的一脉相承而又与时俱进的科学思想体系，是我们党必须长期坚持的指导思想。”“在任何时候任何情况下，我们都要始终高举毛泽东思想的伟大旗帜。”

毛泽东思想是夺取中国革命胜利的光辉旗帜，是在中国建立社会主义制度

的科学指南，是探索有中国特色社会主义建设道路的理论先导、思想渊源，是中华民族团结振兴的精神支柱。“光辉旗帜”、“科学指南”、“理论先导”、“精神支柱”、“思想渊源”，这就是作为马克思列宁主义与中国实际相结合的第一次历史性飞跃的理论成果——毛泽东思想在中国革命和中国社会主义建设中的历史地位。所以，毛泽东思想是我们党的宝贵精神财富，对开拓马克思主义中国化新境界有着重要指导作用，是在中国确立社会主义制度的思想政治基础，是我们必须长期坚持的指导思想。

当然，从根本上说来，毛泽东思想是植根于实践之中的创造性的科学，是中国革命和建设经验的理论概括，是历史的，又是现实的。因此，它必然要随着实践的发展不断地加以丰富和发展。十七大报告说：“在当代中国，坚持中国特色社会主义理论体系，就是真正坚持马克思主义。”坚持马克思列宁主义、毛泽东思想，就必须坚持中国特色社会主义理论体系；坚持中国特色社会主义理论体系，就是真正坚持马克思列宁主义、毛泽东思想，这就是毛泽东思想作为中国特色社会主义理论体系起点的意义。

第四节　中国特色社会主义理论体系对“中国特色”的新探索

胡锦涛在党的十七大报告中说：“中国特色社会主义理论体系，就是包括邓小平理论、‘三个代表’重要思想以及科学发展观等重大战略思想在内的科学理论体系。”它既坚持了科学社会主义基本原理，又赋予其鲜明的中国特色。

一、中国特色社会主义理论体系的逻辑线索

三十余年的改革开放实践是中国特色社会主义理论体系形成的土壤。这个理论体系，体现和渗透着马克思列宁主义、毛泽东思想的基本原理，凝聚了改革开放以来党中央领导集体乃至全党全国人民的智慧，汇集了中国共产党和中国人民对社会主义的追求和理解，包含着对国内外社会主义建设正反两方面经验教训的科学总结。中国特色社会主义理论体系是围绕着建设和发展中国特色社会主义的主题展开的。围绕这个主题，党不断探索回答了什么是社会主义、怎样建设社会主义，建设什么样的党、怎样建设党，实现什么样的发展、怎样发展这三个基本问题。对这三个基本问题的不断深化，成为中国特色社会主义理论体系形成和发展的一条不断延伸的主线。

首先，中国特色社会主义理论体系是坚持解放思想、实事求是、与时俱进

这一思想路线的结果。只有坚持解放思想、实事求是、与时俱进的思想路线，才能制定正确的路线、方针、政策，采取科学的领导方式和执政方式，实现既定的奋斗任务和战略目标，实践也完全证明了这一点。邓小平理论、“三个代表”重要思想和科学发展观，都坚持从我国发展实际出发，总结了改革开放不同时期、不同阶段遇到的新问题、新矛盾，在理论创新和理论发展上作出了各自的独特贡献，它们是马克思主义中国化的新成果，构成了一脉相承的科学思想体系。

其次，中国特色社会主义理论体系是围绕社会主义建设理论、党的建设理论和社会发展理论三个方面来展开的。三十余年改革开放的伟大实践，出现的大量新情况新问题，概括起来说主要集中在如何开展社会主义建设实践、如何进行执政党的自身建设、如何促进社会又好又快发展三大方面。党在解决这三大方面出现的新情况新问题过程中形成和发展起来的新认识、新判断、新思想，反映在中国特色社会主义理论体系的形成中，就组成它的基本理论。这些基本理论从改革开放之初就摆在党的面前，并随着实践的深入而不断展开。例如：从社会主义本质论到“社会和谐发展是社会主义本质属性”，再到党的十七大强调的“人民民主是社会主义的生命”；从物质文明和精神文明两手抓的思想到物质文明、精神文明和政治文明共同发展的思想，再到经济建设、政治建设、文化建设和社会建设“四位一体”的发展战略；从邓小平提出的“执政党应该是一个什么样的党”的问题到以“三个代表”重要思想为标志的新时期系统党建理论；从“发展是硬道理”到“发展是党执政兴国的第一要务”，再到以人为本、全面协调可持续的科学发展观，等等。它们的提出、探索、实践、总结、发展，表明中国特色社会主义理论体系基本理论的不断丰富和日益深化。

再次，以社会主义建设理论、党的建设理论、社会发展理论三大方面为中心，中国特色社会主义理论体系所提出的思想观点和理论主张是交互补充扩展、继续深化提升、不断递进创新的关系；三个理论成果都为丰富、丰满中国特色社会主义理论体系作出了各自独特的贡献，但是又充分表明这个体系向前深入的发展过程，并且具有各自的思想侧重点。邓小平理论主要侧重的是回答和解决“什么是社会主义、怎样建设社会主义”的问题；“三个代表”重要思想主要侧重的是回答和解决“建设什么样的党、怎样建设党”的问题；科学发展观主要侧重的是回答和解决“实现什么样的发展、怎样发展”的问题。同时，三个理论成果在内容上又是贯通的。回答和解决“什么是社会主义、怎样建设社会主义”的问题，必然要联系党的建设、社会发展；回答和解决“建设什么样的党、怎样建设党”的问题，脱离不了中国特色社会主义建设和社会发展的大前提；回答和解决“实现什么样的发展、怎样发展”的问题，社会主义建设和党的建设无疑也应是题中应有之义。由此可见，中国特色社会主义理论体系同样也是随着改革开放的不断推进而得到补充和完善的，其本身就是伟大实践的产物。

二、建设和发展中国特色社会主义是中国特色社会主义理论体系的主题

中国特色社会主义理论体系的主题是由我国历史决定的。近代中国半殖民地半封建社会的国情决定了当代中国的两大主题：实现民族独立与解放；实现国家富强与人民富裕。独立与解放需要靠革命来解决；国家富强与人民富裕需要靠发展来解决。在解决中国社会两大历史性课题的过程中，中国共产党运用马克思主义的立场观点和方法观察中国的前途和命运，把马克思主义的基本原则与中国革命与发展的实际相结合形成了毛泽东思想和中国特色社会主义理论体系。中国进入社会主义以后，中国特色社会主义理论体系的理论建构和逻辑演进，就是围绕发展这个主题展开的。正是通过发展这个主题，中国特色社会主义理论体系把社会主义的振兴与中华民族的复兴紧密联系在一起，把中国的发展与世界的进步紧密联系在一起。

发展是当今世界的主题，也是当代中国的主题。发展的实践需要发展的理论，不同的发展实践形成不同的发展理念。改革开放以来，中国共产党关于发展的理念实现了从“发展才是硬道理”，到发展是“党执政兴国的第一要务”，再到“以人为本实现科学发展”的历史演进。

1. 发展才是硬道理

邓小平指出：“发展才是硬道理”，这是邓小平理论中一个根本的命题，是对时代主题所作出的科学判断。邓小平认为，在和平与发展这两大问题中，和平是发展的条件，没有一个和平的国际环境就难以集中心思发展经济；而发展是实现和平的根本出路，“越发展和平力量越大”。因此，他把发展问题提到了全世界全人类的高度来认识，发展既是世界历史发展的需要，也是世界各国人民的共同需要；最终说服不相信社会主义的人也要靠我们的发展；中国解决所有问题的关键是要靠自己的发展。中国是在经济落后、文化落后、科学技术落后基础上发展社会主义的，在社会主义建设过程中需要解决的问题很多，矛盾十分复杂，对外要反对霸权主义，维护世界和平，对内要尽快提高人民的生活水平，还要实现祖国的完全统一，归根结底要靠自己的发展。

2. 发展是党执政兴国的第一要务

“执政党必须把发展作为党执政兴国的第一要务。”马克思主义认为，物质生产是人类社会存在和发展的基础，生产力是生产方式中最革命、最活跃的

因素，是社会进步与发展的最终决定力量。“马克思主义执政党必须高度重视解放和发展生产力。离开发展，坚持党的先进性、发挥社会主义制度的优越性和实现民富国强都无从谈起。党的先进性是具体的、历史的，必须放到推动当代中国先进生产力和先进文化的发展中去考察，放到维护和实现最广大人民根本利益的奋斗中去考察，归根到底要看党在推动历史前进中的作用。”“发展必须坚持以经济建设为中心，立足中国现实，顺应时代潮流，不断开拓促进先进生产力和先进文化发展的新途径。发展必须坚持和深化改革。一切妨碍发展的思想观念都要坚决冲破，一切束缚发展的做法和规定都要坚决改变，一切影响发展的体制弊端都要坚决革除。发展必须相信和依靠人民，人民是推动历史前进的动力。要集中全国人民的智慧和力量，聚精会神搞建设，一心一意谋发展。”（江泽民在中央党校省部级干部进修班毕业典礼上的讲话（2002 年 5 月 31 日）. 人民日报，2002 - 06 - 01）这个论述从执政和兴国两个角度，全面论述了发展道路、发展阶段和发展战略以及发展的根本任务、发展动力、发展的依靠力量、发展的国际战略、发展的领导力量和根本目的等重大问题。把发展明确规定为执政兴国的第一要务，并且把发展与执政紧密地联系在一起，既是对“三个代表”重要思想的高度概括和提炼，又是对“三个代表”重要思想的务实性诠释，同时也是对邓小平理论发展主题的重要创新和发展。

3. *以人为本实现科学发展*

在新世纪新阶段，发展依然是全国人民关注的中心问题，依然是解决中国所有问题的关键。我们现在不算太穷了，但还远远算不上富裕。我们总体上进入了小康社会，但这个小康还是低水平的、不全面的、发展很不平衡的。人均国内生产总值刚刚达到 3 000 美元左右，纵向比较是跨过了一道重要的门槛，但横向比较我们还处于很低的水平。要实现全面的小康，实现社会主义现代化，我们所追求的发展不应是孤立、片面的，不计代价、竭泽而渔、不能持续的发展，而是在科学发展道路上不断前进的发展，是以人为本、全面协调可持续的科学发展，是各方面事业有机统一、社会成员团结和睦的和谐发展，是既通过维护世界和平发展自己又通过自身发展维护世界和平的和平发展。

发展是一个不断前进的过程，旧的问题不断解决，新的问题又会产生。目前，我们在经济社会各个领域面临着不少困难和问题，如就业问题、农民收入增长缓慢问题、社会保障体系不健全问题、社会稳定问题，等等。这些问题有的是历史遗留的，有的是在新形势下产生的。解决这些问题，需要实践科学发展观。党的十七大报告明确指出，“科学发展观，第一要义是发展，核心是以人为本，基本要求是全面协调可持续，根本方法是统筹兼顾”，“发展为了人民、发展依靠人民、发展成果由人民共享”。科学发展观科学回答了“什么是发展”、“为什么发展”、“怎样发展”等一系列重大问题，深刻阐明了中国又快又好发展的道路和方法，集中体现了马克思主义关于发展的世界观和方法论。总之，它以一系列新思想、新论断丰富和发展了“发展才是硬道理”和“发展是党执政兴国的第一要务”的思想。

三、以人为本是中国特色社会主义理论体系的核心

以人为本是我们党全心全意为人民服务的根本宗旨和执政理念的集中体现，也是贯穿中国特色社会主义理论体系各个组成部分的核心思想。中国特色社会主义理论体系，就是包括邓小平理论、“三个代表”重要思想以及科学发展观等重大战略思想在内的科学理论体系。从邓小平理论到“三个代表”重要思想，从“三个代表”重要思想到科学发展观的理论与实践，无不贯穿着“以人为本”这一核心思想。

以人为本，反映了党的根本宗旨的内在规定，也体现了党的执政理念的本质要求。全心全意为人民服务是党的根本宗旨，党的一切奋斗和工作都是为了造福人民。要始终把实现好、维护好、发展好最广大人民的根本利益作为党和国家一切工作的出发点和落脚点，尊重人民主体地位，发挥人民首创精神，保障人民各项权益，走共同富裕道路，促进人的全面发展，做到发展为了人民、发展依靠人民、发展成果由人民共享。

以人为本，是坚持立党为公、执政为民的必然要求。因此，强调以人为本，实现人民的愿望、满足人民的需要、维护人民的利益，是共产党人的根本出发点和落脚点。坚持权为民所用、情为民所系、利为民所谋，为群众诚心诚意办实事，尽心竭力解难事，坚持不懈做好事，都是为人民服务。这就叫做以人为本，以人民为本。坚持以人为本，就要从人民群众的根本利益出发谋发展、促发展，不断满足人民群众日益增长的物质文化需要，切实保障人民群众的经济、政治和文化权益，让发展的成果惠及全体人民。这又是科学发展观的基本价值取向，是把实现人的全面发展作为最高价值理想，把人民群众作为最高价值主体，把为最广大人民谋利益作为自己的最高价值追求。

以人为本是依靠人民的必然要求。生气勃勃的创造性的社会主义是由人民群众创造的。最广泛、最充分地调动一切积极因素建设社会主义是一条重要方针。坚持以人为本，要求相信群众、尊重群众、宣传群众、组织群众、依靠群众。尤其是要不断激发人民群众的创造活力，在使每个社会成员主动性、积极性、创造性充分发挥的基础上，充分发挥党和政府整合社会的功能，营造和形成全社会强大的凝聚力和向心力，从政策上支持、从制度上保障人才的成长和人们聪明才智的充分发挥，为社会成员充分施展才能提供机会和舞台，使社会

各阶层的人们各获其岗、各司其职、各守其责、各尽其能、各得其所，使一切有利于社会进步的创造愿望得到尊重、创造活动得到支持、创造才能得到发挥、创造成果得到肯定。同时，形成与社会主义初级阶段基本经济制度相适应的思想观念和创业机制，营造鼓励人们干事业、支持人们干成事业的社会氛围，放手让一切劳动、知识、技术、管理和资本的活力竞相迸发，让一切创造社会财富的源泉充分涌流。坚持以人为本，一切依靠人，要求在改革开放和现代化建设的过程中要不断地解放人、开发人、塑造人。解放人，就是不断破除一切束缚人的聪明才智充分发挥的体制、机制、观念，我国经济体制、政治体制、文化体制、教育体制、科技体制、社会管理体制等方面的改革既是解放生产力，也应当是解放人，即把人从旧的不适宜的观念和体制中解放出来，激发人的创造活力。开发人，就是要不断地开发每个人的聪明才智和创造力，变人口大国为人力资源强国。塑造人，就是要把人塑造成为有理想、有道德、有知识、有纪律的“四有”新人，塑造成为中国特色社会主义的建设者。

以人为本的“人”，是指最广大人民群众，坚持以人为本就是要以最广大人民群众的根本利益为本。在当代中国，就是以工人、农民、知识分子等劳动者为主体，包括社会各阶层在内的最广大人民群众。以人为本的“本”，就是最广大人民群众的根本利益，就是把人民的根本利益作为发展的出发点和落脚点。坚持以人为本，就要坚持承认和尊重人民群众在整个社会发展过程中的主体地位，充分发挥他们在建设中国特色社会主义和全面建设小康社会过程中的积极性、主动性和创造性；坚持以人为本，就要正确处理好人民群众的眼前利益与长远利益、局部利益与全局利益的相互关系和矛盾，反映和兼顾不同地区、不同部门、不同方面群众的利益，妥善协调各方面的利益关系；就要坚持在全国人民根本利益一致的基础上关心每个人的具体利益要求，体现社会主义的人道主义和人文关怀，满足人们的发展愿望和多样性的需求；尊重和保障人权，就要关注人的价值、权益和自由，关注人的生活质量、发展潜能和幸福指数，最终实现人的全面发展。坚持以人为本，还要始终把解决人民群众切身利益问题放在首位，在治国理政的过程中充分体现和代表人民的意愿，坚持发展为了人民、发展依靠人民、发展成果由人民共享，不断让人民群众得到实实在在的利益。只有切实保障人民群众的经济、政治和文化权益，确保群众享受到的物质利益不断增加，使全体人民共同享受到经济社会发展的成果，才能团结和带领亿万人民投身于全面建设小康社会的伟大事业，共同创造我们的幸福生活和美好未来。

以人为本是实现人的全面发展的内在要求。因为只有坚持以人为本，坚持人民在中国特色社会主义事业中的主体地位，充分调动人民群众的积极性、主动性、创造性，把解决民生问题放在重要位置，切实解决广大人民群众最关心、最直接、最现实的利益问题，把人民群众的利益实现好、维护好、发展好，使人民群众的经济、政治、文化、社会权益得到切实的保障，才能促进人的全面发展。“以人为本”理念的提出，将马克思主义“人的全面发展”理论贯穿于当代中国社会发展的理论与实践，突出了人的主体地位和作用。人是社会发展的主体，人的解放和自由而全面发展是社会进步的最高目标。中国特色社会主义事业是全国各族人民实现自己利益、创造美好生活的共同事业，是亿万人民群众广泛参与的创造性事业。为此，坚持以人为本，就要优先发展教育，建设人力资源强国，努力造就世界一流科学家和科技领军人才，培养创新人才，贯彻尊重劳动、尊重知识、尊重人才、尊重创造的方针，激发各类人才创造活力和创业热情，使全社会创新智慧竞相迸发、各方面创新人才大量涌现，为国家实现跨越式发展提供精神动力和智力支持。

四、中国特色社会主义理论体系的重大意义和主要贡献

中国特色社会主义理论体系是马克思列宁主义基本原理与中国具体实际相结合的产物，是马克思主义中国化的最新成果。它系统而科学地解答了中国这样一个经济文化落后的国家在社会主义制度建立以后如何巩固、建设和发展社会主义的一系列问题，并以鲜明的时代内容赋予了科学社会主义新的内涵。中国特色社会主义理论体系的形成和发展，为全国各族人民团结奋斗奠定了坚实的基础。

1. 解答了经济文化比较落后的国家建设、巩固和发展社会主义的新课题

20 世纪，许多经济文化落后的国家，取得了无产阶级革命的胜利。这些国家在社会主义制度建立以后，对于怎样建设社会主义，经过几十年的探索，虽然积累了一些宝贵经验，但从总体上看始终未能很好地解决巩固和发展社会主义的问题，致使许多社会主义国家长期处于困难和困惑的境地。中国特色社会主义理论体系第一次初步地、比较系统地回答了像中国这样经济文化比较落后的国家建立社会主义制度以后，怎样建设、巩固和发展社会主义的一系列重大问题，从而在这个问题上取得了历史性的突破，以一系列新思想、新观点丰富和发展了马克思主义。中国特色社会主义理论体系的精髓是解放思想、实事求是，主题是发展，核心是以人为本，立足点是社会主义初级阶段的基本国情，关键是加强党的执政能力建设、永葆党的先进性。经过长期的实践探索和经验总结，中国特色社会主义理论形成了一系列相互联系的基本理论，它涵盖了经济、政治、文化、社会、对外关系和党的建设等各个领域，构成了中国特色社会主义理论体系的完整内容，也集中体现了中国特色社会主义在理论上对

科学社会主义的创新和发展。在当代中国，坚持中国特色社会主义道路，就是真正坚持社会主义；坚持中国特色社会主义理论体系，就是真正坚持马克思主义。

2. 奠定了全党和全国各族人民团结奋斗的共同思想基础

中国特色社会主义理论体系成为全党全国各族人民团结奋斗的思想基础。旗帜引领方向，旗帜凝聚人心。用科学理论的旗帜统一全党全国各族人民的思想和意志，是党的根本经验和优良传统。党从一诞生就把马克思列宁主义写在自己的旗帜上；党的七大，又把毛泽东思想写在自己的旗帜上。这为取得新民主主义革命和社会主义革命的胜利，成功地进行社会主义建设，提供了思想上的有力指导和理论上的坚实基础。当前，世情、国情、党情和民情都发生了深刻变化，西方国家从来都没有停止对我们的和平演变，意识形态领域里的斗争错综复杂，各种思想文化相互激荡、碰撞，人们思想活动的独立性、选择性、多变性、差异性明显增强。面对实现全面建设小康社会的艰巨任务，面对中国特色社会主义发展的崭新实践，思想理论战线上的首要任务就是要用中国特色社会主义理论体系来统一思想、凝聚力量。它是一面面向未来、引领发展的旗帜，是一面鼓舞全党全国各族人民团结奋斗的旗帜。

中国特色社会主义理论体系为实现中华民族的伟大复兴提供了强大的思想武器。经过实践中的丰富和发展，中国特色社会主义理论已经形成完整的科学体系。邓小平理论、“三个代表”重要思想、科学发展观，都是中国特色社会主义理论的发展和丰富。中国特色社会主义理论体系是一个整体，它反映了中国社会主义初级阶段的本质和规律，并以此为理论根据阐发了中国特色社会主义的基本纲领、基本路线和基本政策。中国特色社会主义理论体系之所以能够成为全党全国各族人民团结奋斗的旗帜，就是因为它反映了当前我国社会发展的客观规律。正如胡锦涛总书记指出的：中国特色社会主义道路之所以正确，之所以能够引领中国发展进步，关键在于我们既坚持了科学社会主义的基本原则，又根据我国实际赋予其鲜明的特色。所以，我们要永远坚定地走中国特色社会主义这条道路、永远高举这面旗帜不动摇。

3. 给科学社会主义增添了特色鲜明的新内容

党的十七大报告指出：中国特色社会主义理论体系，坚持和发展了马克思列宁主义、毛泽东思想，凝结了几代中国共产党人带领人民不懈探索实践的智慧和心血。

中国特色社会主义理论体系既坚持了科学社会主义基本原则，又赋予了鲜明的中国特色，中国共产党以我国改革开放和社会主义现代化建设的实际问题、以我们正在做的事情为中心，坚持解放思想、实事求是、与时俱进，赋予了科学社会主义新的中国特色。中国改革开放30余年的历史，就是中国特色社会主义发展的历史。正是改革开放极大地解放和发展了社会生产力，充分调动了亿万人民的积极性，谱写了中华民族自强不息、顽强奋进的新篇章，使中国发生了历史性巨变。事实雄辩地证明，改革开放是发展中国特色社会主义、实现中华民族伟大复兴的必由之路；只有社会主义才能救中国，只有改革开放才能发展中国、发展社会主义。社会主义市场经济体制是中国特色社会主义进程中最显著的标志；从计划经济向社会主义市场经济的转变，成为中国特色社会主义区别于传统社会主义的最显著的特征之一。共同富裕的目标，是中国特色社会主义道路的本质要求，在当代中国坚持中国特色社会主义，就是坚持走中国人民共同富裕的道路。提倡科学发展是中国特色社会主义的本质要求。科学发展坚持以人为本，注重发展的规律性、全面性、协调性和可持续性，是解决我国经济快速发展中出现的一系列矛盾和问题的迫切需要，是引领中国经济社会又好又快发展的最佳途径，它将使中国特色社会主义道路越走越宽广。坚持人民民主专政，是中国特色社会主义民主政治的基本特征之一，其实质是共产党领导、人民当家作主和依法治国的有机统一，这是一条适合中国历史和国情，体现中国各族人民当家作主、发展社会主义民主政治的道路。突出强调社会主义核心价值体系的建设，是党凝聚和统一社会各阶层、各利益群体思想的有力武器，是建设社会主义先进文化的必然要求。构建和谐社会，努力实现民主法治、公平正义、诚信友爱、充满活力、安定有序、人与自然和谐相处的和谐社会，是科学社会主义理论在当代中国的生动实践，中国特色社会主义的历史进程也是不断促进和实现社会和谐的过程。

第二章　党的思想路线的渊源与发展

第一节　党的思想路线的哲学基础

以实事求是为核心的党的思想路线具有坚实的哲学基础，它既是对马克思主义的辩证唯物主义的坚持、继承和中国化，同时又是对中国传统哲理中的实学精神的改造与弘扬。

一、实事求是是马克思主义哲学的中国化

人们生活在社会中，无非就是做两件紧密联系的事情，即认识世界和改造世界。如何认识和改造世界，从何出发？这就成为关乎思想路线的重大原则问题。在这一原则问题上，几千年来就一直存在着唯物论和唯心论两条对立的思想路线的斗争。马克思主义哲学是辩证唯物主义和历史唯物主义的统一，在这一原则问题上始终坚持物质第一性、意识第二性的思想路线，并以辩证的观点看待和理解物质和意识的关系。

在世界的本源问题上，马克思恩格斯始终坚持物质在先、意识在后，他们认为：思维和意识“都是人脑的产物，而人本身又是自然界的产物，是在自己所处的环境中并且和这个环境一起发展起来的；这里不言而喻，归根到底也是自然界产物的人脑的产物，并不同自然界的其他联系相矛盾，而是相适应的”。（马克思恩格斯选集第 3 卷．北京：人民出版社，1995. 374 ~ 375）当然，自然界产生人脑及人脑产生思维和意识也是一个过程，是一个从低级到高级的辩证发展过程。而唯心主义所坚持的先有意识后有物质，物质是意识的产物的观点，从根本上说是违背科学事实的，其错误是不言而喻的。

在认识路线的问题上，马克思恩格斯始终坚持从实际出发，他们认为：“原则不是研究的出发点，而是它的最终结果；这些原则不是被应用于自然界和人类历史，而是从它们中抽象出来的；不是自然界和人类去适应原则，而是原则只有在符合自然界和历史的情况下才是正确的。”（马克思恩格斯选集第 3 卷．北京：人民出版社，1995. 374）他们还认为：“我们的主观的思维和客观的世界遵循同一些规律，因而两者在其结果中最终不能互相矛盾，而必须彼此一致，这

个事实绝对地支配着我们的整个理论思维。这个事实是我们的理论思维的本能的和无条件的前提。”（马克思恩格斯选集第4卷. 北京：人民出版社，1995. 364）任何知识都是认识过程的最终结果，而不是存在于认识过程之前。人们要如实地反映事物，首先必须从实际出发，从客观存在着的事实出发，而不能人为主观地设置原则和框框。只有从实际出发，才能做到实事求是，使我们的理论思维和客观世界彼此一致，从而达到统一。

在检验认识正确与否的标准上，马克思主义哲学坚持实践标准。马克思在《关于费尔巴哈的提纲》中明确地提出：“人的思维是否具有客观的……真理性，这不是一个理论的问题，而是一个实践的问题。人应该在实践中证明自己思维的真理性，即自己思维的现实性和力量，自己思维的此岸性。”（马克思恩格斯选集第1卷. 北京：人民出版社，1995. 58）只有实践才是检验真理的唯一标准，任何离开实践讨论认识的真理性问题，不仅是一个纯粹的经院哲学的问题，而且会落入“公说公有理，婆说婆有理”的窠臼，不可能形成统一的客观认识。

即使在对待自己的理论和学说的问题上，马克思恩格斯也坚决反对教条化和神秘化。恩格斯曾指出：“马克思的整个世界观不是教义，而是方法。它提供的不是现成的教条，而是进一步研究的出发点和供这种研究使用的方法。”（马克思恩格斯选集第4卷. 北京：人民出版社，1995. 742 ~ 743）又说：“如果不把唯物主义方法当作研究历史的指南，而把它当作现成的公式，按照它来剪裁各种历史事实，那它就会转变为自己的对立面。”（马克思恩格斯选集第4卷. 北京：人民出版社，1995. 688）显然，马克思主义本身没有完结人类认识，因而它也不是永恒真理。

列宁是马克思主义哲学的继承者和实践者。他在领导俄国十月社会主义革命和苏联社会主义建设过程中，始终坚持“从物到感觉和思想”的唯物主义路线，强调“观察的客观性”和“客观真理”，批判了各种各样的唯心主义及其变种，并进一步分析了唯心主义的认识论根源，指出：“直线性和片面性，死板和僵化，主观主义和主观盲目性就是唯心主义的认识论根源。”（列宁选集第2卷. 北京：人民出版社，1995. 560）列宁的成就不仅体现在理论方面，更重要的是他用革命和建设的实践成果发展和创新了马克思主义的唯物论和辩证法。

毛泽东在领导中国革命和建设的实践中，注重研究和运用马克思主义的辩证唯物论和历史唯物论，把马克思主义的基本原理同中国革命和建设实际相结合，反对主观主义即实际工作中的唯心论和形而上学，并在科学地总结中国革命和建设经验与教训的基础上把马克思主义中国化，形成了中国共产党人的实事求是的思想路线，正如邓小平所讲：“马克思、恩格斯创立了辩证唯物主义和历史唯物主义的思想路线，毛泽东同志用中国语言概括为‘实事求是’四

个大字。”（邓小平文选第2卷．北京：人民出版社，1994. 278）

二、“实事求是”是中国传统哲学思想的当代化

“实事求是”本来出自班固所撰写的《汉书·河间献王传》，颂扬刘德“修学好古，实事求是”。唐朝颜师古把这句话解释为“务得事实，每求真是也”。意思是说，做学问必须以真实的材料为依据，从其中得出真实的结论来，自此之后，“实事求是”就成为许多古代文人学者治学的指南。但是，“实事求是”不只是一个成语，也不只是指刘德的治学风范，更重要的是这个成语是中国传统哲学中唯实、重实、求实思想的凝聚和体现。实事求是之“名”是实事求是之“实”的反映。

中国传统哲学在世界的本源问题上坚持了唯物论的基本原则和辩证法的基本精神，认为物质实体是大千世界的本质和本源。这种唯物主义原则体现在三个方面：

其一，阴阳说。早在商代，人们就把阴阳看做是各种事物本身所固有的属性，并且又是引起事物发展变化的两种对立的力量。西周早期作品《诗律》写道：“即景乃冈，相其阴阳，观其流泉。”（《诗律·六雅·公刘》）而《易经》则是专门研究阴阳变化、预卜吉凶祸福的经典。

其二，五行说。五行说作为宇宙万物构成的元素论，在《洪范》中已经提出了五行即水、火、木、金、土的概念，而周幽王八年，史伯对郑桓公答问时明确指出：“故先王以土与金、木、水、火杂，以成百物。”（《国语·郑语》）

其三，气一元论。最早提出“气”的概念的是伊尹学派，而荀子则继承了他们关于“气”的思想，认为“水火有气”、“人有气”。汉代王充则明确认为气是世界的本源，提出了“天地合气，万物自生”的元气自然论。柳宗元继承了王充的元气自然论思想，他在回答屈原关于天地起源的疑问时说：“庞昧革化，惟元气存，而何为焉？”“夫雷霆霜雪者，特一气耳。”（《天对》）刘禹锡紧跟着提出了天地万物“乘气而生”、“各乘气化”的理论。宋代张载提出“太虚即气”的自然观，其后的哲学家王廷相、王夫之等继承和发展了张载的“太虚即气”的学说，坚持了唯物主义的基本原则。因为虚和实是相对而言，都是气的存在状态，而相对于精神而言，气就是实体。

名实关系是中国传统哲学争论的重要问题，许多哲学家都强调实物决定名称。最早提出“正名”的是孔子，而真正提出名实关系问题并作出正确解答的则是墨子，这里所说的名实即关于名词概念与客观实在的关系。墨子认为“实”决定“名”，“名”是反映“实”的，他反对“有誉义之名而不察其实”，要求“以实证名”。（《墨子·贵义》）荀子写有《正名》篇，专论名实关

系，他认为“实”是第一性的，“名”是第二性的，“名”是“实”的反映，并指出：“制名以指实”，“名”要随“实”的变化而变化。（《荀子·正名》）欧阳建则明确指出：“形不待名而方圆已著，色不俟称而黑白已彰。”“名之于物，无施者也；言之于理，无为者也。”（《言尽意论》）这也就是说，客观事物的方圆黑白，是先于名称概念而独立存在的；名称概念和语言并没有改变客观事物本身。后来，孙中山也明确指出：“宇宙间的道理，都是先有事实，然后才发生言论，并不是先有言论，然后才发生事实。”（孙中山选集下卷．北京：人民出版社，1981.621）与此同时，许多哲学家在实际生活中倡实学、做实事、立实功，特别强调践行。例如汉代哲学家王充一生十分注意世事学问，“考论虚实”，著书立说。他明确指出：“事莫明于有效，论莫定于有证，空言虚语，虽得道心，人犹不信。”（《薄知》）宋代哲学家陈亮反对道学家们的“腐儒之谈”，提倡学以致用之实学，要求人们“各务其实”，关注民生。同时代哲学家叶适批判理学家空谈仁义，鄙薄功利，造成一种务虚不务实的坏风气，他指出：“仁人正谊不谋利，明道不计功。此语初看极好，细看全疏阔。”只是“无用虚语”。他进而提出“务实不务虚”（《序目》卷二十三）的著名论断。特别是到了明清之际，在学界形成了一股势不可挡的实学思潮，其早期代表有王艮、何心隐、李贽等，清初有黄宗羲、顾炎武、王夫之等，而进入晚清其代表有龚自珍、魏源等，他们批判皓首穷经的纯经学，提倡经世致用。

中国传统哲学非常重视实证。最早在春秋战国时期，孔子提出“听其言，而观其行”。（《论语·公冶长第五》）以行证言，以行校言。墨子提出“三表法”为区别言论真伪的标准。“言必有三表。何谓三表？子墨子言曰：‘有本之者，有原之者，有用之者。’于何本之？上本之于古者圣王之事。于何原之？下原察百姓耳目之实。于何用之？废以为刑政，观其中（符合）国家百姓人民之利。此所谓言有三表也。”（《非命上》）而韩非则主张：“循名实，而定是非，因参验而审言辞。”（《奸劫弑臣》）这就是将参照验证的方法作为判定名实相符的标准。汉代哲学家王充特别重视效验，他指出：“凡论事者，违实不引效验，则虽甘义繁说，众不见信。”（《实知》）这就是说，一种认识只有经过“效验”，证实是符合客观事实的才能得到众人的信服，否则说得天花乱坠也没有人相信。宋明之际的王阳明的哲学体系属于唯心主义之心学，但其在验证认识的真伪方面似乎触摸到实践标准，他认为：“食味之美恶，必待入口而后知，岂有不待入后而已先知食味之美恶者耶？”“路歧之险夷，必待身亲履历而后知，岂有不待身亲履历而已先知路歧之险夷者耶？”（《全书》卷二）这些思想的结论是说只有经过实证的知识才是可靠的、可信的。

在中国传统哲学中，强调和突出实践又是一大特色，这主要体现在关于知行关系的争论中。知和行的关系，就是认识和实践的关系。强调和突出实践的特色主要体现在两个方面：

其一，在知行先后关系上强调行先知后。明末哲学家王夫之对朱熹的“知先行后”和王守仁的“知行合一”学说进行了深刻批判，提出了“行则知之”的观点。他认为“行”是基础，只有通过“行”才能获得“知”，“由行而行则知之”。“行可兼知，而知不可兼行。”（《尚书引义》卷三）近代著名思想家魏源说：“及之而后知，履之而后艰，乌有不行而后知乎？”（转引自中国哲学史编写组．石家庄：河北人民出版社，1981. 345）中国民主革命的先行者孙中山提出“知难行易说”，鼓励人们积极投身于革命实践，他认为一切知识来源于行，行是求得真知的门径，并举例说明，人们先有天天必行的“饮食之事”，然后才产生“饮食之道”；“人类能造屋宇以安居，不知几何年代，而后始有建筑之学”。（孙中山选集（上卷）．北京：人民出版社，1981. 125）可见，以行而求知是一个辩证的发展过程。

其二，在知行轻重的关系上，强调行重于知。荀子最早提出“知之不若行之”。（《儒效》）汉代哲学家王充把“用”看做认识的目的，主张学用一致。他认为，无论何种知识其价值都在于“能用之也”。宋代哲学家朱熹虽然主张知先于行，但他在知行轻重的关系上则认为行重于知。他说：“为学之实，固在践履，苟徒知而不行，诚与不学无异。”（《语类》卷九）明末哲学家王夫之认为行高于知，他说：“闻见之知，不如心之所喻；心之所喻，不如身之所亲行焉。”（《周易内传》卷五上）而孙中山则进一步认为，欲改造和富强中国，只要依于“科学之原理”，“按计划而实行，其事则无不成，而且可以收到事半功倍之效果”。坚决反对一切坐而论道、轻视实践的错误。毛泽东批判地继承了中国哲学史中关于知行关系理论中的合理思想，在《实践论》中就专门论述了知和行的统一关系，从而使中国哲学中关于知行的理论提升到马克思主义理论的新境界。

中国传统哲学是中华文明的重要构成部分和基础，其中关于实物、实体、实证、实事和实践的思想构成了“实事求是”的实际内容。毛泽东批判地继承了这一内容，并加以改造和提升，进而与中国革命实际相结合，使之具有时代性。这样，马克思主义哲学的中国化与中国传统哲学的当代化相对接、相凝聚、相升华，其成果就是“实事求是”。这一概念已被赋予了新内容、新特质、新精神，从而成为中国共产党的思想路线的核心内容。

第二节　实事求是思想路线的确立

一、实事求是思想路线确立的过程

毛泽东在著作中最早使用实事求是在六届六中全会上所作的《论新阶段》的报告，他说：“共产党员应是实事求是的模范”，“因为只有实事求是才能完成确定的任务”。在《新民主主义论》中又说：“科学的态度是‘实事求是’，‘自以为是’和‘好为人师’那样狂妄的态度是决不能解决问题的。”（毛泽东选集第2卷．北京：人民出版社，1991.662）1941年5月，毛泽东在《改造我们的学习》的报告中，重新解释了实事求是的概念，并赋予它以新的深刻的哲学意义，他说：“‘实事’就是客观存在着的一切事物，‘是’就是客观事物的内部联系，即规律性，‘求’就是我们去研究。我们要从国内外、省内外、县内外、区内外的实际情况出发，从中引出固有的而不是臆造的规律性，即找出周围事变的内部联系，作为我们行动的向导。”（毛泽东选集第3卷．北京：人民出版社，1991.801）根据这段话的意思，为了容易理解，我们把它称为：求“实事”之“是”。

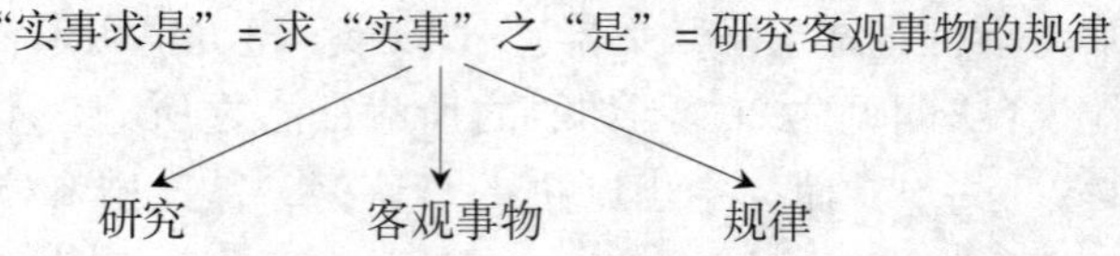

1942年，毛泽东为中央党校题写了“实事求是”的校训；1945年又为党的七大写了“实事求是，力戒空谈”的题词。实事求是成为党的思想路线，从认识论的角度说明了它在毛泽东思想体系中的基础性作用，解决的是主观与客观、理论和实际的辩证关系问题。

我们说毛泽东思想是中国的马克思主义，是和中国革命具体实践相结合的产物，是有中国特色的马克思辩证唯物主义和历史唯物主义，是生长在中国大地上的马克思主义，从马克思主义哲学和中国传统文化的结合上即可看出。有这样一件事，毛泽东青年时代在湖南第一师范读书期间，经杨开慧之父杨昌济介绍，利用假期进“岳麓书院”寄读，当时这个书院的讲堂上就挂着一幅楹联，上联是“工善其事必利其器”；下联是“业精于勤而荒于嬉”（这是唐朝文学家韩愈的话）；横批就是“实事求是”。20多年后，这四个字被嵌在中央党校的大门口。可见，毛泽东把马克思主义哲学的基本原理同中国革命的具体实践相结合，并且与传统文化融为一体，具体化为“实事求是”的思想路线，并且通过延安整风和中共七大，使这条思想路线为全党所接受。正是这条思想路线指引着党领导中国人民取得了新民主主义革命的胜利，又取得了社会主义革命和建设的胜利。

二、实事求是思想路线的科学内涵

实事求是的思想路线有以下三个基本点：

其一，一切从实际出发，是贯彻实事求是思想路线的根本前提。

从实际出发就是从实践出发，毛泽东在《实践论》中说："无论何人要认识什么事物，除了同那个事物接触，即生活于（实践于）那个事物的环境中，是没有法子解决的。"（毛泽东选集第1卷．北京：人民出版社，1991.286～287）这表明，社会实践是沟通主观与客观的桥梁。从实际出发，对于指导中国革命和建设的全局来讲，就是要从国情出发。从国情出发是中国革命和建设取得胜利的思想保证，而我们之所以会在工作指导上出现某些失误，很重要的一个原因就是违背了从国情出发即从实际出发的思想。

其二，理论联系实际的观点，这是贯彻实事求是思想路线的根本途径。理论若不和革命实践联系起来，就会变成无对象的理论，同样，实践若不以革命理论为指南，就会变成盲目的实践。对于中国共产党说来，就是要学会把马克思列宁主义的理论应用于中国的具体环境。学习与运用马克思主义就是要做到"有的放矢"，"的"的原意是靶，"矢"的原意是箭。毛泽东把"的"当作中国革命的实践，"矢"则是指马克思列宁主义，中国共产党人之所以要找这根"矢"，就是为射中国革命这个"的"。

理论联系实际，又要把握三个方面：首先，必须善于把握和运用对中国革命的实际有方法论指导意义或直接指导意义的科学理论；其次，必须在科学理论的指导下认真开展对于中国的历史实际和现实实际问题的调查和研究；再次，理论联系实际的结果，必须是获得对于中国革命运动的规律性认识，从而切实解决中国革命在各方面的问题，并上升为新的理论。

其三，在实践中检验和发展真理的观点，这是贯彻实事求是思想路线的根本目的和验证条件。毛泽东早在《实践论》中就提出过"实践是真理的标准"，还说："只有人们的社会实践，才是人们对于外界认识的真理性的标准。"（毛泽东选集第1卷．北京：人民出版社，1991.284）在《新民主主义论》中又说："只有千百万人民的革命实践，才是检验真理的尺度。"（毛泽东选集第2卷．北京：人民出版社，1991.663）"只有……才是"，在汉语里就是"唯一"的意思，也就是说提出了实践是检验真理的唯一标准。1963年5月，他在《人的正确思想是从哪里来的》一文中指出：从客观外界的反映过程中得到的思想、理论、政策、计划、办法等，究竟是正确的还是错误的，只能“经过实践的考验”，“此外再无别的检验真理的办法”。同年 11 月，他在修改一篇文章时，亲笔加了“社会实践是检验真理的唯一标准”这样一句话，这是马克思主义发展史上关于真理标准问题上最明确的表述。

第三节　在解放思想过程中重新恢复党的思想路线

一、重新恢复实事求是的思想路线

“文革”的十年内乱使中国社会主义发展陷入了困境，当时的情况是：冤假错案堆积如山，政治、思想一片混乱，党和国家的各级组织遭到严重破坏，经济形势十分严峻，对外关系也非常紧张。人们急切盼望从困境中摆脱出来，而当时党的主要负责人华国锋提出的“两个凡是”（凡是毛主席的指示，我们都要坚决执行，凡是毛主席作出的决策，我们都要坚定不移地维护）的错误方针却禁锢了人们的思想。

1978 年 5 月，在胡耀邦的组织下，中央党校的内部理论刊物《理论动态》和《光明日报》发表特约评论员文章《实践是检验真理的唯一标准》，因而在全国引发了一场关于真理标准问题的大讨论。邓小平、陈云、叶剑英、李先念等坚决地支持了关于“真理标准问题”大讨论。在真理标准问题大讨论这一背景下，人们的思想开始获得解放。1978 年 11 月 10 日到 12 月 15 日，中央工作会议召开。这次会议开了 40 多天，实际上是十一届三中全会的准备会，邓小平在会上作《解放思想，实事求是，团结一致向前看》的重要讲话，指出：“一个党，一个国家，一个民族，如果一切从本本出发，思想僵化，迷信盛行，那它就不能前进，它的生机就停止了，就要亡党亡国。”“只有解放思想，实事求是，一切从实际出发，理论联系实际，我们的社会主义现代化建设才能顺利进行，我们党的马列主义、毛泽东思想的理论也才能顺利发展。”（邓小平文选第 2 卷．北京：人民出版社，1994. 143）邓小平这个讲话是解放思想的第一个宣言书，是开辟新道路、创立新理论的动员令，是邓小平理论产生和发展的哲学基础。邓小平的讲话也成为十一届三中全会的主题报告。

1978 年 12 月 18 日到 22 日，十一届三中全会在北京召开。这次会议是新时期伟大历史转折的开端，也是邓小平理论的起点。全会批判了“两个凡是”的错误方针，充分肯定了完整、准确地理解、掌握毛泽东思想科学体系的重要性，高度评价了关于真理标准问题的讨论，从而重新恢复和确立了实事求是的党的思想路线。全会抛弃了“以阶级斗争为纲”的错误方针，宣布把党的工作重心转移到经济建设上来，并作出了对内改革、对外开放的伟大决策。针对拨乱反正过程中出现的错误思潮，旗帜鲜明地强调必须坚持四项基本原则。由此奠定了后来的“一个中心，两个基本点”的基本路线的初步形态，奠定了新时期党的基本路线的基础。

邓小平认为，在一切工作中要真正坚持实事求是，首先必须解放思想，只有思想解放了，才能正确地以马克思列宁主义、毛泽东思想为指导，解决过去遗留的问题和新出现的一系列问题。他在 1980 年召开的党的十一届五中全会第三次会议上发表了《坚持党的路线，改进工作方法》的讲话，他说：“三中全会确立了，准确地说是重申了党的马克思主义的思想路线。马克思、恩格斯创立了辩证唯物主义和历史唯物主义的思想路线，毛泽东同志用中国语言概括为‘实事求是’四个大字。实事求是，一切从实际出发，理论联系实际，坚持实践是检验真理的唯一标准，这就是我们党的思想路线。我们说重申，就是说把这条马克思主义的思想路线恢复起来。”他强调：“我们搞四个现代化，不开动脑筋，不解放思想不行。什么叫解放思想，是指在马克思主义指导下打破习惯势力和主观偏见与束缚，研究新情况，解决新问题。”（邓小平文选第 2 卷. 北京：人民出版社，1994. 278～279）1982 年党的十二大通过的《中国共产党章程》明确指出：“党的思想路线是一切从实际出发，理念联系实际，实事求是，在实践中检验真理和发展真理。”

二、将“解放思想”补充到党的思想路线中，使新时期党的思想路线的内容更加丰富

第一，解放思想，提出了要求破除旧传统、旧习惯势力消极因素的束缚，破除守旧、怯弱心理，破除落后思潮的影响，以物质与精神的同一性关系原理为指导，更新观念，独立思考，勇于研究新问题，解决新问题。实事求是，要求按客观规律办事，依据客观实际，确立路线、方针、政策。实事求是特别强调客观决定主观，物质第一性、精神第二性的原理。

第二，“解放思想”与“实事求是”具有相互贯通的思想脉络和辩证要求。没有“解放思想”的前提，不可能正确认识和处理主观与客观的关系，也就不能做到“实事求是”；如果不以实事求是的态度“解放思想”，就有可能导致胡思乱想，使主观脱离客观。“解放”什么思想，“解放思想”到什么程度，都要讲究“实事求是”。因此，科学的态度是在“解放思想”的前提下和过程中“实事求是”，又在“实事求是”的态度和原则基础上“解放思想”。

解放思想、实事求是思想路线的确立和恢复，成为拨乱反正的重要理论依据，而理论上的每一次重大突破，都是与解放思想、实事求是联系在一起的，

真理标准问题的讨论，生产力标准问题的讨论和姓“资”姓“社”问题的讨论、姓“公”姓“私”问题的讨论，这四次大讨论，都使我们的思想获得大解放，使中国特色社会主义理论进一步为广大干部群众所掌握，使精神力量变成巨大的物质力量。

第三，走自己的路，建设中国特色社会主义是我们的基本结论。独立自主，自力更生，从哲学上来讲，就是根据“内因是变化的根据，外因是变化的条件”这一基本原理，认为事物的变化和发展本身是第一位的。所谓“独立自主”，就是不受任何国家的控制和干涉，自主地决定和处理本国的事情。所谓“自力更生”，就是充分利用本国的资源、技术和市场，依靠本国人民群众的力量来发展本国经济。在这中间，要注意自力更生和对外开放的关系，强调独立自主、自力更生，主要是在现代化建设和对外开放中要有一个基本的立足点。不能脱离这个基本立足点去追求现代化，也不要在对外开放中产生盲目性，不要把独立自主、自力更生和对外开放对立起来，走闭关锁国的老路。

解放思想、实事求是思想路线的重新恢复与确立，是马克思主义认识论在马克思主义中国化实践过程中的运用、丰富和发展；是制定并贯彻执行正确的政治路线的思想基础；是加强党的思想作风建设和提高领导能力的重要内容，是马克思主义中国化理论成果的精髓。

第四节　思想路线在新形势下增添了与时俱进的要求

一、与时俱进、开拓创新是马克思主义不竭的生命源泉

十七大报告指出，“新时期最突出的标志是与时俱进”，“实践永无止境，创新永无止境”。所以，与时俱进、开拓创新是马克思主义不竭的生命源泉，这个精神被加进了党的思想路线之中。

一个民族要兴旺腾飞，离不开思想的升华；一个国家要发展壮大，离不开理论的成熟。马克思主义具有与时俱进的理论品质，那么，这种与时俱进的内涵是什么呢？

其一，它充分体现了马克思主义认识运动的总规律：实践——认识——再实践——再认识，循环往复，以至无穷。这正是马克思主义不可能一成不变，必然随着时代、科学、实践的发展而发展的道理所在，是绝对真理与相对真理的辩证关系。所以，“实践永无止境，创新永无止境”。我们要突破前人，后人也必然突破我们，这是社会前进的规律。

其二，体现了坚持从新的实际出发，以改革的精神研究重大理论和现实问题的科学态度与理论勇气。与时俱进，就是党的全部理论和工作要体现时代

性，把握规律性，要使党和国家的事业不停顿，首先理论上不能停顿，否认马克思主义的科学性，丢掉老祖宗是错误的、有害的；教条式地对待马克思主义也是错误的、有害的。“丢掉老祖宗”是我们通常所说的“右”，是否定四项基本原则，是资产阶级自由化，我们曾经有过深刻的经验教训；“教条式地对待马克思主义”是“左”，是否定改革开放，对此我们也有过沉痛的教训。

其三，实践基础上的理论创新是社会发展和变革的先导。坚持党的思想路线，解放思想、实事求是、与时俱进，是共产党坚持先进性和增加创造力的决定性因素。人们常说，思想是照亮人类前进的明灯，而任何科学而富有生命力的思想理论体系都是人们根据实践的要求不断进行创新的过程及其成果。人民一旦掌握了强大的思想武器，就会变成巨大的物质力量。农村包围城市、武装夺取政权，以小胜大，以弱对强；跨越资本主义的卡夫丁峡谷，通过新民主主义过渡到社会主义是史无前例的；建设有中国特色社会主义，摸着石头过河，大胆地试、大胆地闯，社会主义市场经济是前无古人的；立党为公，执政为民，解决两大历史性课题，上下求索，“什么是社会主义，怎样建设社会主义”，探索中的前进让前途越来越光明。

如果从社会主义发展的历史来看，马克思主义的发展、实践与创新可以分为这样几个阶段：

第一个阶段，社会主义从空想变为科学。马克思主义是“应运而生”的，是应无产阶级斗争的需要而生的。当历史需要天才的时候，就会产生天才，这就是我们平常所说的“时势造英雄”。马克思主义形成的标志是 1848 年 2 月《共产党宣言》的发表，从此，“一个幽灵，共产主义的幽灵，在欧洲徘徊”，后来，又在全世界徘徊。列宁说，《共产党宣言》这部著作以天才的透彻鲜明的笔调叙述了新的世界观，即包括社会生活在内的彻底的唯物主义，最全面、最深刻的发展学说辩证法以及关于阶级斗争、关于共产主义新社会的创造者无产阶级所负的世界使命的理论。在 160 多年的时间里，有 110 种文字、共出版了 1100 版次《共产党宣言》。1999 年，在世纪之交的历史时刻，英国广播公司在互联网上评选“千年伟人”，结果马克思得票第一，当选为“千年伟人”。可以说，马克思主义的学说改变了世界。

第二个阶段，社会主义从理想变为现实。马克思、恩格斯曾经认为，社会主义革命和制度的产生需要两个条件：资本主义社会的主要矛盾即生产的社会化与生产资料的私人占有之间的矛盾，最终会成为资本主义生产力发展的桎梏，这个时候就会发生社会主义革命；这个革命将在多个发达国家，例如美、英、法、德等国家同时发生。在他们的晚年，也曾经在几封通信中探讨过像俄国这样的东方落后国家可以跨越资本主义的卡夫丁峡谷而实现社会主义的问题。但是，他们当时的设想是：这种“跨越”是在周边的发达国家已经走上社会主义道路，从而“带动”东方落后国家走上社会主义道路。

列宁发展了马克思主义的这个学说，他认为：落后国家可以率先走上社会主义道路；社会主义可以在一国或几个国家首先取得胜利；资产阶级民主革命和社会主义革命能够交错完成。根据这一理论，世界上第一个社会主义国家诞生了。社会主义从理想变成了现实，社会主义被实践证明是科学的。在这个实践的过程中，产生了列宁主义。

第三个阶段，社会主义从一国实践发展到多国实践。第二次世界大战以后，形成了一个社会主义阵营，在它鼎盛的时期，曾经有 15 个国家，占世界三分之一的人口、四分之一的土地、五分之二的工业产值和三分之一的国民收入。同时，由于帝国主义对社会主义的极端恐惧与仇视，从 1945 年到 1991 年两大阵营冷战长达 46 年之久。中国共产党正是在这个阶段产生并取得胜利的。“十月革命一声炮响，给中国送来了马克思主义”。但是，在中国这样一个半殖民地半封建的国家要取得民族独立并走上社会主义道路，如果是教条主义地对待马克思主义，就不可能完成历史使命，三次“左”倾路线给革命造成的损失就是例证。在这个过程中，中国产生了生长在中国大地上的马克思主义——毛泽东思想。在如何进行中国革命和使中国走上社会主义道路的问题上，以毛泽东为代表的中国共产党人发展了马克思列宁主义，创立了新民主主义革命的理论，建立了新中国；通过建立五种经济成分并存的新民主主义社会，又通过对农业、手工业和资本主义工商业进行社会主义改造，在中国建立了社会主义制度。

第四个阶段，社会主义从单一模式转变为多种模式。东欧剧变以后，社会主义阵营的土地面积损失 70%，人口损失 32%，世界共产党组织从原来的 180 家降至 130 家，党员从 9 000 万降至 7 000 多万。国际共产主义运动陷入低潮，出现了“一大四小”的局面。面对这种情况，中国共产党的第二代、第三代中央领导集体，高举马克思主义的伟大旗帜，坚持解放思想、实事求是的思想路线，大力进行理论创新、制度创新、体制创新和实践创新，进一步发展了马克思主义，走出了一条有中国特色社会主义的新路。中国式道路的成功，使一些人感到了“威胁”，他们制造了“中国威胁论”，但是真正感到威胁的不是中国的经济成就，而恰恰就是这条中国特色社会主义的道路，就其主要内容来说，可以归纳为以下几个方面：创立了社会主义初级阶段的理论；建立了社会主义市场经济体制；提出了社会主义本质论，进一步回答了“什么是社会主义，怎样建设社会主义的问题”；进一步回答了“建设一个什么样的党，怎样建设党的问题”；初步回答了怎样发展、最小代价发展的问题。

理论创新，就是要求人们从那些不合时宜的观念、做法和体制中解放出来，从对马克思主义的错误的和教条式的理解中解放出来，从主观主义和形而上学的桎梏中解放出来，这是对待马克思主义的正确态度，也是理论创新的必然要求。坚持理论创新必须坚持两个基本要求：一是必须坚持马克思主义的立场、观点和方法，坚持马克思主义的基本原理，这一点要坚定不移，不能含糊；二是一定要贯彻解放思想、实事求是的思想路线和与时俱进的精神，坚持勇于追求真理和探索真理的革命精神，发展马克思主义，这一点也要坚定不移，毫不含糊。这“两个坚持”和“两个毫不含糊”，是与时俱进理论创新所要坚持的原则。

马克思主义是随着时代、科学和实践的发展而与时俱进的，这正是它站在时代潮流之前引领时代前进的奥秘之所在，也是它之所以成为科学而永葆青春的美妙之处。历史充分表明，与时俱进是马克思主义的理论品质，社会实践没有止境，解放思想、实事求是就没有止境，理论创新、理论发展也没有止境。

二、与时俱进的创新随着中国改革开放的实践而发展

与时俱进、开拓创新，必然要与我国改革开放的实践相结合，要根据新情况、研究新问题、提出新办法。改革开放三十年来，我国在经济政治文化社会等各个领域、各个方面都取得了巨大进步。中国人民的面貌、社会主义中国的面貌、中国共产党的面貌发生了历史性的变化，中华民族大踏步赶上时代前进的潮流。从经济社会发展方面来看，2008 年，我国的国民生产总值已经达到 300 670 亿美元，是 1978 年改革开放起步时的近 80 倍，成为世界第三大经济体，人均 GDP 超过 3 000 美元；城镇居民人均可支配收入 15 781 元，农民人均纯收入 4 761 元；从 1978 年到 2007 年，中国农村尚未解决温饱的绝对贫困人口数量已从 2. 5 亿下降到 1 479 万，占农村总人口的比重由 30. 7% 下降到 1. 6% 。一大批重要的工农业产品，如粮食、棉花、肉类、钢铁、煤炭、化肥、水泥等的产量均位居世界首位。这期间，我国经济年均增速为 9. 8% ，远远超过 3% 的世界平均增长速度。改革开放以来，在经济建设方面取得巨大成就的同时，我国在政治建设、文化建设、社会建设等方面都取得了举世瞩目的成就。现在，我们已经拥有了比较雄厚的物质基础，具备了良好的发展条件。我们正是站在这样一个发展的新起点上向前迈进的。

但是，党的十七大报告也曾指出，“这是一个既有巨大发展潜力和动力又有各种困难和风险的时期，是一个既有难得机遇又有严峻挑战的时期”，能不能抓住机遇，战胜挑战，取得发展的新成果，成功地度过这个时期，关系着整个社会主义现代化建设的成败。

从国际环境看，和平与发展仍然是时代主题，但出现了三个明显的趋势，即世界格局多极化、经济全球化、科学技术突飞猛进。当今世界的变化和走向，主要是这三个趋势深入发展和相互作用的结果，世界仍处在大变动、大调整之中，国际形势继续发生深刻复杂的变化，一个重要特点是，总体有利的形势在进一步发展，机遇在大大增加；但不利的因素、不稳定不确定的因素也在增多，挑战更加严峻。国际上的这些重要变化深刻地影响着我国当前和今后的发展。我们要更加积极主动地抓住难得机遇，应对严峻挑战。例如，要妥善应对针对我国的贸易保护主义；有效回应形形色色的中国“威胁”论；更加广泛地开展国际合作，更好地利用各种合作机制，拓展我国的发展空间，维护自身的发展利益；要更加清醒地认识我国面临的国际安全形势，有力应对和解决各种形式的安全威胁，警惕和回击国际敌对势力利用各种手段加紧对我国在政治和意识形态等领域进行渗透，等等。

从国内的变化看，在前进的过程中也存在诸多问题、矛盾、压力和风险。如大量农民向城市转移形成的城市农民工问题；工业化发展不平衡导致的地区差距、城乡差距问题；发展付出的能源、资源、环境的代价太大的问题；亟待解决的就业、分配、社保、教育、医疗等民生问题；经济发展越来越受到资源环境的制约，越来越受到经济结构不合理的制约，越来越受到社会事业发展滞后的制约的问题，等等。这些问题是当前我国发展的阶段性特征，是社会主义初级阶段基本国情在新世纪、新阶段的具体表现。

这些阶段性特征集中反映了我国正在经历的“四个深刻”变化，即“经济体制深刻变革，社会结构深刻变动，利益格局深刻调整，思想观念深刻变化”。因此，全党必须始终保持清醒头脑，科学分析我国全面参与经济全球化的新机遇新挑战，全面认识工业化、信息化、城镇化、市场化、国际化深入发展的新形势新任务，深刻把握我国发展面临的新课题新矛盾，更加自觉地走科学发展道路。“机遇前所未有，挑战也前所未有，机遇大于挑战”。

第五节　新一轮解放思想是党的思想路线的新提升

一、发展中国特色社会主义离不开解放思想这个法宝

党的十七大报告指出：“解放思想是发展中国特色社会主义的一大法宝。”所谓“法宝”，就是战略性武器，不是常规武器，是能够克敌制胜的“杀手锏”，是只有中国共产党才有而别人没有的武器！是类似于孙悟空的千钧棒、唐僧的紧箍咒那种东西，只要这个“经”一念起来，就能够无往不胜。所以，我们要坚定不移地解放思想，因为解放思想是党的思想路线的本质要求，是我

们应对前进道路上的各种新情况新问题、不断开创事业新局面、发展中国特色社会主义的一大法宝。改革开放作为一场新的伟大革命，不可能一帆风顺，也不可能一蹴而就。这个时候法宝千万不能丢掉。在看到成绩的同时，也要清醒地认识到，工作成绩与人民的期待还有不小差距，前进中还面临不少困难和问题。十七大报告号召全党“解放思想、实事求是、与时俱进，勇于变革、勇于创新，永不僵化、永不停滞，不为任何风险所惧，不被任何干扰所惑，使中国特色社会主义道路越走越宽广，让当代中国马克思主义放射出更加灿烂的真理光芒”。由此可见，解放思想具有决定事业兴衰、大局成败的关键意义。伟大的理论开辟伟大的道路，伟大的旗帜指引伟大的事业。没有党的解放思想、实事求是的思想路线，没有这个特有的政治优势，就不可能有波澜壮阔的改革开放和社会主义现代化建设新时期的开启，就不会有中华民族的伟大复兴，就不会有一系列的马克思主义中国化的理论创新成果和当代中国马克思主义的发展。总而言之，发展中国特色社会主义离不开解放思想这个法宝。

二、新一轮解放思想源自于对国情的深刻把握

新一轮解放思想任务的提出是建立在对基本国情的正确分析基础上的。“两个没有变”的国情告诉我们，实现现代化、赶上世界先进水平还有很长的路要走。例如，当前的中国改革与发展就存在很多问题，温总理在十一届全国人大一次会议政府工作报告中归结为：经济运行中一些突出问题和深层次矛盾依然存在，涉及群众切身利益的问题有待进一步解决，国际经济环境变化中不确定因素和潜在风险也在增加，政府自身建设和管理需要加强。在现实中可以看到，自以为是、骄傲自满、贪图安逸和享受、小富即安、不思进取的思想在一些人中是存在的。例如，由于生活好了要享受人生，只要听说哪里有好玩的、哪里有好吃的，就一窝蜂冲向那里，结果发现既不好玩也不好吃，反倒是到处人潮汹涌、交通堵塞，因此又开始奔向下一个目标，如此循环而已。在这个循环中，什么时间、金钱、事业、理想、意志、创业、创新也都随之而去灰飞烟灭了。所以，我们一定要牢记国情，居安思危、增强忧患意识，停顿和倒退是没有出路的。

三、新形势下解放思想的主要任务

继续解放思想的主要任务就是把全党的思想进一步统一到党的十七大精神上来，统一到党中央作出的一系列重大决策和战略部署上来，坚定不移地走中国特色社会主义道路，努力做科学发展观的忠实执行者、社会主义荣辱观的自觉实践者、社会和谐的积极促进者，为夺取全面建设小康社会的新胜利而奋

斗。在成绩面前要看到，在建设中国特色社会主义道路上，我们仍然有许多未被认识的领域和规律，仍然有许多未知的“必然王国”，仍然有待于继续由“必然王国”向“自由王国”跃进，面对未来，我们会不断地面临新情况、新问题，对这些新情况和新问题的认识也还需要不断地深化。

在一定历史阶段，人们的认识在解放思想中达到了一致，并实现了主观与客观的相统一。但人类的实践是一个不断发展的历史过程，永远不会停留在一个水平上，这就要求理论不断创新，思想不断解放。不断地解放思想，就是我们不断认识真理、掌握真理的过程；就是人们不断地在实践的基础上进行再认识的过程，就是不断地从“必然王国”走向“自由王国”的过程。这个过程的基本规律就是实践、认识、再实践、再认识，如此循环往复以至无穷，而实践和认识之每一循环内容，都进到了比较高级的程度。改革开放的实践充分证明：只有遵循这个认识规律，才能解放思想；只有解放思想，才能达到更高一级的程度。面对不断发展变化着的实践，如果思想僵化，拘泥于原有的一些思想观点和具体做法，就不能更好地适应形势发展、推进社会主义伟大事业。

第三章　社会主义初级阶段理论的渊源与发展

社会主义初级阶段理论是邓小平理论的基石和基础，也称为第一个基本理论问题，是对中国基本国情和社会主义发展阶段的基本估计。所谓一切从实际出发，就要从这个中国最大的国情出发。毛泽东曾经说："认清中国的社会性质，就是说，认清中国的国情，乃是认清一切革命问题的基本的根据。"（毛泽东选集第2卷．北京：人民出版社，1991.633）因此，初级阶段理论是我们制定路线方针政策的立足点和出发点，是邓小平理论的立论基础。同时，不了解这样一个国情，就不能解决"什么是社会主义，怎样建设社会主义"的问题。党的十五大报告曾经说：面对改革攻坚和开创新局面的艰巨任务，我们解决种种矛盾，澄清种种疑惑，认识为什么必须实行这样的路线和政策，而不实行别的路线和政策，关键还在于对所处社会主义初级阶段的基本国情要有统一认识和准确把握。

第一节　社会主义发展阶段论的渊源

一、马克思恩格斯的基本论述

马克思恩格斯认为，人类社会不仅是一个由低级阶段向高级阶段发展的历史进程，也是一个从片面发展向全面发展的历史进程。他们认为，无产阶级夺取政权以后，经历一个过渡时期就进入未来社会。未来社会自身的发展也要经历一个漫长的发展过程。马克思曾经在《哥达纲领批判》中，第一次提出了共产主义社会两个发展阶段的学说，即共产主义社会将经历"第一阶段"到"高级阶段"的发展过程。他还说："我们这里所说的是这样的共产主义社会，它不是在它自身的基础上已经发展了的。恰好相反，是刚刚从资本主义社会中产生出来的，因此它在各方面，在经济、道德和精神方面都还带着它脱胎出来的那个旧社会的痕迹。"（马克思恩格斯选集第3卷．北京：人民出版社，1995.304）

共产主义社会第一阶段是从旧社会脱胎出来的，而高级阶段是在第一阶段完全巩固和充分发展的基础上实现的。两个阶段的区别在于其成熟和发展程度不同，由此又决定了社会生产关系以及人的自身发展程度上的差别。这两个阶段又是相互衔接的：共产主义社会是第一阶段的必要准备，高级阶段是第一阶段发展的必然趋势。从共产主义社会过渡到高级阶段的过程，就是在社会生产力发展的基础上逐步消除旧社会痕迹的过程。在处理二者的关系上，必须坚持不断革命论与革命发展阶段论的统一，正确把握共产主义两个阶段的区别和联系。既不能超越低级阶段，把共产主义高级阶段的任务提到第一阶段来完成，混淆两个阶段的界限，犯急于求成、冒进的错误；又不能忽视它们之间的密切联系，看不到共产主义社会第一阶段向高级阶段发展的趋势和共产主义的前景。

马克思恩格斯认为，未来社会是自由人的联合体。“代替那存在着阶级和阶级对立的资产阶级旧社会的，将是这样一个联合体，在那里，每个人的自由发展是一切人的自由发展的条件。”（马克思恩格斯选集第1卷. 北京：人民出版社，1995. 294）1894年1月9日恩格斯在致意大利友人朱·卡内帕的信中，引述了《共产党宣言》中这句话作为对未来社会的一个基本看法。他说，除了从《共产党宣言》中摘出这段话外，再也找不出合适的词句了。由此可见，未来社会的本质规定是在自由人的联合体中实现人的全面和自由发展。关于这个思想，马克思恩格斯曾在多处表述过。他们认为，未来社会就是一个“以每个人的全面而自由发展为基本原则的社会形式”。（马克思恩格斯全集第23卷. 北京：人民出版社，1963. 649）马克思认为：“一切民族，不管他们所处的历史环境如何，都注定要走这条道路，——以便最后都达到在保证社会劳动生产力极高度发展的同时又保证人类最全面的发展这样一种经济形态。”（马克思恩格斯全集第19卷. 北京：人民出版社，1963. 130）

关于人的全面和自由发展，恩格斯作过明确的阐述和概括：“社会的每一个成员都能完全自由地发展和发挥他的全部才能和力量，并且不会因此而危及这个社会的基本条件。”（马克思恩格斯全集第19卷. 北京：人民出版社，1963. 130）“他们的体力和智力获得充分的自由的发展和运用”。最终，“人终于成为自己的社会结合的主人，从而也就成为自然界的主人，成为自身的主人——自由的人”。只是从这时起，“人在一定意义上才最终地脱离了动物界，从动物的生存条件进入真正人的生存条件”。“人们才完全自觉地创造自觉的历史。”（马克思恩格斯选集第3卷. 北京：人民出版社，1995. 757、758、760）

二、列宁的初步探索

列宁在《国家与革命》中把共产主义社会第一阶段明确论证为社会主义，以区别于它的高级阶段；在《共产主义运动中的“左”派幼稚病》中，又提出将社会主义划分为几个阶段的思想。

列宁在《国家与革命》中说：“马克思具体地分析了这种没有资本主义存

在的社会的生活条件，他说：'我们这里所说的《在分析工人党的纲领时》是这样的共产主义社会，它不是在它自身基础上已经发展了的，恰好相反，是刚刚从资本主义社会中产生出来的，因此它在各方面，在经济、道德和精神方面都还带着它脱胎出来的那个旧社会的痕迹。'"（马克思恩格斯选集第3卷．北京：人民出版社，1995.10）就是这个刚刚从资本主义脱胎出来的在各方面还带着旧社会痕迹的共产主义社会，马克思称之为共产主义社会的"第一"阶段或低级阶段。（列宁选集第3卷．北京：人民出版社，1995.188）

但是，"在共产主义第一阶段还不能做到公平和平等，因为富裕的程度还会不同，而不同就是不公平。但是人剥削人已经不可能了，因为已经不能把工厂、机器、土地等生产资料攫为私有了。马克思通过驳斥拉萨尔泛谈一般'平等'和'公平'的含糊不清的小资产阶级言论，指出了共产主义社会的发展进程，说明这个社会最初只能消灭私人占有生产资料这一'不公平'现象，却不能立即消灭另一不公平现象：'按劳动'（而不是按需要）分配消费品"。（列宁选集第3卷．北京：人民出版社，1995.195）"因此，在共产主义社会的第一阶段（通常称为社会主义），'资产阶级权利'没有完全取消，而只是部分地取消，只是在已经实现的经济变革的限度内取消，即只是在同生产资料的关系上取消。'资产阶级权利'承认生产资料是个人的私有财产。而社会主义则把生产资料变为公有财产。在这个范围内，也只是在这个范围内，'资产阶级权利'才不存在了。""但是它在它的另一部分却依然存在，依然是社会各个成员间分配产品和分配劳动的调节者（决定者）。'不劳动者不得食'这个社会主义原则已经实现了；'对等量劳动给予等量产品'这个社会主义原则也已经实现了。但是，这还不是共产主义，还没有消除对不同等的人的不等量（事实上是不等量的）劳动给予等量产品的'资产阶级权利'。"（列宁选集第3卷．北京：人民出版社，1995.196）

由于列宁有了社会主义的实践，他的探索，尤其是新经济政策之后，思路显得更加清晰起来。

（一）通过国家资本主义过渡到社会主义

1922年，列宁在《俄国革命的五年和世界革命的前途——在共产国际第四次代表大会上的报告》中说："国家资本主义较之我们苏维埃共和国目前的（即当时的）情况，将是一个进步。如果国家资本主义在半年左右能在我国建立起来，那将是一个很大的胜利，那将极其可靠地保证社会主义一年以后在我国最终地巩固起来而立于不败之地。"（列宁选集第4卷．北京：人民出版社，1995.717）他认为：如果我们先实行国家资本主义，然后再实行社会主义，那就好了。为什么呢?“我之所以要特别强调这一方面，是因为我认为只有注意到这一点，第一，才能说明现在的经济政策是什么；第二，才能由此作出对于共产国际也很重要的实际结论。我不能说我们事先已有一个准备好了的退却计划，这是没有的。这短短几行论战性的文字，在当时绝不是什么退却计划。例如，很重要的一点，即对国家资本主义具有根本意义的贸易自由，在这里就一个字也没有提到。但这毕竟提出了一个大致的、还不明确的退却思想。我认为无论从经济制度至今还很落后的国家来看，或是从共产国际和西欧先进国家来看，我们都应当注意到这一点。比方说，我们现在正在制定纲领。我个人认为，我们最好现在对所有的纲领只作一般的讨论，即所谓一读，然后送去付印，但不在现在，不在今年最后作出决定。为什么呢?我想首先当然是因为我们对这些纲领未必都很好地考虑过。其次还因为我们几乎根本没有考虑过可以退却和保障这一退却的问题。而这一问题在世界上发生了像推翻资本主义和十分艰难地建设社会主义这样根本变化的时候，是我们必须注意的。我们不仅必须知道当我们直接转入进攻而且取得胜利的时候，应该怎样行动。在革命时期这并不怎么困难，也不怎么重要，至少这不是最有决定意义的。进行革命时，常常会有敌人张皇失措的时候，如果我们在这样的时候向他们进攻，就会容易取胜。但这还不能说明什么问题，因为我们的敌人如果相当沉着，他就会预先集结力量，等等。那时他会很容易挑动我们去进攻，然后把我们抛回到好多年前的境地。所以我认为，我们应当作好有可能退却的准备，这种思想有很重要的意义，而且不仅从理论上来看是如此。即使从实践上来看，凡是在不久的将来准备直接向资本主义进攻的政党，现在也应当考虑一下如何保障自己退却的问题。我认为，除了从我国革命经验中吸取其他一切教训外，如果我们还能注意到这个教训，那么，这对我们不但没有任何害处，而且在许多场合下很可能对我们有好处。”（列宁选集第4卷. 北京：人民出版社，1995. 718～719）

（二）不要轻易地把社会主义带到农村去

1923年1月2日，列宁在日记中写道：“说了‘共产主义’这几个字，我要赶快声明一下，以免引起误会或过于机械的理解。绝不能把这话理解为我们应当马上把纯粹的和狭义的共产主义思想带到农村去。在我们农村中奠定共产主义的物质基础之前，这样做对于共产主义可以说是有害的，可以说是致命的。”（列宁选集第4卷. 北京：人民出版社，1995. 765）“不能这样做。应当从建立城乡间的交往开始，绝不给自己提出向农村推行共产主义这种事先定下的目标。这种目标现在是达不到的。这种目标是不合时宜的。提出这种目标不但无益，反而有害。”（列宁选集第4卷. 北京：人民出版社，1995. 765）

在《论合作社》一文中，他又说："毫无疑问，合作社在资本主义国家条件下是集体的资本主义机构。同样毫无疑问，在我国目前的经济现实中，当我们把私人资本主义企业（但必须是建立在公有土地上的，必须是处在工人阶级的国家政权监督下的）同彻底的社会主义类型的企业（无论生产资料或企业占有的土地以及整个企业都属于国家）连接起来的时候，这里也就出现了第三种企业的问题，即合作企业的问题，从原则意义上说，这种企业以前是没有起过独立作用的。在私人资本主义下，合作企业与资本主义企业不同，前者是集体企业，后者是私人企业。在国家资本主义下，合作企业与国家资本主义企业不同，合作企业首先是私人企业，其次是集体企业。在我国现存制度下，合作企业与私人资本主义企业不同，合作企业是集体企业，但与社会主义企业没有区别，如果它占用的土地和使用的生产资料是属于国家即属于工人阶级的。"（列宁选集第 4 卷．北京：人民出版社，1995. 772）

（三）社会主义的实现是"要有相当的物质基础"的

"我们的敌人曾不止一次地对我们说，我们在一个文化不够发达的国家里推行社会主义是冒失行为。但是他们错了，我们没有从理论（一切书呆子的理论）所规定的那一端开始，我们的政治和社会变革成了我们目前正面临的文化变革，文化革命的先导。"（列宁选集第 4 卷．北京：人民出版社，1995. 774）"现在，只要实现了这个文化革命，我们的国家就能成为完全社会主义的国家了。但是这个文化革命，无论在纯粹文化方面（因为我们是文盲）或物质方面（因为要成为有文化的人，就要有相当发达的物质生产资料的生产，要有相当的物质基础），对于我们来说，都是异常困难的。"（列宁选集第 4 卷．北京：人民出版社，1995. 774）针对有些人急于实现社会主义的认识，列宁批评道："为什么我们会干出蠢事来呢？这是不难理解的，因为第一，我们是落后的国家。第二，我们的教育程度极低。第三，我们得不到外援。"（列宁选集第 4 卷．北京：人民出版社，1995. 726）

这些思想的提出，为中国共产党探索社会主义道路和发展的问题，提供了很好的思路。

三、毛泽东的探索

经过新民主主义过渡到社会主义，是中国共产党人的一个重要思想。当中国共产党宣布社会主义改造基本完成，中国进入社会主义的时候，毛泽东在 1956 年 1 月关于知识分子问题的会议上指出，社会主义社会已经进入，但尚未完成。可见，此时毛泽东已将社会主义分为"进入"和"完成"两种状态。

1957年2月，毛泽东在《关于正确处理人民内部矛盾》中说："社会主义制度还刚刚建立，还没有完全建成，还不完全巩固。"（毛泽东著作选读（下册）. 北京：人民出版社，1986. 768）又将社会主义的"建立"和"建成"作了严格区别。同时提出了"社会主义生产关系已经建立起来"，但是，"它又很不完善"的观点。

1959年，他在读《政治经济学教科书》时指出："社会主义这个阶段，又可能分为两个阶段，第一个阶段是不发达的社会主义，第二个阶段是比较发达的社会主义。"（中共党史教学参考资料（第23册）. 北京：国防大学党史党建政工教研室编印，1986. 278）那么，"建成"社会主义，或者"比较发达的社会主义"需要多长的时间呢？毛泽东在1962年1月的中央工作会议（七千人大会）上说："建设强大的社会主义经济，在中国，五十年不行，会要一百年，或者更多的时间。"（毛泽东著作选读（下册）. 北京：人民出版社，1986. 827）这一结论，是在与资本主义300多年发展程度比较的基础上得出的。同时，他还批评了一些同志认为50年即建成社会主义的想法，其理由是"中国的人口多，底子薄，经济落后"，加上"在社会主义建设上，我们还有很大的盲目性"，因此，"要赶上和超过世界最先进的资本主义国家，没有一百年的时间，我看是不行的"。

由于种种原因，毛泽东的这一开拓性探索没有继续进行下去。但是，毛泽东关于社会主义在发展中要分两个阶段，中国处于"不发达的社会主义"阶段，中国的国情是"人口多，底子薄，经济落后"，建成社会主义要100多年时间的观点，以及后来的错误给人们留下深刻的教训，无疑从正反两个方面给人以重要启示，为社会主义初级阶段理论的产生打下了基础。

第二节　社会主义初级阶段理论的提出

党的十一届三中全会以后，总结历史的经验教训，正确地分析、认识我国国情和所处的历史发展阶段等问题，不可避免地提了出来。1979年党的十一届四中全会通过的叶剑英《在庆祝中华人民共和国成立三十周年大会上的讲话》中指出："我国现在还是发展中的社会主义国家，社会主义制度还不发达"，"同已经有了三四百年历史的资本主义制度相比，社会主义制度还处在幼年时期"。（中央文献研究室编. 三中全会以来重要文献选编（上）. 北京：人民出版社，1982. 197、205）在20年之后，重提中国的"社会主义制度还不发达"，指出"还处在幼年时期"，表明党开始探讨社会主义的发展阶段问题。

1981年党的十一届六中全会通过的《关于建国以来党的若干历史问题的

决议》首次在党的文献中提出社会主义初级阶段的论断，原文是："尽管我们的社会主义制度还是处于初级的阶段，但是毫无疑问，我国已经建立了社会主义制度，进入了社会主义社会，任何否认这个基本事实的观点都是错误的。"并且进一步提出："我们的社会主义制度由比较不完善到比较完善，必然要经历一个长久的过程。"（中央文献研究室编．三中全会以来重要文献选编（下）．北京：人民出版社，1982. 784、786）虽然当时对这个问题没有作进一步的阐述，但这一论断的提出，是在系统地总结32年正反两方面的历史经验中得出的，是建立在"社会主义运动的历史不长，社会主义国家的历史更短，社会主义社会和发展规律有些已比较清楚，更多的还有待于继续探索"这一科学认识基础上的。

1982年9月，党的十二大报告再次出现了社会主义初级阶段的提法，报告说："我国的社会主义社会现在还处在初级发展阶段，物质文明还不发达。"（中共中央文献研究室．十二大以来重要文献选编（上）．北京：人民出版社，1986. 26）1986年9月28日，党的十二届六中全会通过的《关于社会主义精神文明建设的决议》中，又提出了"社会主义初级阶段"的问题，决议说："我国还处在社会主义的初级阶段，不但必须实行按劳分配，发展社会主义的商品经济和竞争，而且在相当长历史时期内，还要在公有制为主体的前提下发展各种经济成分，在共同富裕的目标下鼓励一部分人先富起来。"（中共中央文件选编．北京：中共中央党校出版社，1992. 349）

1987年4月26日，邓小平在《社会主义必须摆脱贫穷》的谈话中说："现在虽说我们也在搞社会主义，但事实上不够格。只有到了下世纪中叶，达到了中等发达国家的水平，才能说真的搞了社会主义。"（邓小平文选第3卷．北京：人民出版社，1993. 225）同年8月29日，也就是十三大召开前夕，他在会见意大利共产党人时明确指出："我们党的十三大要阐述中国社会主义是处在一个什么阶段，就是处在初级阶段，是初级阶段的社会主义。社会主义本身是共产主义的初级阶段，而我们中国又处在社会主义的初级阶段，就是不发达的阶段。一切都要从这个实际出发，根据这个实际来制订规划。"（邓小平文选第3卷．北京：人民出版社，1993. 252）

党的十三大最突出的贡献，就是系统地阐述了社会主义初级阶段的理论，并且将它作为"我国制定和执行正确的路线和政策的根本依据"。十三大报告所阐述的社会主义初级阶段理论的基本内容有四个方面：第一，我国的社会主义初级阶段，是指我国这样一个经济文化不发达的国家，社会主义社会成熟程度上的一个特殊阶段。从社会性质来说，我国已经是社会主义社会，从发展程度来说是初级阶段。第二，社会主义初级阶段既有社会主义因素，又有非社会主义因素，而以社会主义因素占主导地位。第三，社会主义初级阶段，时间上从20世纪50年代中期社会主义改造基本完成，到下个世纪中期社会主义现代化的基本完成，至少需要上百年时间。第四，“它不是泛指任何国家进入社会主义都会经历的起始阶段，而是特指我国在生产力落后，商品经济不发达条件下建设社会主义必然要经历的特定阶段”。在这个认识的基础上，十三大报告正式提出了“一个中心、两个基本点”的基本路线的完整表述，并明确界定它是“社会主义初级阶段的基本路线”。

因此，“社会主义初级阶段”，不只是明确了一个时间概念，而且是确定了党的基本路线的一个科学的立足点。党的十四大报告对此予以充分的肯定，十四大报告说：“一九八七年召开了党的第十三次全国代表大会。这次大会的主要历史功绩，是比较系统地论述了我国社会主义初级阶段的理论，明确概括和全面阐述了党的‘一个中心、两个基本点’的基本路线。”（十四大以来重要文献选编（上）. 北京：人民出版社，1998. 7）正像邓小平在十三大闭幕后不久所说的：“我们党的十三大报告是集体创作，集中了几千人的智慧……党的十三大的特点，一个是阐述了中国社会主义初级阶段的理论，在这个理论指导下，坚定地贯彻党的十一届三中全会以来的路线、方针和政策。”（邓小平文选第3卷. 北京：人民出版社，1993. 258）由此可见，社会主义初级阶段理论的形成经历了一个较长的历史过程，是两代领导人探索的结果，是解放思想、实事求是的产物，是中国共产党集体智慧的结晶，是对马克思主义关于社会主义发展阶段理论的丰富和发展。

第三代中央领导集体产生以后，坚持党的基本路线，坚持社会主义初级阶段理论。1989年9月29日，江泽民《在庆祝中华人民共和国成立四十周年大会上的讲话》中强调说：“在整个社会主义初级阶段，我们必须坚定不移地执行十三大的基本路线。”（十三大以来重要文献选编（中）. 北京：人民出版社，1992. 617）在十三届七中全会上，党中央对社会主义初级阶段理论作了一个历史性的总结：“在邓小平同志倡导下，我们党从十一届三中全会开始，经过十二大和十三大，根据马克思主义普遍真理同中国具体实践相结合的原则，在深刻总结历史的和当前的实践经验的基础上，作出了我国处于社会主义初级阶段的科学论断，形成了以经济建设为中心、坚持四项基本原则、坚持改革开放的基本路线，以及一系列行之有效的方针政策，全党对建设有中国特色社会主义的基本理论和基本实践取得了共同的认识。”（十三大以来重要文献选编（下）. 北京：人民出版社，1993. 1377）这是党中央明确表示：社会主义初级阶段理论是建设有中国特色社会主义理论的立论基础。1991年，江泽民《在庆祝中国共产党成立七十周年大会上的讲话》中提出了建设有中国特色社会主义经济、政治、文化的重要思想，并系统地阐述了三者的内容和相互关系，为党的十五大提出社会主义初级阶段的基本纲领奠定了基础。

邓小平1992年发表南方谈话，再次提出了社会主义初级阶段的问题，他说："我们搞社会主义才几十年，还处在初级阶段。巩固和发展社会主义制度，还需要一个很长的历史阶段，需要我们几代人、十几代人的，甚至几十代人坚持不懈地努力奋斗，决不能掉以轻心。"（邓小平文选第3卷．北京：人民出版社，1993.379～380）再次提醒全党要注意社会主义初级阶段的长期性、艰巨性，并且提出了"巩固和发展社会主义制度"的问题。也就是说，即使社会主义初级阶段的任务完成之后，社会主义制度要巩固和发展，也要做到坚持不懈，不能掉以轻心。

第三节　社会主义初级阶段理论的发展

一、将社会主义初级阶段理论写入党章与宪法

党的十四大决定以邓小平建设有中国特色社会主义理论武装全党。十四大报告在阐述建设有中国特色社会主义理论时，将初级阶段理论作为中国特色社会主义理论的重要内容，报告说：建设有中国特色社会主义理论"在社会主义的发展阶段问题上，作出了我国还处在社会主义初级阶段的科学论断，强调这是一个至少上百年的很长的历史阶段，制定一切方针政策都必须以这个基本国情为依据，不能脱离实际，超越阶段"。（十四大以来重要文献选编（上）．北京：人民出版社，1998.10～11）为此，十四大通过的关于《中国共产党章程》修正案提出：在总纲第七自然段中，增写我国社会主义初级阶段理论的重要内容（十四大以来重要文献选编（上）．北京：人民出版社，1998.52）。增写后的党章为："我们正处于社会主义初级阶段。这是在经济文化落后的中国建设社会主义现代化不可逾越的历史阶段，需要上百年的时间。我国的社会主义建设，必须从我国的国情出发，走有中国特色的社会主义道路。"后来，1993年3月29日第八届全国人大一次会议通过的《中华人民共和国宪法修正案》，也对此作了相应的修正，将宪法序言第七自然段后两句修改为："我国正处于社会主义初级阶段。国家的根本任务是，根据建设有中国特色社会主义的理论，集中力量进行社会主义现代化建设。"（中华人民共和国法律汇编．北京：人民出版社，1994.2）至此，"社会主义初级阶段"的概念和理论以党和国家两个根本大法的形式确定下来。

1997年5月29日，江泽民在中央党校省部级干部培训班毕业典礼上的讲话中，提出高举建设有中国特色社会主义理论的旗帜不动摇，同时指出：社会

主义初级阶段的科学论断“是邓小平建设有中国特色社会主义理论的重要基础”。之所以重新强调这个问题，“是因为：面对前所未有的机遇和挑战，面对改革攻坚和开创新局面的艰巨任务，我们解决种种矛盾、澄清种种疑惑，认识为什么必须实行现在这样的路线和政策而不能实行别样的路线和政策，关键还是在于对所处社会主义初级阶段的基本国情要有统一认识和准确把握。”（人民日报，1997－05－30）这也是党的十五大报告“进一步强调这个问题”的原因。

党的十五大报告对社会主义初级阶段理论又有了重大发展。可以概括为以下几个方面：第一，将五个阶段（特征）进一步扩展成九个阶段（特征），深化了对社会主义初级阶段的认识。增加的四个阶段强调了科技教育文化逐步发达，生活水平由贫到富，经济上缩小地区差距和树立共同理想、努力建设精神文明等方面。这些增加的新内容，一是围绕提高人的素质和全面发展的目标；二是紧密结合当前改革开放和现代化建设提出的新问题。第二，提出了社会主义初级阶段的基本纲领，即建设有中国特色社会主义的经济、政治、文化的基本目标和基本政策。正像十五大报告所说：这个纲领，是邓小平理论的重要内容，是党的基本路线在经济、政治、文化等方面的展开，是这些年来最主要的经验总结。第三，增加了不少新的思想内容，如“逐步摆脱不发达状态，基本实现社会主义现代化”；“建立和完善比较成熟的充满活力的社会主义市场经济体制”；“在社会主义条件下发展市场经济，不断解放和发展生产力”；“建设社会主义法治国家”，等等。

二、社会主义初级阶段的科学含义和主要特征

社会主义初级阶段，不是泛指任何国家进入社会主义都要经历的起始阶段，而是特指我国在生产力落后，商品经济不发达条件下建设社会主义必然要经历的特定阶段。

其一，是定性。我国已经进入社会主义，这是指社会性质。表现在社会主义的经济制度、政治制度已经建立起来了，马克思主义在意识形态的指导地位已经确立起来。经济建设和科学文化建设有了很大的发展。因此，我们要坚持社会主义方向和走社会主义道路。社会性质的定性，为我们防止“右”提供了有力的思想武器，要求我们坚定起走有中国特色社会主义道路的信念。

其二，是定位。我国的社会主义还处在不发达阶段，这是从发展程度来讲的。不发达阶段的主要表现有：人口多，底子薄，人均国民生产值位于世界后列，排在第102位；生产力落后，大部分人口从事农业，主要还是靠手工工具搞饭吃；一部分现代化工业，同大量落后于现代化水平的工业同时存在；一部

分经济比较发达的地区同广大不发达地区和贫困地区同时存在；少量具有世界先进水平的科学技术（例如载人航天飞船是世界上第三个国家）同普遍的科技水平不高，文化教育落后，文盲、半文盲人口较多同时存在。在生产关系方面，商品经济和国内市场还不发达，自然经济和半自然经济还占相当比重，社会主义市场经济还不成熟、不完善。在上层建筑方面，建设高度的社会主义民主政治所必需的一系列经济文化条件还不充分，封建主义残余、资本主义腐朽思想和小生产习惯势力在社会上还有广泛影响，并且经常侵袭党的干部和国家公务员队伍。

因此，初级阶段不仅是经济意义上的判断，也是一种政治的、文化的判断，其基本特征可以概括为：生产力不发达、生产关系不成熟、上层建筑不完善。这一认识告诉我们，不能超越生产力的发展水平去制定方针、政策和计划，从而为我们提供了防止“左”的有力的思想武器。这个过程，是逐步摆脱贫穷、摆脱落后的阶段，是由农业人口占大多数的手工劳动为基础的农业国，逐步变为非农业人口占多数的现代化工业国的阶段；是由自然经济、半自然经济占很大比重，变为市场经济发达的阶段；是通过改革和探索，建立和发展充满活力的社会主义经济、政治、文化体制的阶段；是全民奋起，勤俭建国，艰苦创业，实现中华民族伟大复兴的阶段。

三、社会主义初级阶段的长期性

社会主义初级阶段，就是指我国在生产力落后、商品经济不发达的条件下建设社会主义必然要经历的特定阶段，即从我国进入社会主义到基本实现社会主义现代化的整个历史阶段。中国什么时候进入社会主义？1956 年 9 月，党的八大宣布：社会主义改造已经基本完成，中国进入了社会主义。什么时候基本实现现代化呢？21 世纪中叶，这中间也就是 100 年左右的时间。

这个阶段是个什么情况呢？是生产力落后，商品经济不发达的阶段。邓小平说，虽然我们也在搞社会主义，但事实上不够格。也就是说，这个阶段是“不够格”的社会主义。是一个从不够格走向够格的历史阶段。了解这一点，就需要我们充分认识初级阶段的长期性和艰巨性。

进入社会主义以来，我们曾经在这个问题上犯过两种错误，一种是超前的，例如 1958 年的“大跃进”，提出要“跑步进入共产主义”，以为“共产主义在我国的实现已经不是什么遥远将来的事情了”。这是没有正确认识国情，犯了急躁冒进的错误。另一种错误是 1962 年以后逐步提出无产阶级专政下继续革命的理论，并最终形成了“以阶级斗争为纲”的政治路线，认为无产阶级与资产阶级、社会主义与资本主义谁胜谁负的问题还没有解决，认为社会主义尚处于两个阶级、两条道路激烈斗争的过渡时期。这个错误的实质是什么呢？那就在实际上否定了中国进入了社会主义。

恩格斯曾经说过：历史从哪里开始，思想的进程也应当从哪里开始。中国是如何进入社会主义的呢？中国是从一个半殖民地半封建的国家，经过短暂的新民主主义社会过渡到社会主义的，而不是马克思恩格斯设想的发达资本主义国家。问题的症结在于，东方落后国家在生产关系方面跨越了“卡夫丁峡谷”——建立起社会主义制度，并且取得了巨大的成就，但是，在生产力方面没有也无法跨越“生产力高度发达”这个阶段，这是一个客观经济规律。所以，老祖宗给我们留下了“什么是社会主义，怎样建设社会主义”的课题。而解决这个课题的过程，也将是一个长期的、复杂的、艰巨的过程。

第四节　基本国情与社会主要矛盾“两个没有变”

党的十七大报告指出：“我国仍处于并将长期处于社会主义初级阶段的基本国情没有变，人民日益增长的物质文化需要同落后的社会生产之间的矛盾这一社会主要矛盾没有变”。“两个没有变”是对我国现状的历史性定位。

以前我们把党的基本路线总结成“四项基本原则是立国之本”、“改革开放是强国之路”；十七大报告又把“以经济建设为中心”总结成“兴国之要”。《中国共产党章程（修正案）》的决议指出：大会一致同意在党章中把党的基本路线中的奋斗目标表述为把我国建设成为富强民主文明和谐的社会主义现代化国家。大会要求全党毫不动摇地坚持党的“一个中心、两个基本点”的基本路线，团结带领全国各族人民为把我国建设成为社会主义现代化国家而奋斗。在“发展中国特色社会主义”这一新的理念下，中国特色社会主义事业总体布局由经济建设、政治建设、文化建设“三位一体”拓展为包括社会建设在内的“四位一体”，相应地，“建设富强民主文明的社会主义现代化国家”的奋斗目标拓展为“建设富强民主文明和谐的社会主义现代化国家”。这个扩展反映了党对如何建设中国特色社会主义的认识在不断深化，对科学发展的理解更加全面，标志着党在治国理政方面已经达到了一个新的高度。

而这些工作部署是建立在对基本国情的正确分析基础上的，这个基本国情就是“两个没有变”，即“我国仍处于并将长期处于社会主义初级阶段的基本国情没有变，人民日益增长的物质文化需要同落后的社会生产之间的矛盾这一社会主要矛盾没有变”。“两个没有变”是对我国现状的历史性定位。共产党人讲一切从实际出发，“两个没有变”就是当代中国的最大实际，只有立足这个实际，时刻保持清醒头脑，我们的事业才会不断取得胜利。十七大报告在分析我国新世纪新阶段的阶段性特征时，从经济、社会、政治、文化等八个方面阐明了基本国情的现状和发展态势，指明了我国生产力和生产关系、经济基础和上层建筑的深刻变化以及阶段性特征对经济社会提出的新要求。这个定位是我们观察问题、作出决策的出发点，更是做好一切工作的落脚点，是我们推进改革、谋划发展的根本依据。“两个没有变”的国情告诉我们，实现现代化、赶上世界先进水平还有很长的路要走。

党的十五大报告指出：“马克思主义必定随着时代、实践和科学的发展而不断发展，不可能一成不变。”社会主义初级阶段理论也是这样，既有一个历史的发展过程，也必将随着社会主义在中国的实践发展而不断发展。

第四章　社会主义根本任务认识的渊源

马克思经济学以社会生产方式及其发展规律为研究对象，自始至终贯穿了唯物史观关于生产力和生产关系矛盾运动的规律。马克思主义关于生产力的学说是马克思主义经济学的灵魂，是中国特色社会主义经济发展的指南和动力。解放生产力、发展生产力，它的提出绝不是无源之水，它深深植根于马克思主义关于生产力的学说，其直接理论依据就是历史唯物主义关于生产力的学说。

第一节　马克思：生产力高度发展是实现共产主义的物质前提

物质生产是社会存在和发展的基础，生产力是历史发展的根本动力，这是唯物史观的基石。马克思恩格斯生产力学说包括以下几个方面：

一、生产力及其构成

生产力是生产过程中人与自然的关系，它表明人类在生产过程中征服和改造自然界，并获得适合自己需要的物质资料的能力。生产力包括三大基本要素：劳动对象、劳动资料、劳动者。

1. 劳动对象

劳动对象是指人们在劳动过程中将劳动加于其上的东西。人们的劳动借助于劳动资料，对劳动对象进行加工，使之发生预期的变化，成为能够满足人们某种需要的产品。劳动对象是物质资料生产的要素之一。劳动对象有两类：一类是没有经过人们加工的自然物，如自然水域中的鱼群、原始森林中的树木、地下的矿石等；另一类是人们加工过的劳动产品，如纺纱用的棉花、轧钢用的钢锭、建房用的砖瓦等，亦称原料。劳动对象是一切社会生产不可缺少的要素，对社会生产的发展起着重要作用。劳动对象的数量、种类和质量随着科学技术的进步和生产力的发展不断增加、扩大和提高。

2. 劳动资料

劳动资料是指劳动过程中用以改变或影响劳动对象的物质资料，人和劳动对象之间的媒介体，即传递人对劳动对象作用的物或物的系统。在劳动资料中，生产工具具有决定意义。在劳动资料中起着最重要作用的是生产工具，包括手工工具、半机械化和机械化工具、自动化工具、机械手、机器人等。劳动资料还包括土地、厂房、运河、道路等生产过程中所需要的物质条件。劳动资料是人类控制自然的强大杠杆，它的发展和变化标志着社会生产力发展水平和发展状况，同时也标志着经济发展的各个不同时期。“各种经济时代的区别，不在于生产什么，而在于怎样生产，用什么劳动资料生产。劳动资料不仅是人类劳动力发展的测量器。而且是劳动借以进行的社会关系的指示器。”（马克思恩格斯全集第23卷．北京：人民出版社，1972. 204）

3. *劳动者*

劳动者是指具有一定生产经验、劳动技能的人，即运用劳动资料作用于劳动对象的有一定劳动能力的人。在生产力中劳动者占据主导地位，这是因为：第一，生产资料（劳动对象和劳动资料）是“死的劳动”，而劳动者是“活的劳动”，生产资料归根到底是人的创造物，是劳动结果；第二，只有劳动者能使劳动资料和劳动对象结合起来，把可能的生产力变成现实的生产力。从“物”由“人”来创造、使用和操作这个意义上说，劳动者是生产力诸要素中的主导因素，首要的生产力是劳动者。

二、生产关系必须适合生产力性质的规律

马克思恩格斯指出：“人们在自己生活的社会生产中发生一定的、必然的、不以他们的意志为转移的关系，即同他们的物质生产力的一定发展阶段相适合的生产关系。这些生产关系的总和构成社会的经济结构，即有法律的和政治的上层建筑竖立其上并有一定的社会意识形式与之相适应的现实基础。”（马克思恩格斯选集第2卷．北京：人民出版社，1995. 82）“社会的物质生产力发展到一定阶段，便同它们一直在其中活动的现存生产关系或财产关系发生矛盾。于是这些关系便由生产力的发展形式变成生产力的桎梏。那时社会革命的时代就到来了。随着经济基础的变更，全部庞大的上层建筑也或慢或快地发生变革。”（马克思恩格斯选集第2卷．北京：人民出版社，1995. 32）马克思后来在《资本论》第1卷中以辩证唯物主义和历史唯物主义为依据，科学地论证了资本主义生产关系怎样由于社会生产力的发展而产生，怎样由于适合生产力的状况而发展，又将怎样由于成为生产力的桎梏而走向灭亡。

“物质资料的生产方式制约着整个社会生活、政治生活和精神生活的过程。”（马克思恩格斯选集第2卷．北京：人民出版社，1995. 32）生产方式由生产力和生产关系两方面构成：生产力是人类利用自然、改造自然的社会物质力量，是生产的物质内容；生产关系是人们在生产过程中结成的经济关系，是生产的社

会形式，这二者是内容和形式的关系，它们既统一又矛盾。一方面，生产力和生产关系有机地联系在一起，既不存在离开生产力的生产关系，也不存在离开生产关系的生产力。另一方面，在社会生产中，生产力是最活跃、最革命的因素，而生产关系同生产力相比，则有相对的稳定性。因此，随着生产力的不断发展，必然会使原来同生产力相适应的生产关系变得不相适应，从而要求以新的生产关系代替旧的生产关系。新生产关系也不可能永远是新的，随着生产力的更进一步的发展，它又会由新变旧。在生产力和生产关系之间，矛盾不断产生又不断解决，从而推动着人类社会向前发展。生产关系与生产力的矛盾是社会的基本矛盾。

在物质资料的生产过程中，人们建立什么性质的生产关系，归根结底是由当时的生产力状况决定的。所谓生产力状况，就是指生产力在不同发展阶段上所具有的质的规定性，它的主要标志是生产工具。这是因为生产工具在生产力的发展中起着决定性的作用，生产力的质的飞跃是以生产工具的重大变革为先导的。因此，人们用石器工具、铁器工具、蒸汽机和电动机、电子计算机等作为生产力提高到新质阶段的主要标志。“手工磨产生的是封建主为首的社会，蒸汽磨产生的是工业资本家为首的社会。”（马克思恩格斯全集第4卷. 北京：人民出版社，1965. 144）“正如现代工具制约着资本主义社会一样，蒙昧人的工具也制约着他们的社会。”（马克思恩格斯全集第36卷. 北京：人民出版社，1974. 170）以生产工具为主要标志的生产力性质，制约着生产关系的性质，是马克思主义政治经济学的主要观点。“各个人借以进行生产的社会关系，即社会生产关系，是随着物质生产资料、生产力的变化和发展而变化和改变的。生产关系总合起来就构成为所谓社会关系，构成为所谓社会，并且构成为一个处于一定历史发展阶段上的社会，具有独特特征的社会。”（马克思恩格斯选集第1卷. 北京：人民出版社，1995. 363）

生产关系对于生产力的发展具有能动的反作用：当生产关系基本上适合生产力状况的时候，它能够促进生产力的发展；当生产关系基本上不适合生产力状况的时候，它阻碍着生产力的发展，这时就不能不改变旧的生产关系。在阶级社会里，生产关系同生产力的矛盾的尖锐化，是社会革命的经济根源。

人类历史的发展表明，任何一种生产关系都经历着由新变旧，即由同生产力基本相适合变为基本不适合的过程。如资本主义制度的产生，从它发生、发展到成熟时期，是同生产力基本适合的，因而对生产力的发展起过巨大的推进作用。但是，随着生产力的不断发展，生产社会化和生产资料的资本主义所有制之间的矛盾越来越尖锐，资本主义生产关系束缚了生产力的发展。到了帝国主义时代，生产关系更加腐朽，已成为生产力进一步发展的严重障碍。

生产力决定生产关系，生产关系又反作用于生产力，它们的交互作用是人类社会向前发展的根本动力。生产关系由适合生产力状况到不适合生产力状况，经过社会革命，又在新的基础上适合生产力状况，这是一个不断前进的历史过程。

三、生产力是人类社会发展的最终决定力量

1. 生产方式在社会发展中起决定作用

物质资料生产方式是人类向自然界谋取物质生活资料的方式，是生产力和生产关系的矛盾统一体。人们在为生存所进行的生产活动中，必然要发生两种关系，一是人同自然的关系，即社会生产力；一是人与人的关系，即社会生产关系。生产力与生产关系的有机统一构成生产方式。生产方式在社会发展中起决定作用，这是历史唯物主义的基本原理。

马克思说："物质生活的生产方式制约着整个社会生活、政治生活和精神生活的过程。不是人们的意识决定人们的存在，相反，是人们的社会存在决定人们的意识。"（马克思恩格斯选集第2卷. 北京：人民出版社，1995. 32）恩格斯评价马克思这句话时说："这个原理，不仅对于经济学，而且对于一切历史科学（凡不是自然科学的科学都是历史科学）都是一个具有革命意义的发现：'物质生活的生产方式制约着整个社会生活、政治生活和精神生活的过程'，在历史上出现的一切社会关系和国家关系，一切宗教制度和法律制度，一切理论观点，只有理解了每一个与之相应的时代的物质生活条件，并且从这些物质条件中被引申出来的时候，才能理解。"（马克思恩格斯选集第2卷. 北京：人民出版社，1995. 38）这就是说，以社会物质生活资料的生产方式为主要内容的社会存在，是一切社会赖以存在和发展的基础，生产方式是社会历史发展的决定力量。

物质资料的生产方式对社会发展的决定性作用主要表现在：

第一，物质资料的生产方式是人类社会赖以生存的物质基础。马克思指出："我们首先应当确定一个人类生存的第一个前提，也就是一切历史的第一个前提，这个前提是：人们为了能够'创造历史'，必须能够生活。但是为了生活，首先就需要吃喝住穿以及其他一些东西。因此第一个历史活动就是生产满足这些需要的资料，即生产物质生活本身，而且这是这样的历史活动，一切历史的一种基本条件，人们单是为了能够生活就必须每日每时去完成它，现在和几千年前就是这样。"（马克思恩格斯选集第1卷. 北京：人民出版社，1995. 78 ~ 79）社会的主体是人，历史是人创造的，人们为了能够创造历史，必须维持生存。而为了生存和生活需要的衣、食、住、行等物质资料都是通过生产劳动获得的。生产劳动又总是在一定的生产方式中进行的，因而生产方式是全部社会

生活的第一要素，是社会这一特殊机体的物质担当者和基础。整个社会形态，其他一切社会活动、社会制度以及意识形态等，都是建立在物质资料的生产方式的基础之上的。在此意义上，没有生产方式就没有人类社会本身。

因此，恩格斯指出："正像达尔文发现有机界的发展规律一样，马克思发现了人类历史的发展规律，即历来为繁茂芜杂的意识形态所掩盖着的一个简单事实：人们首先必须吃、喝、住、穿，然后才能从事政治、科学、艺术、宗教等等；所以，直接的物质的生活资料的生产，从而一个民族或一个时代的一定的经济发展阶段，便构成为基础，人们的国家制度、法的观点、艺术以至于宗教观念，就是从这个基础上发展起来的，因而，也必须由这个基础来解释，而不是像过去那样做得相反。"（马克思恩格斯选集第 3 卷．北京：人民出版社，1995. 574）

第二，物质资料的生产方式决定着社会结构、性质和面貌。人们在物质资料的生产活动中不仅创造了人类生存和发展所需要的物质财富，而且还创造了与生产力水平相适应的人与人之间的生产关系。在生产关系的基础上人与人之间又进一步形成了政治关系、思想关系和其他社会关系，从而形成了整个人类社会。人与人之间的这些政治关系、思想关系和其他社会关系都是在一定生产方式的基础上形成的，其性质归根结底就是由一定的生产方式决定的。不同生产方式决定着不同的社会形态，整个社会的经济、政治、精神面貌归根到底都根源于生产方式。

第三，物质资料生产方式决定着社会制度的性质和社会制度的更替。首先，生产方式决定社会制度的性质，有什么样的生产方式，就会有什么样性质的社会制度。这是因为生产方式实际上是社会的经济基础，社会的政治上层建筑、思想上层建筑归根到底是由这个基础决定的，而且要由这个基础得到说明。其次，生产方式的变化决定社会制度的更替。生产方式的变化是由生产力的发展引起的，当一种生产方式被另一种生产方式所代替，就意味着旧的社会制度被新的社会制度所代替。

2. 生产力通过决定生产关系而最终决定社会上层建筑

物质资料生产方式在社会发展中起决定性作用，生产方式又是生产力和生产关系的统一，而生产力又决定生产关系。因此，生产力是社会发展的最终决定力量。生产力对社会发展的最终决定力量，是通过由它所决定的生产关系构成经济基础，进而决定上层建筑来实现的。

经济基础是指一定社会中占统治地位的生产关系各方面的总和，主要包括生产资料所有制、生产过程中人与人之间的关系和分配关系三个方面。其中生产资料所有制是首要的、决定的部分。经济基础和上层建筑是互相联系、互相作用的。经济基础派生和决定上层建筑，上层建筑又反作用于经济基础。两者的这种相互作用关系表现为上层建筑适合经济基础发展状况的规律。“人们在自己生活的社会生产中发生一定的、必然的、不以他们的意志为转移的关系，即同他们的物质生产力的一定发展阶段相适合的生产关系。这些生产关系的总和构成社会的经济结构，即有法律的和政治的上层建筑竖立其上并有一定的社会意识形式与之相适应的现实基础。”（马克思恩格斯选集第 2 卷．北京：人民出版社，1995. 32）

上层建筑是指建立在一定经济基础之上的社会意识形态以及与之相适应的政治法律制度、组织和设施的总和。上层建筑与经济基础对立统一，它包括政治上层建筑和思想上层建筑。政治上层建筑是指人们在一定经济基础上建立起来的政治、法律制度以及军队、警察、法庭、监狱、政府部门、党派等国家机器和政治组织；思想上层建筑是指适应经济基础的社会意识形态，包括政治思想、法律思想、道德、艺术、哲学、宗教等。经济基础和上层建筑之间是相互作用的，经济基础决定上层建筑，上层建筑反作用于经济基础。

第一，经济基础决定上层建筑。

经济基础决定上层建筑的产生。任何上层建筑都是适应经济基础的需要而建立的，经济基础是根源，上层建筑是派生的。恩格斯指出：“每一时代的社会经济结构形成现实基础，每一个历史时期的由法的设施和政治设施以及宗教的、哲学的和其他的观念形式所构成的全部上层建筑，归根结底都应是由这个基础来说明的。”（马克思恩格斯选集第 3 卷．北京：人民出版社，1995. 365）

经济基础的性质决定上层建筑的性质。如果经济基础是适合生产力发展的先进的生产关系，则为其服务的上层建筑也是先进的上层建筑，如果经济基础是不适合生产力发展的落后的生产关系，则为其服务的上层建筑也是反动的上层建筑，或者简单地说是有什么样的经济基础必然有什么样的上层建筑。由于占统治地位的生产关系决定经济基础的性质，因而它必然在上层建筑领域也占统治地位，并决定上层建筑的性质。

第二，上层建筑反作用于经济基础。

上层建筑并不是消极地反映经济基础的要求，它一经产生，就能够积极地为自己的基础的形成、巩固和发展服务。上层建筑对经济基础的反作用性质取决于它所服务的经济基础的性质，当它为适应生产力发展要求的经济基础服务时，对社会历史发展起革命的推动作用；当它为束缚生产力发展的经济基础服务时，对社会历史发展起反动的阻碍作用。

社会发展的一般过程是：生产力发展引起生产关系的变化，生产关系即经济基础的变化引起政治和思想上层建筑的变化，从而引起整个社会形态的变化。马克思指出："社会的物质生产力发展到一定阶段，便同它们一直在其中运动的现存生产关系或财产关系（这只是生产关系的法律用语）发生矛盾。于是这些关系便由生产力的发展形式变成生产力的桎梏。那时社会革命的时代就到来了。随着经济基础的变更，全部庞大的上层建筑也或慢或快地发生变革。"（马克思恩格斯选集第2卷．北京：人民出版社，1995.32~33）

由于生产力决定生产关系，生产关系作为经济基础又决定上层建筑，所以要揭示社会发展的一般规律，就必须把一切社会关系看成是以生产关系为基础的，把生产关系看成是由生产力水平决定的。列宁指出："只有把社会关系归结于生产关系，把生产关系归结于生产力的水平，才能有可靠的根据把社会形态的发展看做自然历史过程。"（列宁选集第1卷．北京：人民出版社，1995.8~9）

马克思主义认为，人类社会的发展，是社会内部生产力和生产关系矛盾运动的结果。生产关系一定要适合生产力发展状况，这是一切社会发展的普遍规律。正是在这个规律的作用下，人类社会从原始社会、奴隶社会、封建社会发展到资本主义社会，使生产力得到了前所未有的巨大发展，这是历史的一大进步。但是，资本主义社会自始至终存在着一个不可克服的矛盾，即生产的社会化和生产资料私人占有之间的矛盾。这种矛盾依靠资本主义制度无法得到根本解决，只有通过无产阶级的革命斗争来推翻资本主义制度，建立社会主义制度，用社会主义公有制代替资本主义私有制，才能使社会更好地组织生产，更加有效地发挥计划和市场的作用，以推动生产力的进一步发展。社会主义社会经过经济、政治、思想、文化的巨大进步，最终将过渡到"各尽所能，按需分配"的共产主义社会。因此，人类只有不断地发展生产力，才能最终实现共产主义。

第二节　毛泽东：社会主义革命的目的是解放生产力

毛泽东在领导我国社会主义革命与建设的伟大实践中不仅十分重视上层建筑和生产关系的变革，而且还非常重视生产力的发展。因而从理论上说，他不仅奠定了具有中国特色的社会主义的理论基础，而且还创立了独具一格的社会主义生产力理论，并曾一度把这一理论付诸实践。

一、毛泽东的认识

新中国建立后，以毛泽东为代表的党的第一代中央领导集体核心，在领导新民主主义革命和社会主义革命的过程中把马克思主义的生产力理论和中国实际结合起来，始终坚持搞政治、搞军事的最终目的都是为了解放和发展生产力，并且把能否促进生产力的发展作为衡量政党作用的标准，以此奠定了具有中国特色的社会主义的理论基础，创立了独具一格的社会主义生产力理论。毛泽东关于社会主义生产力的理论，具有十分严谨的科学内涵和丰富的思想内容，是马克思主义思想宝库中的一颗璀璨明珠。其主要内容大致有如下几个方面。

（一）社会主义基本矛盾的运动是解放和发展生产力的前提

毛泽东立足于对立统一规律是宇宙的根本规律这一基本命题，在马克思主义发展史上第一次系统阐述了社会主义矛盾学说。毛泽东把马克思主义生产力与生产关系、经济基础与上层建筑的关系的原理与中国社会主义经济建设的实际相结合，科学把握我国社会发展基本规律，制定出正确的路线、方针和政策。

毛泽东认为，生产力就是劳动人民认识世界和改造世界的能力与本事；生产关系就是人们在认识世界和改造世界的过程中所结成的人与人之间的特殊关系。通过这样的界定，为人们正确认识和理解社会主义建设中的各种经济和政治现象奠定了思想基础。

毛泽东对社会主义条件下生产力、生产关系和上层建筑的关系提出了独到的见解。毛泽东认为矛盾是普遍存在的，社会主义社会同样充满着矛盾，正是这些矛盾的运动推动着社会主义社会不断向前发展。他明确指出，社会主义社会的基本矛盾仍然是生产力和生产关系、经济基础和上层建筑的矛盾。毛泽东说："社会主义生产关系已经建立起来，它是和生产力的发展相适应的；但是，它又还很不完善，这些不完善的方面和生产力的发展又是相矛盾的。除了生产关系和生产力发展的这种又相适应又相矛盾的情况以外，还有上层建筑和经济基础的又相适应又相矛盾的情况……我们今后必须按照具体的情况，继续解决上述各种矛盾。当然，在解决这些矛盾以后，又会出现新的问题，新的矛盾，又需要我们去解决。"（毛泽东选集第5卷．北京：人民出版社，1977. 374）因此，妥善并解决好这些矛盾不仅是国家政治生活中的一个永恒主题，而且也是人们判断路线方针政策是否符合生产力发展要求的内在根据。

同时，毛泽东也指出了解决社会主义社会基本矛盾的思路。毛泽东认为，提出生产力、生产关系和上层建筑的关系和矛盾，在于帮助人们通过对这些概念和关系的关注与了解，把握某些带有规律性的东西，为解决这些矛盾创造条件。首先，毛泽东告诫人们："社会主义社会的矛盾同旧社会的矛盾，例如同资本主义社会的矛盾，是根本不相同的。资本主义社会的矛盾表现为剧烈的对抗和冲突，表现为剧烈的阶级斗争，那种矛盾不可能由资本主义制度本身来解决，而只有社会主义革命才能够加以解决。社会主义社会的矛盾是另一回事，恰恰相反，它不是对抗性的矛盾，它可以经过社会主义制度本身，不断地得到解决。”（毛泽东选集第5卷．北京：人民出版社，1977. 372～373）其次，他要求人们“要以生产力和生产关系的平衡和不平衡，生产关系和上层建筑的平衡和不平衡，作为纲，来研究社会主义社会的经济问题”。（毛泽东选集第5卷．北京：人民出版社，1977. 327），特别是要研究上层建筑对生产关系的积极作用和消极作用。再次，他还告诉人们如何运用辩证唯物主义的观点来观察和看待社会主义社会的各种事物：“我们不要迷信，认为在社会主义国家里一切都是好的。事物都有两面：有好的一面，有坏的一面。在我们的社会里，一定有好的东西，也有坏的东西，有好人，也有坏人，有先进的，也有落后的。正因为是这样，我们才要进行改造，把坏的东西改造成为好的东西。我们必须准备着还有坏的东西，否则一个问题出来了，就会认为不得了了。”（毛泽东外交文选（一九五六年六月二十八日）．北京：中央文献出版社，世界知识出版社，1994）

（二）社会主义革命的目的是解放和发展生产力

1. 革命的目的是解放生产力

以毛泽东为代表的中国的马克思主义者，在20多年的革命斗争实践中，对解放和发展生产力这一革命的根本目的和首要任务的理解日益深刻、透彻，提出了首先通过革命斗争推翻“两座大山”的反动统治，建立独立、民主的国家，是变革生产关系，解放和发展生产力的先决条件。1944年，毛泽东指出，“我们搞政治，搞政府，搞军队，为的是什么？就是要破坏妨碍生产力的发展的旧政治、旧政府、旧军队……妨碍生产力发展的旧政治、旧军事力量不取消，生产力就不能解放，经济就不能发展。因此，第一个任务就是打倒妨碍生产力发展的旧政治、旧军事……”（毛泽东文集第3卷．北京：人民出版社，1996. 108～109）后来，毛泽东在1945年党的七大上进一步指出，“政治不改革，一切生产力都遭到破坏的命运。农业如此，工业也如此。”因此，“解放中国人民的生产力，使之获得充分发展的可能性，有待于新民主主义的政治条件在全中国境内的实现”。（毛泽东选集第3卷．北京：人民出版社，1991. 1080～1081）

1945年，毛泽东再一次明确指出：“中国人民的生产力是应该发展的，中国应该成为近现代化的国家、丰衣足食的国家、富强的国家。这就要解放生产力，破坏帝国主义和封建主义。正是帝国主义和封建主义束缚了中国人民的生产力，不破坏它们，中国就不能发展和进步，中国就有灭亡的危险……革命是干什么呢？就是要冲破这个压力，解放中国人民的生产力，解放中国人民，使

他们得到自由。所以，首先应该求得国家的独立，其次是民主。”（毛泽东选集第3卷．北京：人民出版社，1991. 432）

毛泽东认为：“革命是为建设扫清道路。革命把生产关系和上层建筑加以改变，把经济制度加以改变，把政府、意识形态、法律、政治、文化、艺术这些上层建筑加以改变，但目的不在于建立一个新的政府、一个新的生产关系，而在于发展生产。”（毛泽东文集第7卷．北京：人民出版社，1999. 64）1963年，他强调说：“科学技术这一仗，一定要打，而且必须打好。过去我们打的是上层建筑的仗，是建立人民政权、人民军队。建立这些上层建筑干什么呢？就是要搞生产。搞上层建筑、搞生产关系的目的就是解放生产力。现在生产关系是改变了，就要提高生产力。不搞科学技术，生产力无法提高。”（毛泽东文集第8卷．北京：人民出版社，1999. 351）

可见，毛泽东始终是把解放与发展生产力作为革命的根本任务与最终目的来看待的，这正是他彻底的马克思主义唯物史观的生动表现。

2. *以发展生产力为中心*

社会主义革命的目的是发展生产力，使生产不断扩大，使人民不断增长的需要能够逐步得到满足。无产阶级夺取政权以后，特别是进入社会主义社会之后能否把发展生产力作为首要的中心任务，是关系到整个社会主义建设事业成败的一个大问题。在党的七届二中全会上，毛泽东便把发展生产力作为建国的中心任务提出来。新中国成立之后，毛泽东指示：“从我们接管城市的第一天起，我们的眼睛就要看着城市的生产事业的恢复和发展，务须避免盲目地乱抓乱碰，把中心任务忘记了。”“城市的其他工作都要围绕生产建设这个中心工作并为这个中心工作服务。在农村解决了土地问题以后，党的中心工作是动员一切力量恢复和发展生产事业，这是一切工作的重点所在。”（毛泽东选集第4卷．北京：人民出版社，1991. 1428）

1953年7月29日，毛泽东在中央政治局扩大会议上的讲话指出：“社会主义经济法则是发展生产，保障需要，这是主要的、基本的，是起领导作用的经济法则。”1956年社会主义改造完成之后，毛泽东进一步强调发展生产力是中心任务。同年9月，经他亲自审定修改过的八大政治决议明确指出我国国内的主要矛盾，已经是人民对于建立先进的工业国的要求同落后农业国现实之间的矛盾，已经是人民对于经济文化迅速发展的需要同当前经济文化不能满足人民需要的状况之间的矛盾，党和全国人民在当前的主要任务，就是集中力量来解决这个矛盾，把我国尽快地从落后的农业国变为先进的工业国。这一论述不仅明确指出了我国生产力还很落后的国情，而且再次把发展生产力这个中心任务鲜明地提了出来。1957年2月，毛泽东在《关于正确处理人民内部矛盾的问题》中这样写道："所谓社会主义生产关系比较旧时代生产关系更能够适合生产力发展的性质，就是指能够容许生产力以旧社会所没有的速度迅速发展，因而生产不断扩大，因而使人民不断增长的需要能够逐步得到满足的这样一种情况。""我们的根本任务，已经由解放生产力变为在新的生产关系下保护和发展生产力。"他提出的鼓足干劲、力争上游、多快好省地建设社会主义的总路线，其目的仍在于尽快地发展我国生产力，改变贫穷落后的面貌。当然，后来由于急于求成，忽视了客观经济规律，在实践当中也产生了不少消极影响。

（三）发展生产力是衡量社会进步和检验一个政党路线、方针、政策是否正确的根本标准

把生产力看做是衡量社会进步的根本标准是唯物史观的重要理论观点。列宁曾经明确指出：生产力的发展——这是社会进步的最高标准。列宁把生产力发展状况看做整个社会进步的"最高标准"和"整个社会发展的主要标准"。关于这个认识，毛泽东在1945年党的七大上作的《论联合政府》的报告中也有表述："中国一切政党的政策及其实践在中国人民中所表现的作用的好坏、大小，归根到底，看它对于中国人民的生产力的发展是否有帮助及其帮助之大小，看它是束缚生产力的，还是解放生产力的。消灭日本侵略者，实行土地改革，解放农民，发展现代工业，建立独立、自由、民主、统一和富强的新中国，只有这一切，才能使中国社会生产力获得解放，才是中国人民所欢迎的。"（毛泽东选集第3卷．北京：人民出版社，1991. 1079）把生产力作为衡量、检验政党路线、方针、政策是否正确的根本标准，这在中国共产党的历史上是第一次。当然，中国只有在"新民主主义的政治条件在全中国境内的实现"的情况下，才能"解放中国人民的生产力，使之获得充分发展的可能"。

二、毛泽东的探索

以毛泽东为核心的第一代中共中央领导集体，为探索适合中国国情的社会主义建设道路，作出了艰辛的努力，既取得了积极的成果，也遭受了重大挫折。

（一）寻求一条适合中国情况的社会主义建设道路

我国通过新民主主义革命，推翻了帝国主义、封建主义、官僚资本主义的统治，使生产力获得极大解放；在从新民主主义向社会主义过渡时期，又通过社会主义改造，即社会主义革命，进一步解放了生产力，因此，革命就是解放

生产力。在社会主义制度确立以后，毛泽东曾经说："我们的根本任务已经由解放生产力变为在新的生产关系下保护和发展生产力。"（毛泽东文集第7卷. 北京：人民出版社，1996. 218）从"解放生产力"到"保护和发展生产力"，是一个飞跃，但同时也带来新的课题。对社会主义经济建设的探索就是为了寻求一条适合中国情况的社会主义建设道路，这个任务是在1956年上半年提出的。其主要标志是1956年4月25日毛泽东在中央政治局扩大会议上所作的题为"论十大关系"的讲话。

1956年上半年提出这一任务，不是偶然的，主要有以下几点原因：一是对农业、手工业和资本主义工商业的社会主义改造接近完成，中国社会即将实现由新民主主义向社会主义的转变，向党提出了探索适合中国国情的社会主义建设道路，领导全国各族人民进行全面的社会主义建设的任务。二是从1953年开始的第一个五年计划的大规模建设，使党在领导经济建设方面积累了一些经验，为探索适合中国国情的社会主义建设道路奠定了实践基础。三是1956年2月召开的苏共二十大破除了对斯大林和苏联模式的迷信，极大地解放了人们的思想，促使中国共产党人重新审视过去几年从苏联学来的东西。毛泽东在1956年9月中共八大期间会见南斯拉夫共产主义者联盟代表团时说，对斯大林的批评是好的，它打破了神化主义，揭开了盖子，这是一种解放，一场解放战争，大家都敢讲话了，使人能想问题，可以自由思考、独立思考了。

独立思考的探索主要做了以下工作：

第一，作出了党和国家工作重点转移的战略决策。

1956年，党的八大正确分析了社会主义改造基本完成后国内阶级状况和主要矛盾的变化，指出："我们国内的主要矛盾，已经是人民对于建立先进工业国的要求同落后的农业国的现实之间的矛盾。""党和全国人民的当前的主要任务，是要集中力量来解决这个矛盾，把我国尽快地从落后的农业国变为先进的工业国。"这里，八大虽然没有使用工作重点转移的提法，但实际上提出了党和国家的工作重点从阶级斗争转向经济建设的问题，明确了全面建设社会主义是今后党和国家的主要任务，这是八大作出的正确的战略决策。

第二，制定了综合平衡，稳步前进的经济建设方针。

为了写《论十大关系》，毛泽东于1956年2月14日至4月22日先后听取了国务院34个部、委、办负责人的汇报，并要求各地向中央汇报经济、干部、统战、失业安排等11个方面的问题；还通知全国工业交通运输部门约200到300个重要工厂、建设工地，向中央写出书面汇报材料。这是新中国成立以来一次大规模的调查研究，也是一次建设经验的总结。1956年4月25日，中央召开扩大会议。毛泽东在扩大会议上作报告，报告开头便提出："最近苏联方面暴露了他们在建设社会主义过程中的一些缺点和错误，他们走过的弯路，你还想走？过去我们就是鉴于他们的经验教训，少走了一些弯路，现在当然更要引以为戒。”（毛泽东文集第6卷．北京：人民出版社，1999.23）

《论十大关系》提出调动一切积极因素为社会主义事业服务的基本方针，论述了正确处理经济建设和社会发展中的一系列重大关系。

十大关系前五个是关于经济建设的问题，包括：农、轻、重的关系；沿海工业和内地工业的关系；经济建设和国防建设的关系；国家、集体和生产者个人的关系；中央和地方的关系。后五个关系主要是政治生活和思想文化生活以及中国和外国的关系，包括汉族和少数民族的关系、党和非党的关系、革命和反革命的关系、是非关系、中国和外国的关系。

毛泽东认为，要在中国实现工业化，首先面临的问题就是认清什么是我国工业化的道路。他运用马克思主义的一般原理，具体分析了中国的实际情况，提出要以苏为鉴，走自己的工业化道路。这个“自己的工业化道路”就是既不同于欧美，也不同于苏联的具有中国特色的工业化道路。他提出，要以农业为国民经济的基础，把轻工业作为发展国民经济的重要组成部分，把重工业作为我国建设的重点。这是符合我国建国后工业化发展起步阶段的客观要求的。

1957年1月，毛泽东在省、市、自治区党委书记会议上的讲话中进一步强调，全党一定要重视农业，农业关系国计民生极大；要注意，不抓粮食很危险，不抓粮食，总有一天要天下大乱。他从农业关系到几亿农村人口的吃饭问题、关系到城市和工矿区人口的吃饭问题、农业是轻工业原料的重要来源、是重工业的重要市场、农产品是重要出口物资、农业是积累的主要来源六个方面阐述了农业在国民经济中的重要地位。同年2月，毛泽东在《关于正确处理人民内部矛盾的问题》的讲话中，把重工业、轻工业和农业的发展关系问题，提高到中国工业化道路的高度加以论述。他说，这里所讲的工业化道路的问题，主要是指重工业、轻工业和农业的发展关系的问题；我国是一个大农业国，农村人口占全国人口的百分之八十以上，发展工业必须和发展农业同时并举，工业才有原料和市场，才有可能为建立强大的重工业积累较多的资金。到1962年，中共中央形成了以工业为主导、以农业为基础的思想。

（二）实现“四个现代化”的“两步走”战略

以毛泽东为代表的中国共产党人，根据中国的具体国情和人民的利益需要，在探索中国社会主义建设道路的过程中，制定了中国社会主义社会的发展战略。在新民主主义革命时期和新中国建立之初，毛泽东等把我国人民的奋斗目标主要界定为实现国家的工业化。因此，从抗日战争时期开始，毛泽东就多次阐述了实现国家工业化的重要性，认为中国落后的原因主要是没有新式工业，日本帝国主义之所以敢欺负中国，就是因为中国没有强大的工业。因此，要打倒日本帝国主义，要巩固民族独立，必需实现工业化。他设想，在民主革命胜利后，迅速恢复和发展生产，使中国由农业国转变为工业国。新中国成立后，中国共产党领导全国人民有步骤地实现了从新民主主义到社会主义的转变，在迅速恢复国民经济的基础上，开始了大规模、有计划的经济建设，工业化的目标被明确为“社会主义工业化”。

1954 年以后，毛泽东又进一步把我国社会主义建设的战略目标确定为社会主义“四个现代化”。1954 年 9 月，周恩来在第一届全国人民代表大会第一次会议上提出：如果我们不建设起强大的现代化的工业、现代化的农业、现代化的交通运输业和现代化的国防，我们就不能摆脱落后和贫困，我们的革命就不能达到目的，这是关于“四个现代化”的最早提法。1956 年 1 月，周恩来在《关于知识分子问题的报告》中，初步论述了科学现代化在一个国家现代化中的重要地位，认为科学是关系我们的国防、经济和文化各方面的有决定性的因素，并提出了“向现代科学进军”的口号。后来，则将原来提出的“科学文化现代化”改称为“科学技术现代化”。

在 1963 年 1 月上海市科学技术工作会议上以及在 1964 年底至 1965 年初的三届人大一次会议上，周恩来正式向全国人民宣告了实现“四个现代化”的口号：要在不太长的历史时期内，把我国建设成为一个具有现代农业、现代工业、现代国防和现代科学技术的社会主义强国。同时，提出了分“两步走”实现“四个现代化”的战略步骤。“为了实现这个伟大的历史任务，从第三个五年计划开始，我国的国民经济发展可以按两步来考虑：第一步，建立一个独立的比较完整的国民经济体系；第二步，全面实现农业、工业、国防和科学技术的现代化，使我国经济走在世界前列。”（周恩来选集（下卷）. 北京：人民出版社，1984. 439）1974 年，周恩来总理在第四届人大会议上再次提出了建设“四个现代化”的目标，并对“两步走”的时间作了明确规定：第一步，用 15 年时间，即在 1980 年以前，建成一个独立的比较完整的工业体系和国民经济体系；第二步，在 20 世纪内，全面实现农业、工业、国防和科学技术的现代化，使我国经济走在世界的前列。

正如邓小平所说：“四个现代化这个目标是毛主席、周总理在世时确定的。所谓四个现代化，就是要改变中国贫穷落后的面貌，不但使人民生活水平逐步有所提高，也要使中国在国际事务中能够恢复符合自己情况的地位，对人类作出比较多一点的贡献。落后是要受人欺负的。”（邓小平文选第 2 卷. 北京：人民出版社，1994. 237）以毛泽东为代表的中国共产党人为我国建设社会主义制定的发展战略，是中国人民探索社会主义建设规律的重大成果，曾对全国人民积极投身于中国社会主义现代化建设起过巨大的鼓舞和指导作用，也为改革开放以来，中国共产党制定新时期全面实现社会主义现代化的战略目标和“三步走”战略步骤提供了历史经验和理论来源。

第三节　邓小平确立“以经济建设为中心”的思想基础

十一届三中全会后，以邓小平为代表的第二代中国共产党人实现了拨乱反正，确立了“以经济建设为中心”的重大决策，这一决策的确立拥有深厚的思想基础，也是中国社会步入新时期的重要标志。改革开放30年来波澜壮阔的历史进程及所取得的辉煌成就充分证明，“以经济建设为中心”不仅使中国社会发生了历史性的伟大转折，使世界社会主义运动出现一种全新的实践方式，而且它还像一根红线，贯穿于邓小平理论体系的各个范畴之中。

一、以“经济建设为中心”是恢复实事求是思想路线的重要内容

新中国成立后到1953年，我们集中力量发展生产力，迅速恢复国民经济，取得了经济建设的重大成就，充分显示出社会主义制度的强大生命力。但是到20世纪50年代末期，“左”的思想开始重新出现，并逐渐占了上风，认为我国社会的主要矛盾是无产阶级和资产阶级的矛盾，逐渐实行了“以阶级斗争为纲”的路线。结果失去了发展的良机，生产力的发展变得缓慢。

文化大革命结束后，针对当时还依然坚持“两个凡是”的错误思想，邓小平以无产阶级革命的政治气魄和理论勇气，恢复了党的实事求是的思想路线，针对“以阶级斗争为纲”的观点，他说：“国家这么大，这么穷，不努力发展生产，日子怎么过？我们人民的生活如此困难，怎么体现出社会主义的优越性？社会主义必须大力发展生产力，逐步消灭贫穷，不断提高人民的生活水平。”（邓小平文选第3卷．北京：人民出版社，1993. 10）“同心同德地实现四个现代化，是今后一个相当长的时期内全国人民压倒一切的中心任务，是决定祖国命运的千秋大业。”“对实现四个现代化是有利还是有害，应当成为衡量一切工作的最根本的是非标准。”（邓小平文选第3卷．北京：人民出版社，1993. 208～209）根据邓小平的这些思想，党的十一届三中全会决定把党的工作重点转移到以经济建设为中心上来，后来，坚持以经济建设为中心成为党的基本路线的核心内容。党的十三大、十四大、十五大进一步强调了这一思想，它正是以邓小平为代表的第二代中国共产党人准确把握我国基本国情的科学结论。

二、以“经济建设为中心”的思想源于对社会主义主要矛盾的深刻认识

马克思主义认为，在复杂的事物的发展过程中，有许多矛盾存在，其中一定有一种主要的矛盾，它的存在和发展规定或影响着其他矛盾的存在和发展。因此，我们应该在发展中抓住主要矛盾，把握重点。邓小平正是根据矛盾运动的法则，提出以经济建设为中心思想的。虽然我们的社会主义建设取得了一些成就，但是人民的物质文化生活落后、生产力低下的状况还没有根本改变。邓小平认为，在社会主义阶段，我国所要解决的主要矛盾是人民日益增长的物质文化需要同落后的社会生产之间的矛盾，并且认为在这对矛盾中，主要方面是落后的社会生产的问题。那么，要解决这一矛盾只有发展生产力，以经济建设为中心。只有主要矛盾解决了，其他矛盾才能迎刃而解，社会的各项事业才能兴旺发达。

经济决定政治，政治反作用于经济。经济发展是国家政权巩固、政局稳定、社会秩序稳定的前提。经济发展了，才能加强和改善党的领导，树立党在人民心目中的威信和形象；才能实现社会主义民主，健全社会主义法制，才能实现民族团结、民族平等、国家统一；才能坚定人民的社会主义信念，显示社会主义制度的优越性。经济发展是精神文明建设的基础，人们从事精神文明建设依赖于社会向他们提供生活资料和从事精神文明建设的物质手段。没有必要的物质保障，精神文明建设的许多任务就难以落实。只有经济发展了，才能提高人民的政治思想觉悟和道德修养；才能发展教育、科技、文化事业，提高全民族的科技文化素质。维护世界和平，反对霸权主义，也离不开经济发展。邓小平认为，我们在国际事务中起作用的大小，要看我们自己经济建设成就的大小，如果我们国家发展了、兴旺发达了，我们在国际事务中的作用就越大。第三世界国家特别是中国经济的发展壮大，是世界和平的根本保证。

三、以“经济建设为中心”的思想源于对生产力学说的新认识

唯物史观认为，物质生产是人类历史的实际起点，是人类最基本的实践活动，是社会赖以存在和发展的物质基础。马克思指出：“任何一个民族，如果停止劳动，不用说一年，就是几个星期也要灭亡，这是每个小孩都知道的。”（马克思恩格斯选集第4卷. 北京：人民出版社，1995. 368）社会主义作为迄今为止人类历史上最进步的社会，应该比以往一切社会形态具有更高水平的物质生产力，这是社会主义制度存在和发展的要求，是社会主义本质的需求，也是社会主义制度优越性的集中体现。以经济建设为中心，大力发展生产力，才能更快地摆脱贫穷落后的面貌，实现社会主义现代化；才能为解决我国当前经济、政

治、文化和社会生活各方面种种矛盾和深层次问题提供物质条件；才能增强综合国力，缩小与发达国家的差距，迎接科技革命和国际竞争的挑战，使中国在新的世界格局中占有一席之地；才能显示社会主义制度的优越性。

社会主义制度的优越性体现在能创造较资本主义更高、更发达的生产力和更为丰富的物质文化生活。邓小平说："在无产阶级专政的条件下，不搞现代化，科学技术不提高，社会生产力不发达，国家的实力得不到加强，人民的物质文化生活得不到改善，那么，我们的社会主义政治制度和经济制度就不能充分巩固，我们国家的安全就没有可靠的保障……四个现代化，关键是科学技术的现代化。没有现代科学技术，就不可能建设现代农业、现代工业、现代国防。没有科学技术的高速度发展，也就不可能有国民经济的高速度发展。"（邓小平文选第2卷. 北京：人民出版社，1994. 86）同时，高度发达的生产力是实现共产主义最终目标的物质前提。只有当社会生产力高度发展，社会财富极其丰富，人民的思想觉悟极大提高的情况下，才能够消灭阶级、剥削、三大差别以及一切由于社会生产力发展不足而造成的社会差别和不平等，才能实现共产主义。邓小平说："马克思主义的最高目的就是要实现共产主义，而共产主义是建立在生产力高度发展的基础上的。社会主义是共产主义的第一阶段，是一个很长的历史阶段。社会主义的首要任务是发展生产力，逐步提高人民的物质和文化生活水平。"（邓小平文选第3卷. 北京：人民出版社，1993. 116）

第四节　"三个有利于"与"三个代表"的新发展

1992年2月，邓小平在南方谈话中发表了今天已家喻户晓的"三个有利于"的重要论断：判断姓"资"姓"社"的标准，"应该主要看是否有利于发展社会主义社会的生产力，是否有利于增强社会主义国家的综合国力，是否有利于提高人民的生活水平"。2000年2月，江泽民在南方发表了"三个代表"的谈话。"三个有利于"与"三个代表"都是社会主义实践中对马克思主义生产力学说的发展。而且，"三个有利于"与"三个代表"之间，本身又有着继承和发展的关系，是适应新时代要求的理论创新和升华。通过比较可以看到：

一、"三个代表"是在"三个有利于"的基础上发展起来的

党的十四大确立了用邓小平建设有中国特色社会主义理论武装全党的任务，江泽民在十四大报告中将这一理论概括为九大内容。在第三大内容即社会主义的根本任务问题上，提出了判断各方面工作的是非得失，归根到底，要以

"三个有利于"为标准。十四届三中全会通过的《关于建立社会主义市场经济体制若干问题的决议》中又说：在建立社会主义市场经济体制的进程中，我们应当在党的基本理论和基本路线指引下，始终坚持以"三个有利于"作为决定各项改革措施取舍和检验其得失的根本标准。十四届四中全会上通过的《关于加强党的建设几个重大问题的决定》中鲜明地指出：新时期党的建设的指导思想有力地推动我国的社会生产力、综合国力和人民物质文化生活水平再上新的台阶。十四届五中全会通过的《关于制定国民经济和社会发展"九五"计划和2010年远景目标的建议》向全党重申，要把"三个有利于"作为检验各项工作的标准。十四届六中全会通过的《关于加强社会主义精神文明建设若干重要问题的决议》又提出：发展社会主义市场经济不仅有利于解放和发展生产力，增强综合国力，提高人民生活水平，而且也有利于社会主义的精神文明建设，使社会主义的优越性进一步发挥出来。

从中可以看到，南方谈话发表以来，党中央的历次重大决策，都与"三个有利于"息息相关，指导思想突出"三个有利于"；建立社会主义市场经济体制是有利于"三个有利于"；加强党的建设是为了"三个有利于"；经济发展战略要体现"三个有利于"；精神文明建设是围绕"三个有利于"。1997年2月，江泽民在邓小平追悼大会上致悼词指出：邓小平"时刻关注最广大人民的利益和愿望，总是把是否有利于发展社会主义社会的生产力、是否有利于增强社会主义国家的综合国力、是否有利于提高人民的生活水平作为制定路线、方针、政策的出发点和归属"。请注意该段文字中的两点：其一，"三个有利于"的提出是"时刻关注最广大人民的利益和愿望"的结果，"三个有利于"本身是最广大人民的利益和愿望，作为"制定路线、方针、政策的出发点和归属"，就是代表人民的利益和愿望。其二，总是把"三个有利于"作为出发点和归属的"总是"，在中文里如果换句话说实际上就是"始终"的意思。由此可见，到此时，"三个代表"思想在"三个有利于"的基础上呼之欲出了。

在十五大报告中，江泽民指出，在走向新世纪的形势下，我们仍然要根据邓小平理论的要求，一切以"三个有利于"为根本判断标准，不断开拓我们事业的新局面。同时，江泽民郑重地向全党提出了"建设一个什么样的党，怎样建设党"的问题。"三个代表"的重要思想，正是在经过数年的实践和思考之后对这一问题的回答。而这个回答又是源自邓小平"三个有利于"的思想，这里面既有继承，又有发展。

二、"三个有利于"体现了"三个代表"的行动方法

第一个"有利于"是要看"是否有利于发展社会主义的生产力"，这个

“有利于”讲的就是生产力的问题，应该说和“三个代表”中的第一个“代表”是相吻合的。但是南方谈话中的“主要看”，即看“判断的标准”，判断姓“资”还是姓“社”，判断社会制度，判断理论路线、方针、政策，更注重实践层面的概括和具体行动方法。另外，既然是“有利于”，就必然是符合或代表生产力的发展要求，否则，只能是“不利于”或者束缚生产力的发展。这正是代表先进生产力发展要求的立论基础。

第二个“有利于”是综合国力。关于“综合国力”，人们早达成比较一致的共识，就是不仅体现在生产力或者经济发展水平上，还体现在文化上，体现在民族凝聚力上，体现在政治、社会稳定等方面。如果将判断综合国力方面的生产力另列的话，可以看到，其核心将体现在文化方面。民族凝聚力主要来源于文化，政治、社会的稳定与否，国家管理水平的高低，指导思想正确与否，人民的精神风貌如何，这些可以从意识形态中找到根源，归根结底是属于文化的内容。代表先进文化的前进方向，正是高度概括了这些内容，是提升综合国力的重要一环。因为，先进文化是人类文明进步的结晶，是推动人类社会进步的思想保证、精神动力和智力支持。

第三个“有利于”是提高人民的生活水平，这正是第三个“代表”所指的最广大人民的根本利益。这个“根本利益”的具体体现、落脚点，就是人民的生活水平。这个“水平”不仅包括生活的好坏，也包括它的高低。所谓“高低”，即生活的质量。这个质量，不仅包括经济生活质量，更包括文化生活质量，即包括促进全民族思想道德素质和科学文化素质的不断提高。因为精神文明建设不仅是手段，本身也是目的；发展先进文化，就是建设社会主义精神文明。这些，就是提高人民的生活水平。如何“提高”？通过发展生产力不断提高人民群众的物质生活水平，通过发展先进文化提高人民的精神生活水平。可以说，第三个“有利于”是前两个有利于的出发点、目的和归宿；第三个“代表”也是前面两个代表的出发点、目的和归宿。

因此，“三个有利于”是在社会主义初级阶段基本实现社会主义现代化的历史进程中，判断党的理论、路线、方针、政策正确与否的标准，是检验各项工作的试金石；而党是否能够做到“三个代表”，就看是否能够实现“三个有利于”。从中我们可以看到“三个有利于”与“三个代表”之间继承与发展的关系。

第五章　科学发展观的理论渊源

党的十六届三中全会提出，坚持以人为本，树立全面、协调、可持续的发展观。这一科学发展观的提出，在我们党的历史上是有其理论渊源的。正如胡锦涛所指出的："这一科学发展观，是我们继承和发展党的三代中央领导集体关于发展的一系列重要思想，反映了我们党对发展问题的新认识，对于全面建设小康社会，加快推进社会主义现代化具有十分重要的指导意义。"（新华文摘，2005（17）：59）也就是说，科学发展观是从毛泽东、邓小平、江泽民等党的三代中央领导集体关于发展的一系列重要思想延续而来的。

第一节　毛泽东的发展观

毛泽东是新中国的缔造者，也是社会主义建设的奠基者和探索者。随着新中国的建立，特别是社会主义改造的完成，以毛泽东为代表的老一代共产党人为改变当时共和国"一穷二白"的落后面貌，把发展经济作为巩固和发展社会主义的主题。如何建设和发展社会主义，尤其是在中国这样一个经济文化都比较落后的东方大国如何建设和发展社会主义，是一项前所未有的全新的事业。毛泽东在领导中国社会主义建设过程中，为了探索中国的发展道路，制定中国社会的发展目标，提出了许多关于发展的重要思想，形成了自己具有时代特点的发展观。主要包括以下几个方面。

一、发展基础

国情是经济社会的发展基础。当时中国的国情是个什么状况呢？毛泽东曾简要概括为四个字：一穷二白。他说："我们的基本情况就是一穷二白。所谓'穷'就是生活水平低……所谓'白'，就是文盲还没有完全消灭，不但是识字的问题，还有提高科学水平的问题。"（毛泽东文集第 8 卷．北京：人民出版社，1999. 216）他还曾作了这样具体的描述："现在我们能造什么？能造桌子椅子，能造茶碗茶壶，能种粮食，还能磨成面粉，还能造纸，但是，一辆汽车、一架飞机、一辆坦克、一辆拖拉机都不能制造。"（毛泽东著作选读（下册）．北京：人民出版社，1986. 710）为了进一步认清国情、摸清家底，从 1956 年底到 1957 年春，在毛泽东的主持下，中央政治局听取了中央工业、农业、运输业、商业、财政等34个部门的工作汇报，对我国社会主义建设的若干问题进行了一次比较系统的大规模的调查研究，认为基础差、底子薄、经济文化比较落后就是我们的国情，就是我们的发展基础。

二、发展路线

在生产资料所有制的社会主义改造完成以后，党所面临的任务就是如何在中国建设社会主义。当时苏联是世界上第一个社会主义国家，搞社会主义建设也有二三十年的经验了，加之我们党实行的是"一边倒"的政策，苏联也乐意帮助我们搞社会主义建设，于是提出了向苏联学习。后来，苏联在社会主义建设中出现了一些问题，因而看来照抄照搬苏联的模式和体制也不行。正如毛泽东所说："特别值得注意的是，最近苏联方面暴露了他们在建设社会主义过程中的一些缺点和错误，他们走过的弯路，你还想走?"（毛泽东著作选读（下册）. 北京：人民出版社，1986. 720～721）毛泽东开始以苏联的教训为借鉴，独立思考，从各个方面考虑如何按照中国的实情办事，努力探索中国建设社会主义的发展道路。毛泽东自己后来说到："前八年照抄外国的经验。但从一九五六年提出十大关系起，开始找到自己的一条适合中国的路线。"（建国以来毛泽东文稿第9册. 北京：中央文献出版社，1996. 213）"适合中国的路线"，就是中国式的建设社会主义的发展路线，这可能是最早提出的"走自己的道路，建设有中国特色的社会主义"思想。可惜的是后来由于众所周知的原因，这种探索中断了。

三、发展目标

发展目标是社会主义建设所要达成的最终成果，也是与之奋斗和追求的目的。毛泽东最初给我们设定的发展目标是五六十年内赶上和超过美国。他说："假如我们再有五十年、六十年，就完全应该赶过它。这是一种责任。你有那么多人，你有那么一块大地方，资源那么丰富，又听说搞了社会主义，据说是有优越性，结果你搞了五六十年还不能超过美国，你像个什么样子呢？那就要从地球上开除你的球籍！所以，超过美国，不仅有可能，而且完全必要，完全应该。"（毛泽东选集第5卷. 北京：人民出版社，1977. 296）1957年2月，毛泽东在《关于正确处理人民内部矛盾的问题》中提出："将我国建设成为一个具有现代工业、现代农业和现代科学文化的社会主义国家。"（毛泽东文集第7卷. 北京：人民出版社，1999. 207）1959年底1960年初，他在读苏联《政治经济学教科书》时又作了补充，指出："建设社会主义，原来要求是工业现代化，农业现代化，科学文化现代化，现在要加上国防现代化。”（毛泽东文集第8卷. 北京：人民出版社，1999. 116）毛泽东制定的实现四个现代化的发展目标曾激励了几代人为之奋斗，它在中国社会的发展进程中具有重大的历史意义。

四、发展道路

通过何种途径，把我国建设成为一个强大的社会主义国家呢？毛泽东根据中国的实际，提出走工业化的道路。早在1955年3月召开的党的全国代表会议上的讲话中，毛泽东就提出：要把我国“建成为一个强大的高度社会主义工业化的国家”。（毛泽东选集第5卷. 北京：人民出版社，1977. 139）后来在《论十大关系》和《关于正确处理人民内部矛盾的问题》中进行了专门的论述，他指出：“重工业是我国建设的重点。必须优先发展生产资料的生产，这是已经定下的。但是决不可以因此忽视生活资料尤其是粮食的生产。如果没有足够的粮食和其他生活必需品，首先就不能养活工人，还谈什么发展重工业？所以重工业和轻工业、农业的关系，必须处理好。”“我们现在的问题，就是还要适当地调整重工业和农业、轻工业的投资比例，更多地发展农业、轻工业。”（毛泽东著作选读（下册）. 北京：人民出版社，1986. 721、722）“发展工业必须和发展农业同时并举，工业才有原料和市场，才有可能为建立强大的重工业积累较多的资金。”（毛泽东著作选读（下册）. 北京：人民出版社，1986. 296）后来，毛泽东又提出了“以农业为基础，以工业为主导”的发展国家经济的总方针。毛泽东关于正确处理和协调重工业、轻工业和农业的关系的思想，对于指导我国经济发展具有重要的启迪和借鉴作用。

五、发展战略

关于我国经济社会发展战略，毛泽东曾经多次进行规划。1955年3月他在党的全国代表会议上说：“在我们这样一个大国里面，情况是复杂的，国民经济原来又很落后，要建成社会主义社会，并不是轻而易举的事。我们可能经过三个五年计划建成社会主义社会，但要建成为一个强大的高度社会主义工业化的国家，就需要有几十年的艰苦努力，比如说，要有五十年的时间，即本世纪的整个下半世纪。”（毛泽东选集第5卷. 北京：人民出版社，1977. 139）1963年9月，在毛泽东主持的中央工作会议上讨论国家经济发展的长远规划时，正式提出了“两步走”的发展战略，即第一步，建立一个独立的比较完整的工业体系和国家经济体系；第二步，全面实现农业、工业、国防和科学技术的现代化，使我国经济走在世界前列。

第二节　邓小平的发展观

围绕发展的主题，邓小平领导全党和全国人民在改革开放中边实践边探索边总结，形成了一系列关于发展的新经验、新概念、新论断和新思想，建构了自己独具特色的发展观。

一、发展才是硬道理

邓小平在“南方谈话”中指出：“发展才是硬道理。这个问题要搞清楚。”（邓小平文选第3卷．北京：人民出版社，1993. 377）正如江泽民所说：“邓小平同志提出的发展是硬道理的重要思想，是对我国和世界其他国家的正反两方面历史经验的规律性总结。”（江泽民论“三个代表”．北京：中央文献出版社，2001. 123）发展是硬道理“硬”在哪里？只有发展才能摆脱贫穷和落后，实现小康，使广大人民过上富裕安康的幸福生活；只有发展才能实现“三步走”战略目标，达到中等发达国家的水平；只有发展才能体现社会主义的本质，显现社会主义制度的优越性，坚定人们走社会主义道路的信心；只有发展才能顺利解决台湾问题，实现祖国完全统一；只有发展才能增强我国的经济实力和综合国力，防止和抵御外部的颠覆活动和“和平演变”，为世界的和平事业作出贡献。总之，“中国解决所有问题的关键是要靠自己的发展”。（邓小平文选第3卷．北京：人民出版社，1993. 265）

二、关于发展战略

邓小平说：“中国只能搞中国的社会主义。”（邓小平文选第3卷．北京：人民出版社，1993. 265）党的十二大以后，我们党逐步用“翻两番”将“四个现代化”的发展目标具体化。在1984年10月以后，又有了更为长远和更为成熟的考虑，最终形成了“三步走”发展战略。邓小平提出，我们第一步在20世纪80年代翻一番，是解决温饱问题；第二步是到20世纪末再翻一番，达到小康水平；第三步是在21世纪的五十年内达到中等发达国家水平，并说“这是我们的雄心壮志”。（邓小平文选第3卷．北京：人民出版社，1993. 226）邓小平提出的“三步走”发展战略相比“四个现代化”的奋斗目标，更具体、更详细、更符合中国实际，更能给老百姓带来实惠，体现了以人为本的思想。

三、关于发展速度

经济发展速度问题，是事关“三步走”发展战略能不能实现的问题。邓小平说："使我们真正睡不着觉的，恐怕长期是这个问题。"（邓小平文选第3卷．北京：人民出版社，1993.355）他说："低速度就是停步，甚至等于后退。"（邓小平文选第3卷．北京：人民出版社，1993.375）他还说："发展太慢也不是社会主义。"（邓小平文选第3卷．北京：人民出版社，1993.255）

所以，他要求经济发展必须快一点，力争隔几年上一个台阶。但经济发展快一点，又不能搞不切实际的高指标高速度，这一方面我们有深刻的教训。究竟每年增长速度要达到多少呢？邓小平提出"要实现适当的发展速度"。（邓小平文选第3卷．北京：人民出版社，1993.355）什么叫"适当的发展速度"？一是要从实际出发，尤其是要从我国的生产能力出发，能力决定速度；二是确实保证我们党提出的战略目标的实现；三是要考虑到资源和环境的承载能力。

四、关于科学发展

关于科学发展，邓小平主要讲了两方面内容：其一，协调发展。例如他讲道："要扎扎实实，讲求效益，稳步协调地发展。"（邓小平文选第3卷．北京：人民出版社，1993.375）他还说："要注意经济稳定、协调地发展，但稳定和协调也是相对的，不是绝对的。"（邓小平文选第3卷．北京：人民出版社，1993.377）其二，可持续发展。邓小平早在1985年7月就已提出"持续发展"的问题。他说："改革的意义，是为了下一个十年和下世纪的前五十年奠定良好的持续发展的基础。没有改革就没有今后的持续发展。"（邓小平文选第3卷．北京：人民出版社，1993.131）在一九八九年六月他又说："要采取有力的步骤，使我们的发展能够持续，有后劲。"（邓小平文选第3卷．北京：人民出版社，1993.312）后来，邓小平还使用了"持续增长"、"继续发展"、"不断发展"等概念，这些概念在本质上和可持续发展是一致的。

五、关于发展目的

发展的目的实质上就是"为谁发展"的问题。邓小平非常关注"劳动者的个人收入和集体福利增加了多少"。（邓小平文选第2卷．北京：人民出版社，1994.150）更重要的是，他把不断发展看做是社会主义的本质属性。他指出："我们搞的是有中国特色的社会主义，是不断发展社会生产力的社会主义，……只有不断发展社会生产力，国家才能一步步富强起来，人民生活才能一步步改善。"（邓小平文选第3卷．北京：人民出版社，1993.328）他还说："一个真正的马克思主义政党在执政以后，一定要致力于发展生产力，并在这个基础上逐步提高人民的生活水平。"（邓小平文选第3卷．北京：人民出版社，1993.28）他在1980年就提出："社会主义经济政策对不对，归根到底要看生产力是否发展，人民收入是否增加。这是压倒一切的标准。”（邓小平文选第2卷．北京：人民出版社，1994.314）1983年他又提出：“各项工作都要以是否有助于人民的富裕幸福……作为衡量做得对或不对的标准。”（邓小平文选第3卷．北京：人民出版社，1993.23）后来在“南方谈话”中提出了著名的“三个有利于”标准，把是否有利于人民生活水平的提高作为发展的根本目的。

六、关于发展环境

中国的发展离不开世界，因为世界的局势构成了中国发展的外部环境。邓小平强调：“为了使中国发展起来，实现我们的宏伟目标，需要一个和平的国际环境。”（邓小平文选第3卷．北京：人民出版社，1993.94）“要建设，没有和平环境不行。”（邓小平文选第3卷．北京：人民出版社，1993.233）“我们不打别人的牌，就是说不打苏联的牌，也不打美国的牌。我们也不让别人打我们的牌。”（邓小平文选第3卷．北京：人民出版社，1993.233）邓小平又说：“社会主义中国应该用实践向世界表明，中国反对霸权主义，强权政治，永不称霸，中国是维护世界和平的坚实力量。”（邓小平文选第3卷．北京：人民出版社，1993.128）事实充分证明：中国越发展，世界和平就越有保证。

第三节　江泽民的发展观

党的十三届四中全会以来，江泽民高举邓小平理论伟大旗帜，坚持“发展才是硬道理”，创新性地提出“发展是党执政兴国的第一要务”，并在理论和实践两个方面对中国社会在世纪之交的发展问题进行了全方位的探索，提出了一系列关于发展的思路、论断和理论，为马克思主义发展理论作出了贡献。其主要内容有：

一、全面发展

江泽民指出：“社会主义社会是全面发展、全面进步的社会。人类社会发展的历史证明，一个民族，物质上不能贫困，精神上也不能贫困，只有物质和精神都富有，才能成为一个有强大生命力和凝聚力的民族。”他还指出：“社会主义社会是人类历史上崭新的社会形态，是以经济建设为重点的全面发展、全面进步的社会。经济、政治、文化协调发展，两个文明都搞好，才是有中国特色社会主义。”（江泽民论有中国特色社会主义（专题摘编）．北京：中央文献出版社，2002.382、383）对此，党的十六大报告强调指出：“这次大会确立的全面建设小康社会的目标，是中国特色社会主义经济、政治、文化全面发展的目标。”与此相对应，提出了建设社会主义的物质文明、政治文明和精神文明的要求。

他认为，不断推进人的全面发展是建设社会主义社会的本质要求。他在庆祝中国共产党成立八十周年大会上的讲话中说：“共产主义社会，将是物质财富极大丰富，人民精神境界极大提高，每个人自由而全面发展的社会。”同时，“社会生产力和经济文化的发展水平是逐步提高、永无止境的历史过程，人的全面发展程度也是逐步提高、永无止境的历史过程。这两个历史过程相互结合、相互促进地向前发展”。（江泽民论“三个代表”. 北京：中央文献出版社，2001. 180）

二、优先发展

马克思主义的发展理论即讲全面发展，又讲重点发展。江泽民明确指出：“我们要坚持把科学技术放在优先发展的战略地位，坚持依靠科技进步来提高经济效益和社会的效益。只有发展科技，才能事半功倍。”（江泽民论有中国特色社会主义（专题摘编）. 北京：中央文献出版社，2002. 230）并说，这是党和国家根据我国国情和当代科学技术发展趋势确定的国策。据此，提出了科教兴国的发展战略。江泽民说：“到本世纪中叶，我们要基本实现社会主义现代化，实现中华民族的伟大复兴。离开科学教育事业的发展，离开全民族科学文化水平的提高，这一光荣、艰巨的任务是不可能完成的。”（江泽民论“三个代表”. 北京：中央文献出版社，2001. 180）

三、协调发展

所谓协调发展，也就是说，在整个社会主义现代化建设中，要正确认识和处理各个要素、各个方面的关系，使其达到功能配套，效率最佳，以推动经济和社会的全面进步。江泽民指出，在推进社会主义现代化建设的过程中，必须处理好各种关系，特别是若干带有全局性的关系。这些关系包括发展与改革、稳定的关系，还包括速度和效益的关系；第一、二、三产业之间的关系；东部地区和中西部地区的关系；市场机制和宏观调控的关系；公有制经济与其他经济成分的关系；收入分配中的国家、企业和个人的关系；积累和消费的关系等。此外，还有经济发展与外部环境的关系，经济建设与国防建设的关系，经济建设与文化建设的关系，物质文明、精神文明和政治文明建设的关系。

四、可持续发展

在社会主义现代化建设中，必须贯彻实施可持续发展战略。江泽民说：

"经济的发展必须与人口、环境、资源统筹考虑，不仅要安排好当前的发展，还要为子孙后代着想，为未来的发展创造更好的条件，决不能走浪费资源和先污染后治理的路子，更不能吃祖宗饭、断子孙路。"（江泽民论有中国特色社会主义（专题摘编）. 北京：中央文献出版社，2002. 279 ~ 280）如何做到可持续发展呢？"从我国的实际出发，在实行可持续发展战略中，我们要努力做好以下几方面的工作：一是坚持节水、节地、节能、节材、节粮以及节约其他各种资源，农业要高产、优质、高效、低耗，工业要讲质量、讲低耗、讲效益，第三产业与第一、二产业要协调发展；二是继续控制人口增长，全面提高人口素质；三是消费结构要合理，消费方式要有利于环境与资源保护，决不能搞脱离生产力发展水平、浪费资源的高消费；四是加强环境保护的宣传教育，增强干部和群众自觉保护生态环境的意识；五是坚决遏制和扭转一些地方资源受到破坏和生态环境恶化的趋势。"（江泽民论有中国特色社会主义（专题摘编）. 北京：中央文献出版社，2002. 280）

五、发展目标

江泽民根据邓小平关于分阶段有步骤实现我国现代化的战略思想，深刻分析了新世纪所面临的新形势和新任务，进一步把邓小平"三步走"战略中的第三步目标分解和细化，提出了一个新的"三步走"战略。他在党的十五大报告中指出："展望下世纪，我们的目标是，第一个十年实现国民生产总值比2000年翻一番，使人民的小康生活更加宽裕，形成比较完善的社会主义市场经济体制；再经过十年的努力，到建党100年时，使国民经济更加发展，各项制度更加完善；到21世纪中叶，建国100年时，基本实现现代化，建成富强民主文明的社会主义国家。"这一新的"三步走"战略是对邓小平"三步走"战略的丰富和发展。在党的十六大的报告中他又明确提出，21世纪头20年的目标是：全面建设小康社会，加快推进社会主义现代化建设。使经济更加发展，民主更加健全，科技更加进步，文化更加繁荣，社会更加和谐，人民生活更加殷实。

第四节　科学发展观

自党的十六大以来，以胡锦涛总书记为中心的党中央高举中国特色社会主义的伟大旗帜，坚持改革开放，为把我国建设成为富强、民主、文明、和谐的社会主义现代化强国，始终把发展当作党执政兴国的第一要务，看做是解决中国所有问题的关键。党中央在实践的基础上，围绕着令全球注目和中国人民最为关心的“什么是发展，怎样发展”的问题进行积极的探索，提出了科学发展观。科学发展观的提出和践行，进一步丰富了中国特色社会主义理论体系，把中国化的马克思主义提升到一个新阶段、新高度和新境界。

一、当代马克思主义的新形态

不讲发展就一点马克思主义也没有。发展范畴是唯物辩证法的根本特征和重要基石，也是中国特色社会主义理论的重要特征，讲发展就是坚持马克思主义，坚持中国特色社会主义理论。讲科学发展，就是丰富马克思主义，丰富中国特色社会主义理论。所以说，科学发展观是当代马克思主义的新形态。

科学发展观的提出不仅有它的理论渊源，还有它提出的实践基础和国际环境。正如胡锦涛所说的，科学发展观是“立足社会主义初级阶段基本国情，总结我国发展实践”而提出来的。同时，是在科学判断和全面把握国际形势的发展变化，顺应世界潮流，借鉴国外发达与不发达国家的经验和教训的基础上提出来的。

2003 年 8 月底至 9 月初，胡锦涛在江西考察工作时，在谈话中第一次明确提出了“科学发展观”的概念，指出：“要牢固树立协调发展、全面发展、可持续发展的科学发展观，积极探索符合实际的发展新路子。”（刘建武. 科学发展观. 北京：人民出版社，2008. 4）在同年 10 月召开的党的十六届三中全会上通过的《中共中央关于完善社会主义市场经济体制若干问题的决定》指出：“坚持以人为本，树立全面、协调、可持续的发展观，促进经济社会和人的全面发展。”这是党中央文件第一次正式提出科学发展观，也是对科学发展观的内涵的标准表述。2004 年 9 月，党的十六届四中全会通过的《中共中央关于加强党的执政能力建设的决议》，把树立和落实科学发展观作为提高党的执政能力的重要内容。2005 年 10 月，党的十六届五中全会通过的《中共中央关于制定国民经济和社会发展第十一个五年规划的建议》提出，要坚定不移地以科学发展观统领经济社会发展全局。2007 年 10 月，胡锦涛在党的十七大报告中进一步深刻阐述了科学发展观的时代背景、科学内涵、精神实质和根本要求。同时，党的十七大把科学发展观写进了《中国共产党党章》（以下简称《党章》），《党章》指出：“科学发展观，是同马克思列宁主义、毛泽东思想、邓小平理论和‘三个代表’重要思想一脉相承又与时俱进的科学理论，是我国经济社会发展的重要指导方针，是发展中国特色社会主义必须坚持和贯彻的重大战略思想。”（中国共产党章程汇编——从一大到十七大. 北京：中共党史出版社，2007. 214）

科学发展，实质上就是又好又快发展。胡锦涛说：“党的十六大以来，党中央提出了科学发展观等重大战略思想，并且随着实践的发展不断进行丰富和充实。我们开始强调要加速发展，后来进一步提出要实现又快又好发展，去年底又把‘又快又好’调整为‘又好又快’。”（科学发展观重要论述摘编．北京：中央文献出版社，党建读物出版社，2008.2）温家宝总理也指出：“科学发展观的发展，是好中求快，又好又快的发展。”（关于深化贯彻落实科学发展观的若干重大问题．求是，2008（21））“好”与“快”是对科学发展的一种通俗解读，“好”，讲的是发展的质量和效益；“快”，讲的是发展的速度。“好”和“快”是辩证的统一，其辩证关系是好字优先，好中求快，又好又快，永续发展。在社会主义现代化建设和实际工作中，怎样才能做到又好又快发展呢？党的十七大强调要加快转变经济发展方式，走中国特色新型工业化道路，促进经济增长由主要依靠投资、出口拉动向依靠消费、投资、出口协调拉动转变；由主要依靠第二产业带动向依靠第一、第二、第三产业同时带动转变；由主要依靠增加物质资源消耗向主要依靠科技进步、劳动者素质提高、管理创新转变。只有我们真正做到“三个转变”，才能够做到又好又快发展。同时，是否做到又好又快发展，也是检验我们在实际工作中是否真正贯彻落实科学发展观的标准。当然，科学发展观也必然会随着社会主义现代化建设的实践不断地丰富、完善和发展。

二、科学发展观的内容

科学发展观的内容有四句话：第一要义是发展，核心是以人为本，基本要求是全面协调可持续，根本方法是统筹兼顾。

（一）第一要义是发展

所谓发展，就是指发展经济，发展生产力。经济是社会的基础，马克思主义的唯物史观最注重发展社会生产力。胡锦涛指出：“我们必须始终牢记，发展是解决中国所有问题的关键，发展对于全面建设小康社会、加快推进社会主义现代化，对于开创中国特色社会主义事业新局面，实现中华民族伟大复兴具有决定性意义。”（科学发展观重要论述摘编．北京：中央文献出版社，党建读物出版社，2008.24）

（二）核心是以人为本

以人为本的内容包括两个方面：一是“以人的全面发展为目标”。人的全面发展是马克思主义为未来共产主义社会规定的一个本质特征。党从这样的高度提出问题，不但表明党坚定的政治信念和对远大目标的执著追求，而且表明我国社会的发展方向是以人的全面发展为目标的。二是“让发展的成果惠及全体人民”。这里又包含两层含义，其一，发展成果不只体现在GDP上，更主要的是体现在人民群众生活状况的改善和生活水平的提高上；其二，发展不是为了少数人的利益，而是为了全体人民的利益，要让全体人民共同享受到发展的成果，逐步走向共同富裕。

（三）基本要求是全面协调可持续

这是一个“怎样发展”的问题。全面，其一，从生产力的角度看，是指第一产业、第二产业、第三产业的全面发展；其二，从区域经济的角度看，是指东部、中部和西部的全面发展；其三，从社会结构的角度看，是指经济、政治、文化和社会的全面发展。协调，是指协调发展过程中各个部分、各个方面、各个环节的相互关系。在改革开放和社会主义现代化建设中，协调的关系主要有生产关系与生产力、上层建筑与经济基础以及人与自然的关系，只有协调才能达到和谐。可持续，是指发展进程要有持久性、连续性，这其中也有两层含义：其一，正确处理经济发展与人口、资源、环境的关系，始终把控制人口、节约资源，保护生态环境放在重要位置，使人口增长与社会生产力的发展相适应，使经济建设与资源环境相协调，实现良性循环，促进人与自然关系的和谐发展。其二，经济发展既要考虑当前的发展需要，又要考虑未来发展的需要，使经济发展保持在适当的速度范围，持久地、连续地运行下去，既要实现当前经济的快速发展，又要造福于子孙后代。胡锦涛指出：“可持续发展战略事关中华民族的长远发展，事关子孙后代的福祉，具有全面性、根本性、长期性。实施可持续发展战略，促进人与自然的和谐，实现经济发展和人口、资源、环境相协调，坚持走生产发展、生活富裕、生态良好的文明发展道路。”（科学发展观重要论述摘编．北京：中央文献出版社，党建读物出版社，2008. 38）

（四）根本方法是统筹兼顾

统筹兼顾是我们党领导社会主义现代化建设的重要历史经验。毛泽东在《论十大关系》中就提出，必须兼顾国家、集体和个人三个方面，兼顾国家和农民的利益。《在省市自治区党委书记会议的讲话》中，他明确指出：“我们的方针是统筹兼顾，各得其所。”（毛泽东文集第7卷．北京：人民出版社，1999. 186）在《关于正确处理人民内部矛盾的问题》中，毛泽东专门将“统筹兼顾，适当安排”作为一个问题进行论述，并指出，“这里所说的统筹兼顾，是指对于六亿人口的统筹兼顾”。（毛泽东文集第7卷．北京：人民出版社，1999. 227）后来邓小平在领导改革开放和社会主义现代化建设过程中坚持了这一方法，他曾说："我们必须按照统筹兼顾的原则来调节各种利益的相互关系。"（邓小平文选第2卷．北京：人民出版社，1994. 175）

统筹兼顾是科学发展观的根本方法。坚持统筹兼顾，就是既要总揽全局统筹规划，又要抓住中心和重点；既要坚持市场经济的自行调节，又要注意强调宏观调控，以规避经济风险；既要讲效益，又要讲公平，更要讲发展。在新世纪新阶段，胡锦涛指出："我们要推动科学发展，促进社会和谐，必须更加自觉地运用统筹兼顾的根本方法，正确反映和兼顾不同方面的利益。"（科学发展观重要论述摘编．北京：中央文献出版社，党建读物出版社，2008. 57）坚持统筹兼顾这一根本方法，就要统筹城乡发展、区域发展、经济社会发展、人与自然和谐发展、国内发展和对外开放，同时还要统筹整体利益和局部利益、当前利益和长远利益、企业利益和个人利益，以调动各个方面的积极性，推进社会主义现代化建设事业顺利发展。

第六章　构建社会主义和谐社会的渊源

社会和谐是国家富强、民族振兴、人民幸福的重要保证。构建社会主义和谐社会，是中国共产党以马克思列宁主义、毛泽东思想、邓小平理论和“三个代表”重要思想为指导，全面贯彻落实科学发展观，从中国特色社会主义事业总体布局和全面建设小康社会全局出发提出的重大战略任务，是建设中国特色社会主义的新目标，反映了建设富强、民主、文明、和谐的社会主义现代化国家的内在要求，体现了全党全国各族人民的共同愿望。同时，它又是中国传统文化与马克思主义相结合的又一典范，具有厚重的历史感和鲜明的时代性。

第一节　马克思恩格斯对社会和谐的认识

人类追求建立和谐的社会，不仅是中国，全世界范围内的社会思想家们也思考过这个问题。古希腊哲学家毕达哥拉斯最早把“和谐”作为一个哲学范畴。赫拉克利特在肯定和谐价值的基础上提出“对立和谐观”，认为自然是从对立的东西中产生和谐，而不是从相同的东西中产生和谐。从苏格拉底开始，“和谐”被引入政治和社会领域。柏拉图阐述了“公正即和谐”的观点，提出统治者、军人和劳动者三个等级应各司其职、互不干扰、都有节制，这就是“理想国”。亚里士多德则认为，一个国家的政权应该由中等阶层来掌握，这样就能很好地协调贫富两个阶层的利益，避免矛盾和冲突，从而实现社会的稳定与和谐。

16 世纪后，随着生产力的迅速发展，欧洲出现了社会贫富分化严重、阶级矛盾突出、政治秩序混乱和社会生活极不和谐等现象。这种混乱的社会状态使一些思想家提出了反对资本主义、向往理想社会的空想社会主义。空想社会主义者圣西门和傅立叶把他们设计的理想制度称为“和谐制度”。傅立叶认为，资本主义制度是不合理、不公正的，将被新的“和谐制度”所代替。欧文对“和谐制度”进行了长期的实验，试图建立一种人与自然、工作与生活彼此和谐的社会。但是，空想社会主义者的“和谐社会”是根据抽象的伦理道德原则设计出来的，脱离了现实社会的经济基础，因而不得不以失败而告终。

马克思、恩格斯在继承前人思想成果的基础上，创立了科学社会主义理论，这一理论包含了对未来社会的科学构想，勾画了未来美好社会的蓝图，这幅蓝图蕴涵着丰富的社会和谐思想。他们以唯物史观和剩余价值学说为理论武器，通过剖析资本主义生产方式和交换方式，揭示了资本主义生产和剥削的秘密，找到了无产阶级与资产阶级对立的经济根源，指明了变革资本主义、实现社会主义的道路，使社会主义从空想变成科学，其中也提出了关于未来和谐社会的设想。

一、实现和谐社会是人类历史发展的必然趋势

人类社会是一个不断从低级向高级发展的历史过程。建立平等、互助、协调的和谐社会，是人类的美好追求。马克思关于自由人联合体和人的全面发展的表述，都是指未来高级的和谐社会的目标模式。在这一联合体中，人终于成为自己与社会结合的主人，从而也就成为自然界的主人，成为自身的主人——自由的人，“社会的每一个成员都能完全自由地发展和发挥他的全部才能和力量，并且不会因此而危及这个社会的基本条件”。（马克思恩格斯全集第42卷．北京：人民出版社，1979. 373）人成为民主的人，成为自由的人，这种联合体自然也就成为和谐社会。

关于人与自然关系和谐的思想，就是思维和存在、精神和自然的统一性原理。其主要内容有：

1. 人是自然界的产物

恩格斯在《反杜林论》中指出：“什么是思维和意识，它们是从哪里来的，那么就会发现，它们都是人脑的产物，而人本身是自然界的产物，是在它们的环境中，并且和这个环境一起发展起来的。”（马克思恩格斯选集第3卷．北京：人民出版社，1995. 74）由于人是自然界的产物，人和自然界都遵循着同样的规律，这就为人与自然关系的和谐提供了天然的基础。

2. 人与自然在认识上达到一致

恩格斯指出：“思维规律和自然规律，只要它们被正确地认识，必然是互相一致的。”（恩格斯．自然辩证法．北京：人民出版社，1971. 20）列宁也指出：“那一切科学的（正确的、郑重的、不是荒唐的）抽象，都更深刻、更正确、更完全地反映着自然。”（列宁全集第38卷．北京：人民出版社，1971. 181）

3. 人与自然在实践上达到协调

单是达到认识上的一致是不够的，还需要从实践上使人与自然达到协调与和谐。恩格斯指出：“我们一天天学会更加正确地理解自然规律，学会认识我

们对于自然界的惯常行程的干涉所引起的比较近比较远的影响。”（马克思恩格斯选集第4卷．北京：人民出版社，1995.384）人们一方面通过社会实践扰动自然、改变自然，使自然为人的目的服务，另一方面又通过社会实践保护自然、美化自然，使人为自然回归原生态的服务。

4. 人的主观能动性与实践能力必须顺应自然

恩格斯曾告诫人们：“但是我们不要过于陶醉于我们人类对自然界的胜利。对于我们的每一次胜利，自然界都对我们进行报复。每一次胜利，起初确实取得了我们预期的结果，但是往后和再往后却发生完全不同的、出乎预料的影响，常常把最初的结果又消除了。”（马克思恩格斯选集第4卷．北京：人民出版社，1995.383）这就告诉人们，主观能动性的发挥和实践能力的宣示不是随心所欲、任意妄为的，而是必须有所节制、适可而止，不然的话，就会招致自然界的报复，破坏人与自然的和谐关系，甚至给人类带来灾难。马克思主义理论的这些思想其本意是为了阐述实践唯物主义的基本观点，以批判唯心主义对思维和存在、自然和精神关系的颠倒，而其中却包含着人与自然关系相统一、相和谐的思想，即使在现时代来看，这些思想仍具有时代的世界性意义。

二、生产力高度发达是实现和谐社会的物质基础

马克思主义认为，生产力是一个动态的不断前进的概念，社会发展的重要标志是生产力的发展水平。然而，马克思还指出：“机器只是一种生产力。”（马克思恩格斯选集第1卷．北京：人民出版社，1995.161）人与机器的关系从两个方面决定着劳动生产率的高低，一是使用什么样的机器，二是人与机器的关系是否和谐。但是，资本主义的生产关系变成了“人是机器”，在资本家眼里，人被看做是机器的一部分，看做是生产线的一个环节或工序，这使人完全成为机器的附庸，依附机器、服从机器，跟着机器不停地运转。正如恩格斯所说，大工业的机器使工人从机器下降为机器的单纯附属品。

自从进入阶级社会以来，人类社会的历史就是一部阶级斗争的历史。在奴隶社会，奴隶是会说话的“劳动工具”和奴隶主富有的象征；在封建社会，人被分为若干不同的等级，农民对地主存在着依附关系；在资本主义社会，虽然资产阶级在反对封建的旗帜上写上“民主”二字，但雇用工人必须通过出卖劳动力才能养家糊口。所以，在存在着阶级对立、对抗，甚至是专制和暴力的社会条件下，不可能有什么奢望来构建和谐社会。

原始的和谐是曾经有过的，恩格斯在《家庭、私有制和国家的起源》中写道：“这种十分单纯质朴的氏族制度是一种多么美妙的制度啊，没有军队、宪兵和警察，没有贵族、国王、总督、地方官和法官，没有监狱，没有诉讼，

而一切都是有条有理的。”（马克思恩格斯选集第4卷. 北京：人民出版社，1995. 95）但是，资本主义的生产过程不是劳动者的“单兵作战”，而是许多劳动者按照社会分工围绕着同一个目标而进行生产的过程。正如马克思所说，为了进行生产，人们便发生一定的联系和关系。在这一过程中，劳动者之间的人际关系和配合程度如何，又将直接影响到劳动生产率的提高。

三、和谐社会是以生产力与生产关系、经济基础与上层建筑相适应为基础的社会

关于生产领域中的“自由”，马克思曾经做过这样的论述：“这个领域内的自由只能是：社会化的人，联合起来的生产者，将合理地调节他们和自然之间的物质变换，把它置于他们的共同控制之下，而不让它作为一种盲目的力量来统治自己；靠消耗最小的力量，在最无愧于和最适合于他们的人类本性的条件下来进行这种物质变换。”（资本论第3卷. 北京：人民出版社，2004. 928～929）马克思明确指出，人既是“社会联系的主体”，又是“生产主体”。他在《神圣家族》中说：“历史什么事情也没有做，它‘并不拥有任何无穷尽的丰富性’，它并‘没有在任何战斗中作战’，创造这一切、拥有这一切并为这一切而斗争的，不是‘历史’，而正是人，现实的、活生生的人。‘历史’并不是把人当作达到自己目的的工具来利用的某种特殊的人格。历史不过是追求着自己目的的人的活动而已。”（马克思恩格斯全集第1卷. 北京：人民出版社，1960. 12）

第二节　构建社会主义和谐社会理论的中国传统文化渊源

中华民族有着五千年的厚重历史和灿烂文化，其中关于“和”、“和谐”、“和谐社会”的文化源远流长、内容丰富、价值珍贵，构成了中国传统文化中的一道亮丽的风景线。正是这种传统文化构成了我们党在现时代提出构建社会主义和谐社会的文化底蕴和历史渊源。实现社会和谐，建设美好社会，始终是人类孜孜以求的社会理想，也是包括中国共产党在内的马克思主义政党不懈追求的社会理想。

一、中国的“和谐”文化历史悠长

和谐是一个古老而又常新的时代课题。“和谐”一词由“和”与“谐”两个字组成。“和”字有温和、和缓、谦和的意思，如和风细雨、和颜悦色等；“谐”字有协调、调和、无抵触、无冲突之意。所谓“和谐”，《现代汉语词典》的解释是“配合得适当和匀称”，指事物的各局部或属性通过组织互相

和合而协调为一个整体。早在三千多年前，中国的甲骨文和金文中就有了“和”字。为什么“和”字与禾相关呢？许慎在《说文解字》中讲到“禾，嘉谷也，二月始生，八月而熟，得时之中，故谓之禾”。（转引自张岱年，方克立主编．中国文化概论．北京：北京师范大学出版社，2004. 119）禾代表着粟、五谷、庄稼。中国在历史上是一个农业立国的国家，早在神农氏时代，我们的祖先就开始种植五谷，从事农业生产及活动了，距今至少有九千年的历史。而五谷的种植乃至获得丰收全有赖于风调雨顺、冷热适中、管理得当及各种要素和条件的和谐配置。因此，禾离不开和，和就与禾相伴随。有人将“和谐”拆字来解：“和”是“口”中有“禾”，人人都有饭吃；“谐”是有“言”“皆”可以讲，人人有言论民主与自由。有饭吃，有民主，社会就和谐了，这也是有一定道理的。

西周时期，周太史史伯提出“和实生物，同则不继”的观点。从史伯的观点中可以看出，“和”包含着两层意思：一是指两种以上的不同事物之间的关系；二是指两种以上不同事物之间关系的状态。“和实生物”是讲两种以上事物之间的关系状态达到和谐就可以产生出新事物，“同则不继”则是讲千篇一律、万物一面、没有差别，则使事物的过程出现停滞而不能继续发展。后来荀子也说过与史伯意思相近的话：“万物各得其和以生。”（《荀子》）到了春秋战国时期，诸子百家更是经常运用“和”的概念来阐述他们的哲学思想和文化理念。老子提出“知和曰常，知常曰明”，（《老子·五十五章》）又讲到“万物负阴而抱阳，冲气以为和”。（《老子·四十二章》）和的实质是气和。孔子在《论语》中说：“礼之用，和为贵。”（《论语·学而》）礼的作用在和，在于调节社会中人与人之间的关系。又曰：“君子和而不同，小人同而不和。”（《论语·子路》）人的境界不同，对和的理解也有差别。孟子提出：“天时不如地利，地利不如人和。”（《孟子》）人和是最重要的。子思在《中庸》中讲：“致中和，天地位焉，万物育焉。”（《中庸》）所以，“和”是宇宙万物之理。夫妻和才能生贵子，和气才能生财，家和才能万事兴。“和”又是一个过程，具有不同的层次。天之和是太和，地之和是中和，人之和是保和。其中太和是“和”的最高境界。这种“和”文化不只体现在非物质文化的典籍中，同时也体现在物质文化的遗迹中，如体现在中国古代建筑艺术中。北京紫禁城有三大殿，分别是太和殿、中和殿、保和殿。这三大殿自然成为“和”文化的物质载体和承担者。同时在杭州有六和塔、北京有颐和园、河北正定有阳和楼。也体现在地名中，如广州白云区太和镇、陕西省大荔县两宜镇仁和村等。子思在《中庸》中还提到：“和也者，天下之达道也。”（《中庸》）“和”是达到理想境界的通道和必由之路。

由于“和”文化反映了世界万物发展的普遍规律和人类社会发展的价值趋同，因此，这一文化能够随着时代的变化而不断变化，随着社会的不断发展而不断更新和丰富其内容。我们所说的“和”包括和谐、和睦、和平、和善、祥和、中和等含义，蕴涵着和和气气、和和美美、和衷共济、政通人和、内和外顺等深刻的处世哲学和人生理念。“和”的佳境是“各美其美，美人之美，美美与共，天下大同”。（费孝通．美美与共与人类文明．新华文摘，2005（8））中国共产党人继承了中华传统“和”文化的精髓，并赋予它以时代的内涵和意义。江泽民曾指出：“和谐而又不千篇一律，不同而又不相互冲突。和谐以共生共长，不同以相辅相成。和而不同，是社会事物和社会关系发展的一条重要规律，也是人们处世行事应该遵循的准则，是人类各种文明协调发展的真谛。”（转引自管向群．新华文摘，2006（2））这一论述使中国传统“和”文化得到升华，并具有时代的新意。

二、追求和谐社会的理想源远流长

和谐社会是美好的社会，对美好社会的追求在中华民族的历史上从来没有停止过，这种孜孜以求的精神和对理想社会的描绘构成了中国传统文化的重要组成部分，从而为构建和谐社会提供了文化渊源、思想材料和精神启迪。中国传统文化中关于理想社会的目标设计主要有以下几种：

（一）孔子的“大同世界”

孔子在《礼记》中曰：“大道之行也，天下为公；选贤与能，讲信与睦。故人不独亲其亲，不独子其子，使老有所终，壮有所用，幼有所长，鳏寡孤独废弃者皆有所养，男有分，女有归。货恶其弃于地也，不必藏于己；力恶其不出于身也，不必为己。是故谋闭而不兴，盗窃乱贼而不作，故外户而不闭，是谓大同。”（《礼记·礼运》）孔子所追求的“大同世界”不是在未来，而是在过去。由于当时的社会“礼崩乐坏”，社会秩序大乱，所以在他看来今不如昔，于是他要求“克己复礼”。同时孔子认为维系大同世界社会关系的核心价值观是“仁”。仁者爱人，只有人人相敬如宾，相亲相爱，“让世界充满爱”，这才是大同世界。孔子的大同世界影响深远，以至于到了近代康有为还写了《大同书》。

（二）老子的“小国寡民”理想

《老子》中对“小国寡民”的政治理想进行了精彩的描述：“小国寡民。使有什伯之器而不用，使民重死而不远徙。虽有舟舆，无所乘之；虽有甲兵，无所陈之。使民复结绳而用之。甘其食，美其服，安其居，乐其俗。邻国相望，鸡犬之声相闻，民虽老死，不相往来。”（《老子·八十章》）由于老子的这种“小国寡民”的理想社会“使民有什伯之器不用”，我们只能说这是一种怀旧式的理想社会。同时，“民虽老死，不相往来”，老子把“社会的人”当成了“自然的人”，人们之间不发生任何关系和联系，只能说这种社会状态下人们之间相安无事，而谈不上和谐与否。

（三）陶渊明的“桃花源”理想社会

晋代隐士陶渊明在其所作的《桃花源记》中描绘了自己所向往的理想社会，《桃花源记》中写道：“晋太元中，武陵人捕鱼为生。缘溪行，忘路之远近。忽逢桃花林，夹岸数百步，中无杂树，芳草鲜美，落英缤纷。渔人甚异之。复前行，欲穷其林。林尽水源，便得一山，山有小口，仿佛若有光。便舍船，从口入。初极狭，才通人；复行数十步，豁然开朗。土地平旷，屋舍俨然，有良田美池桑作之属，阡陌交通，鸡犬相闻。其中往来种作，男女衣著，悉如外人；黄发垂髫，并怡然自乐。”村中人“自云‘先世避秦时乱，率妻子邑人，来此绝境，不复出焉，遂与外人间隔。’问今是何世，乃不知有汉，无论魏、晋”。（古今文学名篇（上）．北京：人民出版社，2001. 87）陶渊明的《桃花源记》反映了自己作为隐士的价值追求，他力图逃遁社会矛盾，回避社会冲突，在山林深处构筑田园美景的“世外桃源”，希冀过着一种“采菊东篱下，悠然见南山”的闲适生活。当然，在阶级和阶级斗争存在的条件下，陶渊明的“桃花源”也只能在梦里。

（四）洪秀全的“太平天国”理想社会。

洪秀全在《天朝田亩制度》中对他设想的“太平天国”理想社会进行了精心描绘：“凡分田照人口，不论男妇，算其家口多寡，人多则多分，人寡则寡分……凡天下田，天下人同耕，此处不足，则迁彼处，彼处不足，则迁此处。凡天下田，丰荒相通……务使天下共享天父上主皇上帝大福，有田同耕，有饭同食，有衣同穿，有钱同使，无处不均匀，无处不饱暖。”《天朝田亩制度》还规定：凡收成，“每人所食可接新谷外，余则归国库”。凡有“婚娶弥月喜事，俱用国库”；“鳏寡孤独废疾免役，皆颁国库以养”。（转引自任继愈主编．中国哲学史第四册．北京：人民出版社，1979. 191）洪秀全的“太平天国”理想社会是通过太平天国革命运动来实现的，但他领导的太平天国运动的指导理论是带有宗教色彩的“拜上帝教”，最终又被清朝政府镇压而失败，由于他所设计的太平天国理想社会脱离社会现实，所以也只能是存在于彼岸世界的“天国”。

中国传统文化关于理想社会普遍存在着缺陷：第一，脱离生产力的发展水平。任何一种社会理想都必须以生产力的发展水平为支撑，脱离开生产力的发展高度侈谈美好理想，只能是“空中楼阁”。第二，以农业为基础的田园牧歌式的理想社会。所有设计都是以农业为基础的农村生活图景，没有商品生产，没有市场交换，更没有科学技术，当然也没有城市，因而这种理想设计虽然有前景，但是没有前途。第三，阶级差别和阶级斗争问题无力解决。虽然先哲们看到了社会存在着阶级差别和阶级斗争，并对此表示不满，但他们无力解决这些问题，于是只有绕行、逃避或另辟蹊径。太平天国运动也曾力图解决，但最终失败了。第四，绝对平均主义的模式。他们从农业小生产者的角度出发，企图在废除私有制的基础上保持自给自足的自然经济，在生产、消费、分配及生活诸方面实行绝对平均主义，违背了历史发展的规律。毛泽东曾说过：“谁要是提倡绝对的平均主义，那就是错误的。”（毛泽东选集第4卷. 北京：人民出版社，1991. 1314）但是尽管如此，先哲们仍然给我们描绘了一幅幅理想社会的美妙图景，他们的追求和探索精神值得我们学习和效仿，他们对理想社会制度的设计为我们构建社会主义和谐社会提供了丰富的思想资料和素材。他们关于理想社会的设计虽然由于时代的局限性存在着种种缺陷和错误，但对于我们构建社会主义和谐社会仍然具有借鉴和参考价值。

三、和谐社会的内容非常丰富

（一）人的内在和谐

“大学之道，在明明德、在亲民、在止于至善。”（曾参：《大学》）“修身齐家治国平天下”，是儒家文化对人的理想要求。怎样做到人的内在和谐呢？其中又包括三个环节：首先，是“修身”。中国传统文化讲求“修身”、“修己”、“吾曰三省吾身”，用现代语言讲就是自我批评、自我反省，以内心的价值准则进行自我检查和自我审视。世界是平的，不平的是我们每一个人的内心世界。不要老是在生活中发牢骚，抱怨自己吃了亏、受了委屈。“天道酬勤”，老天爷是公平的。应当学会换位思考，甚至逆向思维，不断地调整心态，提高人生的境界。其次，是读书。要提升人生的境界，就必须读书。书是历史，书是精神，书是文化。读书可以增长知识，读书可以“知书达礼”，读书可以拓宽视野，“一览众山小”。只有读书才能“明明德”。读书可以扩展我们的胸怀，做到“宰相肚里能撑船”，乃至包容天下，“容天下难容之事”。只有达到这种境界，我们才能理解“世界是平的”。最后，是实践。中国传统哲学讲践履，即将道德准则、道德规范转化为行动。

（二）家庭和谐

儒家文化讲求“齐家”，“欲治其国者，先齐其家”，“家齐而后国治”。（曾参：《大学》）《三字经》中写道：“父子亲，夫妇顺。”《治家格言》说：“家门和顺，虽饔飧不继，亦有余欢。”就是人们常说的家和万事兴。怎样处理好家庭中的各种关系，最主要的是做到四个字：孝、慈、俭、妻。

1. 孝

中国传统文化十分重视“孝”，把它视为社会和谐的基石。《孝经》是关于孝的经典。古人在实践中不断地对“孝”的内容给予阐释和丰富。孔子说：“今之孝者，是谓能养，至于犬马，皆能有养。不敬，何以别乎？”（《论语·为政》）《孝经》曰：“孝子之事亲也，居则致其敬，养则致其乐，病则致其忧，丧则致其哀，祭则致其严。五者备矣，然后能事亲。”（《孝经》）曾子认为：“孝有三，大者尊亲，其次弗辱，其三能养。”（《大戴礼记·曾子大孝》）孟子则进一步指出不孝有五。

2. 慈

中国传统文化十分重视“慈”，把它看做是和孝相对应的概念。父慈子孝，互为因果。慈是指父母对子女的爱。孔子说：“孝慈，则忠。”（《论语·为政》）老子说：“绝仁弃义，民复孝慈。”（《道德经》）墨子说：“父者之不慈也，子者之不孝也，此又天下之害也。”（《墨子·非命》）慈包括两个方面的内容：一是养育，即在衣食住行方面创造条件，提供保障，使子孙后代能够健康发育，茁壮成长。二是教育，其中包括家庭教育和学校教育，即父母的言传身教与老师的教育，还提出坚决防止和杜绝一切溺爱子孙的行为。

3. 俭

“俭”是中华民族的传统美德，也是治家、持家的基本要求。“俭者，省约为礼之谓也。”（《颜氏家训》）“俭”即节约、节省。早在三千多年之前，我们的祖先就把节俭看做乐事，《周易》中提倡“贵俭”，《尚书》也要求人们“克勤于帮，克俭于家”。诸子也提倡节俭、节约。孔子曰：“奢则不逊，俭则固。与其不逊，宁固。”“与其奢，宁俭。”（《论语·述而》）老子则把“俭”看做三宝之一。韩非子说：“侈而惰者贫，而力而俭者富。”（《韩非子·显学》）唐代著名诗人李绅诗云：“锄禾日当午，汗滴禾下土。谁知盘中餐，粒粒皆辛苦。”（唐诗三百首辞典．北京：商务印书馆，2006. 460）告诫子孙粒米皆来之不易，崇尚节俭。“历览前贤国与家，成由勤俭败由奢”，历史的经验与教训应当吸取和借鉴。

4. 妻

中国传统文化中有“国乱思良相，家贫思贤妻”的说法。封建社会讲求“男尊女卑”、“夫唱妇随”，妻子在家庭生活中居于服从的地位，但贤妻良母型的女性至今仍然受到称颂和赞叹。

四、人与自然关系的和谐是中国传统文化最精华的部分

关于人与自然关系和谐的思想，无论是在中国传统文化中还是马克思主义理论中，都有着深厚的文化底蕴和直接的理论渊源，只是由于中西文化及语言的差异，在表述中各有不同罢了。关于人与自然关系和谐的思想，在中国传统文化中就是“天人合一”的思想。“天人合一”的思想观念早在先秦时期就已经产生了。老子《道德经》中以为道是宇宙的本源、万物的宗主，“道，渊兮似万物之宗”，“道者，万物之奥”，“道生一，一生二，二生三，三生万物”。（老子著．苏南注评．道德经．南京：江苏古籍出版社，2001. 117）道是构成万物的因子，又是促进万物形成和推动其发展的动力；道成万物，万物中的一部分构成人类社会。那么，“道”自然也就是人类社会的总法则。“人法地，地法天，天法道，道法自然。”（老子著．苏南注评．道德经．南京：江苏古籍出版社，2001. 68）人遵循地，地遵循天，天遵循道，而道是根据事物自身的内在规律而运动的。所以老子说：“道可道，非常道；名可名，非常名。”“自然”成为“道”的规范，也就成了宇宙万物必须遵循的法则。“天人合一”作为一种思想范畴则是由北宋哲学家张载明确提出的，他说：“因明致诚，因诚致明，故天人合一，致学而可以成圣，得天而未始遗人。”（《正蒙·乾称》）综观中国文化发展史，天人关系是常谈常新的课题，因而“天人合一”的思想包含着丰富的内容，归结起来有五：

第一，何谓天与人？所谓天，在中国传统文化中包含三种含义，一是指自然的有意志的人格神，它是自然和社会的最高主宰。例如，董仲舒称：“天者，百神之大君也。事天不备，虽事百神犹无益也。”（《春秋繁露·郊语》）二是指与地对应的天空。如老子所言：“人法地，地法天，天法道，道法自然。”（《老子·第二十五章》）三是指与人对应的自然。如张载所言：“天本无心，及其生成万物，则须归功于天。”又说：“天无心，心都在人之心。”而所谓人，则是指生活中现实的人。

第二，“天人”何以能够“合一”？先哲们认为天与人具有同源性。董仲舒认为：“天有阴阳，人亦有阴阳。”而张载提出：“万象，皆气也。”（《正蒙·乾称》）“太虚即气”，气散为“虚”，气聚为万物、为人。

第三，“天人”怎样达到“合一”？道家强调“无为”，即顺其自然，归

隐自然，超凡脱俗，遁入仙境，人与自然合而为一。陶渊明的《桃花源记》对这种“天人合一”的境况给予了精彩的描绘。而儒家则强调“知性”，即通过知天、知命接近自然、认识自然，以达到人与自然的统一。孔子曰：“不知命，无以为君子也。”（《论语·尧曰》）孟子则说：“尽其心者，知其性也；知其性，则知天也。”（《孟子·尽心上》）

第四，“天人合一”是一种人生境界。孔子曰：“吾十五而有志于学，三十而立，四十而不惑，五十而知天命，六十而耳顺，七十而从心所欲，不逾矩。”（《论语·为政》）即是说人活到七十岁就可以达到“天人合一”的境界。庄子是道家的祖宗之一，故人称“老庄”，他始终致力于追求一种“天地与我并生，而万物与我为一”（《庄子·齐物论》）的精神境界。程颢说：“仁者，以天地万物为一体，莫非己也。”（《二程遗书》卷二上）现代儒家冯友兰将人生追求划分为四种境界，即自然境界、功利境界、道德境界和天地境界。其中的天地境界就是“天人合一”的境界，如果达到这种境界，按照冯友兰的说法，可使人知天、事天、乐天，以至于同天。当然，要达到或实现“天人合一”的境界，则须经历一系列自觉的修炼过程。

第五，“天人合一”思想的社会基础——农耕文明。中国古代的圣哲们为什么热衷于讨论天人关系，并提出“天人合一”的思想呢？这是由中国社会的国情决定的。社会存在决定社会意识，中国古代以农立国，农业是国家财富的根本，而农业的特点则是“日出而作，日落而息”、“靠天吃饭”，一切农事活动都得根据天气、天时、自然规律进行安排和统筹，为此人们就自然而然会关心、观察天时地利，讨论天人关系。所以，中国古代的天文学比较发达。同时，为了获得农业丰收，人们就必须使自己的农事活动符合自然的节奏和节律，按照自然规律办事，以适应和顺应自然，达到“天人合一”。总之，“天人合一”的思想是中国传统文化的基本精神和主要内容之一，也是中国传统文化最精华的部分。其核心强调人与自然的统一，人与自然的协调，人与自然的和谐难能可贵。但它毕竟属于“传统”，也必然带有过去的印迹，因此，我们在珍惜这一份历史遗产的基础上，需要剔除其中被神秘化的封建性糟粕，继承和改造那些人与自然协调统一的合理因素和精华，使其具有时代的新意。

中国传统文化中的“天人合一”思想和马克思主义理论中关于思维和存在、自然和精神的统一性原理是中国共产党提出人与自然关系和谐的理论渊源，这并不是说它们之间的关系只是一种重复或者翻版，而是一种合乎逻辑的历史发展，其中既有理论思维的延续，又有实践的提升，人与自然关系的和谐源于前人，同时又高于前人，这种高于前人既包括视野的开阔、思维的缜密、内容的丰富，又包括科学性更强、境界升华更高，因而人与自然关系和谐的思想具有鲜明的时代性。

第三节　中国共产党构建社会主义和谐社会的探索

中国共产党领导人民取得了革命的胜利，建立了确保人民当家作主的社会主义经济、政治制度，从根本上铲除了导致社会对立、产生社会不和谐的根源，为社会和谐提供了根本保证，奠定了坚实基础。1956 年，党的八大对国内主要矛盾作出正确判断，八大前后毛泽东所写的《论十大关系》和《关于正确处理人民内部矛盾的问题》，为党探索适合中国国情的社会主义道路、促进社会和谐作出了重要贡献。十一届三中全会以后，党从中国特色社会主义建设和改革开放的实际出发，在总结中国社会主义建设发展的历史经验教训的基础上，在深思“什么是社会主义、怎样建设社会主义”这一根本问题的过程中，先后形成了党的基本理论、基本路线、基本纲领、基本经验，建立社会主义市场经济体制，大胆改革束缚生产力发展的经济体制、政治体制、教育体制、科技体制、文化体制，不断扩大对外开放，形成全方位、多层次、宽领域的对外开放格局，正确处理改革、发展、稳定的关系，极大地推进了经济社会协调发展和社会全面进步，有力地促进了社会和谐。

“三个代表”重要思想在坚持毛泽东、邓小平社会主义建设与和谐社会思想的基础上，进一步丰富和发展了中国特色社会主义建设与和谐社会建设的理论。党的十六大把“社会更加和谐”作为全面建设小康社会的目标之一，明确了构建社会主义和谐社会在中国特色社会主义事业总体布局中的重要地位，说明党对社会和谐的认识不断深化。

2004 年，党的十六届四中全会提出了构建社会主义和谐社会的战略任务，把提高构建社会主义和谐社会的能力确定为加强党的执政能力建设的重要内容，并提出了构建社会主义和谐社会的基本要求。2005 年，把构建社会主义和谐社会确定为贯彻科学发展观必须抓好的一项重大任务，并提出了工作要求和政策措施。2006 年，党的十六届六中全会通过了《中共中央关于构建社会主义和谐社会若干重大问题的决定》，文件科学地判断了国内外形势的发展变化，深刻地总结了党促进社会和谐的历史经验，全面地分析了构建社会主义和谐社会的有利条件和不利因素，明确地提出了构建社会主义和谐社会的指导思想、目标任务和基本原则，为社会主义和谐社会的构建指明了方向。在明确构建社会主义和谐社会指导思想的同时，党中央准确把握未来的发展趋势，认真分析面临的矛盾与问题，进一步提出了到 2020 年构建社会主义和谐社会的目标和主要任务是：社会主义民主法制更加完善，依法治国基本方略得到全面落实，人民的权益得到切实尊重和保障；城乡、区域发展差距扩大的趋势逐步扭转，合理有序的收入分配格局基本形成，家庭财产普遍增加，人民过上更加富足的生活；社会就业比较充分，覆盖城乡居民的社会保障体系基本建立；基本公共服务体系更加完备，政府管理和服务水平有较大提高；全民族的思想道德素质、科学文化素质和健康素质明显提高，良好道德风尚、和谐人际关系进一步形成；全社会创造活力显著增强，创新型国家基本建成；社会管理体系更加完善，社会秩序良好；资源利用效率显著提高，生态环境明显好转；实现全面建设惠及十几亿人口的更高水平的小康社会的目标，努力形成全体人民各尽其能、各得其所而又和谐相处的局面。

党的十七大报告将科学发展观与建设和谐社会紧密联系起来，把和谐社会作为落实科学发展观的目标。报告指出："深入贯彻落实科学发展观，要求我们积极构建社会主义和谐社会。要通过发展增加社会物质财富、不断改善人民生活，又要通过发展保障社会公平正义、不断促进社会和谐。"这就使学习、实践科学发展观有了更加明确的方向。

一、构建社会主义和谐社会理论提出的时代背景

构建社会主义和谐社会，是根据新时代国内外形势的发展变化，从我国社会发展实际出发提出的重要战略任务，它既具有很强的时代性和针对性，又具有深远的指导意义。

（一）构建社会主义和谐社会的提出源于正确应对各种社会矛盾的现实需要

在改革发展的关键时期，经济体制、社会结构、利益格局和思想观念都发生了深刻变化。这种空前的社会变革为我国的发展进步带来巨大活力，也带来了这样那样的矛盾和问题。目前，我国社会总体上是和谐的。但是，也存在不少影响社会和谐的矛盾和问题，主要是：城乡、区域、经济社会发展很不平衡，人口资源环境压力加大；就业、社会保障、收入分配、教育、医疗、住房、安全生产、社会治安等方面关系群众切身利益的问题比较突出；体制机制尚不完善，民主法制还不健全；一些社会成员诚信缺失、道德失范，一些领导干部的素质、能力和作风与新形势、新任务的要求还不适应；一些领域的腐败现象仍然比较严重；敌对势力的渗透破坏活动危及国家安全和社会稳定。这些问题如果处理不好，会严重影响经济社会发展、社会和谐稳定和全面建设小康社会的大局。我们应当在深化改革和全面发展的过程中，使这些问题逐步得到解决。

（二）构建社会主义和谐社会理论的提出源于对国际形势和世界发展经验的准确把握

构建社会主义和谐社会，是为了在当今复杂多变的国际形势中有力地应对来自国际上的各种挑战和风险，以保证中国特色社会主义事业取得成功和胜利。和平与发展仍然是当今时代的主题，世界格局处于向多极化过渡的重要时期，我们应抓住一切机会，团结一切可以团结的力量，维护世界和平，提高我国的国际地位；经济全球化趋势不断深入发展，我们应抓住各种机遇搞好经济合作和开拓世界市场，加快推进我国的工业化和城镇化；科学技术正在突飞猛进发展，我们应借鉴西方的高科技发展经验，不断促进各行各业的科技创新，努力建设创新型国家。同时，国际环境复杂多变，综合国力竞争日趋激烈，影响和平与发展的不稳定、不确定因素不断增多：由于世界力量失衡的局面在短期内难以根本改变，世界多极化趋势的发展不会一帆风顺，围绕多极还是单极的斗争将长期存在，美国企图称霸世界和世界各国人民反对称霸的斗争还在反复较量；由于国际经济旧秩序没有发生根本性的改变，经济全球化趋势在推动世界经济发展的同时，也给各国特别是发展中国家带来挑战和风险，如金融危机的风险、经济危机的风险、垄断集团控制弱小和落后国家经济命脉的危险；由于传统安全威胁和非传统安全威胁的因素互相交织，民族宗教矛盾和边界领土争端导致的局部冲突时起时伏，恐怖活动依然猖獗，地区和国际形势仍然很严峻；美国等西方国家加紧在意识形态领域“打没有硝烟的战争”，企图向发展中国家特别是社会主义国家输出自己的政治制度、意识形态、价值观念和生活方式，继续对我国施行“西化”、“分化”战略，动摇我们的理论基础和理想信念。在这样复杂多变的国际形势下，党要有力地应对外部的各种挑战和风险，就必须把国内的事情办好，始终要保持国家统一、民族团结、社会稳定的和谐局面。

从国际经验看，人均 GDP1 000 到 3 000 美元这样一个时期是多事之秋。在这个阶段，既有因为举措得当从而促进经济快速发展和社会平稳进步的成功经验，也有因为应对失误从而导致经济徘徊不前和社会长期动荡的失败教训。这样一个时期既是“黄金发展时期”，也是“矛盾突显时期”。目前我国已进入人均 GDP3 000 美元时期，为了避免可能出现的经济社会问题，巩固改革发展的成果，推动经济的可持续发展，应积极维护社会稳定，促进社会和谐，重建社会结构，完善社会组织，调整社会关系，最大限度地激发社会各阶层、各群体、各组织的创造活力，化解各类矛盾和问题，构建和谐社会，全社会形成合力，努力实现我国经济与社会的协调发展。

二、构建社会主义和谐社会提出的重大意义

构建社会主义和谐社会，是贯彻落实科学发展观、更好地推进我国经济社会发展的战略举措；构建社会主义和谐社会的提出，标志着共产党对人类社会发展规律、社会主义建设规律、党的执政规律的认识达到了一个新的高度。

（一）丰富和发展了对人类社会发展规律的认识

人类社会是一个不断从低级向高级发展的历史过程。建立平等、互助、协调的和谐社会，是人类的美好追求。“构建社会主义和谐社会”是以历史唯物主义为指导，根据当今时代人类社会发展的新形势、新特点、新条件、新问题，立足于中国经济社会发展的客观现实和要求，对建立一种更为合理的人与人的关系、人与社会的关系、人与自然的关系的新探索，是对人类社会向何处发展、怎样发展这个永恒主题的创造性回答，在人类社会发展目标、发展道路、社会主体的活动和地位、社会整体的有机联系和内在作用等方面，深化了对人类社会发展规律的认识，是对马克思主义关于社会主义建设理论的丰富和发展。

（二）丰富和发展了对社会主义建设规律的认识

中国特色社会主义是一个全面发展、全面进步、全面现代化的社会。改革开放以来，党坚持马克思主义基本原理同中国社会主义建设的具体实际相结合，独立自主地探索中国特色社会主义的发展道路。和谐社会理论的提出，表明了中国共产党在执政60多年之后，更加关注社会建设，更加注重社会和谐、社会公平和社会正义；表明了党对社会主义建设规律的进一步深化，丰富和发展了中国特色社会主义理论。面对错综复杂和不断变化的国内格局，明确提出构建社会主义和谐社会的任务，使我国社会主义现代化建设的总体布局更趋完善。

（三）丰富和发展了对中国共产党执政规律的认识

“构建社会主义和谐社会”是在对党的执政规律深刻把握的基础上而提出的重要观点，是执政理念的重大创新。中国共产党是中国特色社会主义事业的领导核心，党只有认真研究和掌握执政规律，完善执政方略，提高执政能力，才能有效地领导和推进中国特色社会主义事业。构建社会主义和谐社会，进一步体现了党执政的本质要求。构建和谐社会的根本任务，使我们从理论和实践的结合上正确认识社会经济发展中出现的各种矛盾，进而解决这些矛盾，从而

促使社会更加和谐。所以，构建社会主义和谐社会是立党为公、执政为民的内在要求。只有通过构建社会主义和谐社会，广泛调动各方面的积极性，妥善协调各方面的利益关系，切实维护和实现社会公平正义，人民平等友爱、融洽相处，人与自然的关系处于和谐状态，执政为民的目的和要求才能够得到更加充分的体现。

三、社会主义和谐社会的科学内涵和基本特征

（一）社会主义和谐社会的科学内涵

社会主义和谐社会是内容十分丰富、特色十分鲜明的社会，是具有中国特色的社会主义和谐社会，其基本内涵是：在中国共产党的领导下，坚持以马列主义、毛泽东思想、邓小平理论和“三个代表”重要思想为指导，全面贯彻落实科学发展观，以最广大人民群众的根本利益为出发点，经济和社会、城市和乡村、东中西部不同区域、人和自然、国内发展和对外开放等关系良性互动和协调发展，全体人民各尽其能、各得其所。社会主义和谐社会是一个历史的、综合的、动态的概念，包括以下几个层面的内涵：

1. 人与人之间的和谐

在社会主义条件下，每个社会成员在根本利益上是一致的，但在具体利益上还存在矛盾和差别。特别是随着改革开放的深入和社会主义市场经济的发展，社会利益关系更加复杂。因此，追求并实现人与人之间的和谐是构建社会主义和谐社会的重要任务，也是其必要条件。我们要建设的和谐社会，就是人与社会之间关系协调，人与人之间互相尊重、互相关心、平等互利、诚信友爱，人与人之间关系融洽的社会。

2. 社会结构及各系统之间的和谐

社会结构及各系统之间的和谐包括社会各阶层之间的和谐，城乡之间的和谐，区域之间的和谐，物质文明、政治文明和精神文明之间的和谐。社会各阶层之间的和谐，即富裕人群、中等收入人群、低收入人群的比例大致合理，收入差距适度，不同富裕程度、不同收入状况的人群和谐相处。城乡之间的和谐，即改变城乡二元结构，使城市和农村紧密联系、良性互动，实现城乡经济社会一体化发展。区域之间的和谐，即实现区域之间均富、合作、互补、平等，相互促进，共同发展。物质文明、政治文明和精神文明之间的和谐，不仅指三个文明之间相互协调发展，还指经济、政治、文化各个子系统之间协调发展，子系统内部相互适应、相互促进、有序发展。

3. 人与自然的和谐

人与自然的和谐问题，是一个古老而又永恒的话题。社会主义在发展进步的过程中，同样面临着环境污染、生态脆弱、能源危机等问题的困扰。如果对自然界采取无休止的索取和征服的做法，将会导致灾难性的后果。因此，追求人与自然的和谐相处，是社会主义和谐社会的重要特征之一。只有追求人与自然的和谐相处，才能真正体现科学发展观以人为本、全面协调可持续的理念。在维护人类利益的同时，维护自然界的平衡，提高资源利用效率，改善生态环境，确保社会系统和自然生态系统的协调发展。

4. 人与社会的和谐

在我们国家，社会主义为实现个人与社会的和谐创造了制度基础，但个人与社会之间仍然不可避免地会产生这样那样的矛盾。社会主义社会的发展和进步最终都应体现和落实在每个社会成员的发展和完善上，也只有不断给予每个社会成员以更多的关怀，尊重个人在社会发展进程中的地位、价值和尊严，社会自身才能够不断发展进步。构建社会主义和谐社会，就是使人与社会组织、社会制度之间相互作用、相互制约、相互促进，人人各司其职、各尽所能、各得其所，人人遵守社会的各种法律、制度和道德规范。

5. 人自身的和谐

人自身的和谐是其他一切和谐关系的基础，因而也是整个社会和谐的基础。人自身的和谐，即要求个人具有较高的思想道德品质、科学文化素质，有正确的世界观、人生观和价值观，有健全的人格、健康的心态、健壮的体魄。从根本上说，人自身的和谐就是实现人的自由全面发展，就是使人成为有理想、有道德、有文化、有纪律，德、智、体、美、劳全面发展的社会主义建设者。

（二）社会主义和谐社会的基本特征

我们所要建设的社会主义和谐社会，是民主法治、公平正义、诚信友爱、充满活力、安定有序、人与自然和谐相处的社会。这六个方面高度概括了社会主义和谐社会的基本特征，也是我们构建社会主义和谐社会必须遵循的基本要求。

1. 社会主义和谐社会是民主法治的社会

“民主法治就是社会主义民主得到充分发扬，依法治国基本方略得到切实落实，各方面积极因素得到广泛调动。”（中共中央文献研究室．十六大以来重要文献选编（中）．北京：中央文献出版社，2006. 706）社会主义和谐社会首先是民主法治的社会，构建社会主义和谐社会必然要求推进民主法治建设。和谐社会，就是要尊重人民群众的创造精神，让人民群众的积极性得到充分发挥，使各种积极因素得到充分调动；就是要有效解决各种社会矛盾和纠纷，确保社会的稳定和团结；就是要在经济发展的基础上，不断满足广大人民群众日益增长的物质文化需要；就是要把人民群众的根本利益作为一切工作的出发点和落脚点，正确反映和兼顾各个方面群众的利益。说到底，和谐社会就是要充分发扬社会主义民主，实行社会主义民主。因此，社会主义和谐社会在本质上就是民主社会。同时，社会主义和谐社会在本质上还要求实行法治。和谐社会要求社会依照既定的规则有序运行，法治是社会有序运转的重要保证，是社会和谐发展的基石。法治社会中最重要的规则是法律规则。法律是所有社会规范中最具有明确性、确定性和国家强制性的规范。依照法律规则来治理社会，人们就有章可循、有法可依，社会就有了和谐的基础。因此，也可以说和谐社会在本质上就是法治社会。

2. 社会主义和谐社会是公平正义的社会

“公平正义就是社会各方面的利益关系得到妥善协调，人民内部矛盾和其他社会矛盾得到正确处理，社会公平和正义得到切实维护和实现。”（中共中央文献研究室．十六大以来重要文献选编（中）．北京：中央文献出版社，2006. 706）公平是人类构建理想社会的一个古老而放之四海而皆准的基本原则。社会公平关系到一个社会的和谐、平衡与稳定，关系到政权的合法性问题，是任何社会都应该具有的基本价值原则。公平是制度合法性的依据，是秩序的源泉。现阶段，在不断深化经济体制改革的过程中，我国社会出现了一些问题和矛盾。这些矛盾虽然渗透于各个领域，表现为各种形式，但从根本上说，都是利益因素所致的。因此，搞好社会各方面的利益调节，维护收入分配领域与社会各个领域的公平与公正，是构建和谐社会的重要原则。在构建和谐社会过程中，要运用多种手段，逐步建立以权利公平、机会均等、分配公平为主要内容的利益调节机制，进一步强化制度在利益协调中的基础性功能；要建立和完善畅通的利益表达机制，只有形成能够充分反映不同主体利益要求的表达机制，才能使利益主体充分表达各自的要求和意见，从而在相互沟通中达到相互理解、减少冲突、达成共识；要建立健全合理的利益补偿机制，进一步发展和完善社会保障体系，保护困难群众的基本利益。

3. 社会主义和谐社会是诚信友爱的社会

“诚信友爱就是全社会互帮互助、诚实守信，全体人民平等友爱、融洽相处。”（中共中央文献研究室．十六大以来重要文献选编（中）．北京：中央文献出版社，2006. 706）和谐社会重在各种人际关系的和谐，友爱则是人际关系的一种理想状态，因而它是构建社会主义和谐社会的重要基础。诚信要求社会成员自觉遵守社会规则、规章制度和公共秩序，并按这些规范行事。如果一个社会有了合理的、统一的社会规则，而社会成员又能普遍认同和自觉遵守这些社会规则，这就有了诚信，也就有利于形成和谐的氛围。在现代诚信体系中，政府诚信是关键，企业诚信是核心，个人诚信是基础。友爱就是要大力倡导以文明礼貌、助人为乐、爱护公物、保护环境、遵纪守法为主要内容的社会公德，在全社会形成平等友爱、融洽相处、共同前进的社会氛围和人际环境。在这种状态下，使尊重人、理解人、关心人、信任人内化为人们的自觉行动，这种自觉行动有助于达到社会组织和社会系统的和谐，进而达到整个社会的和谐。总之，社会主义和谐社会应当是人与社会之间关系协调、人与人之间关系融洽的社会。

4. 社会主义和谐社会是充满活力的社会

"充满活力就是能够使一切有利于社会进步的创造愿望得到尊重，创造活动得到支持，创造才能得到发挥，创造成果得到肯定。"（中共中央文献研究室．十六大以来重要文献选编（中）．北京：中央文献出版社，2006. 706）充满活力是构建社会主义和谐社会的必然要求。"创造"是社会活力的源泉，而充满活力又是社会进步与发展的现实力量和动力源泉，是现代社会的重要标志。因此，构建和谐社会，就要充分调动一切积极因素，激发各方面的创造活力，全面贯彻尊重劳动、尊重知识、尊重人才、尊重创造的方针，破除思想观念和体制上的各种障碍，让一切创造社会财富的源泉涌流。只有这样，才能更快更好地推动经济发展和社会进步，不断满足人们日益增长的物质和文化需要，实现人类社会和谐美好的未来。

5. 社会主义和谐社会是安定有序的社会

"安定有序就是社会组织机制健全，社会管理完善，社会秩序良好，人民群众安居乐业，社会保持安定团结。"（中共中央文献研究室．十六大以来重要文献选编（中）．北京：中央文献出版社，2006. 706）安定有序是构建社会主义和谐社会的必要条件和基本标志。社会要和谐，首先要安定。这是党领导人民进行社会主义现代化建设所取得的一条基本经验。安定包括政治稳定、经济稳定、社会秩序稳定以及人心安定等几个相互联系、相互作用的方面。政治稳定是整个社会稳定的核心；经济稳定是整个社会稳定的基础；社会秩序稳定是政治稳定和经济稳定的必要条件；人心安定是社会稳定的综合体现。同时，安定不是封闭、静止状态下的安定，而是信息开放和社会进步中的安定。要实现安定，就必须不断解决社会矛盾和社会冲突，不断消除社会中的各种不稳定因素，在社会发展与进步的动态平衡中实现安定。当然，仅有安定还不能构成和谐，安定还要与有序相结合，这样才能构成和谐。因为在无政府、无组织的无序状态下，公平与正义就无人伸张，社会矛盾就不能及时得到调节和化解，不同利益群体就不能彼此和谐相处。只有在良好的社会秩序下，社会组织各司其职、各尽其能，才能使有着不同利益与要求的群体和个人各得其所、和谐相处。

6. 社会主义和谐社会是人与自然和谐相处的社会

“人与自然和谐相处就是生产发展，生活富裕，生态良好。”（中共中央文献研究室．十六大以来重要文献选编（中）．北京：中央文献出版社，2006. 706）自然环境是人类社会赖以生存发展的重要物质基础，也是构建和谐社会的重要物质基础。自然包括资源和环境两个方面。发展经济不能以过度牺牲自然资源为代价，也不能建立在环境逐步恶化的基础之上。在我国现代化建设的进程中，由于种种原因，在实现生产发展和生活富裕的同时，出现了一些比较突出的生态问题。比如，土地沙漠化、水土流失、自然资源无序开采、资源利用率较低等。如果任由这些问题存在和扩大，不仅会影响生产发展，同时也会影响人与社会的和谐。实现人与自然的和谐相处，首先，要合理利用开发自然资源，发展循环经济，建设节约型社会，实现生产发展、生活富裕、生态良好的最佳结合。其次，在发展经济的同时，要注意保护环境，增强可持续发展能力。经济的持续发展，必须充分考虑生态环境的承载力、自然资源的约束力和人口增长的压力。为了保持我国经济的持续、快速、健康发展，必须切实落实科学发展观，增强全民族的环境保护意识，加强环境污染治理和生态建设，严格控制高污染项目，为人类的生存和发展创造良好的环境。

四、构建社会主义和谐社会的基本原则

在明确构建社会主义和谐社会指导思想、目标任务的同时，党中央还提出了推进和谐社会建设必须遵循的原则，为我们在实践中积极稳妥地推进和谐社会建设指明了方向。

（一）必须坚持以人为本

为什么要以经济建设为中心？因为我们处于社会主义初级阶段，因为人口多、底子薄、生产力落后，因为经济建设水平不高，因为与别人相比较差距很大，因为落后就要挨打，因为要实现国家工业化，因为要建设小康社会，因为要实现共同富裕，因为要再创中华民族的辉煌，等等。这一切都离不开经济的发展，经济是一切的基础。但是，以经济建设为中心又是为了什么？毫无疑问，经济是为人服务的，是为了满足人的发展需要。党的奋斗历程告诉我们，只要我们的工作的出发点和落脚点是为了人民的利益，就一定能够得到人民群众的支持，也一定能够取得最终的胜利。构建社会主义和谐社会也一定是如此。为此，必须始终把最广大人民的根本利益作为党和国家一切工作的出发点

和落脚点，实现好、维护好、发展好最广大人民的根本利益，不断满足人民日益增长的物质文化需要，做到发展为了人民、发展依靠人民、发展成果由人民共享，促进人的全面发展。

（二）必须坚持科学发展

只有经济社会发展了，社会财富增加了，构建和谐社会才能拥有雄厚的物质基础，否则和谐社会就成了“空中楼阁”。但是，在我国经济制约因素不断增多，特别是资源和环境成为瓶颈的情况下，不能再延续旧的发展道路和模式，必须走科学发展之路。一句话，发展是硬道理，科学发展更是硬道理。为此，我们必须切实抓好发展这个执政兴国的第一要务，统筹城乡发展，统筹区域发展，统筹经济社会发展，统筹人与自然和谐发展，统筹国内发展和对外开放，转变增长方式，提高发展质量，推进节约发展、清洁发展、安全发展，实现经济社会全面协调可持续发展。

（三）必须坚持改革开放

改革是我们这个时代最鲜明的特征，改革是社会主义发展的动力，改革也是构建社会主义和谐社会的直接动力。回顾三十年的改革历程，我国成功地走出了一条有中国特色的社会主义发展道路，但是，我们现在的改革处于攻坚阶段，发展处于一个重要的战略机遇期，我国社会中所存在的不和谐现象和不和谐因素，从根本上讲源于体制上存在的问题，这就要通过深化改革，消除各种影响社会和谐的体制性因素，加快建立健全保障社会和谐的各方面机制。因此，是否能通过改革，建立起充满活力、富有效率、更加开放的体制，既是全面深化改革的现实需要，也是构建社会主义和谐社会的制度保证。为此，我们必须始终坚持社会主义市场经济的改革方向，适应社会发展要求，推进经济体制、政治体制、文化体制、社会体制改革和创新，进一步扩大对外开放，提高改革决策的科学性、改革措施的协调性，建立健全充满活力、富有效率、更加开放的体制机制。

（四）必须坚持人民民主与民主法治

人民民主是写入宪法的，是一个体现国家性质、体现国家的一切权力属于人民的大问题。人民当家作主和经济建设，一个属于政治范畴，一个属于经济范畴，但是二者又是密切相连的。毛泽东说过，只有经过民主主义，才能达到社会主义，这是马克思主义的天经地义。邓小平说过，没有民主，就没有社会主义，就没有社会主义的现代化。十七大政治报告提出人民民主是社会主义的生命，报告对扩大人民民主，发展基层民主、落实依法治国方略、加快政府管理体制改革等都有比以往更具体的表述，从而便于操作。在中共十六大“积极稳妥地推进政治体制改革”的基础上，十七大报告提出了“深化政治体制改革”。提出“从各个层次、各个领域扩大公民有序政治参与”，提出“保障人民的知情权、参与权、表达权、监督权”，提出“逐步实行城乡按相同人口比例选举人大代表”的民主新要求，提出“要健全基层党组织领导的充满活力的基层群众自治机制，扩大基层群众自治范围”，提出了“决策权、执行权、监督权既相互制约又相互协调的权力结构和运行机制”，提出“党的代表大会代表任期制”和“党代表大会常任制”的党内民主要求，等等。十七大赋予民主新的内涵，提出的新举措表明我国的民主渠道在不断拓宽，民主途径在不断增多，民主发展在不断完善，社会主义民主政治之路将会越走越宽广。

十七大报告还提出：扩大社会主义民主，健全社会主义法制，建设社会主义法治国家，巩固人民民主专政，加强国家立法和法律实施工作，实现国家各项工作法治化的要求。坚持民主法治，是保障人民政治、经济、文化、社会等权益的必然要求，也是维护和促进社会和谐的重要途径。构建社会主义和谐社会的过程，必然是社会主义民主不断发展、社会主义法治不断健全的过程。发展社会主义民主，保证人民依法行使民主权利，充分发挥广大人民群众和社会各方面的积极性、主动性、创造性，团结一切可以团结的力量，调动一切可以调动的积极因素，是构建社会主义和谐社会的重要保证。

（五）必须坚持正确处理改革发展稳定的关系

改革是动力、发展是目的、稳定是前提。改革、发展、稳定好比是推进中国现代化建设这个棋盘里面的三颗棋子，只有每一招棋都下好了，并且使其相互促进，才会全盘皆活。如果有一招下不好，其他的两招也会陷入困境，从而全面受挫。而在全面建设社会主义和谐社会的进程中，我们面临的改革、发展、稳定的任务更加繁重，处理好三者之间的关系十分重要。只有保持经济持续较快的发展才能够不断地增强综合国力和国际竞争力，更好地解决前进中出现的矛盾和问题，也只有不失时机地推进经济体制改革、政治体制改革、文化体制改革、社会管理体制改革，才能够推进经济发展和社会的稳定，只有把改革的力度、发展的速度和社会可承受的程度统一起来，才能在社会稳定中推进改革与发展，通过改革与发展来促进社会稳定。

（六）必须坚持在党的领导下全社会共同建设

党是中国特色社会主义事业的领导核心，党的领导是构建社会主义和谐社会的根本政治保证。构建社会主义和谐社会是中国特色社会主义事业的重要组成部分，是一项涉及面很广的社会系统工程，必须坚持党总揽全局、协调各方的原则，充分调动各方面的力量并形成强大的合力来加以推进。我们要构建的社会主义和谐社会，是在中国特色社会主义道路上，中国共产党领导全体人民共同建设、共同享有的和谐社会。党提出构建社会主义和谐社会的重大战略，是为了实现好、维护好、发展好最广大人民的根本利益，也需要全体人民共同努力奋斗。因此，构建社会主义和谐社会，必须坚持科学执政、民主执政、依法执政，发挥党的领导核心作用，维护人民群众的主体地位，团结一切可以团结的力量，调动一切积极因素，形成促进和谐人人有责、和谐社会人人共享的生动局面。

由此可见，构建社会主义和谐社会是贯穿中国特色社会主义事业全过程的长期历史任务。

第七章　中国特色社会主义政治建设的渊源

政治是建立在一定社会经济基础之上的社会统治和管理体系，它的实质是阶级关系，核心是政权，根源是经济。《共产党宣言》的发表标志着马克思主义的诞生，同时也标志着马克思主义政治学的诞生。马克思主义政治学有四个特点：第一，科学性。它站在历史唯物主义的基础上，以辩证法作为政治分析的根本指导方法。第二，阶级性。它公然宣称自己是为无产阶级服务的。第三，革命性。其本质上是从批判现行的政治制度入手，同时也不满足于解释政治现象，而着眼于改造社会。第四，实践性。这是认识政治现象和从事政治实践的指南。

马克思主义运用历史唯物主义原理，第一次把复杂的政治现象放在社会经济、阶级和国家活动的背景下去考察，真正科学地说明了政治的本质及其产生和发展的规律，为我们有中国特色社会主义政治建设提供了科学指导原则和方向。

第一节　马克思列宁关于政治问题的阐述与初步实践

马克思恩格斯以及列宁揭示了社会主义代替资本主义的必然性、揭示了无产阶级的历史使命、全面阐述了马克思主义的政治观。

一、政治的根源是经济

“经济是基础，政治是经济的最集中的表现。”（列宁全集第 40 卷．北京：人民出版社，1992. 212）这是列宁对政治下的最普遍、最概括、最根本的定义，这一观点揭示了政治的基本特征。马克思主义经典作家从经济与政治的辩证统一关系入手，揭示出：“人们在自己生活的社会生产中发生一定的、必然的、不以他们的意志为转移的关系，即同他们的物质生产力的一定发展阶段相适应的生产关系。这些生产关系的总和构成社会的经济结构，即有法律的和政治的上层建筑竖立其上并有一定的社会意识形式与之相适应的现实基础。……随着经济基础的变更，全部庞大的上层建筑也或慢或快地发生变革。”（马克思恩格斯选集第 2 卷．北京：人民出版社，1995. 32）这说明，一定的政治总是在一定的经济基础上产生，由一定的经济基础决定并为之服务的。历史唯物主义认为，每一历史时代的经济生产以及必然由此产生的社会结构，是该时代政治的和精神的历史的基础。同样，政治上层建筑是由经济基础决定的，有什么样的经济基础就必然产生与之相适应的政治上层建筑；经济基础一旦改变了，政治上层建筑迟早也就会发生变动。因此，研究政治应该从经济关系及其发展中来解释政治及其历史。

同时，政治对经济具有积极的能动的反作用。上层建筑一方面由经济基础所决定，另一方面又在极大程度上受到政治的制约。上层建筑的各个部分虽然都是经济基础的反映，都以自己的特殊形式表现经济，然而政治却是对经济的直接的反映和最集中的表现，它对整个社会生活的影响也是最有力的。但是，政治对经济的反映不是消极的，而是有积极的能动的反作用。各阶级、各社会集团的物质利益不但通过政治集中地表现出来，而且要通过政治达到自己的目的。恩格斯指出，政治对经济基础发生反作用，并且能在某种限度内改变它，这是不言而喻的。列宁也指出，政治同经济相比不能不占首位。政治反映了经济关系中统治阶级的根本经济利益。

二、政治的本质是阶级关系

政治的本质是为实现本阶级利益而进行的阶级斗争。任何阶级或社会集团的政治活动，归根结底是为了实现和维护本阶级或本集团的根本经济利益。所以，政治的本质是阶级与阶级之间的关系，它是一定的阶级或社会集团围绕着国家政权为实现本阶级的利益而进行的各种活动。“政治就是各阶级之间的斗争。”有着不同经济利益的集团，为了争取自己的利益会发生斗争，这个事实是自从阶级产生以来就存在的。但是马克思在《哥达纲领批判》中说过，阶级斗争不是我的发现，我的发现是阶级斗争必然地导致无产阶级专政。在有阶级的社会里，各阶级为了维护自己的经济利益，必然开展激烈的阶级斗争。阶级斗争和阶级矛盾的存在是由当时生产力和生产关系的矛盾发展决定的。可以看到：“每一个社会的经济关系首先是作为利益表现出来”，所以，政治集中体现着各种社会经济利益和要求。《共产党宣言》曾指出：一切阶级斗争都是政治斗争。列宁说得更加具体：“政治就是各阶级之间的斗争，政治就是无产阶级为争取解放而与世界资产阶级进行斗争的关系。”“什么是政治？无产阶级对它的群众。无产阶级对农民。无产阶级（和农民）对资产阶级。”（列宁选集第4卷．北京：人民出版社，1995. 308）这些论述不仅揭示了政治的阶级属性和政治的本质，而且表明这些关系都是服从并服务于阶级斗争的需要而形成的。可见，阶级关系是阶级社会中政治关系的实质。

在消灭了剥削阶级统治，由劳动人民掌握政治权力以后，政治关系也发生了较大的变化。一方面，阶级关系并没有完全消灭，阶级斗争在一定范围内还会长期存在，不过这方面的政治关系已不再是主要的社会问题了。另一方面，政治关系更大量地表现为人民内部矛盾。政治的内容就是要正确区分和处理两类不同性质的矛盾，特别是要正确处理好各种人民内部矛盾。人民内部矛盾处理好了，劳动人民的意志和利益才能实现，所以这时的政治关系仍具有一定的阶级性。

三、政治的核心内容是国家政权

列宁说："国家政权问题是全部政治的基本问题，根本问题。"为什么？因为一切社会经济利益和要求，通过国家政权就能够得到集中而充分的反映和实现。"政治就是参与国家事务，给国家定方向，确定国家活动方式、任务和内容。"（列宁文稿第2卷．北京：人民出版社，1978. 407）具体地说，政治就是要争取政权和保持政权，"至今的全部历史都是阶级斗争的历史……即旧的阶级要保持统治，新的阶级要争得统治"。（马克思恩格斯选集第3卷．北京：人民出版社，1995. 334）而政治统治的工具便是国家机器。国家政权是最重要、最强有力的阶级斗争工具，在阶级社会中，一切政治斗争都是围绕着国家政权而展开的。一个阶级所进行的政治活动，就是该阶级通过夺取政权、巩固政权等方式来实现本阶级的经济利益，只能依靠国家机器来行使国家权力，才能对整个社会实施领导和管理，强迫被统治阶级服从自己的利益。正如恩格斯所说："政治权力不过是用来实现经济利益的手段。"（马克思恩格斯选集第4卷．北京：人民出版社，1995. 250）《共产党宣言》指出："工人革命的第一步是使无产阶级上升为统治阶级，争得民主。""无产阶级将利用自己的政治统治，一步一步地夺取资产阶级的全部资本，把一切生产工具集中在国家即组织成为统治阶级的无产阶级手里。"（马克思恩格斯选集第4卷．北京：人民出版社，1995. 293）这说明，哪个阶级在经济上居于统治地位，就必须要在政治上居于统治地位，以国家政权作为阶级专政的一种政治权力来保持其在政治上的统治，就导出了"政治中最本质的东西即国家政权的机构"。（马克思恩格斯选集第4卷．北京：人民出版社，1995. 249）国家政权是政治的核心内容。一个阶级只有夺取并巩固了自己的国家政权，才能建立本阶级对整个社会的统治，实现自己的政治理想，达到维护和发展自己经济利益的目的。

四、政治是动态的体系

不同的时代对政治内容有不同的解释，因为政治内容是随着历史的发展而变化的，具有广泛的实践性和显著的发展性。马克思从人类蒙昧时期的社会组织和最早的基本单位家庭开始，通过对人类社会上层建筑的起源和最初形式的研究，得出了阶级的产生、存在和发展是政治产生、存在和变化发展的前提和基础这一结论。这就决定了不同阶级、不同时代，政治都有其不同的具体内容；即使是同一阶级，在不同的历史时期，随着经济状况的改变，其政治的具体内容也将随之变化。无产阶级在夺取政权以前，中心任务是推翻地主资产阶级统治，建立无产阶级专政；当无产阶级取得了政权，建立起社会主义制度后，在已经消灭剥削阶级的社会主义建设时期，政治的主要内容已经不再是阶级斗争，中心任务就是巩固政权，大力发展生产力。“如何理解政治呢？要是用旧观点来理解政治，就可能犯很大的严重的错误。”（马克思恩格斯选集第2卷.北京：人民出版社，1995. 308）“现在我们主要的政治应当是：从事国家的经济建设，收获更多的粮食，供应更多的煤炭，解决更恰当地利用这些粮食和煤炭的问题，消除饥荒，这就是我们的政治。”（马克思恩格斯选集第2卷.北京：人民出版社，1995. 308～309）由此可见，马克思主义经典作家都是依据一定历史时期革命和建设的具体任务，从不同的角度对政治的含义和内容进行表述和界定的，说明政治的内容是随历史的发展而变化的。

马克思主义政治观反映了客观政治现象，但是，随着社会政治实践的发展，人们对政治的认识也将不断深化，马克思主义政治观的内容将不断得到丰富和发展，马克思主义政治观也将充满生机与活力，具有时代性。

第二节　中国特色社会主义的政治制度

一、人民民主专政的理论

（一）人民民主专政的内容

一切革命的根本问题是国家政权问题；革命的首要任务是打碎旧的国家机器，建立人民自己的政权。1948年12月31日，毛泽东在《将革命进行到底》一文中提出了“人民民主专政”这个概念；1949年6月30日，为纪念建党28周年，毛泽东发表了《论人民民主专政》一文，系统地论述了人民民主专政的思想。主要内容有：

第一，人民民主专政是工人阶级领导的国家政权，工人阶级的领导是实现人民民主的根本保证。人民民主专政的本质特征，就是对人民实行民主和对敌人实行专政。对人民内部的民主方面和对反动派的专政方面，互相结合起来，就是人民民主专政。民主与专政是密切联系的，没有对人民的民主，就难以实行对反动派的专政；没有对反动派的专政，也就不能保证人民的民主。人民民主专政是对人民内部实行民主和对人民的敌人实行专政的有机结合。

第二，人民民主专政是以工农联盟为基础，团结全体人民实行最广泛的人民民主的政权。领导者和阶级基础是决定国家政权性质的关键因素。人民民主专政需要工人阶级的领导，因为只有工人阶级最有远见，大公无私，最富于革命的彻底性。人民民主专政的基础是工人阶级、农民阶级和城市小资产阶级的联盟，而主要的是工农联盟。人民民主专政还包括工人阶级同民族资产阶级的联盟。但是，民族资产阶级不能充当革命的领导者，也不应当在国家政权中占主要地位。

第三，人民民主专政的职能和任务，对外是防止帝国主义和各国反动派的颠覆与破坏，维护国家的独立和安全，并联合世界上一切爱好和平、自由的国家和人民，共同反对帝国主义的侵略，维护世界持久和平；对内是镇压敌对势力的反抗，保护人民的民主权利，组织和管理国家的经济建设，努力发展社会生产力。

第四，人民民主专政的组织形式是人民代表大会。国家政权属于人民，人民行使政权的机关是用普选方法产生的各级人民代表大会选出的各级人民政府。这种人民代表大会的政治制度是同我国的人民民主专政的国家性质相适应的。

（二）人民民主专政的特征

人民民主专政的特征主要有以下几点：

第一，在概念表述上，把“人民”、“民主”、“专政”这几个方面的含义明确表述在一个概念中，可以在理论上更科学，在实践上更便于准确地执行。

第二，在政权组织结构上有了更广泛的社会基础，不但保持着同以人民为主体的一切劳动群众的联盟，而且保持着和民族资产阶级这一非劳动群众的联盟。

第三，坚持了马克思主义关于党的领导是无产阶级专政灵魂的一般原理，独创性地实行了共产党领导下的多党共存的新型政党制度。

第四，政权组织上采用人民代表大会这一适应我国阶级状况的组织形式，采取历史形成的人民政协会议这一统一战线组织和民主协商机制。

二、社会主义社会矛盾的学说

社会主义社会矛盾的学说的提出，与当时社会主义国家发生的两件事情密切相关，从而引起了党和国家领导人的一系列思考。1956 年 11 月，在党的八届二中全会上，刘少奇提出，要借鉴波兰、匈牙利事件的经验教训，防止国家领导人员变成特殊阶层——新的贵族阶层。

关于社会主义社会还存不存在矛盾的问题，马克思恩格斯没有直接明了地回答。列宁曾经认为，在社会主义条件下，对抗将会消失，矛盾仍将存在；但是，列宁由于经历的社会主义实践时间太短，对社会主义社会的矛盾没有来得及展开论述，更没有阐述这些矛盾将是什么样的矛盾，矛盾的性质和表现形式又是怎样，以及怎样解决这些矛盾等一系列问题。斯大林在领导苏联社会主义实践中，于1936年宣布建成社会主义以后，否认社会主义社会还存在矛盾，认为社会主义社会是完全和谐的统一体，政治上、道义上的一致才是社会主义社会发展的动力。直到1952年斯大林才勉强承认，如果搞得不好，社会主义的生产关系和生产力之间也会发生冲突。

毛泽东在警惕波匈事件、考察苏联的正反两方面教训和中国自己的实践经验的基础上，从马克思主义的唯物辩证法关于对立统一规律是宇宙的根本规律这一命题出发，在马克思主义发展史上，第一次系统地阐述了社会主义社会人民内部矛盾的学说。1957年2月，毛泽东在最高国务会议上发表了《关于正确处理人民内部矛盾的问题》的讲话，主要观点为：

第一，矛盾是普遍存在的，社会主义社会同样充满着矛盾，正是这些矛盾的运动推动着社会主义社会不断地向前发展。

第二，社会主义社会的基本矛盾仍然是生产关系和生产力、上层建筑和经济基础之间的矛盾。不过社会主义社会的这些矛盾同旧社会的这些矛盾具有根本不同的性质和情况，可以经过社会主义制度本身的自我调整和完善，不断地得到解决。

第三，社会主义社会的基本矛盾同其他社会形态的基本矛盾，在矛盾的性质、矛盾运动的特点、解决矛盾的途径、方式等方面有着本质的不同。例如，资本主义社会的矛盾表现为剧烈的对抗和冲突，表现为剧烈的阶级斗争，那种矛盾不可能通过资本主义制度本身来解决，而只有通过无产阶级的社会主义革命才能够加以解决。社会主义社会的基本矛盾则完全是另外一回事，它不是对抗性的矛盾，矛盾双方是既相适应又相矛盾的。社会主义的生产关系，是和生产力的发展相适应的，但是，它又很不完善，这些不完善的方面和生产力的发展又是矛盾的。上层建筑和经济基础之间也是既相适应又相矛盾的。这些不相适应而相矛盾的方面，不是表现为剧烈的对抗和冲突，因而可以通过社会主义制度本身的自我调整和完善，不断得到解决。这正是社会主义社会制度的优越性之所在，也是社会主义社会发展的动力。

第四，社会主义社会的基本矛盾，反映到人与人的关系问题上，就表现为两类不同性质的社会矛盾，即敌我之间的矛盾和人民内部的矛盾。在社会主义改造基本完成以后，正确处理人民内部的矛盾已经成为我国国家政治生活的主题。因此，要尽可能调动一切积极因素，尽可能化消极因素为积极因素。

毛泽东关于社会主义社会基本矛盾的学说是对马克思列宁主义的新发展。它对社会主义社会矛盾及其存在状态、性质、解决途径等的深刻论述，引导人们正确认识和分析社会主义社会客观存在的基本矛盾，引导人们在实践中努力探寻正确、有效的方式方法去处理和解决这些矛盾，揭示了社会主义社会发展的一般规律，为社会主义改革奠定了哲学基础、提供了理论依据。毛泽东关于严格区分和正确处理两类不同性质矛盾的学说，特别是关于正确处理人民内部矛盾是国家政治生活的主题的思想，具有重大的实践意义和理论意义。它为正确处理社会主义社会各种矛盾，协调人与人之间的社会关系，创造有利于生产力发展的良好的社会环境和政治局面，构建和谐社会，提供了基本的理论依据。它以完整的理论形态、独创性的内容，丰富了马克思主义的理论宝库。

毛泽东关于社会主义社会基本矛盾的学说还提出了正确处理人民内部矛盾的一系列方针、政策和方法。毛泽东指出，“敌我之间和人民内部这两类矛盾的性质不同，解决的方法也不同”。敌我矛盾是对抗性的，是分清敌我的问题，需要用强制的、专政的方法来解决；人民内部的矛盾是在人民利益根本一致的基础上的矛盾，是分清是非的问题，只能用民主的、说服教育的方法，也就是用“团结—批评—团结”的方法来解决。他认为，革命时期的大规模的急风暴雨式的群众阶级斗争基本结束，现在大量的、突出的是人民内部矛盾。正确处理大量表现出来的人民内部矛盾就成为团结全国各族人民，进行一场新的战争即向自然界开战，发展我国的经济和文化，建设社会主义新国家的必要条件，成为国家政治生活的主题。

解决人民内部矛盾的主要方法有：①政治上实行“团结—批评—团结”的方针；②经济上实行“统筹兼顾，适当安排”的方针；③共产党和民主党派的关系上，实行“长期共存，互相监督”的方针；④科学文化上实行“百花齐放，百家争鸣”的方针；⑤民族关系上实行民族平等、团结互助的方针。

这些思想成为后来指导中国社会主义政治、文化、社会建设的重要依据。这些思想不仅在当时有着十分紧迫的指导意义，而且对于今天建设中国特色社会主义、构建和谐社会仍然有着相当重要的理论意义和现实意义。

三、中国特色的社会主义政治制度

（一）人民代表大会制度是我国的根本政治制度

我国人民民主的政治制度（即政体）是人民代表大会制度，这是适合中国国情的根本政治制度。这一制度写入了1954年第一届全国人民代表大会第一次会议通过的《中华人民共和国宪法》，并为以后历次宪法所肯定和完善。人民代表大会制度的内容和特点主要是：国家的一切权力属于人民；各级人民代表大会是人民行使国家权力的机关，全国人民代表大会是国家的最高权力机关；国家各级行政机关和司法机关由各级人民代表大会产生，并向它负责，接受它的监督；各级人民代表大会实行民主集中制的组织原则。人民代表大会制度的核心内容是，国家的一切权力属于人民，人民通过人民代表大会这一组织形式参与对国家事务的管理，行使当家作主的权力。我国的人民代表大会制度，既不同于西方资本主义国家的种种民主共和政体，也有别于苏联实行的苏维埃制度。

（二）多党合作与政治协商是基本的政治制度

中国共产党领导的多党合作与政治协商是我国基本的政治制度。这一制度既不同于多党制或两党制，也不同于一些社会主义国家曾实行的一党制，是具有中国特色的社会主义政党制度。其主要内容和特点是：

1. 中国共产党和民主党派以宪法和法律为根本活动准则

《中华人民共和国宪法》是我国的根本大法，同全国人大及其常委会制定的其他法律一样，都是全国人民意志的体现，全国各族人民、一切国家机关和武装力量、各政党和社会团体、各企业事业组织，都必须无条件地遵守和服从。领导和参与领导制定《宪法》的中国共产党和各民主党派同样要遵守宪法，维护宪法和法律的尊严，自觉以宪法和法律为自己的根本活动准则。

2. 处理中国共产党同民主党派关系的指导方针是“长期共存，互相监督”

1956年4月，毛泽东初步总结我国多党合作的历史经验和其他社会主义国家的历史教训时提出：一个党同一个人一样，耳边需要听到不同的声音。究竟是一个党好，还是几个党好？现在看来，恐怕是几个党好。不仅过去如此，而且将来也可以如此，就是长期共存，互相监督。党的八大确认了这一方针，并写入大会的决议。“长期共存”就是指只要中国还存在阶级和政党，只要中国共产党存在，各民主党派就存在下去，多党合作也坚持下去，一直要共存和合作到将来社会的发展不需要政党的时候为止。“互相监督”是指监督的双向性。一方面，共产党对民主党派进行监督，共产党通过正确的路线、方针、政策实现对民主党派的监督，保证多党合作的政治方向。当然，中国共产党和民主党派都是政治自由、组织独立、法律地位平等的政党，共产党对民主党派的监督是党外监督，并不涉及民主党派的内部事务。另一方面，民主党派对共产党也实行监督，作为参政党，各民主党派有权利和责任对执政党进行监督，提出意见和建议，推动国家重大决策的民主化和科学化。正如毛泽东所说：所谓互相监督，当然不是单方面的，共产党监督民主党派，民主党派也可以监督共产党。

3. 中国共产党是执政党，民主党派是参政党

共产党和民主党派都是代表社会主义劳动者和爱国者利益的政党，多党合作制是在人民根本利益一致的基础上具体利益存在差异性的体现。中国共产党是中国社会主义革命和社会主义建设事业的领导核心，是执政党。民主党派是接受中国共产党领导、同共产党通力合作的亲密友党，是参政党，既不是在野党，更不是反对党。民主党派参政的主要内容是：参加国家政权，参与国家大政方针和国家领导人人选的协商，参与国家事务的管理，参与国家方针、政策、法律、法规的制定。因此，各民主党派的许多领导人和成员参加了国家机关的工作，有的被选为各级人民代表大会的代表和各级政协委员，有些同志还担任了各级人大、政府和政协的领导职务。

中国人民政治协商会议是中国人民爱国统一战线的组织，是中国共产党领导的多党合作和政治协商的重要机构。60多年来，它团结中国各族人民、各民主党派、各人民团体和社会各界代表，为中华民族的解放、中国现代化建设和祖国统一大业的完成等，已经作出并将继续作出重大贡献，其自身的发展已形成完整的制度，同多党合作一起构成当代中国的一项基本的政治制度。以毛泽东为首的中国共产党人把马克思主义政党学说的基本原理同中国革命和建设的具体实际相结合，同时吸取世界其他社会主义国家政治发展的成功经验和反面教训，在长期革命和建设的实践中，经过反复比较和选择，逐步确定了适合中国国情的社会主义政党制度——中国共产党领导的多党合作和政治协商制度。

目前，我国除执政的中国共产党外，还有中国国民党革命委员会、中国民主同盟、中国民主建国会、中国民主促进会、中国农工民主党、中国致公党、九三学社和台湾民主自治同盟。这些民主党派大多数是在中国共产党统一战线政策的影响下，在抗日战争和解放战争时期成立的。1956年社会主义改造完成前，民主党派的社会基础主要是民族资产阶级、城市小资产阶级和知识分子以及其他爱国民主分子，也有一批革命知识分子和极少数共产党员参加。社会主义改造完成后，各民主党派发展成为各自所联系的一部分社会主义劳动者、拥护社会主义的爱国者和拥护祖国统一的爱国者的政治联盟。在长期的革命和建设中，民主党派已发展成为接受中国共产党领导的、同中国共产党通力合作、共同致力于社会主义现代化建设事业的亲密友党。

（三）民族区域自治制度是又一项基本政治制度

民族区域自治，就是在中华人民共和国内，在国家统一领导下，以少数民族聚居的地区为基础，实行区域自治，设立自治机关，行使自治权，由少数民族当家作主，管理本民族内部的地方性事务。它包含两方面含义：一是各民族区域自治地方是中华人民共和国不可分割的一部分，要维护国家的统一，服从中央领导，保证党和国家路线、方针、政策的贯彻执行，遵守国家宪法和法律；二是保证自治地方充分行使自治权，照顾自治地方的特点和需要，使自治机关有大于一般地方机关的自主权。其行政单位分为三级，即自治区、自治州和自治县（旗）。此外，作为自治形式的一种补充，我国还设立了民族乡作为一种基层政权形式。目前，全国共建立了5个自治区，30个自治州，121个自治县（包括3个自治旗）和1 272个民族乡。

中国自古以来就是一个统一的多民族国家，从秦始皇统一中国以来的绝大多数时期，国家结构都实行的是中央集权的单一制形式。长期以来，各民族相互交流，密切往来，在中国早已形成了以汉族为主体，各民族大杂居、小聚居的格局，特别是1840年鸦片战争以来，中国各民族人民在共同反对帝国主义侵略的斗争中，自觉地结成了相互依存的民族整体。早在新民主主义革命时期，中国共产党就曾提出过实行民族区域自治制度的主张，并在红军长征途中领导宁夏预海县回民建立了自治政府，在四川甘孜地区建立了博巴自治政府，1946年在陕甘宁边区建立了蒙、回民族自治区，1947年5月建立了第一个省级自治区——内蒙古自治区。1949年，中国人民政治协商会议《共同纲领》明确规定：民族区域自治制度是中国的一项基本政治制度。1952年，政务院制定《中华人民共和国民族区域自治实施纲要》，对民族区域自治制度作出了具体的规定。1954年通过的新中国第一部《宪法》又以根本大法的形式把民族区域自治制度固定下来。

国家是阶级矛盾不可调和的产物和表现，是阶级压迫的工具。国家与民族的本质不同，但有着密切的联系。国家在民族的形成中起过重大的推动作用，民族又是构成国家发展的重要基础。尤其是在人类近现代历史上，一个国家的民族及其相互关系直接关系到该国国家结构的形成、政治局面的稳定、国家主权的统一和经济社会的发展。中国共产党在领导中国人民建立当家作主的国家政权的过程中，坚持把马克思主义关于国家结构和民族问题的基本原理同中国的具体实际相结合，确定了在中国实行中央集权的单一制下的民族区域自治制度。

民族区域自治制度既维护了国家主权的统一和领土完整，又充分保障了各少数民族当家作主的各项基本权利，也有利于杂居在祖国大家庭中的各民族和睦相处，实践证明它是一项符合中国国情的基本政治制度，促进了民族间平等、互助、团结的社会主义民族关系的发展，开创了各民族共同繁荣的新局面，促进了我国社会主义建设的发展，也丰富了马克思主义的民族理论。

在人民民主专政理论指导下的、由毛泽东开创的我国政治制度包括人民代表大会制度、多党合作与政治协商制度、民族区域制度，直到今天仍然是中国特色社会主义必须坚持的政治制度。

第三节　中国特色社会主义的政治文明建设

由于国际国内的一系列变化，中国共产党已经从一个领导人民为夺取全国政权而奋斗的党，成长为一个领导人民掌握全国政权并长期执政的党；已经从一个在受到外部封锁的状态下领导国家建设的党，成长为在全面改革开放条件下领导国家建设的党。在这种情况之下，党面临着两大历史性课题：提高党的执政能力和领导水平；提高拒腐防变和抵御风险能力。如何应对这两大历史性课题，就是建设社会主义政治文明。

具体来说，党的工作重心转移到经济建设上来，主要是解决物资需求的问题，建设物质文明；精神文明建设主要是解决精神需求或者说文化需求的问题。但是，如果没有民主、法制、公平、正义、制度的保证，物质文明、精神文明建设也难以搞好。所以党的十六大报告提出："中国共产党领导人民发展社会主义民主政治，建设社会主义政治文明。"并且认为："发展社会主义民主政治，建设社会主义政治文明，是全面建设小康社会的重要目标。"把建设社会主义政治文明确定为党的历史使命和全面建设小康社会的重要目标，具有重大现实意义和深远历史意义；把社会文明大系统一分为三：物质文明、精神文明、政治文明，从两个文明建设到三个文明建设，从"两手抓"到"三手抓"，是对中国特色社会主义认识的进一步深化。

建设社会主义政治文明的重大意义还在于，它是实现"三个代表"重要思想由理论创新走向实践创新的一个中介。实践"三个代表"的重要思想，绝不是仅仅靠教育党员和领导干部要坚持身体力行、率先垂范的个人行为，就万事大吉的。制度建设更带有根本性、全局性、稳定性和长期性。实践创新的一个重要内容，就是加强制度建设，进行体制创新和制度创新，即从党和国家的领导制度方面，将那些与"三个代表"重要思想所要求的先进性不相适应的传统体制和机制进行更大力度的改革，从而达到推进我国社会主义制度自我完善和发展的目的。由于权力腐败、权钱交易的现象比较突出，严重地伤害了党和人民群众的关系，影响了党在人民群众中的形象，这种状况不改变，“党的执政地位就有丧失的危险，党就有可能走向自我毁灭”，所以，社会主义政治文明建设，是解决两大历史性课题、事关党和国家长治久安的带有全局性、战略性、根本性和长期性的重大决策。

一是坚持和完善社会主义民主制度。人民当家作主，是社会主义政治文明的本质要求。为了实现这一目的，要坚持和完善人民代表大会制度，坚持和完善共产党领导的多党合作和政治协商制度，坚持和完善民族区域自治制度；全面贯彻党的宗教信仰自由政策，依法管理宗教事务，健全基层自治组织和民主管理制度，扩大基层民主。

二是加强立法工作，提高立法质量，形成有中国特色的社会主义法律体系。要从制度上保证审判机关和检察机关依法独立公正地行使审判权和检察权，保障公民和法人的合法权益。

三是加强对权力的制约和监督。拒腐防变是我们党面临的长期而艰巨的任务，邓小平、江泽民都曾反复强调，反对腐败是关系党和国家生死存亡的大问题，在整个改革开放过程中都要反对腐败。其中的一个重要环节，就是建立结构合理、配置科学、程序严密、制约有效的权力运行机制，从决策和执行等环节加强监督。因为，民主本身就是监督。监督与民主，不仅互为前提，而且互为实现的方式。没有监督，就等于没有民主；没有民主，也就形不成监督；监督的过程就是民主的实现过程，而民主的过程一定包含着监督。

党的十六大报告指出：“发展社会主义民主政治，最根本的是要把坚持党的领导、人民当家作主和依法治国有机统一起来。”这就划清了社会主义政治文明与资产阶级和其他一切非社会主义政治文明的界限，是社会主义政治文明本质的规定性的反映，这三大支柱在社会主义政治文明系统结构中相互支撑，其功能相互影响，在运作机制上相互协调，然后反作用于社会主义物质文明和精神文明，充分发挥它的支撑作用和保证作用，开创了人类社会文明史上社会文明整体推进的新实践。

第八章　中国特色社会主义文化建设的理论渊源

第一节　马克思主义的文化观

马克思主义的文化观是以辩证唯物主义与历史唯物主义为基础的，概括起来主要有以下观点：

一、统治阶级的思想都是占统治地位的思想

马克思早在《德意志意识形态》一文中就说过："统治阶级的思想在每一时代都是占统治地位的思想。这就是说，一个阶级是社会上占统治地位的物质力量，同时也是社会上占统治地位的精神力量。支配物质生产资料的阶级，同时也支配着精神生产的资料，因此，那些没有精神生产资料的人的思想，一般地是受统治阶级支配的。"（马克思恩格斯选集第1卷．北京：人民出版社，1995.52）因为，"每一个代替旧统治阶级地位的新阶级为了达到自己的目的就不得不把自己的利益说成是社会全体成员的共同利益……"（马克思恩格斯选集第1卷．北京：人民出版社，1995.53）在《共产党宣言》中马克思又写道："你们的观念本身是资产阶级的生产关系和所有制关系的产物……"（马克思恩格斯选集第1卷．北京：人民出版社，1995.268）"共产党人并没有发明社会对教育的影响，他们仅仅是要改变这种影响的性质，要使教育摆脱统治阶级的影响。"（马克思恩格斯选集第1卷．北京：人民出版社，1995.269）

二、经济条件制约着历史、政治、法律、哲学、宗教、文化等的发展

马克思在《路易·波拿巴的雾月十八日》一文中说："人们自己创造自己的历史，但是他们并不是随心所欲地创造。"（马克思恩格斯选集第2卷．北京：人民出版社，1995.603）在当时的时代，这"是一次人类从来没有经过的最伟大的，进步的变革，是一个需要巨人而且产生了巨人的时代"，可是，"理论思维仅仅是一种天赋人权的能力。这种能力必须加以发展和锻炼，而为了进行这

种锻炼，除了学习以往的哲学，直到现在还没有别的手段”。（马克思恩格斯选集第3卷．北京：人民出版社，1995.445、465）然而，“经济条件归根到底制约着历史的发展。政治、法律、哲学、宗教、文学、艺术等的发展是以经济发展为基础的。但是，它们又都互相影响并对经济基础发生影响”。（马克思恩格斯选集第4卷．北京：人民出版社，1995.505～506）因为，“经济状况是基础，但是对历史斗争的进程发生影响并且在许多情况下主要是决定着这一斗争形式的还有上层建筑的各种因素……各种法权形式以及所有这些实际斗争在参加者头脑中的反映，政治的、法律和哲学的理论、宗教的观点……这里表现出这一切因素间的交互作用……”（马克思恩格斯选集第4卷．北京：人民出版社，1995.477）“工人阶级对他们四周的压迫环境所进行的叛逆的反抗，他们为恢复自己做人的地位所作的剧烈的努力——半自觉的与自觉的，都属于历史，因而也应当在现实主义领域内占有自己的地位。”（马克思恩格斯选集第4卷．北京：人民出版社，1995.462）

三、无产阶级文化要为无产阶级事业服务

列宁在自己的实践中对无产阶级文化、无产阶级政党对文化的态度以及如何创造新文化，都提出了自己的一系列观点。他认为：“只有确切地了解人类全部发展过程所创造的文化，只有对这种文化加以改造，才能建设无产阶级的文化……无产阶级文化并不是从天上掉下来的……无产阶级文化应当是人类在资本主义社会、地主社会和官僚社会压迫下创造出来的全部知识合乎规律的发展。”（列宁选集第4卷．北京：人民出版社，1995.348）因此，“单从书本上来了解关于共产主义的论述，是极不正确的。如果我们只求了解共产主义的口号，那就更危险了”。（列宁选集第4卷．北京：人民出版社，1995.346）他明确宣告，“我们的道德完全服从无产阶级斗争的利益。我们的道德是从无产阶级阶级斗争的利益中引申出来的”。（列宁选集第4卷．北京：人民出版社，1995.352）“苏维埃的整个教育事业（无论是一般的政治教育或专门的艺术教育）都必须贯彻无产阶级斗争精神。”也就是“为顺利实现无产阶级专政的目的，即为推翻资产阶级，消灭阶级，消灭人剥削人现象而斗争的精神。”（列宁选集第4卷．北京：人民出版社，1995.361）

但是，“只有马克思主义的世界观才正确反映了革命无产阶级的利益、观点和文化”。“马克思主义的特殊文化世界历史意义在于吸收和改造了两千年来人类思想和文化发展中一切有价值的东西。”（列宁选集第4卷．北京：人民出版社，1995.362）因此，在这个世界观指导下的政党有了创造自己文化的态度，“这个党的文学的原则是什么呢？……打倒无党性的文学家！打倒超人的文学家！文学事业应当成为无产阶级总的事业的一部分，成为一部统一的、伟大

的、由整个工人阶级的整个觉悟的先锋队所开动的社会民主主义机器的'齿轮和螺丝钉'"。"文学事业应当成为有组织的、有计划的、统一的社会民主党的工作的一个组成部分。"(列宁选集第1卷.北京:人民出版社,1995.646)"我们说的是党的文学以及党的文学应受党的监督。……但是每个自由的团体(包括党在内)同样也可以自由地赶走利用党的招牌来鼓吹反党观念的人。"(列宁选集第1卷.北京:人民出版社,1995.649)"这将是自由的文学。因为它不是为饱食终日的贵妇人服务的……它要使过去的经验(从空想形式的社会主义发展成科学社会主义)和现在的经验之间经常发生相互作用。"(列宁选集第1卷.北京:人民出版社,1995.650)列宁认为:"教育要联系政治……我们不能让教育工作不联系政治。""整个宣传工作都应该建立在经济建设的政治经验之上。"(列宁选集第4卷.北京:人民出版社,1995.363、370)还有,"必须善于同宗教作斗争,为此要善于用唯物主义观点来说明群众中的信仰和宗教的根源……"(列宁选集第2卷.北京:人民出版社,1995.375)但是,"如不提高人民教师的地位,就谈不上任何文化,既谈不上无产阶级文化,甚至也谈不上资产阶级文化"。"应当把我国人民教师提高到从未有过的,在资产阶级社会里没有也不可能有的崇高的地位。这是用不着证明的真理。"(列宁选集第4卷.北京:人民出版社,1995.677~678)

第二节 毛泽东的文化思想

一、早期共产党人的文化观

由于陈独秀在新文化运动中的地位,他被称为新文化运动的"旗手";又由于他在"五四"运动中的领导作用,被毛泽东称之为"五四"运动的"总司令";由于他在中国共产党建党史上的作用,他被称为党的创始人之一,并被选为中共一大至中共五大的总书记。这个轨迹为:"旗手"—"总司令"—"总书记"。从陈独秀身上,我们已经可以部分地领悟到文化的作用。很难设想,如果陈独秀没有新文化运动"旗手"的最初身份,能否演变为其后的"总司令"与"总书记"。翻开中共一大代表的名单,我们会发现其实都是"文化人",如果用今天的学历去衡量的话,可以称之为"知识分子"。有些代表当时就是名教授,如陈独秀、李大钊;有些后来也成为名教授,如李达。

在中共成立初期,他们对文化的看法是怎样的呢?最典型的有以下几种:

1922年3月5日,陈独秀著《平民教育》,他在文章中说:"教育虽然没有万能的作用,但总算是改造社会的工具之一。""我对于教育的意见,第一是希望有教育……第二是希望教育是平民的而非贵族的。"(王光远.陈独秀年

谱. 重庆：重庆出版社，1987. 117）

1923 年 12 月 9 日，陈独秀写《致胡适》一文，信中说："唯物史观也并不是不重视思想、文化、宗教、道德、教育等心的现象之存在，惟只承认他们都是经济的基础上面之建筑物，而非基础之本身。"（王光远．陈独秀年谱．重庆：重庆出版社，1987. 150）

早在 1922 年，瞿秋白在他的《赤都心史》中便表达了这样的看法："无产阶级为自己谋利益，亦即为人类文化担负历史的使命。凡在现实世界中，为现实所要求以达'新'的使命的，则社会意识的表示者都不能推辞：代表此一阶级的利益，保持发展人类文化。"（瞿秋白文集第 7 卷（政治理论篇）．北京：人民文学出版社，1991. 231）

1923 年 3 月，瞿秋白在《东方文化与世界革命》一文中说："要建立一种新的文化，这种文化就是无产阶级的文化，这才是'真正的道德'、'真正的科学'，是颠覆东方文化之恶性的利器。"（瞿秋白选集．北京：人民出版社，1985. 19）

1923 年 12 月 22 日，邓中夏在《贡献于新诗人之前》中认为：文学"第一，须多做能表现民族伟大精神的作品；第二，须多做描写社会实际生活的作品"。（文学运动史料选（第 1 册）．上海：上海教育出版社，1979. 395 ~ 396）

1924 年 6 月 4 日，瞿秋白为《热血日报》创刊号写的发刊词称："创造世界文化的，是热的血和冷的铁（指武装）。现在世界强者占有冷的铁，而我们弱者只有热的血；然而我们心中果然有热的血，不愁将来手中没有冷的铁。热的血一旦得着冷的铁，便是强者之末运。"（周永祥．瞿秋白年谱．南宁：广西人民出版社，1983. 45）

1924 年 5 月 17 日，恽代英在《文学与革命》的通讯中说："要先有革命的感情，才会有革命的文学。倘若你希望做一个革命家，你第一件事是要投身于革命事业，培养你的革命感情。"（文学运动史料选（第 1 册）．上海：上海教育出版社，1979. 398 ~ 399）

1924 年 8 月，蒋光慈在《新青年》季刊第 3 期上发表文章称："整理过去的文化，创造将来的文化……这种无产阶级文化为真正全人类文化的开始。"

早期共产党人的文化观，为中国共产党进一步探索建设中国的新文化提供了最早的方向。

二、毛泽东"精华糟粕"论与列宁"两种文化"论

（一）列宁的"两种文化"论

1913 年 12 月，在第一次世界大战前夕，列宁写了《关于民族问题的批评

意见》一文。文章提出了著名的“两种文化”的学说。列宁说：“每个民族的文化里面，都有一些哪怕是还不发达的民主主义和社会主义的文化成分，因为每个民族里面都有劳动群众和被剥削群众，他们的生活条件必然会产生民主主义的和社会主义的思想体系。但是每个民族里面也都有资产阶级的成分（大多数的民族里还有黑帮和教权派的文化），而且这不仅是一些‘成分’，而是占统治地位的文化。”（列宁选集第 4 卷．北京：人民出版社，1995. 658）

列宁的论述阐述了一个文化史上的基本事实：民族的内部是划分为阶级的，而一定的文化是一定社会的政治和经济在观念形态上的反映。因此，阶级社会中的阶级矛盾和阶级斗争必然渗透到文化领域，民族文化也无不打上阶级的烙印，形成“两种文化”的差别和对立。任何超阶级的文化都是不存在的，这是自有阶级以来文化发展史上的客观规律。

那么，当无产阶级取得政权并建立起社会主义制度以后，将怎样建立新文化——建立自己的占统治地位的文化呢？这就涉及一个怎么对待以前的文化遗产的问题。列宁在《青年团的任务》一文中认为：“无产阶级文化不是从天上掉下来的。”“应当明确地认识到，只有确切地了解人类全部发展过程所创造的文化，只有对这种文化加以改造，才能建设无产阶级的文化，没有这样的认识，我们就不能完成这项任务。”因为，“无产阶级文化应当是人类在资本主义社会、地主社会和官僚社会压迫下创造出来的全部知识合乎规律的发展”。（列宁选集第 4 卷．北京：人民出版社，1995. 348）

即使是马克思主义本身，也是人类文化发展的结晶。1920 年 10 月 8 日，列宁在《论无产阶级文化》一文中作了较全面的总结：“马克思主义这一革命的思想体系赢得了世界历史性的意义，是因为它没有抛弃无产阶级时代最宝贵的成就，相反地，吸收和改造了两千多年来人类思想和文化发展中一切有价值的东西。只有在这个基础上，按照这个方向，在无产阶级专政（这是无产阶级反对一切剥削的最后斗争）的实际经验的鼓舞下继续进行工作，才能认为是发展真正的无产阶级的文化。”（列宁选集第 4 卷．北京：人民出版社，1995. 362）

列宁的“两种文化”理论，是对马克思主义文化理论宝库的一个重大贡献，对后人正确分析、评价阶级社会中的民族文化，积极开展两种民族文化的斗争，批判地继承民族文化遗产，具有重要的指导意义。

（二）毛泽东的“精华糟粕”论

1940 年 1 月，毛泽东写了《新民主主义论》一文，提出了新民主主义文化纲领，被认为是毛泽东新民主主义文化观形成的标志。在文章中，毛泽东将民族文化也分为两种：“反动文化”和“新文化”。但是由于中国是半殖民地半封建社会的基本国情，毛泽东又将占统治地位的反动文化划分为帝国主义文化和半封建文化："帝国主义文化，是反映帝国主义在政治上、经济上统治或半统治中国的东西。这一部分文化，除了帝国主义在中国直接办理的文化机关之外，还有一些无耻的中国人也在提倡。一切包含奴化思想的文化，都属于这一类。""又有半封建文化，这是反映半封建政治和半封建经济的东西，凡属主张尊孔读经、提倡旧礼教旧思想、反对新文化新思想的人们，都是这类文化的代表。"何谓新文化呢？这是"在观念形态上反映新政治和新经济的东西，是替新政治新经济服务的"。"一句话，就是无产阶级领导的人民大众的反帝反封建的文化。"（毛泽东选集第2卷．北京：人民出版社，1991. 695～698）

这就是毛泽东的"两种文化"论，它是毛泽东运用马克思列宁主义的基本原理，依据中国国情所作出的科学分析。根据列宁的"任何民族都有两种文化"的学说，毛泽东提出了一对形象而生动的概念："精华"和"糟粕"。这是一对历史的范畴，既体现了阶级分析的观点，又体现了历史分析的观点。何谓精华与糟粕？毛泽东举了一个生动的例子：吸收和排泄的关系。食物"在唾液和胃肠液中，分解为精华和糟粕两部分，然后排泄其糟粕，吸收其精华"。所谓"精华"，是列宁所说的那种"民主主义和社会主义"的成分；所谓"糟粕"，则是资产阶级的、腐朽的或"黑帮"、"教权派"的成分。

在怎样对待"精华"和"糟粕"的问题上，毛泽东又将"两种文化"分为外国的"精华糟粕"和中国的"精华糟粕"。对于外国的进步文化，我们"应该大量吸收"，"作为自己的文化食粮的原料"，"凡属我们今天用得着的东西，都应该吸收"。但是，"全盘西化"或"形式主义地吸收外国的东西"，"在中国过去是吃过大亏的"，因此，"我们绝不能和帝国主义反动文化相联合"。对于中国的传统文化，则"必须将古代封建统治阶级的一切腐朽的东西和古代优秀的人民文化即多少带有民主性和革命性的区别开来"。然后"剔除其封建性的糟粕，吸收其民主性的精华，绝不能无批判地兼收并蓄"。（毛泽东选集第2卷．北京：人民出版社，1991. 707～708）

可见，毛泽东正是在深入了解中国的传统文化和把握住"人类全部发展过程中所创造的文化"这个前提之下，才提出了"新文化"或曰"新民主主义文化"纲领的。这个吸收精华、剔除糟粕的过程，既是对中外文化加以改造的过程，也是建立新民主主义文化，"提高民族自信心的必要条件"。

（三）毛泽东继承和发展了列宁"两种文化"的学说

从以上引述的列宁"两种文化"论和毛泽东"精华糟粕"论来看，他们的思想内核是相同的，毛泽东的"批判地继承中外遗产"的观点和列宁的

“无产阶级文化应当是人类在资本主义社会、地主社会和官僚社会压迫下创造出来的全部知识合乎规律的发展”的观点是一脉相承的。毛泽东的新民主主义文化观，以及在此期间所提出的“精华糟粕”论，既是对列宁学说的继承，又是符合中国特点的真正中国式的马克思主义。其一，毛泽东将“两种文化”分为三类，既有帝国主义的，也有半封建的，还有新民主主义的，这种特点是由当时中国的社会性质所决定的。其二，用历史唯物主义的观点，分别论述了对中外“两种文化”的态度和批判地吸收的方法，给“全盘西化”和“全盘继承”及民族虚无主义者以有力的批驳。其三，由当时中国的复杂社会情况所决定，“占统治地位的文化”和“不占统治地位的文化”，不是截然分开、一目了然的。新文化在有些地方占统治地位，在有些地方又不是；而在非占统治地位的地方，新文化又在作强力渗透。这种情况是由于当时无产阶级尚未取得统治权，但又有了共产党的领导、建立了抗日民族统一战线，因此，“社会主义的因素”已经不是“普通的因素”，而是一种“起决定作用的因素”。但是，“就整个政治情况、整个经济情况和整个文化情况来说却还不是社会主义的，而是新民主主义的”。因此，“如果以为现在的整个国民文化就是或应该是社会主义的国民文化，这是不对的”。（毛泽东选集第2卷．北京：人民出版社，1991. 705）

这种新民主主义文化的课题，是列宁所未曾碰到过的。新民主主义文化和列宁提出的“无产阶级文化”也是有区别的。

谈到这里，人们自然会提出一个问题，毛泽东虽然有很高的马克思主义素养，但是否看过列宁的“两种文化”论的著作，如前面所引述的列宁《关于民族问题的批评意见》、《青年团的任务》、《论无产阶级文化》等文，结论应该是肯定的：

第一，从当时的马列主义文艺理论著作的传播来看，据逄先知《毛泽东的读书生活》载：毛泽东在延安时期曾读过苏联出版的中文版《列宁选集》多卷本和《马克思恩格斯列宁斯大林论艺术》。例如1942年5月，毛泽东《在延安文艺座谈会上的讲话》就曾两处引用了列宁《党的组织和党的出版物》一文的话。1944年3月，为了配合学习毛泽东《在延安文艺座谈会上的讲话》，当时任延安大学校长的周扬选编了一本《马克思主义与文艺》，里面分五大专题辑，录了马、恩、列、斯、普列汉诺夫、高尔基及鲁迅有关文艺的评论和意见。其中在第四辑《无产阶级文化》里，就辑录了上述列宁的三篇文章的主要论述。周扬为这本书写了一篇挺长的“序言”，并送给毛泽东过目。同年4月2日，毛泽东致信周扬说：“此篇看了，写得很好。”信中还对序言引用列宁与蔡特金的一段话提出了自己的意见，请周斟酌“或同懂俄文的同志商量一下加以酌定”。（毛泽东年谱（中卷）. 北京：人民出版社，1993. 503 ~ 504）这说明，毛泽东对马列的文化理论是非常熟悉的。

第二，从毛泽东著作的表述来看，毛泽东在《新民主主义论》一文中指出：“中国文化应有自己的形式，这就是民族形式。民族的形式，新民主主义的内容——这就是我们今天的新文化。”（毛泽东选集第 2 卷. 北京：人民出版社，1991. 707）而周扬所辑《马克思主义与文艺》一书里，曾辑录了斯大林 1925 年 5 月 18 日《论东方民族大学的政治任务》一文的部分论述。斯大林谈到这个问题时是这样说的：“内容是无产阶级的，形式是民族的——这就是社会主义所要达到的全人类的文化。无产阶级文化并不是取消民族文化，而是赋予它内容。相反，民族文化也不是取消无产阶级文化，而是赋予它形式。”（马克思主义与文艺. 北京：作家出版社，1984. 156）从思想到表述，何其相似。是不谋而合，还是继承发挥？从上述分析来看，显然属于后者。

三、毛泽东文化思想的另一渊源是中国传统文化

（一）博大精深的中国民族传统文化

民族文化是民族自信力的根据。人的行为无时无刻不受着民族传统文化的支配；民族的行为也无不受着传统文化的制约。中国的传统文化，曾哺育了无数的民族精英。关于中国传统文化的特点，有人给它总结了很多，比较集中、一致的看法有以下五条：其一，强烈的爱国主义精神。如“毁家纾难”；“先天下之忧而忧，后天下之乐而乐”；“天下兴亡，匹夫有责”；“位卑未敢忘忧国”；“人生自古谁无死，留取丹心照汗青”；“王师北定中原日，家祭无忘告乃翁”。其二，刚健有为、自强不息。如精卫填海、愚公移山、大禹治水。还有“生当作人杰，死亦为鬼雄”；“夫英雄者，有包藏宇宙之机吞吐天地之志者也”；“天将降大任于斯人也，必先苦其心志，劳其筋骨，饿其体肤，空乏其身，行拂乱其行为，所以动心忍性，增益其所不能”；“富贵不能淫，贫贱不能移，威武不能屈”。其三，以民为本。如“民为邦本，本固邦宁”；“民为贵，社稷次之，君为轻”；“闻诛一夫纣也，未闻弑君也”；“得天下有道，得其民斯得天下”；“天视自我民视，天听自我民听”。其四，厚德载物。如“夷夏之防”、“用夏变夷”、“怀柔远人”、“抚育四海”、“忠信仁义”、“正心诚意”、“讲信修睦”；“己所不欲，勿施于人”。其五，重义轻利。“生亦我所欲也，义亦我所欲也。二者不可得兼，舍生而取义者也”；“君子喻于义，小人喻于利”；“君子尚义，小人尚利；尚利则乱，尚义则治”；等等。同时，还有要求把个人的修养与国家的命运联系起来的“格物、致知、诚意、正心、修

身、齐家、治国、平天下”。这样博大精深的文化，使对中西文化作过深入分析的孙中山感叹道：“把一个人从内发扬到外，由一个人的内部做起，推到平天下为止。像这样精微开展的理论，无论外国什么政治哲学家都没有见到，都没有说出，这就是我们政治哲学的知识中独有的宝贝，是应该要保存的。”（孙中山全集第9卷．北京：中华书局，1986. 247）所以，作为中国共产党人，在它的文化建设中，传统文化也有着深刻的影响并得到了充分的运用。

（二）毛泽东在运用传统文化方面是榜样

“以史为鉴可以知兴衰。”毛泽东在这方面作出了很好的榜样，在他的文章里引用了大量的历史故事、典故、名人名言、诗词俚语，文采洋溢、妙语连珠、理真情切、感人肺腑，使人久久难以忘怀。毛泽东曾多次号召全党学习历史，学习文学名著如《红楼梦》、《水浒传》等，高度评价历史上人民起义的功勋，指出其经验教训，号召全党吸取太平天国运动、李自成起义的经验教训，特别要大家读一读郭沫若的《甲申三百年祭》，学习和记取历代王朝鼎盛时期的治国经验，借鉴其衰败时期的教训。

1938年，毛泽东在党的六届六中全会所作《论新阶段》的报告中，号召全党在开展学习马克思主义竞赛的同时，要认真学习中国文化遗产：“从孔夫子到孙中山，我们应当给予总结，承继这一份珍贵的遗产。这对于指导当前的伟大运动，是有重要帮助的。”（毛泽东选集第2卷．北京：人民出版社，1991. 534）在毛泽东的号召下，形成了一股学习评价历史及传统政治思想的热潮，所涉及范围非常之广，既有李自成，也有太平军；既评价孔、老、墨的思想，也评价郭沫若的《甲申三百年祭》。毛泽东本人更是运用传统文化于中国革命实际的典范。例如，1939年4月24日。毛泽东在“抗大”生产运动总结大会上讲话说，历史上的禹王，他是做官的，但也耕田。墨子是一个劳动者，他不做官，但他是比孔子高明的圣人，孔子不耕田，墨子自己动手做桌子、椅子。马克思主义千条万条，最中心的一条就是不劳动不得食。所谓艰苦奋斗的“抗大”精神，以及其后延安的大生产自救运动，就是在述说历史中讲述了马克思主义最简单的政治经济学。

在《毛泽东文集》或《毛泽东书信集》中收录了几封毛泽东在延安时期关于传统文化的著名通信，一封是《关于研究民族史问题给何干之的信》，一封是《关于〈墨子哲学思想〉一文给陈伯达的信》，还有一封是《关于〈孔子的哲学思想〉一文给张闻天的信》。这几封通信，不仅反映了毛泽东深厚的国学功底以及对待传统文化的正确态度，也体现了理论联系实际、寓传统文化于思想政治工作，指导当前的伟大斗争。在给何干之的信中，毛泽东写道：

"你的研究民族史的三个态度，我以为是对的，尤其是第二个态度。如能在你的书中证明抵抗与民族投降两条路线谁对谁错，而把南北朝、南宋、明末、清末一班民族投降主义者痛斥一番，对于当前抗日战争是有帮助的。只有一点，对于那些'兼弱攻昧'，'好大喜功'的侵略政策（这在中国历史是有过的）应采取不赞同态度，不使和积极抵抗政策混同起来。为抵抗而进攻，不在侵略范围之内，如东汉班超的事业等。"（毛泽东选集第2卷．北京：人民出版社，1991.143）

将历史与抗战相联系，将历史上的民族抵抗主义和历史功绩用于抗战中唤醒民众抗日，并驳斥侵略政策和投降主义，既弘扬了祖国的传统文化，又将发动群众的思想政治工作结合起来。

在《关于〈孔子的哲学思想〉一文给张闻天的信》（1939年2月20、22日）中，毛泽东说："关于孔子的道德论，应给以唯物论的观察，加以更多的批判，以便与国民党的道德观（国民党在这方面最喜引孔子）有原则的区别。例如，'知仁勇'，孔子的知（理论）既是不根于客观事实的，是独断的，观念论的，则其见之仁勇（实践），也必是仁于统治者一阶级而不仁于大众的；勇于压迫人民，勇于守卫封建制度，而不勇于为人民服务的。知仁勇被称为'三达德'，是历来的糊涂观念，知是理论，是思想，是计划、方案、政策，仁勇是拿理论、政策等见之实践时应采取的一种态度，仁像现在说的'亲爱团结'，勇像现在说的'克服困难'了（现在我们说的亲爱团结，克服困难，都是唯物论的，而孔子的'知仁勇'则一概是主观的），但还有别的更重的态度如'忠实'，如果做事不忠实，那'知'只是言而不信，'仁'只是假仁，'勇'只是白勇。"（毛泽东文集第2卷．北京：人民出版社，1993.163）

思想与理论的产生往往是长期思考并在讨论与争鸣之中产生的，但是当这些思想成熟之后，很快地便能运用于实践或指导实践。毛泽东在与张闻天通信中提出了"知仁勇"的两种态度，提出了现实中我们所需的"知仁勇"，提出了现时的"三达德"是与为人民服务相联系的，是唯物主义的。这些观点产生以后很快地被运用于动员民众，在同年4月29日发表的关于国民精神总动员号召的讲话中，毛泽东说，对国家尽忠、对民族尽孝，我们赞成，这是古代封建道德，我们要改变它、发扬它，就要特别忠于大多数人民，孝于大多数人民，而不是忠孝于少数人。对大多数人有益处的，叫做仁；对大多数人利益有关的事情，处理得当，叫做义。对农民的土地问题，工人的吃饭问题，处理得当，就是真正的行义者。由此可见，对传统文化的继承与发扬，是与人民的利益紧密相连的，对传统文化本身的态度，也是为了人民的需要和利益。早在1936年9月8日，毛泽东在给朱绍良的信中，就借用纵横家张仪的"鹬蚌相争，渔翁得利”的典故，劝国民党军政要员“抛嫌释怨，以对付共同之敌”。还有后来他要求干部听取不同意见而引用的“霸王别姬”的典故等，既生动活泼，又说明了深刻的道理，令人回味无穷。可以说，毛泽东是充分运用传统文化做思想政治工作的高手。

毛泽东关于在新文化建设中如何对待中国传统文化和西方文化的态度，可以概括为“两个反对”、“两个吸收”。“两个反对”是指反对反映帝国主义在政治经济上半统治中国的帝国主义文化，以及某些无耻的中国人提倡的奴化思想的文化，包括主张尊孔读经、提倡旧礼教旧思想的复古思想。“两个吸收”是指吸收大量的外国的进步文化，包括外国的古代文化，例如，各资本主义国家启蒙时代的文化；吸收中国的长期封建社会中创造的古文化。

改造旧文化，就是为了建立新文化，从而为新政治、新经济服务。但是，新文化除了新内容以外，还要有民族的形式。1944 年 4 月 22 日，他在《关于陕甘宁边区的文化教育问题》的讲话中说：“边区有三十五万户，每家都挂起有新内容的春联，也会使边区面貌为之一新。”“边区有两种秧歌：一种是老秧歌，反映的是旧政治、旧经济；一种是新秧歌，反映的是新政治、新经济。”（毛泽东文集第 3 卷．北京：人民出版社，1996. 118、109）

这就是“两个吸收”中内容和形式的关系，是建立新文化的目的。出于这种理念，优秀的祖国传统文化后来在思想政治工作中结出了丰硕的成果。

（三）弘扬传统文化与建设先进文化相结合

中国传统文化作为维系中华民族生存几千年的思想文化体系，对中国人民的政治、经济、精神及道德生活发生着重大的影响。这种影响必然通过各种方式反映到党的建设中来。同时，中国传统文化中消极的东西也给党的建设带来不好的影响甚至严重的后果。例如，党内屡次出现的家长制、一言堂、个人专断、民主生活不正常，就与传统文化的消极影响有关。中国传统文化是农业文明的汪洋大海，自给自足的小农经济结构本身缺乏社会凝聚力，要靠外在的行政力量，这也是中国的封建专制政治体制得以长期维持的一个重要原因。因此，在中国，任何想要改造社会，把中国引向现代文明的阶级或政党，如果不重视传统文化对中国人民的思想影响，不能用先进的思想和文化正确地改造这些传统文化进而改造中国人民的精神面貌，并使新思想、新文化与传统文化结合，成为易于为中国人民接受的东西，就不可能实现自己的目标。

新民主主义文化理论在对待祖国传统文化中有以下基本思想：

第一：坚持以马克思主义为指针，弘扬中华民族优秀传统文化。中国传统文化有两重性，它的精华与糟粕、优点和缺点是杂糅在一起、难解难分的。因此，要科学地鉴别传统文化的优劣，就要有科学的思想武器，这个思想武器就是马克思主义。马克思主义是中国共产党人认识世界和改造世界的锐利武器，自然也是我们驾驭传统文化的锐利武器。马克思主义作为一种系统的、最高层次的文化形态，它只有渗透到各个层次的文化形态中去，才能发挥理论指导的巨大作用，促进中国文化的发展。

第二，把弘扬传统文化与马克思主义的理论教育结合起来。我们探讨党在思想建设中运用传统文化的思想与方法，就是要探讨哪些传统能起作用。对于传统文化中的精华，需要加以整理，把它与党的思想建设的要求结合起来，使马克思主义的教育内容更加丰富，更加具有民族形式。

第三，正确对待传统文化与外来文化的关系，反对国粹主义和民族虚无主义。中国传统文化确实光辉灿烂，在世界文化史上有着重要的地位，但是它的缺点也是显而易见的，假如以为是国粹便抱住不放全盘吸收，不是历史唯物主义的观点。但是，如果像有些人那样给予全盘否定，成为民族虚无主义，也是唯物主义者所不能接受的。

四、新民主主义文化纲领和对社会主义文化建设的探索

（一）新民主主义文化纲领

《新民主主义论》是从“我们要建立一个新中国”这个大目标出发论述文化纲领的。文章首先从哲学的角度给文化下了定义：“一定的文化（当作观念形态的文化）是一定社会的政治和经济的反映，又给予伟大影响和作用于一定社会的政治和经济。”（毛泽东选集第2卷. 北京：人民出版社，1991. 663）

这是一个中国化的关于文化的历史唯物主义的定义，完全符合马克思主义的观点。因此，毛泽东这个关于文化的科学定义具有深远的理论意义和实践意义，这一光辉的思想成为中国文化运动的指导思想，成为中国共产党探求先进文化的立论基础。直到今天，在党的文献中谈到什么是文化的时候，一直沿用毛泽东为文化下的这个定义。

毛泽东认为：现阶段，中国新的国民文化的内容，既不是资产阶级的文化专制主义，也不是单纯的无产阶级的社会主义，而是以无产阶级社会主义文化思想为领导的人民大众反帝反封建的新民主主义文化。即“民族的科学的大众的文化”。

民族的。这个新文化是反对帝国主义压迫，主张民族尊严和独立，具有民族特点的文化。在形式和内容上要求有“中国作风和中国气派”；但它并不排斥外来文化，对于我国一切有益的东西都应该学习。

科学的。它是反对一切封建思想和迷信思想，主张实事求是，主张客观真理，主张理论和实践的统一性。对中国传统文化，是需要认真清理、加以继承的，从孔夫子到孙中山，我们都要了解，都要学习，都要研究。

大众的。它必须是为全民族90%以上的工农大众服务的文化。这不仅因为人民群众的文化需要普及提高，还因为民众也是革命文化的无限丰富的源泉。为达到文化为大众服务的目的，革命的文化工作者必须首先解决好为什么人服务的问题，必须站在人民大众的立场上，深入群众，深入生活，及时准确地反映广大民众的要求和愿望，引导民众走上正确的革命道路。必须正确处理普及与提高的关系，力求做到“政治和艺术的统一，内容和形式的统一”。同时，文化必须加以改革，语言必须接近民众，形式必须为群众所喜闻乐见。

新民主主义文化纲领这个方面的内容和属性，彼此之间是有机联系、不能割裂的。由于中国革命不能离开中国无产阶级的领导，因而现时的中国新文化也不能离开中国无产阶级文化思想的领导，即不能离开共产主义思想的领导。但是，由于新民主主义革命就其性质来说还不是无产阶级社会主义革命，而是资产阶级的民主主义革命，因此，“这种领导，在现阶段是领导人民大众去作反帝反封建的政治革命和文化革命，所以现在整个新的国民文化的内容还是新民主主义的，不是社会主义的”。“应把对于共产主义的思想体系和社会制度的宣传，同对于新民主主义的行动纲领的实践区别开来；又应把作为观察问题、研究学问、处理工作、训练干部的共产主义的理论和方法，同作为整个国民文化的新民主主义的方针区别开来。”（毛泽东选集第2卷．北京：人民出版社，1991.705）

1949年9月，中国人民政治协商会议通过的《共同纲领》规定：“中华人民共和国的文化教育为新民主主义的，即民族的、科学的、大众的文化教育，人民政府的文化教育工作，应以提高人民文化水平，培养国家建设人才，肃清封建的、买办的、法西斯主义的思想，发展为人民服务的思想为主要任务。”

（二）对社会主义文化建设的探索

1. 文艺为人民服务

毛泽东《在延安文艺座谈会上的讲话》中提出：“什么是我们问题的中心呢？我认为，我们的问题基本是一个为群众的问题和一个如何为群众的问题。”（毛泽东选集第3卷．北京：人民出版社，1991.853）他认为这是一个根本的、原则的问题。在《文化工作中的统一战线》中又说：“我们的文化是人民的文化，文化工作者必须有为人民服务的高度热忱。”（毛泽东选集第3卷．北京：人民出版社，1991.1012）可见，文化为人民服务是与党的宗旨相互贯通的。自从毛泽东《在延安文艺座谈会上的讲话》中提出文艺为什么人和怎么为的问题之后，曾经产生过巨大影响。建国以后，群众性的文艺运动更加蓬勃地发展起来，广大文艺工作者纷纷下乡、下工厂、下部队，文艺创作的面貌焕然一新。

2. “双百”方针

“百花齐放，百家争鸣”，简称“双百”方针，是作为执政党的中国共产党繁荣社会主义文艺的明确方针，也可以说是一项文化方针，是一项重要的创造，是对发展社会主义先进文化的重要探索。

1956年4月28日，毛泽东在中央政治局扩大会议上作总结报告，他说：“艺术上的百花齐放，学术上的百家争鸣，我看这应该成为我们的方针。艺术问题上百花齐放，学术问题上百家争鸣。……‘百家争鸣’，这是两千年以前就有的事，春秋战国时代，百家争鸣。讲学术，这种学术也可以讲，那种学术也可以讲，不要拿一种学术压倒一切。你讲的如果是真理，信的人势必会越来越多。”（毛泽东文集第7卷．北京：人民出版社，1999. 54）同年5月2日，毛泽东在最高国务会议第七次会议上正式宣布“双百”是我们发展科学文化事业的方针。他说：“现在春天来了嘛，100种花都让它开放，不要只让几种花开放，还有几种不让它开放，这就叫百花齐放。百家争鸣，是说春秋战国时代，2000年以前那个时候，有许多学派，诸子百家，大家自由争论。现在我们需要这个……在中华人民共和国宪法范围之内，各种学术思想，正确的、错误的，让他们去说，不去干涉他们。李森科、非李森科，我们也搞不清，有那么多的学说，那么多的自然科学学派。就是社会科学，也有这一派、那一派，让他们去谈。在刊物上、报纸上可以说各种意见。”（关于“百花齐放、百家争鸣”方针的文献三篇．党的文献，1990（3））1957年2月，毛泽东在《关于正确处理人民内部矛盾的问题》的讲话中重申了这一方针。

他在《关于正确处理人民内部矛盾的问题》一文中还指出：“百花齐放、百家争鸣这两个口号，就字面看，是没有阶级性的，无产阶级可以利用它们，资产阶级也可以利用它们，其他的人们也可以利用它们。所谓香花和毒草，各个阶级、阶层和社会集团也有各自的看法。那么，从广大人民群众的观点来看，究竟什么是我们今天辨别香花和毒草的标准呢？在我国人民的政治生活中，应当怎样来判断我们的言论和行动的是非呢？我们以为，根据我国宪法的原则，根据我国绝大多数人民的意志和我国各党派历次宣布的共同政治主张，这种标准可以大概规定如下：（一）有利于团结我国各族人民，而不是分裂人民；（二）有利于社会主义改造和社会主义建设，而不是不利于社会主义改造和社会主义建设；（三）有利于巩固人民民主专政，而不是破坏或者削弱这个制度；（四）有利于巩固共产党的领导，而不是摆脱或者削弱这种领导；

（五）有利于社会主义的国际团结和全世界爱好和平人民的国际团结，而不是有损于这些团结。这五条标准中，最重要的是社会主义道路和党的领导这两条。”（毛泽东著作选读（下册）．北京：人民出版社，1986. 788～789）毛泽东提出的上述五条标准，和我们今天坚持的“四项基本原则”是大致相当的，而且其中的“最重要的是社会主义道路和党的领导这两条”，邓小平后来也多次这样说过。

毛泽东还认为：“提出这些标准，是为了帮助人民开展对于各种问题的自由讨论，而不是为了妨碍这种讨论。不赞成这些标准的人们仍然可以提出自己的意见来辩论。但是大多数人有了明确的基本标准，就可以使批评和自我批评沿着正确的轨道前进，就可以用这些标准去鉴别人们的言论行动是否正确，究竟是香花还是毒草。这是一些政治标准。为了鉴别科学论点的正确或者错误，艺术作品的艺术水准如何，当然还需要一些各自的标准。但是这几条政治标准对于任何科学艺术的活动都是适用的。”（毛泽东著作选读（下册）．北京：人民出版社，1986. 789）

第三节　邓小平“两个文明”建设的思想

文明，是一个历史范畴。人类社会从私有制出现以后，相继有过奴隶社会的文明、封建社会的文明和资本主义社会的文明。这三个时期的社会文明都曾放射出灿烂的光辉。古代中国的文明，对人类历史曾作出过卓越的贡献。文明，又是一个整体范畴，它反映了社会各个方面的进步，是社会各方面进步的总和。表现在社会生产领域，创造着物质财富的，称之为物质文明；表现在精神文化领域，创造着精神财富和文化科学的，称之为精神文明。社会主义社会应当创造出比以往私有制社会更高、更丰富的物质文明和精神文明。如何建设有中国特色的社会主义，把物质文明和精神文明建设都搞好，正是中国面临的一个重大课题。

一、两个文明都搞好，才是有中国特色的社会主义

党的十一届三中全会决定把党的工作重点转移到社会主义现代化建设上来以后，1979 年 3 月，邓小平在党的理论工作务虚会上提出了保持崇高的革命理想、提高人民的道德水平、转变社会风气和端正党风等精神文明建设的一些根本问题。同年 9 月，党的十一届四中全会通过的叶剑英《在庆祝中华人民共和国成立三十周年大会上的讲话》中提出：“我们要在建设高度物质文明的同时，提高全民族的教育科学文化水平和健康水平，树立崇高的革命理想和革

命道德风尚，发展高尚的丰富多彩的文化生活，建设高度的社会主义精神文明。这些都是我们社会主义现代化的重要目标，也是实现四个现代化的必要条件。”（三中全会以来重要文献选编（上）. 北京：人民出版社，1982. 218）

这是在党的历史上首次使用“社会主义精神文明”的概念。同时，提出了两个文明都要搞好的任务，将精神文明建设作为社会主义现代化的重要目标和必要条件。同年 10 月，邓小平在中国文学艺术工作者第四次代表大会上的祝词中进一步指出：要在建设高度的社会主义物质文明的同时，建设高度的社会主义精神文明。这说明，两个文明同时抓的思想，已作为建设有中国特色的社会主义的大题目中的一部分。

1980 年 12 月，邓小平在中央工作会议上讲话时，不但强调了两个文明都搞好的方针，而且把社会主义精神文明概括为两个基本方面，即思想道德建设和科学文化建设。因此，在建设有中国特色的社会主义理论的发展过程中，社会主义精神文明建设的概念、目标、内容及两个文明的辩证关系、两手抓的方针都提出来了。1981 年 6 月，党的十一届六中全会通过的《关于建国以来党的若干历史问题的决议》在总结历史经验的基础上得出结论：“社会主义必须有高度的精神文明。”（中共中央文件选编（第 1 册）. 北京：中共中央党校出版社，1992. 199）

此外，经过十年动乱之后，广大干部群众也迫切要求恢复被文化大革命破坏了的社会风气和社会秩序，改善人际关系，有一个安定团结的政治局面。为此，一些地方和单位根据党中央的要求，顺应群众的愿望，在广大群众特别是青少年中开展了多种形式的共产主义思想教育和道德教育活动。在总结各地经验的基础上，全国总工会、共青团中央、全国妇联、全国文联等 9 个人民团体于 1981 年 2 月联合发出倡议，提出在全国人民特别是青少年中开展以“讲文明、讲礼貌、讲卫生、讲秩序、讲道德”和“心灵美、语言美、行为美、环境美”为主要内容的“五讲四美”活动。后来，又增加了“热爱祖国、热爱社会主义、热爱党”的“三热爱”内容，并连续三年开展了“全民文明礼貌月”活动。为此，不少地方还成立了专门机构，叫“五四三”办公室，是当时人来人往最为热闹和繁忙的办公室之一。

1982 年 5 月，《中共中央关于转发〈深入持久地开展“五讲四美”活动争取社会主义精神文明建设的新胜利〉的通知》充分肯定了各种形式的群众性精神文明创建活动，肯定了“五讲四美”活动、“全民文明礼貌月”活动、学雷锋、义务劳动、整顿交通秩序、卫生运动、青年服务队、军队的“四有三讲两不怕”（四有：有理想、有道德、有知识、有体力；三讲：讲军容、讲礼貌、讲纪律；两不怕：不怕艰难困苦、不怕流血牺牲）、大中小学的《学生守则》、工矿企业的《职工守则》、服务行业的服务公约、农村的乡规民约、科技工作者的道德规范等，“都是我国人民在建设社会主义精神文明中创造的具体活动方法和方式”，要长期坚持下去。这个文件的突出理论贡献，是提出了“建设高度的社会主义精神文明，是社会主义制度的一个必不可少的、极其重要的特征”。(三中全会以来重要文献选编（上）. 北京：人民出版社，1982. 358) 在马克思主义发展史上，这一科学论断是中国共产党第一次提出的，具有重大的理论价值和现实意义。这一科学论断的提出，不仅表明党对精神文明建设的认识有了进一步发展，而且表明党对科学社会主义、对如何建设有中国特色的社会主义在理论上有了进一步的发展。

基于这样的认识，1982 年 9 月召开的党的第十二次代表大会，把精神文明建设作为会议的一个重要议题，是放在“全面开创社会主义现代化建设的新局面”这个大目标中讨论的。十二大报告指出，两个文明一起抓是“建设社会主义的一个战略方针问题”，“关系到社会主义的兴衰和成败”；“社会主义精神文明是社会主义制度优越性的重要表现”。(十二大以来重要文献选编（上）. 北京：人民出版社，1986. 25 ~ 27)

这些重要观点被载入这次大会通过的党章，从而用党的根本大法的形式，把社会主义精神文明建设的战略任务突出地提到了全党面前。此后，邓小平又一再强调，要加强两个文明建设。他说：“不加强精神文明的建设，物质文明的建设也要受破坏，走弯路。”(邓小平文选第 3 卷. 北京：人民出版社，1993. 144) 在 1992 年初的南方谈话中，邓小平要求广东在 20 年内赶上亚洲“四小龙”时更加明确提出：“两个文明建设都要超过他们，这才是有中国特色的社会主义。”(邓小平文选第 3 卷. 北京：人民出版社，1993. 378)

二、培育“四有”新人，造就一代英才

“四有”，指的是有理想、有道德、有文化、有纪律。这个概念的形成和提出经历了一个过程。

早在 1980 年，邓小平就指出：要努力使我们的青少年成为有理想、有道德、有知识、有体力的人。同年 12 月，他在中央工作会议上强调说：“所谓精神文明，不但是指教育、科学、文化（这是完全必要的），而且是指共产主义的思想、理想、信念、道德、纪律、革命的立场和原则，人与人的同志式关系等等。”(邓小平文选第 2 卷. 北京：人民出版社，1994. 367)

1982 年 5 月，《中共中央关于转发〈深入持久地开展“五讲四美”活动争取社会主义精神文明建设的新胜利〉的通知》提出了社会主义精神文明建设的目标，是“使我们的人民成为有理想、有道德、有文化、守纪律的人民”。

同年7月，邓小平《在军委座谈会上的讲话》中又指出，搞社会主义精神文明建设，主要是使我们的各族人民都成为有理想、有道德、有文化、守纪律的人民。十二大通过的党章，将“守纪律”改为“有纪律”，作为社会主义精神文明建设的目标。培育“四有”新人就成为社会主义精神文明建设的核心内容和根本任务。

对此，邓小平在谈到精神文明建设任务的时候都曾反复指出过，作为社会主义精神文明建设的两个组成部分，思想和文化建设归根到底都要落实到对人的教育和培养上，即必须以全民族的精神和文化素质的提高为归宿，通过长期不断和形式多样的宣传教育，引导人们对自己的主观世界自觉地进行改造，一代又一代、一批又一批地造就“四有”新人。

有理想，就是指对马克思主义和共产主义的坚定信仰，是对党和人民事业的信念。邓小平根据自己长期从事政治和军事活动的经验提出：一靠理想二靠纪律才能团结起来，要团结就要有共同的理想和坚定的信念。他反复告诫人们尤其是青年，拥有一个远大的理想和积极的人生观是一个民族和个人朝气蓬勃、奋发向上的象征，是形成强大凝聚力的根本保证，是社会主义不断前进的驱动力，是社会主义优越于资本主义的一个重要标志。一个民族，如果没有共同的理想和追求，它就是一盘散沙，会陷于停滞、涣散和无所作为的状态；一个人，如果没有崇高的理想，缺乏高尚的精神修养，而只沉溺于物欲，那他只能是一个畸形的人。我们党之所以能由弱变强，在革命和建设中取得辉煌成就，就是因为我们有理想，有马克思主义和共产主义的信念，无论过去、现在和将来，这都是我们真正的优势。

有道德，是指按照人们思想品质形成的规律，有目的地培养人们具有社会主义道德品质，具有同社会主义相对应的爱国主义、集体主义和主人翁精神。邓小平认为，教育全国人民具有社会主义道德的基本要求，就是爱祖国、爱人民、爱劳动、爱科学、爱社会主义，在人民内部形成平等、团结、互利、友爱的社会主义新型关系，树立正确的世界观、人生观、价值观。

有文化，就是要提高全民族的科学文化水平，发展高尚的丰富多彩的文化生活。“没有文化的军队是愚蠢的军队”，科学文化是物质文明建设的重要条件，也是精神文明建设的重要条件。只有当我们拥有一支政治、思想、文化及技术、业务素质都较好的干部队伍，拥有一支掌握文化知识和科学技术的劳动者队伍时，我们的民族才能真正自立于世界民族之林。

有纪律，就是要遵守国家的法律，执行党和国家的政策，遵守劳动纪律、工作纪律、军事纪律、宣传纪律、保密纪律等各种纪律的约束。纪律是执行路线的保证，“加强纪律性，革命无不胜”。历史的成功经验已经充分证明了这一点：一靠理想，二靠纪律。因此，加强法制建设、制度建设，使每一个公民都做到遵守纪律，是把全国人民组织起来迈向四个现代化的可靠保证。

“四有”目标是一个统一的整体，社会主义精神文明建设正是围绕这一目标蓬勃展开的。培育“四有”新人，和毛泽东提出的培养德、智、体全面发展的、有社会主义觉悟的、有文化的劳动者，在理论渊源上是一脉相承的。其理论依据，就是马克思主义关于培养全面发展的人的学说。早在1978年4月，邓小平在全国教育工作会议上的讲话中就指出：“我们的学校是为社会主义建设培养人才的地方。培养人才有没有质量标准呢？有的。这就是毛泽东同志说的，‘应该使受教育者在德育、智育、体育几方面都得到发展，成为有社会主义觉悟的有文化的劳动者’。”（邓小平文选第2卷. 北京：人民出版社，1994. 103）

邓小平还提出：“今后，不仅大中学校招生要德智体全面考核，择优录取，而且各部门招工用人也要逐步实行德智体全面考核的办法，择优录用。这也就是把毛泽东同志提出的培养德智体全面发展、有社会主义觉悟的有文化的劳动者的方针贯彻到底，贯彻到整个社会的各个方面。这样做，对于提高整个职工队伍的政治素质和科学文化素养，对于满足不同工种、职业的特殊要求，对于在青少年中以至在整个社会上造成人人向上、奋发有为、不甘落后的革命风气，都将发挥巨大的促进作用。”（邓小平文选第2卷. 北京：人民出版社，1994. 106～107）

三、坚持“两手抓，两手都要硬”的方针

1985年9月，邓小平在党的全国代表会议上的讲话中进一步强调了要重视和加强精神文明建设的问题，并且指出：“当前的精神文明建设，首先要着眼于党风和社会风气的根本好转。”（邓小平文选第3卷. 北京：人民出版社，1993. 144）讲话还批评了在精神文明建设方面，“全党没有认真重视”，“至今效果还不够理想”。

陈云也在会议上发表了讲话，他批评了放松思想政治工作、削弱思想政治工作部门的作用和权威的错误，批评“有些人，包括一些共产党员，忘记了社会主义和共产主义的理想，丢掉了为人民服务的宗旨”，要求“把共产主义思想的教育、四项基本原则的宣传，作为思想政治工作的中心内容”；要求“在加强共产主义思想教育的同时，还要加强爱国主义教育和革命传统教育”。（十二大以来重要文献选编（中）. 北京：人民出版社，1985. 845～846）在同月接着召开的中纪委第六次全会上，陈云发表了《必须纠正忽视精神文明建设的现象》的书面讲话。陈云在讲话中指出：“当前比较普遍存在的忽视精神文明建设的现象，绝不是个小问题，全党同志务必高度重视。”“在党内，忽视精神文明

建设，忽视思想政治工作，就不可能有好的党风；在社会上，忽视精神文明建设，忽视共产主义思想教育，就不可能有好的社会风气。”（十二大以来重要文献选编（中）. 北京：人民出版社，1985. 853）

1986年是“七五”时期的头一年。经济建设的迅猛发展和全面改革的铺开，对社会主义精神文明建设提出了新的更高的要求。然而，在实际工作中还存在着上述邓小平、陈云批评的问题，精神文明建设有许多方面同改革开放的形势和社会主义现代化建设不相适应。在邓小平、陈云等老一辈无产阶级革命家的督促指导下，1986年9月召开的党的十二届六中全会认真总结了社会主义精神文明建设的经验，审议通过了《中共中央关于社会主义精神文明建设指导方针的决议》（以下简称《决议》），这是党的历史上第一个关于精神文明建设的决议。该《决议》指出：社会主义精神文明建设的指导方针必须是推动社会主义现代化建设的精神文明建设，必须是促进全面改革和实行对外开放的精神文明建设。其根本任务是适应现代化建设的需要，培育有理想、有道德、有文化、有纪律的社会主义公民，提高整个中华民族的思想道德素质和科学文化素质。

两个文明一起抓的方针，在执行过程中出现过不一贯的情况。对这种“不一贯”的情况，邓小平曾多次指出其根源在于：“十年来我们最大的失误是在教育方面，对青年的政治思想教育抓得不够，教育发展不够。”（邓小平文选第3卷. 北京：人民出版社，1993. 287）“十年最大的失误是教育，这里我主要是讲思想政治教育，不单纯是对学校、青年学生，是泛指对人民的教育。”（邓小平文选第3卷. 北京：人民出版社，1993. 306）由此可见，放松思想政治教育绝对不行，“一手硬，一手软”对党的事业危害极大，历史已经从正反两方面使我们对精神文明建设的严重性、紧迫性有了更加清醒的认识。

四、大胆吸收和借鉴人类社会创造的一切文明成果

改革开放的决策有一个基本理论依据，就是吸收和借鉴人类社会创造的一切文明成果的观点。1978年3月，邓小平在全国科学大会上说：“独立自主不是闭关自守，自力更生不是盲目排外。科学技术是人类共同创造的财富。任何一个民族、任何一个国家，都需要学习别的民族、别的国家的长处，学习人家的先进科学技术。”（邓小平文选第2卷. 北京：人民出版社，1994. 91）他还说：“资本主义已经有了几百年历史，各国人民在资本主义制度下所发展的科学和技术，所积累的各种有益的知识和经验，都是我们必须继承和学习的。”（邓小平文选第2卷. 北京：人民出版社，1994. 167～168）

邓小平深刻地总结了中国历史发展的经验教训，认为：“如果从明朝中叶

算起，到鸦片战争，有300多年的闭关自守，如果从康熙算起，也有近200年。长期闭关自守，把中国搞得贫穷落后，愚昧无知。”（邓小平文选第3卷．北京：人民出版社，1993.90）因此，“总结历史经验，中国长期处于停滞和落后状态的一个重要原因是闭关自守。经验证明，关起门来搞建设是不能成功的，中国的发展离不开世界”。（邓小平文选第3卷．北京：人民出版社，1993.78）“社会主义要赢得与资本主义相比较的优势，就必须大胆吸收和借鉴人类社会创造的一切文明成果，吸收和借鉴当今世界各国包括资本主义发达国家的一切反映现代化生产规律的先进经营方式、管理方法。”（邓小平文选第3卷．北京：人民出版社，1993.373）

邓小平在对待人类文明成果尤其是现代西方资本主义文明时，是采取两手政策的。既大胆学习、吸收借鉴，又批判扬弃，不盲目接收、全盘照搬，也就是取其“精华”，去其“糟粕”。在纠正“左”的错误倾向，反对闭关自守，排斥一切外来文化错误倾向的同时，又反对崇洋媚外、全盘西化。十几年来，邓小平对此观点有过反复的表述，他说：“对于现代西方资产阶级文化，我们究竟应当采取什么态度呢？……经济方面我们采取两手政策，既要开放，又不能盲目地、无计划无选择地引进，更不能不对资本主义的腐蚀性影响进行坚决的抵制和斗争。为什么在文化范围的交流，反倒可以让资本主义文化中对我们有害的东西畅行无阻呢？”（邓小平文选第3卷．北京：人民出版社，1993.43～44）也就是说，在经济、文化方面都要采取两手政策，吸收是批判地吸收，借鉴是有目的地借鉴。

总之，对外开放是基本国策，而对外开放的目的就是吸收人类创造的一切文明成果，为国家的现代化建设服务，其间的关系是辩证的、相连的，目的是很明确的。实践证明，在这个过程中，中国无论是从思想上还是实践上都取得了重大的突破，不仅促进了物质文明建设，而且也有利于加强社会主义精神文明建设。

第四节　江泽民先进文化建设的思想

一、两个“精神文明建设决议”的比较

1996年10月10日，党的十四届六中全会通过了《中共中央关于加强社会主义精神文明建设若干重要问题的决议》（以下称“第二个《决议》”），在十年前，即1986年9月28日，中共十二届六中全会也曾经通过一个《中共中央关于社会主义精神文明建设指导方针的决议》（以下称“第一个《决议》”）。将两个决议加以比较，认识党探索先进文化的发展轨迹，寻求党在这

个方面的理论渊源，很有必要。

（一）对社会主义精神文明建设战略任务的认识是坚定不移的

1982年9月，党的十二大报告曾对精神文明建设作过系统的论述，并强调指出："社会主义还必须有一个特征就是以共产主义思想为核心的社会主义精神文明。没有这种精神文明，就不可能建设社会主义。"（中共中央文件选编．北京：中央党校出版社，1992. 25）

这一科学论断具有重大的理论价值和现实意义。这些重要观点被载入这次大会通过的党章。第二个《决议》对此作了更为概括、简洁即"三个重要"的表述："社会主义精神文明是社会主义社会的重要特征，是现代化建设的重要目标和重要保证。"这说明，自从社会主义精神文明概念、理论和任务提出以后，党对社会主义精神文明建设战略任务的认识是坚定不移的。

这种认识来源于三个方面，其一，来源于马克思主义的基本原理：生产力、经济基础为主要的决定作用，但生产关系、上层建筑也有巨大的反作用，即物质文明和精神文明相互依存、相互制约。其二，来源于党对社会主义建设时期历史经验的总结，1981年6月十一届六中全会通过的《关于建国以来党的若干历史问题的决议》在总结历史经验的基础上得出结论："社会主义必须有高度的精神文明。"（中共中央文件选编．北京：中央党校出版社，1992. 199）其三，来源于党在新的历史形势下发展马克思主义而得出的科学结论：社会主义社会是全面发展、全面进步的社会。

（二）提出了"加强和改善党对精神文明建设的领导"的任务

第一个《决议》有一节题为"党组织和党员在精神文明建设中的责任"，指出了各级党组织和广大党员在精神文明建设中的责任，"一是加强自身的精神文明建设，特别是搞好党风；二是以模范行动和艰苦工作，组织和推动全社会的精神文明建设"。（中共中央文件选编．北京：中央党校出版社，1992. 357）这说明，党历来是重视党对精神文明领导和自身建设的。但为什么第二个《决议》又特别提出"加强"和"改善"的任务、提出精神文明建设"关键在党"的内容呢？这是基于对十余年来精神文明建设的经验教训总结而提出来的。

第二个《决议》指出："对两个文明一起抓的方针，在执行过程中出现过不一贯的情况。"所谓"不一贯"的情况，就是一段时间里思想教育削弱了，一手硬、一手软，严重忽视党的建设、精神文明建设和思想政治工作，给党和国家造成了很大的损失。"在一些地方和部门的领导工作中，忽视思想教育，忽视精神文明，'一手比较硬、一手比较软'的问题还没有解决"。因此，看不到问题的严重性和紧迫性是危险的，要充分认识社会主义精神文明建设的长期性、复杂性、艰巨性。

社会主义精神文明建设是党的根本任务之一，党的领导是社会主义精神文明建设持续健康发展的保证。因此，“关键在党”，在于党委的核心领导作用和党员的先锋模范作用，这一点，第二个《决议》比第一个《决议》有更加深刻的认识和更着重的强调。是“把社会主义精神文明建设提到更加突出的地位”的具体体现。

（三）“切实增加精神文明的投入”是一个新课题

第二个《决议》提出要“切实增加精神文明的投入”，这是第一个《决议》所没有的。是根据社会主义市场经济的环境，根据社会主义市场经济体制与“社会主义精神文明结合在一起”的认识，针对“市场自身的弱点和消极方面也会反映到精神文明生活中来”，针对“文化事业受到消极因素的严重冲击”，针对一些地方以牺牲精神文明为代价换取经济一时的发展的错误做法等种种情况而提出的物质保障措施。因为第一个《决议》产生的时候，我国经济体制改革尚处于以计划为主的“有计划商品经济”阶段。在这个阶段，精神文明建设的投入亦纳入“计划”之中。而第二个《决议》出台时的精神文明建设是在市场经济条件下进行的，不仅有公有制为主体，也有多种经济成分并存，市场经济的某些价值原则会与共产主义思想道德产生一些矛盾，因此，第二个《决议》提出：要适应社会主义市场经济的要求，建立规范有效的筹资机制，逐渐形成对精神文明建设渠道投入的体制，要运用税收、贷款、价格等经济手段支持宣传文化事业，鼓励社会力量资助宣传文化事业。这些可操作性很强的措施，正是把社会主义市场经济同“社会主义精神文明结合在一起”的有效途径，解答了一个新的课题。

党的十四大以来，在建立社会主义市场经济的同时，党中央更加重视精神文明建设。江泽民对社会主义精神文明建设的很多重大问题作了全面、系统和深刻的论述。这些思想，如在全社会大力弘扬爱国主义、集体主义、社会主义的主旋律，弘扬“64字”创业精神，坚持以科学的理论武装人、以正确的舆论引导人、以高尚的精神塑造人、以优秀的作品鼓舞人等，都被第二个《决议》所吸收。正如第二个《决议》所表述的那样，“十三届四中全会以后，以江泽民同志为核心的党中央坚持两手抓、两手都要硬的方针，从多方面加强精神文明建设，作了积极有效的努力”。比较这两个精神文明建设《决议》，可以看到，党中央加强精神文明建设的理论水平达到了一个新的高度，有了新发展。

二、社会主义初级阶段的文化纲领

最早提出建设社会主义初级阶段的文化这个问题，是1991年江泽民纪念建党70周年的讲话，讲话指出：建设有中国特色社会主义的经济、政治、文化，以适应和促进社会生产力的不断发展和社会全面进步，实现社会主义现代化。在阐述有中国特色社会主义文化时，讲话说：必须以马克思列宁主义为指导，不能搞指导思想的多元化；必须坚持为人民服务、为社会主义服务的方向和“百花齐放、百家争鸣”的方针，繁荣和发展社会主义文化，不许毒害人民、污染社会和反社会主义的东西泛滥；必须继承发扬民族优秀传统文化而又充分体现社会主义时代精神，立足本国而又吸收世界优秀文化成果，不允许搞民族虚无主义和全盘西化。这是在社会主义初级阶段理论形成和党的基本路线作出完整表述之后，首次从经济、政治、文化三方面对有中国特色社会主义给予注释。在文化问题上，表明了党对社会主义精神文明以及建设什么样的文化又有了新的思考。

江泽民在党的十五大报告中总结了党多年来特别是改革开放以来文化工作的经验，对发展社会主义文化事业提出了明确的目标和任务，这就是建设有中国特色社会主义的文化纲领，即建设有中国特色社会主义的文化，就是以马克思主义为指导，以培育有理想、有道德、有文化、有纪律的公民为目标，发展面向现代化、面向世界、面向未来的，民族的、科学的、大众的社会主义文化。这个文化纲领，是对党探索先进文化过程的历史性总结，既有继承，又有发展：民族的、科学的、大众的文化，是毛泽东在新民主主义文化纲领中提出来的，一直作为中国共产党建立新文化的方向；培育“四有”新人，是社会主义精神文明建设的目标；面向现代化、面向世界、面向未来是适应新的历史条件、紧跟时代、与时俱进的结果。在社会主义初级阶段文化纲领中，江泽民把它作为建设先进文化的必要条件、内容和方向提了出来。这是一个划时代的文化纲领，它立足于社会主义初级阶段的基本国情，面向21世纪，继承了党的第一代、第二代中央领导集体的探索成果，提出了符合时代潮流的新要求。

十五大报告指出：实现这一文化纲领，就要坚持用邓小平理论武装全党、教育人民；努力提高全民族的思想道德素质和教育科学文化水平；坚持为人民服务、为社会主义服务的方向和百花齐放、百家争鸣的方针，重在建设，繁荣学术和文艺，建设立足中国现实、继承历史文化优秀传统、吸收外国文化有益成果的社会主义精神文明。有中国特色社会主义的文化，就其主要内容来说，同改革开放以来我们一贯倡导的社会主义精神文明是一致的。只有两个文明都搞好，才是有中国特色的社会主义。

社会主义现代化应该有繁荣的经济，也应该有繁荣的文化。我国现代化建设的进程，在很大程度上取决于国民素质的提高和人才资源的开发。面对科学技术的迅猛发展和综合国力的激烈竞争，面对世界范围内各种思想文化的相互激荡，面对小康社会人民群众日益增长的文化需求，党必须从社会主义事业兴旺发达和民族振兴的高度，充分认识文化建设的重要性和紧迫性。

有中国特色社会主义的文化，是凝聚和激励全国各族人民的重要力量，是综合国力的重要标志。它源于中华民族五千年文明史，又植根于有中国特色社会主义的实践，具有鲜明的时代特点；它反映我国社会主义经济和社会主义政治的特点，又对经济和政治的发展起到巨大促进作用。建设有中国特色社会主义文化，必须着力提高全民族的思想道德素质和科学文化素质，为经济发展和社会全面进步提供强大的精神动力和智力支持，培育适应社会主义现代化要求的一代又一代有理想、有道德、有文化、有纪律的公民。这是我国文化建设长期而艰巨的任务。

在全社会形成共同理想和精神支柱，是有中国特色社会主义文化建设的根本。发展教育和科学，是文化建设的基础工程。培养同现代化要求相适应的数以亿计高素质的劳动者和数以千万计的专门人才，发挥我国巨大人力资源的优势，关系到21世纪的事业。营造良好的文化环境，既是文化建设的重要内容，又要坚持以我为主、为我所用的原则，开展多种形式的对外文化交流，博采各国文化之长，向世界展示中国文化建设的成就，坚决抵制各种腐朽思想文化的侵蚀。要发挥知识分子在现代化建设中先进思想传播者、科学技术开拓者、“四有”公民培育者和优秀精神产品生产者的重要作用，充分发挥他们的积极性和创造性，为中华民族的振兴建功立业。

建设有中国特色社会主义的经济、政治、文化的基本目标和基本政策，有机统一，不可分割，构成党在社会主义初级阶段的基本纲领。这个纲领，是对邓小平理论的继承和发展，是党的基本路线在经济、政治、文化等方面的展开。表明党的基本路线中确定的建设富强、民主、文明的社会主义国家这一基本目标已经具体化，即在经济上建设人民共享繁荣成果的社会主义市场经济；政治上建设共产党领导的人民当家作主的社会主义法治国家；文化上建设现代化的、民族的、大众的和科学的社会主义文化。这说明以江泽民为核心的中央领导集体贯彻执行党的基本路线已经达到新的高度，理论方面更加彻底，实践方面更加丰富，成效也将更加显著。

三、始终代表先进文化的前进方向

（一）党为什么要代表先进文化的前进方向

“三个代表”重要思想提出了党始终代表先进文化的前进方向的要求。党为什么要代表先进文化的前进方向？这是与党的世界观、价值观、经济观、文化观紧密相连的。

1. 先进文化给予经济政治以伟大的影响和作用

“一定形态的文化，又给予伟大影响和作用于一定的政治和经济”。历史已经证明：中国共产党不仅是先进文化的产物，而且是人类新文化的创造者。党在把马列主义普遍真理与中国革命的具体实践相结合的过程中，创立了毛泽东思想、邓小平理论、“三个代表”重要思想及科学发展观，它们都是中国特色社会主义先进文化的突出代表。说它们是先进文化的代表，中国人民有着切身的体会：毛泽东思想指引党领导人民实现了民族独立和人民解放并走上了社会主义道路；邓小平理论指引党带领人民改革开放、建设有中国特色的社会主义，描绘了“春天的故事”；以江泽民为核心的第三代领导集体高举“三个代表”的旗帜带领人民“走进新时代”；以胡锦涛为总书记的党中央坚持科学发展观构建和谐社会，为夺取全面建设小康社会新胜利继续奋斗。因此，只有代表先进文化的前进方向，才能为生产力的发展提供强大的精神动力和智力支持，才能真正保持先锋队的性质，始终走在时代前列。

2. 要代表最广大人民的根本利益就要代表先进文化的前进方向

中国共产党代表最广大人民的根本利益是党章所规定的，是“三个代表”的出发点、落脚点和归宿。党所制定的基本路线，就是这一目标的具体体现。而基本路线的产生，则是基于对当代中国社会主要矛盾的分析而制定出来的，这个矛盾既然是“落后的社会生产与人民群众日益增长的物质文化需要之间的矛盾”，那么，人民群众的需要就是两个方面，物质需要和文化需要。物质方面的需要，主要通过发展生产力来解决；文化方面的需要，除了发展生产力以外，还要通过建设先进文化来解决。这也是党的文献将先前这一矛盾中表述的“落后的社会生产力”改为“落后的社会生产”的原因。去掉一个“力”字，不仅说明“两个文明”建设的迫切需要，而且还包括步入小康社会以后人民要求提高“幸福指数”这样的指标。

因为，人除了物质需求之外，还有精神需求，所以人们常说，“人是文化的人，文化是人的文化”。但是，人的需求是无限的，而地球提供的物质是有限的。面对各种矛盾，人们提出了可持续发展的理论，即当代人的生存和发展，要以不牺牲和影响下一代人的生存和发展为前提。这就是文化，是人们的意识，是人们从社会实践中，在吃了大量苦头之后所得出的结论。文化要解决什么问题呢？比如像公平、公正、民主、自由等，就只能靠文化来解决；要分辨真善美、假恶丑，也只有靠文化才能解决；爱国主义、集体主义、社会主义这些需求都只能靠文化来解决。解决的方法就是世界观、人生观、价值观及与此相适应的法律、制度、道德，等等。面对这些问题，以解决物质需求为主要目标的生产力是无能为力的。

代表最广大人民的根本利益，当代中国先进文化必然地反映和体现社会主义经济和政治的本质要求，反映和体现有中国特色社会主义现代化建设的伟大实践，反映和体现最广大人民群众的根本利益。“三个有利于”是先进文化，“共同富裕”是先进文化，“两手抓，两手都要硬”是先进文化，培育“四有”公民是先进文化，改革开放和吸收人类一切文明成果是先进文化，建设和谐社会的理念与目标是先进文化……这些先进文化的内容，具体体现在党的理论、路线、纲领、政策的各个方面，是人民群众的迫切需要。代表先进文化的过程和实践，就是代表最广大人民的根本利益。

（二）如何判断文化的先进性

1. 先进文化要促进人的自由而全面发展

社会主义是全面发展的社会，不断推进人的全面发展是我们的目标。但是，推进人的全面发展同推进经济、文化的发展和改善人民物质文化生活是互为前提和基础的。人越全面发展，社会的物质文化财富就会创造得越多，人民的生活就越能得到改善；而物质条件越充分，就越能推进人的全面发展。这两个历史过程是相互结合、互为条件、相互促进的。在人与自然和谐共处、人与社会共同进步中，逐步实现每个人的自由全面发展，是建立社会主义新型文明的必由之路。

社会主义社会是全面发展的社会，毫无疑问，全面发展的主体因素是人，没有人就没有所谓的发展。在社会主义现代化进程中，人作为社会发展的主体，有两个方面的含义：一方面，人是社会生产力的首要因素，现代社会生产力的发展，首先是人的现代化素质的提高；另一方面，人的全面发展是社会发展的最高目标，通过一切有效的经济手段创造高度发达的社会生产力，其最高目标就是逐步实现人的全面发展。在社会主义初级阶段，既要着眼于人民现实物质文化的需要，同时又要着眼于努力促进人的全面发展。

2. 先进文化要促进生产力发展

生产力的解放和发展是人类生存和发展的前提和基础，离开了这一前提和基础，文化就不可能产生和发展。同时，文化对生产力的发展又有巨大的促进作用。因此，先进文化只有为生产力的发展提供强大的精神动力和智力支持才有先进性可言。社会主义的根本任务是发展生产力，但是，如果没有以提高和发展人的素质及能力为目的的文化建设与发展，经济的发展也是不可能实现的。任何国家、任何社会，经济发展都不是一种单纯的经济现象，经济的增长必然涉及政治、文化、科技、教育、意识、道德等广泛的社会领域，要求社会从各个方面与之相适应，要求以高于现实经济的文化意识和道德素质为之提供积极的文化氛围和思想动力，从而使经济增长保持健康的势头和内在的动力。

文化的发展程度，是综合国力的重要标志，在经济全球化过程中的竞争，必然包括“文化力”的竞争。其实质，是知识总量、人才素质和科技实力的竞争。在当今世界上，先进文化与先进科技密不可分，不与先进信息技术相结合的文化就不可能是先进文化。有人说，19 世纪是铁路的时代，20 世纪是高速公路的时代，21 世纪是信息高速公路的时代。这种描述，从一个侧面反映了科技革命的突变。与工业革命不同的是，这次信息革命在一定程度上本身就是文化领域的革命。先进文化正是这场革命的先导，先进文化也在参与、反映并利用这场革命。在这种情况下，必然地对先进文化促进生产力的发展提出了更高水平、更快速度的要求。人们已经看到，所谓知识经济，就是建立在知识的生产、分配和应用之上的经济，拥有更多知识的企业是市场的赢家，拥有更多知识的国家必然有着更多产出。

3. 先进文化要满足人民的精神生活需要

人民群众文化需求的功能、作用、内容和形式，比物质需求更复杂、更多样化。在人民的基本物质需求得到满足之后，精神文化需求愈显重要。社会主义现代化不应当只有繁荣的经济，也要有繁荣的文化；人民群众不仅应该过上比较宽裕的物质生活，而且应该过上比较丰富的精神生活。先进文化不仅要有完善的价值系统，如科学的理论导向，正确的人生观、生命观和生活观，高尚的人格品质，完善的道德体系，健康的人文生态环境，还要为社会的公平、公正提供价值支持和舆论导向。这种支持与导向表现在全社会便是提倡什么、贬斥什么，宽容什么、制止什么，这种支持与导向的结果使多数人认同。这种价值支持和舆论导向的形式是多方面、多层次、多角度的，既有党和国家、政府有计划的文化发展计划和各种文化活动，也有来自学校、企业、社区乃至民间团体的健康文化活动，如乡镇文化、企业文化、社区文化的各项建设事业，还有来自家庭、个人的具体文化行为，包括生活样式、处事方式、人际关系、市场行为，等等。总之，要形成合力和氛围，形成这种合力和氛围的关键是“培育”，这种满足人民精神生活需要的培育长此以往就会形成人们的“认同”，这就是民族精神。

（三）党如何代表先进文化的前进方向

1. *必须把弘扬和培育民族精神作为文化建设极为重要的任务*

党的十六大报告中曾经提出过一项重要任务：必须把弘扬和培育民族精神作为文化建设极为重要的任务，使全体人民始终保持昂扬向上的精神状态。什么是民族精神？民族精神作为一种社会意识形态，它伴随着民族历史的演进，不仅深深积淀于民族成员个人的意识深处，而且还以民族文化、民族风俗、民间信仰、地方习惯等形式成为民族心理的有机组成部分，甚至是民族本身的标志。中国的民族精英，曾哺育了无数的民族精英。关于中国民族精神的特点，曾有人总结了很多，在党的十六大报告中是这样总结的：“在五千多年的发展中，中华民族形成了以爱国主义为核心的团结统一、爱好和平、勤劳勇敢、自强不息的伟大民族精神。”

2. *吸收传统文化、外来文化精华与建设先进文化相结合*

民族精神是民族自信力的根据，是由民族文化凝聚而成的，因此，人的行为无时无刻不受着民族传统文化的支配；民族的行为也无时无刻不受着传统文化的制约。中国传统文化，作为维系中华民族生存几千年的思想文化体系，对中国人民的政治、经济、精神、道德生活发生着重大的影响。这种影响必然通过各种方式反映到党的建设及社会建设中来。同时，中国传统文化中消极的东西也带来不好的影响甚至严重的后果。中国传统文化是农业文明的汪洋大海，自给自足的小农经济结构本身缺乏社会的凝聚力，要靠外在的行政力量，这也是中国的封建专制政治体制得以长期维持的一个重要原因。因此，在中国，任何想要改造社会，把中国引向现代文明的阶级或政党，如果不重视传统文化对中国人民的思想影响，不能用先进的思想和文化正确地改造这些传统文化从而改造中国人民的精神面貌，并使新思想新文化与传统文化相结合，成为易于为中国人民接受的东西，就不可能实现自己的目标。对待外来文化同样有一个如何吸收的问题。

3. *大力发展先进文化，培育新时代的民族精神*

早已有人提出“文化全球化”的问题，该问题是否发生、何时发生姑且不论，但有一点是肯定的：在一个经济全球化的时代，文化同样面临着全球范围的竞争，只有先进文化才有可能在这场竞争中生存、发展、繁荣。为了我们的事业，我们也需要强大的意识形态，需要拥有丰富的思想文化资源，只有这样，才能有效地凝聚党员、动员人民，才能站在时代前列引领社会潮流，才能代表先进文化的前进方向。影响先进文化发展的外在因素表现在两个方面：一是西方敌对势力对我“西化”的图谋与外来文化的强力影响；二是国内“三种文化”并存的格局，除了社会主义的主流文化即先进文化和健康有益的文化以外，还有落后文化和腐朽文化存在。“西化”的文化影响，主要表现在一系列文化理念上，如为霸权主义服务的“人权高于主权”；为私有制经济服务的极端个人主义理念；服务于现行的“资本流向世界、利润流向西方”的国际经济格局的一系列经济学理论；为“两极分化”服务的“无阶级”、“无剥削”论；为转移经济危机而倡导的无限物质追求和消费观导致的人的物化、拜金主义，等等。“西化”论者在全球推行其价值观是某些大国从不讳言的一贯政策，事实上他们也无时无刻不在运用其强大的经济实力从事于他们的这一“事业”。来自国内的落后文化与腐朽文化既有表现在世界观上的有神论、宿命论、封建迷信等，也有表现在价值观上的极端个人主义、拜金主义、享乐主义；还有表现在人生观上的腐化堕落、精神颓废，等等。从其来源上看，有封建主义、资本主义的文化影响，还有民族虚无主义。这些情况都说明，增强社会主义意识形态的吸引力、凝聚力绝非易事，而是一项艰巨的、长期的、复杂的系统工程。

马克思主义认为，虽然意识形态的发展要从属于经济的发展，但它们的发展又具有相对的独立性，而且意识形态的发展往往表现出精神生产和物质生产的发展不平衡。历史上由于某些特定的原因，那些经济发展落后的国家在思想文化领域内的成就可以超过经济上发达的国家，这就是历史上落后于英法的德国能够在哲学上“演奏第一小提琴”的原因。同理，经济上发达的国家不见得文化就是最先进的。所以，要代表先进文化的前进方向，就要站在时代前列，把握文化的前进方向。要创造出第一流的文化成果，在国内乃至国际思想文化界占据第一流的地位，才能在国际国内的文化竞争中处于优势。

大力发展先进文化，培育新时代的民族精神，实现社会的全面进步和人的全面发展，就要提倡以下三种文化精神。第一，科学理性精神。引导人们热爱科学、尊重科学、学习科学、运用科学，学会用科学的思维方法去分析问题、解决问题。既尊重客观规律，又不迷信传统，勇于创新，开拓进取。第二，社会主义人文精神。弘扬社会主义、集体主义和爱国主义传统，追求祖国统一、民族团结和社会进步，抵制封建主义、资本主义思想对人的侵蚀，消除物质、技术对人的异化，超越工业文明的历史局限，确立人在社会中的主体地位。第三，发扬社会主义民主、法制、道德精神，强化公民的民主意识、权利意识、法律意识、公平意识、平等意识、是非意识及道德意识，促进民族团结与社会稳定，弘扬真善美，抵制假恶丑。

（四）江泽民先进文化建设思想总结

在先进文化理论产生和实践过程中，江泽民本人和以其为核心的第三代中央领导集体提出了一系列先进文化建设的思想，可以概括为：精神支柱论、文化纲领论、“阵地意识”论、综合国力论、民族文化论、博采众长论及主旋律与多样化论。

1. 精神支柱论

“一个民族、一个国家，如果没有自己的精神支柱，就等于没有灵魂，就会失去凝聚力和生命力。”（十五大以来重要文献选编（上）. 北京：人民出版社，2000. 36）人是需要一点精神的，即需要信念、理想，也就是精神支柱，它是管方向的；一个国家、一个民族也是需要精神的，没有统一的精神支柱就会走偏方向。例如，用邓小平理论武装全党，教育干部和群众，这是统一全党全国人民意志的政治基础，也是夺取中国特色社会主义事业胜利的根本保证；而用邓小平理论武装全党和全国人民，最根本的就是要在全社会形成中国特色社会主义的共同理想。一个国家、一个民族有了共同理想，就能够齐心协力，励精图治，昂首于世界民族之林。“回顾我们党几十年的历史，从中可以看到，革命的理想和精神，对推动中国革命和建设的发展，有多么大的作用。我们党成立之初，只有几十个党员，经过几十年的奋斗，不断发展壮大，领导人民取得中国革命和建设的胜利，这到底靠什么？靠的是找到了马克思列宁主义，使中国人民在精神上从被动转为主动；靠的是把马列主义的基本原理与中国的具体情况相结合，认识和掌握中国社会历史发展的客观规律，克服种种错误倾向，形成正确的理论、路线、方针、政策；靠的是用革命的理想和精神教育和武装广大工人、农民、知识分子，团结和鼓舞他们为实现自己的根本利益而奋斗。”（十四大以来重要文献选编（下）. 北京：人民出版社，1999. 2078）因此，在全社会形成共同理想和精神支柱，是有中国特色社会主义文化建设的根本。

“中华民族有着自己的伟大民族精神。这个民族精神，积千年之精华，博大精深，根深蒂固，是中华民族生命机体中不可分割的重要成分。中华民族在五千年的发展中，历经磨难而信念愈坚，饱尝艰辛而斗志更坚，开发建设了祖国的大好河山，创造了灿烂的中华文明，为人类文明进步作出了不可磨灭的贡献。”这是1998年9月28日江泽民在全国抗洪抢险总结表彰大会上的讲话中说的。总结自己的民族精神，其结论是：“有没有高昂的民族精神，是衡量一个国家综合国力强弱的一个重要尺度。”（江泽民文选第2卷. 北京：人民出版社，2006. 230～231）那么，这一精神支柱的核心内容是什么呢？江泽民在学习《邓小平文选》第3卷报告会上的讲话中曾说：“爱国主义、社会主义是凝聚中华民族，推动中国发展的伟大精神动力。我们要把这种精神一代一代传下去，任何时候都要维护我国的独立自主，不信邪，不怕压，不怕威胁，百折不挠地把我们的伟大民族振兴起来。”（十四大以来重要文献选编（上）. 北京：人民出版社，1996. 449）

在十六大报告中江泽民又说：“在五千多年的发展中，中华民族形成了以爱国主义为核心的团结统一、爱好和平、勤劳勇敢、自强不息的伟大民族精神。”（江泽民文选第3卷. 北京：人民出版社，2006. 559）今天，继承伟大民族精神的理想、价值观念、精神支柱，就是有着丰富内涵的爱国主义、集体主义、社会主义，它是新时期推动中国发展的伟大精神动力。因此，我们要“坚持弘扬和培育民族精神。民族精神是一个民族赖以生存和发展的精神支撑。一个民族，没有振奋的精神和高尚的品格，不可能自立于世界民族之林”。（江泽民文选第3卷. 北京：人民出版社，2006. 559）基于这一认识，在先进文化的建设过程中，党中央非常重视在全党、全国人民中间深入地开展爱国主义、集体主义、社会主义教育。

2001年1月10日，江泽民与出席全国宣传部长会议的同志座谈时在讲话中指出：伟大的事业需要并将产生崇高的精神，崇高的精神支撑和推动着伟大的事业。在中国人民中产生了怎样的崇高精神？支撑和推动着伟大事业的崇高精神是什么呢？他在讲话中总结了五种，后来人们在学习中就简称为“五种精神”，即解放思想、实事求是的精神；紧跟时代、勇于创新的精神；知难而进、一往无前的精神；艰苦奋斗、务求实效的精神；淡泊名利、无私奉献的精神。这五种精神，是我们党在80多年的奋斗历程中所形成的崇高精神的总结，是中华民族优秀文化传统的继承与发展，它既是中国共产党的传统精神，又是时代精神，对于建设先进文化和“在全社会形成共同理想和精神支柱”具有重大的现实意义。

2. 文化纲领论

最早提出建设有中国特色社会主义的文化问题，是1991年江泽民在纪念中国共产党建党70周年的讲话中提出来的：建设有中国特色社会主义的经济、政治、文化，以适应和促进社会生产力的不断发展和社会全面进步，实现社会主义现代化。在阐述有中国特色社会主义文化时，讲话说：必须以马克思列宁主义为指导，不能搞指导思想的多元化；必须坚持为人民服务、为社会主义服务的方向和“百花齐放、百家争鸣”的方针，繁荣和发展社会主义文化，不许毒害人民、污染社会和反社会主义的东西泛滥；必须继承发扬民族优秀传统文化而又充分体现社会主义时代精神，立足本国而又吸收世界优秀文化成果，不允许搞民族虚无主义和全盘西化。这是在社会主义初级阶段理论形成和对党的基本路线作出完整表述之后，首次从经济、政治、文化三方面对有中国特色社会主义给予阐释。

在党的十五大报告中，江泽民更加全面地阐发了党的经济、政治、文化纲领。文化纲领对发展社会主义文化事业提出了明确的目标和任务：建设有中国特色社会主义的文化，就是以马克思主义为指导，以培育有理想、有道德、有文化、有纪律的公民为目标，发展面向现代化、面向世界、面向未来的，民族的、科学的、大众的社会主义文化。这个文化纲领，是对党探索先进文化过程的历史性总结，既有继承，又有发展，即“民族的、科学的、大众的”文化，是毛泽东在新民主主义文化纲领中提出来的，一直作为中国共产党建设新文化的方向；培育“四有”新人，是邓小平提出的社会主义精神文明建设的目标；“面向现代化、面向世界、面向未来”是适应新的历史条件、紧跟时代、与时俱进的结果。

江泽民在十五大报告中指出：实现这一文化纲领，就要坚持用邓小平理论武装全党，教育人民；努力提高全民族的思想道德素质和教育科学文化水平；坚持为人民服务、为社会主义服务的方向和“百花齐放、百家争鸣”的方针，重在建设，繁荣学术和文艺，建设立足中国现实、继承历史文化优秀传统、吸收外国文化有益成果的社会主义精神文明。社会主义现代化应该有繁荣的经济，也应该有繁荣的文化。我国现代化建设的进程，在很大程度上取决于国民素质的提高和人才资源的开发。面对科学技术的迅猛发展和综合国力的激烈竞争，面对世界范围各种思想文化相互激荡，面对小康社会人民群众日益增长的文化需求，党必须从促进社会主义事业兴旺发达和民族振兴的高度，充分认识文化建设的重要性和紧迫性。文化纲领正是基于这些认识而提出来的。

3. “阵地意识”论

2000 年 6 月 28 日，江泽民在中央思想政治工作会议上强调指出：“大量事实证明，思想文化阵地，马克思主义、无产阶级的思想不去占领，各种非马克思主义、非无产阶级的思想甚至反马克思主义的思想就会去占领。从上到下的一切思想文化阵地，包括理论、新闻、出版、报刊、小说、诗歌、音乐、绘画、舞蹈、戏剧、电影、电视、广播、网络等，都应该成为我们宣传科学理论、传播先进文化、塑造美好心灵的阵地，绝不能给违反四项基本原则、违反改革开放政策、违反党的方针政策的错误观点，以及危害人民特别是青少年身心健康的东西提供传播渠道。”（江泽民文选第 3 卷．北京：人民出版社，2006. 97）他要求，“各级党委都要增强阵地意识，切实加强对思想文化阵地的领导。每一个思想文化单位的党组织都要认真执行党的方针政策和国家法律法规，真正做到守土有责”。（江泽民文选第 3 卷．北京：人民出版社，2006. 97）

之所以提出“用马克思主义占领思想阵地”的任务，是基于对国际形势和国内情况的分析而提出的。“世界正在向多极化方向发展，经济全球化也正在加快，世界科学技术的进步更是日新月异。在这种情况下，各种思潮相互交错、相互激荡。这必然会对我国的思想领域、对我们的干部和群众的思想意识产生影响。这种影响有积极的一面，也有消极的一面……东欧剧变、苏联解体，就与西方国家长期进行的意识形态渗透有密切关系。”（十五大以来重要文献选编（中）．北京：人民出版社，2001. 1337）

所谓全球一体化，是指西方发达国家不仅在经济上搞一体化，而且在政治、文化尤其是意识形态上也企图走向一体化。显然，由于西方发达国家在经济上占有明显的优势，这种全球化是单向的，而不是双向的，在文化与信息的传播方面发达国家占有明显的优势。这种优势突出地表现在他们的价值观念伴随着资本、技术、人流在其他国家包括我国得到迅速扩张；在霸权主义的表现上有了新的内容、方式并找到了新的载体。在对外开放过程中，西方资产阶级的政治主张、价值观念和生活方式乘机而入。因此，在复杂的国际条件下，我们在这方面面临着许多新的挑战。

从国内来看，我国社会“由于经济成分、组织形式、物质利益和就业方式日趋多样化，人们思想活动的独立性、异质性、多变性明显增加”，也必然给人们的思想观念、价值取向、文化生活带来巨大影响；随着市场经济的发展，商品交换原则、市场经济的负面影响，已经侵蚀到社会政治生活和人们的精神领域，引发了见利忘义、权钱交易，甚至导致国家意识、集体意识和互助精神、奉献精神的减弱，等等。“我国社会长期存在的封建主义残余思想包括封建迷信和愚昧落后的思想观念，在新的历史条件下也会沉渣泛起。”（十五大以来重要文献选编（中）．北京：人民出版社，2001. 1336）

因此，提出用马克思主义占领思想阵地也是由思想文化领域存在的严重问题所决定的。例如，有人提出马克思主义只是百家中的一家，没有资格指导别的“家”；认为马克思主义是一百多年前的理论，已经过时而不适合现在的情况；认为东欧剧变和我国过去遭受的挫折，证明马克思主义失败了，等等。社会主义初级阶段的长期性，也在客观上决定了意识形态领域里的矛盾和斗争的长期性、复杂性和尖锐性。在我国的不少地区，封建迷信、愚昧落后的东西还有一定的市场。这些东西一旦遇到合适的机会，就会通过各式各样的形式顽固地表现出来，与我们争夺思想阵地。这种情况，正如党的十五大报告中所分析的那样，在社会主义初级阶段，社会主义的主流文化、落后文化与腐朽文化将长期并存。“法轮功”邪教组织的出现就清楚地表明，在我们的现实生活中，马克思主义与反马克思主义的斗争、无神论与有神论的斗争、科学与伪科学的斗争，将是长期的、复杂的，甚至有时是很激烈的。对此，江泽民曾反复告诫全党：一定要注意分清一些“基本界限”，即分清“马克思主义同反马克思主义的界限，社会主义公有制为主体、多种经济成分共同发展同私有化的界限，社会主义民主同西方议会民主的界限，辩证唯物主义同唯心主义形而上学的界限，社会主义思想同封建主义、资本主义腐朽思想的界限，学习西方先进东西同崇洋媚外的界限，文明健康生活方式同消极颓废生活方式的界限”，等等。（江泽民论社会主义精神文明．北京：中央文献出版社，1999. 417）

强化“阵地意识”，必须努力巩固和发展社会主义的意识形态；在指导思想上绝不搞多元化，必须坚持马克思主义在意识形态的指导地位。因此，努力加强马克思主义在哲学、经济学、法学、历史学、文艺学、新闻学、社会学、伦理学、教育学、管理学等学科的建设，是巩固和发展社会主义意识形态的一项重要任务。强化“阵地意识”，就要用马克思主义和社会主义思想指导理论、宣传、教育、新闻、出版、文学、艺术等部门的工作，要运用一切现代化的高科技传播手段，扩大宣传的覆盖面，提高受众率，全面占领思想文化阵地，把握正确的舆论导向，丰富群众的文化生活；强化“阵地意识”，就要加强思想道德教育的阵地建设，一切大众传媒、一切文化场所、一切精神产品，都要成为宣传科学理论、传播先进文化、塑造美好心灵、弘扬社会正气、倡导科学精神的重要阵地，绝不给错误思想言论和文化垃圾提供传播渠道；强化“阵地意识”，就要重视发挥文化的社会教育功能，因此要大力发展社区文化、村镇文化、企业文化、校园文化，狠抓精品生产，把更多更好的精神食粮奉献给人民，不断满足人民群众日益增长的精神文化需求，深入持久地开展“扫黄打非”斗争，营造健康向上的社会文化环境。

4. 综合国力论

江泽民在党的十五大报告中说：“有中国特色的社会主义文化，是凝聚和激励全国各族人民的重要力量，是综合国力的重要标志。”（江泽民文选第 2 卷．北京：人民出版社，2006. 32）为什么“是综合国力的重要标志”？江泽民曾经解释道：“综合国力，主要是经济实力、技术实力，这种物质力量是基础，但也离不开民族精神、民族凝聚力，精神力量也是综合国力的重要组成部分。按照马克思主义的唯物辩证法观点，在一定条件下，精神可以变物质，精神的力量可以转化为物质的力量。强大的精神力量不仅可以促进物质技术力量的发展，而且可以使一定的物质技术力量发挥出更好更大的作用。”（十五大以来重要文献选编（上）．北京：人民出版社，2001. 36）因为，“当今世界激烈的综合国力竞争，不仅包括经济实力、科技实力、国防实力等方面的竞争，也包括文化方面的竞争”。（江泽民论中国特色社会主义（专题摘编）．北京：中央文献出版社，2002. 390）

基于这一分析与认识，江泽民在十六大报告中号召“全党同志要深刻认识文化建设的战略意义”，报告说：“在当今世界，文化与经济和政治相互交融，在综合国力竞争中的地位和作用越来越突出。文化的力量，深深熔铸在民族的生命力、创造力和凝聚力之中。全党同志要深刻认识文化建设的战略意义，推动社会主义文化的发展繁荣。”（江泽民文选第3卷．北京：人民出版社，2006. 277）

在科学技术飞速发展的时代，科学技术无处不在，不仅极大地改变着人类的物质生活，也给人类的思想文化和精神领域带来强大的影响和冲击，为人类精神和文化发展注入了新的活力。因此，把握先进文化的前进方向，建设有中国特色的社会主义文化必须高度重视现代科学技术的影响和作用。“当今各国特别是大国之间的关系，集中表现为经济实力、科技实力、民族凝聚力在内的综合国力的较量与竞争。这种全球政治和经济发展的特点，在21世纪将持续很长一段时间。”（江泽民论党的建设．北京：中央文献出版社，2001. 418）

纵观人类文明发展史，科学技术的每一次重大突破，无不使人类社会产生深刻的变革和巨大的进步。可以说，一部人类文明史也是科学技术发展史。科学技术既是人类文明的重要组成部分，又是人类文明发展的强大动力，是推进文化发展的巨大杠杆。所以，“科技创新能力，已越来越成为国际综合国力竞争的决定性因素，越来越成为一个民族兴旺发达的决定性因素”。（江泽民论中国特色社会主义（专题摘编）．北京：中央文献出版社，2002. 253）可见，科学技术是精神文明建设的重要基石，因此，要深刻认识文化建设的战略意义。

5. 民族文化论

我们要建设的先进文化，首先是中国式的，即民族的文化，这在党的文化纲领中已经讲得很明白了。但是，民族的先进文化又不是从天而降的，不是从外国可以“引进”的，它必然是生长在中国大地上的，是继承中国历史优秀传统的本土文化。因为，文化是人类在改造世界的实践中智慧与力量的结晶，需要经过一代代人的创造、积累和传播，才能得以传承和发展。每一代人都需要在继承前人所创造的文化的基础上，继续创造和发展新的文化，先进文化建设也是如此。“继承和发扬优秀的民族文化传统，大力繁荣社会主义的教育、科学、文化事业，这是社会主义精神文明的迫切要求，也是保证中华民族振兴和发展，保证整个社会主义现代化事业取得成功的根本大计。”（十四大以来重要文献选编（上）．北京：人民出版社，1996. 625）

1997年，江泽民访问美国时在哈佛大学的演讲中，曾经对中国传统文化进行过一个简要的概括：团结统一的传统；独立自主的传统；爱好和平的传统；自强不息的传统。这个讲话在当地人民和海外侨胞中引起了很大反响。但是，我国的民族文化又是经历了几千年的奴隶社会和封建社会而逐渐形成的，并且是由统治阶级筛选、采纳和倡导而流传下来的，因而深受封建统治阶级的思想影响，带有所处封建时代的鲜明印记。所以，在创造民族新文化的时候，“要用科学的态度对待我们的民族传统文化和外来文化。我们民族历经沧桑，创造了人类发展史上灿烂的中华文明，形成了具有强大生命力的传统文化。我们要取其精华，去其糟粕，很好地继承这一珍贵遗产”。（十四大以来重要文献选编（上）．北京：人民出版社，1996. 658）中国特色社会主义的先进文化，是凝聚和激励全国各族人民的重要力量，既源于中华民族五千年文明史，又植根于有中国特色社会主义的实践，具有鲜明的时代特点；它反映我国社会主义经济和社会主义政治的特点，又对经济和政治的发展起巨大促进作用。“中国共产党是马克思主义真理的坚定实践者，也是中华民族优良传统的真正继承者。”（十四大以来重要文献选编（下）．北京：人民出版社，1999. 2277）继承是有时代性的，继承是为了发展，继承是为了现实。例如，1995 年 1 月 30 日，江泽民在《为促进祖国统一大业的完成而继续奋斗》的讲话中说：“中华各族儿女共同创造的五千年灿烂文化，始终是维系全体中国人的精神纽带，也是实现和平统一的一个重要基础。两岸同胞要共同继承和发扬中华文化的优秀传统。”（江泽民文选第 1 卷．北京：人民出版社，2006. 422）这既是史实又是现实。因此，“中华民族的优秀文化传统，党和人民从五四运动以来形成的革命文化传统——我们都要积极继承和发扬”。（江泽民论三个代表．北京：中央文献出版社，2001. 160）

6. 博采众长论

1996 年 1 月 24 日，江泽民在全国宣传部长会议上的讲话中说：“我们能不能继承和发扬中华民族的优秀传统文化，吸收世界各国的优秀文化成果，建设有中国特色社会主义的文化，这是事关中华民族振兴的大问题，事关建设有中国特色社会主义事业取得全面胜利的大问题。”（江泽民文选第 1 卷．北京：人民出版社，2006. 507）把“吸收世界各国的优秀文化成果，建设有中国特色社会主义的文化”，当作“事关中华民族振兴的大问题”，“事关建设有中国特色社会主义事业取得全面胜利的大问题”，可以说把这件事情提高到了一个前所未有的高度。列宁就曾说过：“无产阶级文化应当是人类在资本主义社会、地主社会和官僚社会压迫下创造出来的全部知识合乎规律的发展。”（列宁选集第 4 卷．北京：人民出版社，1995. 285）向哪些国家学？怎么学？江泽民曾强调说：“我们必须树立一个明确认识，不管是哪种社会制度下创造的文明成果，只要是进步的优秀的东西，都应积极学习和运用。”（毛泽东邓小平江泽民论社会主义道德建设．北京：学习出版社，2001. 67）

我们的先进文化建设是面向世界、面向未来的，具有鲜明的开放性特征，因此，需要融汇世界各个国家和民族的一切优秀思想和文化成果。世界文化的多样性，不仅使世界充满活力，也使不同文化相互激荡，从而使先进文化获得向前发展的动力。当然，我们也有自己的立场，不是全盘照搬，而是兼收并蓄，是吸取精华，剔除糟粕。因此，江泽民在党的十五大报告中曾指出：“我国文化的发展，不能离开人类文明的共同成果。要坚持以我为主、为我所用的原则，开展多种形式的对外文化交流，博采各国文化之长，向世界展示中国文化建设的成就。坚决抵制各种腐朽思想文化的侵蚀。”（江泽民文选第 2 卷．北京：人民出版社，2006. 35）

之所以提出“坚决抵制各种腐朽思想文化的侵蚀”，原因是，中国经济社会的发展继续朝着国际化迈进，我国在面向世界和全方位开放的条件下，面临着同其他意识形态与腐朽文化既相互渗透，又相互冲突的局面，并日益受到后者的深刻影响。在这种情况下，境外价值观念与生活方式对我国社会和民众的影响势必进一步增强，使人们思想上的波动性增大。因此，我们在“博采各国文化之长”的同时又要“坚决抵制各种腐朽思想文化的侵蚀”。

7. 主旋律与多样化论

1994 年 1 月 24 日，江泽民在全国宣传思想工作会议上提出了“弘扬主旋律，提倡多样化”的要求，他认为：“弘扬主旋律，提倡多样化，是坚持‘二为’方向和‘双百’方针的具体体现。弘扬主旋律，就是要在建设有中国特色社会主义的理论和党的基本路线指导下，大力倡导一切有利于发扬爱国主义、集体主义、社会主义的思想和精神，大力倡导一切有利于改革开放和现代化建设的思想和精神，大力倡导一切有利于民族团结、社会进步、人民幸福的思想和精神，大力倡导一切用诚实劳动争取美好生活的思想和精神。”提倡多样化，是因为“社会生活是丰富多彩的，人民群众的精神文化需求也是多方面的、多层次的。只要是能够使人民得到教育和启发、得到娱乐和美的享受的精神产品，都应该受到欢迎和鼓励”。（十四大以来重要文献选编（上）．北京：人民出版社，1996. 655～656）

这一政策已经成为党关于文化发展和文艺创作的一项基本政策。弘扬主旋律主要是指我们的精神产品要表现时代的本质和主流，要讴歌代表时代发展方向和社会本质的思想和精神，要表达人民美好的思想感情。提倡多样化是要求精神产品的内容和题材多种多样，形式和风格丰富多彩，以及对主流文化之外的其他非主流文化存在权利的尊重。

在全球化影响下，我国对内、对外更加开放，多种所有制使国内社会阶层分化，多元化的相互激荡强化了价值取向的多样化，大众传媒与互联网所提供的大量信息，增加了个人认同选择机会。因此，我国统一的传统政治生活面临冲击，政治生活的分散化已经导致民众的思想、信仰分散化，个人的独特性、选择性与变更性日趋明显的状况。这种发展趋向，意味着国家意识形态的主导性面临着新的矛盾与挑战。一方面，经济全球化和市场体制不可避免地导致价值取向、思想观念的多样化；另一方面，我国在全球化进程中，必须坚持社会主义意识形态的主导性。“弘扬主旋律”，实际上就是坚持社会主义意识形态的主导性；“提倡多样化”，既是为了适应民众价值取向、思想观念的多样化，又是为了丰富和繁荣民族文化，适应人民群众文化生活的多种需求。坚持弘扬主旋律、提倡多样化的方针和原则体现了文化发展的客观规律，是文化工作实践经验的总结，也是党领导文化事业的经验总结。弘扬主旋律、提倡多样化，就要坚持“百花齐放、百家争鸣”的方针；就要坚持古为今用、洋为中用、推陈出新；就要坚持以科学的理论武装人、以正确的舆论引导人、以高尚的精神塑造人、以优秀的作品鼓舞人；就要坚持一手抓繁荣、一手抓管理，等等。

江泽民曾经在纪念中国共产党建党80周年的讲话中指出：“坚持什么样的文化方向，推动建设什么样的文化，是一个政党在思想上精神上的一面旗帜。”（江泽民文选第3卷．北京：人民出版社，2006. 277）在新的历史时期，党在思想上、精神上又高举起代表先进文化前进方向的旗帜，开创了建设先进文化的新局面。

第五节　社会主义核心价值的新实践

一、社会主义核心价值体系是全民族奋发向上的精神力量和团结和睦的精神纽带

社会主义核心价值体系在我国整体社会价值体系中居于核心地位，发挥着主导作用，决定着整个价值体系的基本特征和基本方向，是建设和谐文化的根本。社会主义核心价值体系包括四个方面的基本内容，即马克思主义指导思想、中国特色社会主义共同理想、以爱国主义为核心的民族精神和以改革创新为核心的时代精神、社会主义荣辱观。这四个方面的基本内容相互联系、相互贯通，共同构成辩证统一的有机整体。建立社会主义核心价值体系，必须坚持把社会主义核心价值体系融入国民教育和精神文明建设全过程，贯穿于现代化建设各方面。坚持用马克思主义中国化的最新成果武装全党、教育人民，用民族精神和时代精神凝聚力量、激发活力，倡导爱国主义、集体主义、社会主义思想。要加强理想信念教育，加强国情和形势政策教育，不断增强对中国共产党领导、社会主义制度、改革开放事业、全面建设小康社会目标的信念和信心。要加强马克思主义理论研究和建设，增强党的思想理论工作的创造力、说服力及感召力。坚持以社会主义核心价值体系引领社会思潮，尊重差异，包容

多样，最大限度地形成社会思想共识。

党的十七大报告说："当今时代，文化越来越成为民族凝聚力和创造力的重要源泉，越来越成为综合国力竞争的重要因素，丰富精神文化生活越来越成为我国人民的热切愿望。要坚持社会主义先进文化前进方向，兴起社会主义文化建设新高潮，激发全民族文化创造活力，提高国家文化软实力，使人民的基本文化权益得到更好保障，使社会文化生活更加丰富多彩，使人民精神风貌更加昂扬向上。"社会主义核心价值体系是建设和谐文化的根本，必须坚持马克思主义在意识形态领域的指导地位，牢牢把握社会主义先进文化的前进方向，弘扬民族优秀文化传统，借鉴人类有益文明成果，倡导和谐理念，培育和谐精神，进一步形成全社会共同的理想信念和道德规范，打牢全党全国各族人民团结奋斗的思想道德基础。

二、树立社会主义荣辱观，培育文明道德风尚

一个社会是否和谐，一个国家能否长治久安，很大程度上取决于全体社会成员的思想道德素质。道德是调整社会关系、规范人们行为的基本准则，是形成良好社会风尚和人际关系的重要保证。道德不仅是对人们行为的约束，实际上也是无形的制度建设，是另一只"看不见的手"，是有形的制度建设滞后于改革开放与市场经济的补救良策。它既可以进一步规范和促进市场的完善与成熟，又可以促进经济建设的发展，可谓一箭双雕。而且，有形的制度是可以引进的，而无形的制度却是难以引进的，最好是因地制宜。德治是法治的基础，法治是德治的保证，如果只有法律而没有道德的支撑，也很难把经济搞好。例如，人们所说的"诚信"危机，就是我们的市场经济发展到一定阶段而又曾经"一手软"必然要付出的代价。对于任何个人而言，腐败、造假、骗人的主要根源都在于个人道德的堕落与人性的泯灭，而法制不健全和监督不力等只不过是为他们提供了可乘之机，因此，关键还在于在人们的心灵深处筑起一道牢固的道德堤坝。邓小平当年所说"最大的失误是教育"之"误"不可再犯，这既是科学发展观的一大体现，又是构建和谐社会之必需。

因此，我们要始终坚持依法治国与以德治国相结合，树立以"八荣八耻"为主要内容的社会主义荣辱观，倡导爱国、敬业、诚信、友善等道德规范，开展社会公德、职业道德、家庭美德教育，加强青少年思想道德建设，在全社会形成知荣辱、讲正气、促和谐的风尚，形成男女平等、尊老爱幼、扶贫济困、礼让宽容的人际关系。普及科学知识，弘扬科学精神，养成健康文明的生活方式。发扬艰苦奋斗精神，提倡勤俭节约，反对拜金主义、享乐主义、极端个人主义。弘扬我国传统文化中有利于社会和谐的内容，形成符合传统美德和时代

精神的道德规范和行为规范。加强政务诚信、商务诚信、社会诚信建设，增强全社会诚实守信意识。

三、坚持正确导向，营造积极健康的思想舆论氛围

坚持正确导向、营造积极健康的思想舆论氛围，是促进社会和谐的重要因素，也是建设和谐文化的重要任务。当前，媒体格局发生深刻变化，社会舆论结构呈现出多层次的复杂状态。能不能坚持正确导向，有效引导社会舆论，形成积极健康向上的思想舆论环境，关系人心向背、事业兴衰、社会和谐。因此，我们必须坚持正确导向，唱响主旋律，为改革发展稳定营造良好的思想舆论氛围。新闻媒体要增强社会责任感，宣传党的主张，弘扬社会正气，通达社情民意，引导社会热点，疏导公众情绪，搞好舆论监督。健全突发事件新闻报道机制，及时发布准确信息。加强对互联网等的应用和管理，理顺管理体制，倡导文明办网、文明上网，使各类新兴媒体成为促进社会和谐的重要阵地。哲学社会科学要坚持以马克思主义为指导，以重大现实问题研究为主攻方向，发挥认识世界、传承文明、创新理论、资政育人、服务社会的作用。文学艺术要弘扬真善美，创作、生产更多陶冶情操、愉悦身心的优秀作品，丰富群众文化生活。

四、中国共产党建设先进文化的历史总结

中国共产党对先进文化的探求伴随着中国共产党 80 多年的奋斗历程，与新民主主义革命、社会主义革命和建设以及中国特色社会主义建设共进，是四代中央领导集体锲而不舍、孜孜以求、长期接力的结果。新民主主义文化纲领是先进文化、精神文明建设是先进文化、“三个代表”是先进文化、核心价值体系是先进文化。先进文化的探索和实践过程，正是一个代表最广大人民根本利益的过程。建设面向现代化、面向世界、面向未来的民族的、科学的、大众的中国先进文化，是建设先进文化的结晶，在中国和世界文化史上写下了光辉的一页。

一百多年来，中国无数的知识分子始终在上下求索，寻找中国文化的发展道路。中国有了共产党，中国革命的面貌就焕然一新。这种革命的新面貌，不仅表现在经济、政治方面，也表现在文化方面。可以说，从共产党诞生的那天起，她就在探索新的文化前进方向，以一种新的面貌继续着“五四”新文化运动，同时，掀开了中国文化新的一页。如果将中国共产党掀开的新一页文化放在中国五千年历史文化的长河中，放在两千多年鼎盛的封建文化历史中加以比较的话，无疑将对这个“新”会有更深刻的理解；如果将中国共产党掀开

的新的一页放在各民族之间光辉灿烂的文化中加以比较的话，无疑将对这个“新”会有更深刻的体会。因为，中国共产党所代表的先进文化，无论是从内容、服务的对象、追求的理想，还是它表达的主题、人物、事件及蕴涵于其间的世界观、人生观、价值观、审美观，都体现着新的思想、新的观念、新的方向，它是为人民服务的，是代表最广大人民的根本利益的，是生长在中国大地上继承中华民族几千年优秀文化传统而又博采各民族文化之所长的。它既立足于中国这片土地和这里的人民，又“冲出亚洲走向世界”充满活力和朝气，体现着面向现代化、面向世界、面向未来的一往无前的冲力。总之，中国共产党所致力的新文化是与人民一起成长和共同创造的，是引领时代潮流、与时俱进的，是充分体现了当代中华民族文化的先进性与前进方向的。

当然，中国共产党对先进文化的探求成果不是一朝一夕就完成的，它伴随着中国共产党80多年的奋斗历程，与新民主主义革命、社会主义革命和建设以及中国特色社会主义建设共进，是四代中央领导集体锲而不舍、孜孜以求、长期接力的结果。

以毛泽东为代表的第一代中央领导集体创立了新民主主义文化理论，对社会主义如何发展先进文化作了初步的探索。毛泽东所探索的“建设中华民族”的新文化，是放在要建立一个“新中国”这个大目标之下的。这种新文化对于人民大众是革命的有力武器，在革命前，是革命的思想准备；在革命中，是革命总路线中的一条必要和重要的战线。毛泽东认为，建设新文化要坚持以共产主义思想即马克思主义为指导。因为，新文化是新的经济力量和新的政治力量的反映并为之服务的，任何别的阶级的文化思想都领导不了。在这一思想的指导之下，毛泽东提出了建设民族的、科学的、大众的新民主主义文化纲领并运用于指导文化的实践。也是在这种思想的指导之下，毛泽东提出我们的文化是人民的文化，提出了文化必须为人民服务和怎样为人民服务的思想。

他还提出了吸取人类所创造的一切文化成果。这是一个创造新文化过程中亟须解决的重大问题。在如何正确对待中外文化的问题上，提出了“从孔夫子到孙中山，我们都要继承”、“中国应该大量吸收外国的先进文化”等观点。从而解决了一个自新文化运动以来人们长期争论不休，并且在实践上无所适从或做得不够的问题。

新中国成立前夕，毛泽东曾满怀激情地预言：随着经济建设的高潮的到来，不可避免地将要出现一个文化建设的高潮。中国人被认为不文明的时代已经过去了，我们将以一个具有高度文化的民族出现于世界。因此，党在对社会主义文化的探索过程中，提出了一系列繁荣和发展社会主义文化事业的正确方针和原则。例如，在文化发展的问题上，提出了坚持文艺的党性原则、正确对待文艺的歌颂与暴露、文艺批评的标准坚持政治与艺术的统一、革命的现实主义和革命的浪漫主义相结合的创作方法，等等。在对待知识分子问题上，提出了注重发挥知识分子的作用，知识分子必须走与工农相结合的道路，知识分子是工人阶级的一部分，造就又红又专的知识分子队伍等。作为“百花齐放，百家争鸣”文化方针的一系列理论、原则和方法，直到今天，仍然是党“发展先进文化必须贯彻的重要方针”。这个方针，体现了矛盾法则的基本原理，体现了历史唯物主义的真理观，体现了社会主义民主，体现了繁荣和发展社会主义文化的客观规律。上述正确的文化方针和原则在实践中取得了积极的成果。

第一代中央领导集体对先进文化建设的探索成果有着长远的指导意义，是党坚持以毛泽东思想为指导思想的重要内容。虽然由于众所周知的原因，对社会主义文化建设的探索遇到了挫折甚至犯了严重的错误，但是第二代、第三代、第四代中央领导集体正是在坚持了积极的成果又吸取深刻教训的基础上发展了先进文化的进一步探索。

邓小平探索的先进文化前进方向的起点是从思想上的拨乱反正开始的，在这个过程中重新恢复和确立了党的解放思想、实事求是的思想路线。探索过程的最大特点，表现在正确开展思想文化领域两条战线的斗争，在反“左”时注意防“右”，在反“右”时注意防“左”；有什么样的错误思潮就反对什么样的错误思潮。而反对“左”的错误倾向固然是一项长期的历史任务，反对“右”的错误倾向也不会轻而易举地能够迅速完成。

人们常说旗帜问题至关紧要，旗帜就是方向，旗帜就是形象，旗帜就是力量。对邓小平理论旗帜来说是这样，而邓小平在创立邓小平理论的过程中首先面临的也是这样一个问题，可以说这是思想文化领域中最为关键或核心的问题，是关系到走什么路的方向性问题。邓小平对毛泽东思想的科学认识和坚定不移地坚持受到了党内外的高度评价。他曾经坚定地说：“我们要在建设高度物质文明的同时，提高全民族的科学文化水平，发展高尚的丰富多彩的文化生活，建设高度的社会主义精神文明。”从而为建设有中国特色的社会主义文化找到一条新路。其重要的理论贡献还在于科学地阐释了“两手抓”的必要性和迫切性，这是由中国处于社会主义初级阶段的基本国情所决定的，是由改革开放带来的新情况、新问题、新变化所决定的，是由国内外思想文化的多种影响所决定的。他提出人民群众是社会主义精神文明的创造者和主体力量，同时也强调党是社会主义精神文明建设的领导力量，要求党组织和党员在这个建设中走在前列并发挥重要作用。这实际上就是要求党引领社会主义文化的建设和发展方向。

针对中国两千多年封建文化思想的影响，邓小平特别强调建立社会主义民主，不但要建立政治民主，也要建立文化民主。他认为，民主是解放思想的重要条件，社会主义精神文明建设，要靠发展社会主义的民主政治建设来保证。为了繁荣和发展社会主义文化，他坚持文艺为人民服务和为社会主义服务方向，坚持“百花齐放、百家争鸣”的文化方针。针对帝国主义对中国的长期封锁以及“文革”期间的闭关自守情况，邓小平提出大胆吸收和借鉴人类社会创造的一切成果，在经济和文化方面都采取两手政策，既大胆开放、吸收借鉴，又不盲目接收、全盘照搬。第二代中央领导探索先进文化新路的思想方针和政策，进一步发展了有中国特色社会主义文化，取得了丰硕的成果。

1991 年，江泽民提出了建设有中国特色社会主义经济、政治、文化的重要思想，系统地阐述了三者的内容和相互关系。十四届六中全会通过的第二个精神文明建设的决议，将精神文明建设的理论与实践提升到了一个新的高度。其中提出“加强和改善党对精神文明建设的领导”的任务，把探索建设有中国特色社会主义文化的问题突出地摆到了全党的面前。进而，党的十五大又形成了完整的社会主义经济、政治、文化纲领。这个纲领，是党的基本路线的进一步展开，是实现富强、民主、文明的社会主义现代化强国目标的具体化。其中的文化纲领，是对党探索先进文化的历史性总结，既有继承，又有发展。进一步充实了党长期以来致力于建设的民族的、科学的、大众的新文化纲领，增加了以培育“四有”公民为目标，面向现代化、面向世界、面向未来的内容。纲领将第一、二、三代中央领导集体建设中国先进文化的思想结合起来，融合了新文化纲领的基本点、精神文明建设的目标和当代先进文化的要求，是紧跟时代步伐、与时俱进的结果。

在这个文化纲领的指导下，党制定了一系列文化发展战略和方针任务，如科教兴国、依法治国、以德治国，这些治国方略的提出，大大地增强了文化建设的力度，扩大了覆盖面，尤其是突出了重点。社会主义“不够格”的一个重要方面反映在文化力上，就是科学技术水平不高、教育落后、文盲和半文盲还占有相当比例。因此，提高科学技术水平和提高公民素质抓住了要害，也是中国进入现代化强国的题中应有之义。依法治国与以德治国是相辅相成的，也是由初级阶段在政治上、文化上的薄弱环节所决定的。精神文明建设的发展对法治和德治也提出了进一步的要求，在这种情况下，法律的制定、整理、补充和完善步伐进一步加快，《公民道德建设纲要》的出台标志着道德建设有了全民的规范性要求。

同时，由于市场经济引起了经济生活、社会生活以及人们思想观念极为深刻、复杂的变化，由于我国历史上长期处于封建社会，封建主义和小生产习惯势力还有广泛的影响，由于西方敌对势力对我国“分化”、“西化”的长期图谋，并运用强大的经济实力和先进的科技手段推行他们的价值观，使“越是改革开放，越是要加强思想政治工作”的任务更加丰富了思想文化建设的内容：基本路线教育、理想教育、“两思”教育、“三讲”教育、“三个主义”教育、“三观”教育、“四信”教育、“四个如何认识”的教育、“五种精神”的弘扬等，主题明确，内容丰富多彩且针对性强，大大提高了人民群众的思想道德素质。在这些思想教育的过程中，人民群众创造了很多好方法、好形式，为党的思想政治工作宝库增添了瑰宝。

“三个代表”重要思想是一个重大的理论创新，它不仅是80多年来党的建设的经验总结，而且充分体现了站在时代前列的要求。党为什么要代表先进文化的前进方向？归根到底是由党的世界观所决定的，是由唯物主义的认识论、历史唯物主义的群众观点所决定的。代表先进文化的前进方向，落脚点是代表人民的利益，如果仅仅代表了人民的经济利益，可能这个“利益”只代表了一半，只能是半心半意而不是全心全意的。因为人之所以成为人，就是因为人除了物质需求之外，还有精神需求，而精神需求的最好满足方式便是文化。当代中国先进文化必然地反映和体现社会主义经济和政治的本质要求，反映和体现有中国特色社会主义现代化的伟大实践，反映和体现最广大人民的根本利益。新民主主义文化纲领是先进文化、精神文明建设是先进文化、“三个代表”是先进文化，先进文化的探索和实践过程，正是一个代表最广大人民根本利益的过程。

在人与自然和谐共处、人与社会共同进步中，逐步实现每个人的自由全面发展，是建设中国特色社会主义先进文化、新型文明的必由之路。第四代中央领导集体提出的社会主义核心价值体系建设任务，就是一项事关民族千秋大业的伟大文化工程。社会主义核心价值体系是社会主义制度的内在精神和生命之魂，它决定着社会主义的发展模式、制度体制和目标任务。四个方面的基本内容相互联系、相互贯通，共同构成辩证统一的有机整体。它既突出了党和国家的指导思想，又强调社会主义理想信念的重要作用；既继承、吸收中国文化的优秀传统，又结合当今社会主义精神文明的本质特征，指明了中国特色社会主义文化的前进方向。因此，核心价值体系，是党的行动指南，是国家的主心骨，是民族的灵魂，是全面建设小康社会、努力构建和谐社会进程中的思想基础，是中华民族伟大复兴的共同精神力量。

邓小平曾经说过，中国文化有着辉煌的历史。中国共产党的文化理论及其领导的先进文化建设，既有马克思主义的历史渊源，又有中华民族文化的历史渊源，在中国特色社会主义现代化建设的伟大实践中，党将带领人民续写中华文化的辉煌并创造出更加绚丽多彩的新文化。

第九章　中国特色社会主义宗教理论与政策的渊源

宗教起源于原始社会末期。在原始社会，人们的生活环境几乎完全受着自然力量的支配，原始人对这些自然力量无法抵抗，感到恐惧。由于受生产力水平和科学知识的限制，人们对这些力量感到不可理解，便以简单的想象来解释这些力量，以祈求影响这些力量。由于自然力量不仅威胁着人们的生活，而且也有利于人们的生活，因而，原始人认为，自然现象也和人一样，都是有意识的，有善有恶。由此，原始人头脑中便产生了自然力量人格化的观念。此外，原始人还简单地想象出某种超自然力量在统治着自己和自然界的万物。由于原始人对自己的身体构造不了解，对做梦、死亡等现象无法解释，因而逐渐地从具体到抽象，产生了人的灵魂的观念，并把这一观念扩大到他们所接触的自然万物中，认为自然现象也存在着某种精神，产生了“万物有灵”的观念，逐渐出现了原始宗教。

随着社会和历史的进展，由最初的自然崇拜发展出精灵崇拜、图腾崇拜、祖先崇拜和神灵崇拜，由多神崇拜发展到一神崇拜；由部落宗教演变为民族宗教乃至世界宗教。随着宗教的发展，陆续出现了由信教者组成的宗教组织、专职教务人员和教阶体制。各种宗教还形成了自己的教义信条、神学理论、法规戒律和祭仪制度等。除了自然原因，宗教的存在还有社会根源，直接地说，是阶级剥削和压迫。在阶级社会里，劳动者无法摆脱阶级剥削和阶级压迫所造成的苦难，感到恐惧和绝望，不得不把委屈、耻辱、愤怒和绝望埋在心里，寄希望于来世，到宗教那里寻找精神上的安慰。剥削阶级为了维持自己的统治，利用宗教作为麻醉和控制人民群众的精神手段。马克思指出：“宗教里的苦难既是现实的苦难的表现，又是对这种现实的苦难的抗议。宗教是被压迫生灵的叹息，是无情世界的心境，正像它是无精神活力的制度的精神一样。宗教是人民的鸦片。”（马克思恩格斯选集第1卷．北京：人民出版社，1995.2）

第一节　马克思主义的宗教观

一、马克思恩格斯的宗教观

马克思主义宗教观是无产阶级革命导师对宗教及宗教问题的基本认识，它是中国共产党宗教观的理论来源。

马克思主义宗教观的内容十分丰富，但主要体现为两个方面：一是马克思恩格斯关于宗教的基本看法和态度，如宗教的本质、起源、发展规律、消亡和作用等；二是在历史唯物主义宗教观的指导下，作为科学社会主义的创始人，提出了社会主义正确处理宗教问题的基本原则。

马克思恩格斯关于宗教的阐述很多，他们给后人指出了一种认识宗教本质的方法，那就是用历史唯物主义的方法来观察宗教的本质。在《德意志意识形态》中，他们指出："宗教本身既无本质也无王国。在宗教中，人们把自己的经验世界变成一种只是在思想中的、想象中的本质，这个本质作为某种异物与人对立着。这绝不是可以用其他概念、用'自我意识'以及诸如此类的胡言乱语来解释的，而是应该用一向存在的生产和交往的方式来解释的。"（马克思恩格斯全集第3卷．北京：人民出版社，1960.170）从这段话中可以看到，宗教的本质只有到它所赖以存在的经济和社会基础中寻找，这无疑给我们提供了一把认识宗教本质的钥匙。

马克思恩格斯认为，宗教的起源要在现实的物质生活经济条件，即社会存在中去寻找。宗教的起源是有其历史根源的。原始社会时期，人们对于人和自然关系的认识是非常有限的，这种受制于自然的局限性，使得自然的压迫成为宗教产生的力量。随着对社会形势认识的加深，恩格斯认识到，自然的压迫不仅仅是宗教所产生的唯一的"异己力量"，"除自然力量外，不久，社会力量也起了作用，这种力量和自然力量本身一样，对人来说是异己的，最初也是不能解释的，它以同样的表面上的自然必然性支配着人。最初仅仅反映自然界的神秘力量的幻想的形象，现在又获得了社会的属性，成为历史力量的代表。在更进一步的发展阶段上，许多神的全部自然属性和社会属性都转移到一个万能的神身上，而这个神本身又只是抽象的人的反映。这样就产生了一神教……"（马克思恩格斯选集第3卷．北京：人民出版社，1995.667）这就指出了宗教产生的自然根源和社会根源。

在对待宗教的发展问题上，恩格斯认为，宗教会沿着部落宗教到民族宗教再到世界宗教的历程发展。1882年，恩格斯在《布鲁诺·鲍威尔和早期基督教》中指出："古代一切宗教都是自发的部落宗教和后来的民族宗教，它们从各民族的社会和政治条件中产生，并和它们一起生长。宗教的这些基础一旦遭到破坏，沿袭的社会形式、继承的政治结构和民族独立一旦遭到毁灭，那么与之相适应的宗教也就自然崩溃。”（马克思恩格斯全集第19卷. 北京：人民出版社，1965. 333）在1886年的《费尔巴哈论》中，他又指出：“这样在每一个民族中形成的神，都是民族的神，这些神的王国不越出它们所守护的民族领域，在这个界线以外，就无可争辩地由别的神统治了。只要这些民族存在，这些神也就继续活在人们的观念中；这些民族没落了，这些神也就随着灭亡。罗马世界帝国使得古老的民族没落了，古老的民族的神也就灭亡了……”（马克思恩格斯选集第4卷. 北京：人民出版社，1995. 254）从这些论述中可以看出，恩格斯认为宗教发展是由社会的发展来决定的，宗教的进程与社会的进程应是同步的，神的神性是由社会的性质而定的思想。

在关于宗教的消亡问题上，马克思恩格斯在早期认为，宗教作为私有制异化的产物，会随着私有制的消灭而消亡。唯物史观创立后，他们对这一问题有了更深的认识，指出了宗教消亡的长期性。马克思在《资本论》卷一中指出：“只有当实际日常生活的关系，在人们面前表现为人与人之间和人与自然之间极明白而合理的关系的时候，现实世界的宗教反映才会消失。……但是，这需要有一定的社会物质基础或一系列物质生存条件，而这些条件本身又是长期的、痛苦的历史发展的自然产物。”（马克思恩格斯全集第23卷. 北京：人民出版社，1972. 96～97）恩格斯在《反杜林论》中也讲道：“当社会通过占有和有计划地使用全部生产资料而使自己和一切社会成员摆脱奴役状态的时候……当谋事在人，成事也在人的时候，现在还在宗教反映出来的最后的异己力量才会消失，因而宗教反映本身也就随着消失。”（马克思恩格斯选集第3卷. 北京：人民出版社，1995. 668）因此，在关于宗教消亡方式问题上，恩格斯向来认为宗教的消亡不是社会解放的根本途径，所以人为地消灭宗教是愚蠢的做法，我们要静待宗教自然地死亡。针对布朗基主义，恩格斯在《流亡者文献》中批评：“取缔手段是巩固不良信念的最好手段！”（马克思恩格斯选集第3卷. 北京：人民出版社，1995. 247）在《反杜林论》中，恩格斯针对杜林主张要在未来社会主义社会进行消灭一切宗教的“超级革命”的激烈观点，提出：“一切宗教都不过是支配着人们日常生活的外部力量在人们头脑中的幻想的反映，在这种反映中，人间的力量采取了超人间的力量的形式。”（马克思恩格斯选集第3卷. 北京：人民出版社，1995. 666～667）总之，他们认为，宗教只能随着其消亡的历史条件的成熟而慢慢地自然死掉，坚决反对人为地消灭宗教，坚决反对用行政命令和警察手段禁止宗教。

马克思恩格斯认为，宗教和统治阶级结合在一起，对人民施以无情剥削、统治和麻醉。他们对宗教在封建制度中所起的作用作了深刻的揭露，深刻地指出，宗教与私有制的社会结合在一起，对不合理的剥削制度加以粉饰，发挥其作为“意识形态”对所在经济基础的维护作用。与此同时，马克思恩格斯也看到了宗教作为意识形态，对于被统治阶级也会起到一定的作用。被统治阶级往往利用宗教来表达思想情感，进行社会活动，在这个过程中，宗教起了“外衣”的作用。恩格斯在《德国农民战争》中对路德与农民战争的关系进行了精辟分析，他告诉人们，宗教作为外衣，既可以成为革命的武器，也可以成为镇压革命的工具，它的性质取决于举旗者所代表的阶级的政治目的和经济利益。

马克思恩格斯在关于社会主义正确处理宗教问题上，定出了四条基本原则：其一，不能将宗教与共产主义和社会主义的世界观混为一谈；其二，不能用行政命令消灭宗教；其三，必须实行教会同国家分离，学校同教会分离；其四，要将宗教转入私法范围，使其成为公民个人的私事。

二、列宁的宗教观

列宁根据俄国革命的需要，深入研究了马克思恩格斯的宗教观并运用于解决俄国宗教问题的实际，在这个过程中，继承、丰富和发展了马克思主义宗教观，指导了俄国无产阶级政党对宗教及宗教问题的认识与处理，是中国共产党宗教观的一个理论渊源。

俄国是一个有着深厚宗教传统的国家，基本上是全民信仰宗教。列宁主义宗教观的形成是马克思主义宗教观与俄国国情相结合的产物。当时的俄国，政教合一，宗教间不平等，宗教信仰不自由，沙俄专制社会与宗教相互利用，竭力维护沙皇的反动统治。因此，俄国的工人运动受到了“寻神派”和“造神派”的干扰。而各种各样的唯心主义思潮，给工人运动造成了极大的思想混乱，危害了马克思主义的基础——辩证唯物主义和历史唯物主义，危害了社会民主党组织的巩固和革命事业的健康发展。因此，对各种唯心主义进行坚决的斗争就成了列宁必须面对的一项迫切任务。

列宁宗教观不但体现在他的一系列著作里，也体现在由列宁起草的、苏维埃政权颁布的一系列有关宗教问题的政策及法令中。1909 年，列宁在《论工人政党对宗教的态度》中指出：“马克思主义的哲学基础是辩证唯物主义，它完全继续了法国 18 世纪和德国 19 世纪上半叶费尔巴哈的唯物主义历史传统，即绝对的、无神论的、坚决反对以一切宗教的唯物主义的历史传统。”（中共中央马克思恩格斯列宁斯大林著作编译局编．列宁．社会主义和宗教．北京：人民出版社，1999.6）1919 年，在《论国家》一文中，列宁又指出，在阶级社会，必须牢牢把握社会阶级划分的事实、阶级统治形式改变的事实，把它作为基本的指导线索，并用这个观点去分析一切社会问题，即经济、政治、精神和宗教等问题。

列宁认为，在阶级社会中，宗教压迫和宗教剥削所造成的社会苦难是宗教产生的最深刻根源。对于宗教产生的阶级根源，他作了非常详细的探讨。在1905年所写的《社会主义和宗教》一文中，他指出："被剥削阶级由于没有力量与剥削者进行斗争，必然会产生对死后幸福生活的憧憬，正如野蛮人由于没有力量同大自然搏斗而产生对上帝、魔鬼、奇迹等的信仰一样。"（中共中央马克思恩格斯列宁斯大林著作编译局编．列宁．社会主义和宗教．北京：人民出版社，1999. 1）他认为，在宗教掩护下表示政治抗议并不是俄国一国特有的现象，而是各国人民在一定的发展阶段上共有的现象。但是，在更多的时候，宗教在阶级社会中是剥削阶级对被剥削阶级进行阶级统治的工具。

列宁向来并不主张用行政命令来消灭宗教。他一贯重视用科学的世界观和无神论教育来使广大群众摆脱宗教偏见的束缚。在列宁领导的苏维埃政权下，无神论的宣传和教育一直都进行得有声有色，列宁从俄国的实际出发，不仅强调了要重视无神论的宣传，而且强调要改进无神论的宣传，从而使这一思想得以落到实处。

列宁对马克思主义宗教观的继承和发展，不仅体现在他所处的社会历史条件下丰富和深化了马克思主义对于宗教理论上的认识，还体现在他根据俄国革命的实际，系统、全面地提出了科学社会主义运动中无产阶级政党处理宗教问题的基本原则。主要有以下五个方面：第一，工人阶级世界观的哲学基础是马克思主义，和宗教不能调和；第二，同宗教作斗争要服从于社会主义事业的总任务，不能把宗教问题提到不应有的位置；第三，不能歪曲恩格斯的"应当宣布宗教是私人的事情"的原则；第四，在社会主义运动中，要注意争取团结，反对封建专制，同情革命的宗教教职人员；第五，同宗教偏见作斗争必须慎重，反对处理宗教问题上的"左"倾错误。

列宁主义的宗教观与马克思主义的宗教观一个很大的不同之处就是，马克思恩格斯没有亲历过无产阶级掌握国家政权，特别是进入社会主义社会以后该如何处理宗教问题。而列宁却领导俄国的无产阶级建立了世界上第一个无产阶级专政的国家政权，进行了社会主义革命和建设的伟大实践，作为俄国的执政者，他带领俄国的社会民主党制定和颁布了一系列的有关宗教问题的政策：

其一，要真正实行教会同国家分离，学校同教会分离。

1918年，苏维埃颁布了由列宁亲自修改的《关于信仰自由、教会和宗教团体》的法令。这也是苏维埃政权颁布的第一个宗教法令。法令规定教会必须同国家分离，法令将东正教在沙皇时期作为国家政权机关的某些职能及所享有的一切政治、经济、文化思想特权统统取消。这是列宁主义宗教观在国家得到实现的一个体现。

其二，要有真正的宗教信仰自由。

1905 年，在《社会主义和宗教》一文中，列宁指出："任何人都有充分自由信仰任何宗教，或者不承认任何宗教，就是说，像通常任何一个社会主义者那样做一个无神论者。"（中共中央马克思恩格斯列宁斯大林著作编译局编．列宁．社会主义和宗教．北京：人民出版社，1999.2）1918 年，苏维埃颁布的《关于信仰自由、教会和宗教团体》法令中规定，在俄国，任何公民都有信仰宗教的自由和不信仰宗教的自由，这在俄国历史上首次实现了各宗教信仰法律地位上的完全平等，也使宗教信仰自由在无产阶级执政的国度里真正得到了实现。

其三，要组织广泛的科学教育和无神论宣传工作。

第二节　中国共产党在不同历史时期的宗教理论与政策

一、新民主主义革命时期党的宗教理论与政策

中共建党前后，以陈独秀、李大钊和恽代英为代表的中国共产党人为了实际工作的需要，自发或是在马克思主义宗教理论指导下开始研究宗教问题。他们探索了宗教领域的许多重大问题，如宗教的根源、实质、根本特征、社会作用等，还触及了宗教与各种社会制度相适应的问题。例如，恽代英在《我的宗教观》中指出，上帝的存在是武断和迷信，宗教的所谓安慰有许多流弊，信神的最坏的毛病是阻碍科学研究；基督教是帝国主义的工具，但对于教会人员要具体分析；宗教是人类进化应有的产物等思想。以这些思想认识为起点，中共揭开了处理中国宗教问题的序幕。

由于帝国主义借着宗教的形式对中国实行文化侵略，从 1922 年 3 月至 1927 年 7 月，发生了一场全国规模的主要针对基督教的运动。此次运动后来又被称为非宗教运动。中共十分重视这场运动，并在其中发挥了重要的作用，也积累了对宗教问题处理的一些思路和政策。在运动初期和中期，中共并没有及时注意将一般教徒与帝国主义控制下的教会相区别，出现了全盘否定的倾向。但在运动的后期，中共开始注意统一战线问题，逐渐形成了较为系统的思路和政策，把政治问题和宗教信仰问题分开，这是党把马克思主义宗教理论运用到实践中的最初尝试。

十年土地革命时期，中共的宗教政策主要是如何对待中国二三十年代农村及偏远地区的宗教信仰问题。1934 年 1 月，在瑞金召开的第二次全国苏维埃代表大会通过了《中华苏维埃共和国宪法大纲》（以下简称《大纲》）。其中，

第二、三、四、十三、十四等条款涉及宗教问题。例如，《大纲》第四条规定，不分男女、种族、宗教，在苏维埃法律面前一律平等，皆为苏维埃共和国公民。第十三条规定："中华苏维埃政权以保障工农劳苦民众有真正的信教自由的实际为目的，绝对实行政教分离的原则。"（中共中央统战部编．民族问题文献选编．北京：中共中央党校出版社，1991．208～209）《大纲》确立了以下四项根本原则：第一，信教自由；第二，政教分离；第三，宗教信仰为公民个人的私事；第四，帮助少数民族从宗教上层等统治势力的压迫下解放出来，并致力于发展民族文化与民族语言。

在长征时期，中共初步研究了少数民族地区的宗教问题，明确了一系列具体的宗教政策。除了对信教自由原则进行了再肯定和提出了一些新的内涵以外，还进一步提出了保护不信仰宗教的自由，最突出的是把宗教工作纳入了统一战线工作的范畴，这是中国共产党对马克思主义宗教理论的一大创造。

1935 年华北事变后，党提出要建立"最广泛的抗日民族统一战线"。因此，中共对宗教工作的要求及宗教工作的侧重点也相应地发生了较大的变化。这个时期，中共十分重视回族等少数民族的宗教问题，强调要尊重少数民族的宗教和风俗习惯，其中最突出的是加强了对回教的具体研究，并把尊重与保护回教的政策具体化。相关的重要文献有《回回问题研究》（李维汉，1940）、《回回民族问题》（民族问题研究会编）、《山东回民五个月的工作总结》（刘格平，1946）和《回回工作简要手册》（1949 年西北局城工部编）。在抗日压倒一切的形势下，对基督教的政策也开始变得成熟和灵活起来。总结起来，抗战时期中共宗教政策的突出特点是非常明确地提出并贯彻了统一战线政策。正如毛泽东所说："共产党员可以和某些唯心论者甚至宗教徒建立在政治行动上的反帝反封建的统一战线，但是绝不能赞同他们的唯心论或宗教教义。"（毛泽东选集第 2 卷．北京：人民出版社，1991．707）

1945 年 4 月，毛泽东在《论联合政府》中总结了党的宗教工作。他说："根据信教自由的原则，中国解放区允许各派宗教存在。不论是基督教、天主教、回教、佛教及其他宗教，只要教徒们遵守人民政府法律，人民政府就给予保护。信教的和不信教的各有他们的自由，不许加以强迫或歧视。"（毛泽东选集第 3 卷．北京：人民出版社，1991．1092）这个论述，是解放战争时期党关于宗教问题的根本政策。这里提出了一条对处理宗教问题具有深远历史意义的思路，即通过法律途径来管理宗教。

中共七大政治报告再次将《大纲》中提出过的"信教自由"原则作为根本政策和原则确定下来，并在不同场合反复强调这一政策的实施。如 1947 年成立的我国第一个省级民族自治地方——内蒙古自治区政府，其颁布的《内蒙古自治政府施政纲领》就明确体现了党的宗教政策。《施政纲领》强调："各民族互相尊重风俗习惯、历史文化、宗教信仰、语言文字"；"实现信教自由与政教分立，保护庙产，提倡喇嘛自愿投资经营农工商业与各种合作事业，奖励喇嘛自愿入学与参加劳动、行医、识字。"（中共中央统战部编．民族问题文献选编第2卷．北京：人民出版社，1991.629、630）

二、新中国成立后党对宗教理论与政策的探索

（一）社会主义宗教政策的基本确立

1949年9月29日，政协一届全体会议通过了起着代宪法作用的《中国人民政治协商会议共同纲领》。《共同纲领》第五条、第五十三条明确规定，"中华人民共和国公民有宗教信仰的自由权"。1954年第一届全国人大通过了新中国第一部宪法，其中涉及宗教问题的规定有四条，即第三条、第八十六条、第八十七条和第八十八条。第八十八条规定："中华人民共和国公民有宗教信仰的自由。"（罗广武．新中国宗教工作大事概览．北京：华文出版社，2001.99）在此以后通过的历次宪法，这一条都没有改变过。把党的宗教信仰自由政策写进宪法，以根本大法的形式给予确认，说明中国共产党的宗教政策是坚定不移的。

同时，党和政府还明确宣布要充分尊重各民族宗教信仰，这不仅表现在党和国家主要领导人的言论之中，而且载入有关处理民族问题的重要文献之中。政府不断重申实行宗教信仰自由政策，并提出了一些新思想。如认为宗教问题具有长期性、群众性、民族性、国际性、复杂性的重要思想；指出社会主义制度建立以后，宗教上的矛盾主要是人民内部矛盾；对宗教信仰自由的含义作了全面准确的阐述。在这些观点的指导下，政府有关部门制定了对各大宗教的工作方针和具体政策，宗教工作也取得了积极的成效。主要内容有：

第一，首次提出关于宗教具有长期性、群众性、民族性、国际性、复杂性等"五性"的重要思想；第二，突出强调在全民信教的少数民族地区，宗教问题是整个民族问题不可分离的一个重要部分，尊重了少数民族的信仰；第三，对待宗教信仰问题，必须长期地采取十分谨慎的态度；第四，强调努力进行上层统战工作，争取、团结一切可以争取、团结的少数民族宗教上层人物；第五，对少数民族共产党员信仰宗教的问题要采取既坚持原则又灵活处理的态度；第六，要进行系统的调查工作和马克思主义宗教理论与党的宗教政策研究。

（二）宗教理论上的初步探索

1. 宗教信仰自由

在一个以马克思主义为指导思想的社会主义国家，实行宗教信仰自由的政策并诉诸宪法和有关法律，是根据马克思主义的基本原理，依据宗教本身的发展规律，从我国国情出发而制定的。这是党的民族政策、统一战线政策的具体体现，也是反映党的文化方针的重要内容。在这个方面，第一代中央领导作了很好的探索。

中国是一个多民族国家，少数民族多数人是信教的，有些少数民族是全体信教的，教派种类较多，既有佛教、道教，也有伊斯兰教、基督教、天主教。新中国成立以后，在全国范围内如何对待宗教的问题不可避免地提到了党的面前。周恩来1956年5月30日在接见巴基斯坦伊斯兰教代表团和印度尼西亚伊斯兰教代表团时发表《不信教的和信教的要互相尊重》的谈话时指出，“我可以告诉大家一个事实：中国的宗教徒比共产党员多。中国共产党党员人数在世界上是最多的，现有900多万；但是，中国的宗教徒有几千万，如果加上在家里信教而不到寺庙去的就更多，差不多有一亿人”。（罗广武．新中国宗教工作大事概览．北京：华文出版社，2001.119）当时的具体情况毛泽东在同年2月12日同藏族人士的谈话中说：“信耶稣教的有80万人；信天主教的有300万人；信伊斯兰教的有1 000多万人；信佛教的更多，有几千万人；还有信道教的，数目也很大，约有1 000万人。”因此，毛泽东指出：“宗教信仰自由，可以是先信后不信，也可以先不信后信。”他强调说：“人们的宗教感情是不能伤害的，稍微伤害一点也不好。除非他自己不信教，别人强迫他不信教是很危险的。这件事不可随便对待。就是到了共产主义也还会有信仰宗教的。”（罗广武．新中国宗教工作大事概览．北京：华文出版社，2001.114）

早在1952年10月8日，毛泽东在接见西藏考察团代表谈话时就指出：“共产党对宗教采取保护政策，信教的和不信教的，信这种教的或信那种教的，一律加以保护，尊重其信仰。今天对信教加以保护政策，将来也仍然采取保护政策。”（罗广武．新中国宗教工作大事概览．北京：华文出版社，2001.74）

1953年3月8日，毛泽东在给达赖喇嘛的信中也说：“西藏的宗教和在国内其他地方的宗教一样，是已经受到尊重和保护，并且还将继续受到尊重和保护。只要人民还相信宗教，宗教就不应当也不可能人为地去加以取消或破坏。”（罗广武．新中国宗教工作大事概览．北京：华文出版社，2001.77）

由此可见，坚持宗教信仰自由政策首先是由宗教的客观存在所决定的，其次是由宗教的发生、发展和其存在的必然性所决定。另外，中国是一个多民族的国家，很多民族是多数人信教的，有些民族是全民信教的。我们的民族政策和统一战线政策决定了党不可能把他们排除在外。周恩来说过："现在应该担心的不是宗教能不能存在，而是民族能不能繁荣。"（罗广武．新中国宗教工作大事概览．北京：华文出版社，2001. 163）

从以上史实可以得出以下四点：

其一，党的宗教信仰自由政策是坚定不移的，对信教的群众不但尊重其信仰，也"一律加以保护"；其二，不能用行政手段强迫人不信教；其三，宗教信仰政策的出发点是中国有众多的宗教徒；其四，宗教信仰政策是长期不变的，因为"到了共产主义也还会有信仰宗教的"。正如李维汉在中共八大作的《进一步加强党的统一战线工作》的发言说的那样："我们党和政府实行了彻底的宗教信仰政策。这就是：信教或者不信教是自由的；信仰哪一种宗教、哪一个教派，是自由的；现在信教、将来不信，或者现在不信、将来又信教，也是自由的。这样就改进了宗教界同非宗教界之间以及宗教界内部的团结。在我们国家内，只要人民中有人信仰宗教，我们就尊重他们的信仰自由，保护他们所信仰的宗教。共产党是唯物主义者，所以不信仰宗教；同时共产党是历史唯物主义者，懂得宗教必然会在长时期内存在的原因，所以采取了长期尊重宗教信仰自由的政策。在处理宗教问题上还有采用行政手段的情况，是必须纠正的。"（罗广武．新中国宗教工作大事概览．北京：华文出版社，2001. 125）这就是宗教信仰自由和采取这一政策的原因。

2. 只要赞成社会主义制度，可以不赞成马克思主义世界观

1957 年 2 月，毛泽东在《关于正确处理人民内部矛盾的问题》一文中说："我们不能用行政命令去消灭宗教，不能强制人们不信教。不能强制人们放弃唯心主义，也不能强制人们相信马克思主义。"（毛泽东著作选读（下）．北京：人民出版社，1986. 762）

在同年 3 月 12 日党的全国宣传工作会议上的讲话中，他进一步强调："有一些人虽然不公开表示不赞成马克思主义，但是实际上不赞成。这种人在很长的时间内都会有的，我们应该允许他们不赞成。例如一部分唯心主义者，他们可以赞成社会主义的政治制度和经济制度，但是不赞成马克思主义的世界观。宗教界的爱国人士也是这样。他们是有神论者。我们是无神论者。我们不能强迫这些人接受马克思主义世界观。"（毛泽东文集第 7 卷．北京：人民出版社，1999. 269）为什么？"信仰宗教的人，不仅现在社会主义的国家里有，就是将来进入共产主义社会，是不是就完全没有了？现在还不能说得那么死。现在我们只把宗教肯定为人民的思想信仰问题，而不涉及政治问题。不管是无神论者，还是有神论者，大家一样地能够拥护社会主义制度。"（周恩来统一战线文选．北

京：人民出版社，1984. 383）

1959年4月15日，毛泽东在第十六次最高国务会议上讲话时还谈到："你们的佛教，就是喇嘛教，我是不信的，我赞成你们信。"（毛泽东文集第8卷. 北京：人民出版社，1999. 40）

上述观点，是符合马克思主义宗教观的。列宁就曾提出：如果用行政命令和警察手段禁止宗教，大声疾呼向宗教宣战，"是一种愚蠢的举动，这样的宣战是提高人们对宗教的兴趣、妨碍宗教真正消亡的最好手段"。（列宁选集第2卷. 北京：人民出版社，1995. 367）

通过建国以后一系列宗教政策的实施，党对宗教的认识进一步加深，并逐步提出了"宗教五性论"的思想，这就是充分认识宗教的长期性、群众性、民族性、国际性、复杂性。这个思想的正式提出，是在1954年10月党中央批转的《关于过去几年内党在少数民族中进行工作的主要经验总结》中提出的。1956年，中央统战部部长李维汉在全国第七次统战工作会议上发言时又作了较全面的论述。因而，我们方针的基本点就是：只要赞成社会主义制度，可以不赞成马克思主义世界观。因为问题的实质是：马克思主义世界观是唯物主义的，而宗教是唯心主义的。既然实行宗教信仰自由的政策，就不可能使教徒赞成唯物主义。使二者目标一致的基础，就是信教者站在人民的立场，在爱国主义基础上坚持自己的信仰，从事宗教活动。

在这一方针的正确指导下，宗教界在爱国主义的基础上团结起来了。抗美援朝期间，佛教界捐献了"中国佛教号"和"中国喇嘛号"飞机，积极参加保家卫国的运动。1953年5月，成立了中国佛教协会，实现了全国各地区、各民族、各宗派佛教的大团结，结束了旧中国各民族、各宗派佛教之间相互隔绝、四分五裂的状态，为现代中国佛教的发展奠定了组织基础。同年还成立了中国伊斯兰教协会。1950年5月，周恩来曾经四次出席基督教问题座谈会，他在谈话中说："基督教最大的问题，是它同帝国主义的关系问题。中国基督教会要成为中国自己的基督教会，必须肃清其内部的帝国主义的影响与力量，依照三自（自治、自养、自传）的精神，提高民族自觉，恢复宗教团体的本来面目，使自己健全起来。"但是，"一方面不能无原则地团结，另一方面不要脱离广大群众。这是政策问题，不是策略问题"。（周恩来统一战线文选. 北京：人民出版社，1984. 182、187）

在周恩来的号召下，中国基督教人士发宣言、写文章、搞革新，与帝国主义断绝关系。1954年7月，中国基督教徒62个教会团体的代表召开了全国会议，明确了"在反帝、爱国、爱教的共同目标下，促成基督教各教会所有教徒大团结，进一步开展基督教三自爱国活动"的方针任务。天主教也经历了大致相同的历程，1957 年 7 月，正式成立了天主教友爱国会。可见，有神论和无神论，唯物主义和唯心主义合作的基础就是爱国主义和社会主义。

当然，党内也并非所有人都赞同这个观点。周恩来曾经对此进行过严厉批评："我们把宗教信仰问题常常看得太简单了，拿共产党员马列主义的认识来要求所有人的人生观、世界观都一样，这是不可能的。思想认识是逐步改变的，而且思想认识是人民内部的问题。就宗教信仰来说，更是一个长期的问题。我们只是希望，爱国的宗教界人士，热爱祖国，愿意为社会主义服务，也愿意努力学习。这样，他们思想上还有宗教信仰，这并不妨碍我们整个人民民主统一战线的扩大和团结，并不妨碍我们祖国的社会主义建设。"（周恩来统一战线文选. 北京：人民出版社，1984. 445）毛泽东还认为："我赞成有些共产主义者研究各种宗教的经典，研究佛教、伊斯兰教、耶稣教等等的经典。因为这是个群众问题，群众有那么多人信教，我们要做群众工作。"（毛泽东邓小平江泽民论思想政治工作. 北京：学习出版社，2000. 142）

3. 宗教要改革

新中国的成立，标志着中国社会的根本变革，尤其是 1956 年社会主义改造基本完成以后，宗教的消极作用及与社会主义经济、政治、文化不相适应的一面和束缚民族发展的一面逐渐明显地表现出来。因此，宗教改革的问题也必然提出来了。

1959 年 5 月 7 日，毛泽东在同班禅等藏族人士谈话时指出："关于宗教，我们的改革很明白，就是宗教信仰自由的政策。看来，宗教寺庙也需要进行改革。""你们在精神上要有准备。改革以后，有一个时期喇嘛可能要减少。有些喇嘛要回家，但他们不是不信佛教了。当然年老的还是愿意留在寺庙。你们要把工作范围放广大一点，在寺庙和不在寺庙的佛教徒都是归你们领导的。宗教寺庙如何改革，我想你们应该考虑一个办法。"（毛泽东文集第 8 卷. 北京：人民出版社，1999. 56）

这个谈话，是在西藏解放之后谈的。但实际上，在充分尊重宗教信仰的基础上，宗教改革早就在点滴地进行。实行"三自"方针，割断与帝国主义的联系，本身就是基督教的改革，1951 年初开始的天主教革新运动也是改革。佛教也进行了改革。毛泽东曾说："拿佛教来说，它同帝国主义联系较少，基本上是和封建主义联系着。因为土地问题，反封建就反到了和尚，受打击的是住持、长老之类。这少数人打倒了，'鲁智深'解放了。"（罗广武. 新中国宗教工作大事概览. 北京：华文出版社，2001. 70）

这里说的，是宗教界的"打倒阎王，解放小鬼"，是解决寺庙田产的封建土地权问题。这个问题在伊斯兰教中也同样存在。1958 年 8 月 10 日，中央统战部发出《关于在回教中改革宗教制度的意见》，改革的内容有：教权统治；宗教负担；宗教寺院的封建所有制，频繁的和大规模的宗教活动；宗教对妇女、儿童的压迫和束缚。（罗广武．新中国宗教工作大事概览．北京：华文出版社，2001. 174～175）《关于在回教中改革宗教制度的意见》提出了改革的6条原则和11条措施。改革的目的，就是为了解决宗教的束缚与少数民族发展问题上的矛盾，使之与社会主义相适应。

概括起来说，第一代中央领导关于宗教问题的思想和政策主要有：其一，保护宗教信仰自由是党对待宗教的一项长期的基本政策，在宪法及有关法律中加以明确规定；其二，坚持宗教信仰自由政策是巩固和发展党同各民族政治同盟的重要环节；其三，宗教问题上的矛盾主要是人民内部矛盾；其四，有神论和无神论、唯物主义和唯心主义一样可以团结在爱国主义和社会主义的旗帜之下；其五，充分认识中国宗教的长期性、群众性、民族性、国际性、复杂性；其六，初步提出了宗教改革的任务是为了与社会主义相适应。

（三）改革开放以后，党的宗教政策得到恢复并有了新的发展

由于众所周知的原因，1957年以后，中共在思想政治路线的“左”的错误逐渐滋长，60年代中期更进一步地发展起来，这也必然影响到了宗教工作。特别是在文化大革命中，党的宗教工作方针和政策遭到践踏，所有宗教工作部门被取消；关闭了宗教活动场所，禁止正常的宗教活动；宗教界人士遭到打击迫害。

从1978年到1982年，宗教工作进行了全面的拨乱反正。1979年6月15日邓小平在政协五届二次会议开幕词中宣布：“各民族的不同宗教的爱国人士有了很大进步。”（邓小平文选第2卷．北京：人民出版社，1994. 186）代表中共和政府明确否定了“文革”对宗教界人士的不公正待遇。同年9月1日在听取第十四次全国统战工作会议的情况汇报时，邓小平强调宗教工作也有许多政策问题，要统战部议一议宗教问题。1980年8月26日邓小平在同十世班禅大师谈到西藏的发展时指出，对于宗教，不能用行政命令的办法，但宗教方面也不能搞狂热，否则就会同社会主义、同人民的利益相违背。（罗广武．新中国宗教工作大事概览．北京：华文出版社，2001. 279）同年4月，他还在《人民日报》上发表文章《一件具有深远意义的盛事》（新时期宗教工作文献选编．北京：宗教文化出版社，1995. 22），充分肯定了江苏扬州举行的欢迎唐代高僧鉴真大师像由日本回国巡展的活动，肯定了宗教人士在国际文化交流中的积极作用。1981年，十一届六中全会通过《中国共产党中央委员会关于建国以来党的若干历史问题的决议》，重申了要继续贯彻执行宗教信仰自由政策。（三中全会以来重要文献选

编．北京：人民出版社，1982. 843）

这段时间内，中国共产党比较系统地总结了建国以来在宗教问题上的正反两个方面的历史经验，在1982年3月中共中央印发的《关于我国社会主义时期宗教问题的基本观点和基本政策》（即19号文件）中，从12个方面全面阐明了中国共产党对宗教问题的基本观点和基本政策。特别对社会主义时期宗教的性质、社会作用、存在根源以及宗教工作的目的和任务，对宗教界人士的政策，对外宗教文化交流的基本原则，民族地区宗教工作的基本方针等一系列重大问题均作了具体阐述和具体规定。在全面贯彻19号文件的过程中，宗教活动逐步正常化。中共中央1982年19号文件是以邓小平为核心的党中央第二代领导集体关于社会主义时期宗教问题的纲领性文件。它阐明的基本观点和基本政策，充分表明了中国共产党关于社会主义时期宗教问题的观点和政策走向成熟，集中表明了中国共产党对马克思主义宗教理论的重大发展。

1982年12月，第五届全国人民代表大会第五次会议审议通过了新宪法。新宪法将党的宗教政策上升为国家根本大法的内容之一，成为国家制定和执行宗教法规、政策，处理中国宗教问题的根本法律依据和保证。新宪法第三十六条的宗教条款以1954年宪法为基础，规定得更加明确具体，同时，又根据新形势发展的需要增加了新的内容。新宪法规定："中华人民共和国公民有宗教信仰自由。""任何国家机关、社会团体和个人不得强制公民信仰宗教或者不信仰宗教，不得歧视信仰宗教的公民和不信仰宗教的公民。"同时，还明确了信教公民在享有宗教信仰自由权利的同时对国家和社会所应承担的主要义务："国家保护正常的宗教活动。任何人不得利用宗教进行破坏社会秩序、损害公民身体健康、妨碍国家教育制度的活动。"（罗广武．新中国宗教工作大事概览．北京：华文出版社，2001. 315）又规定了处理中国宗教团体同外国宗教团体关系的原则，强调宗教团体和宗教事务不受外国势力的支配。

十三届四中全会以后，以江泽民为核心的党的第三代中央领导集体对处理好世纪之交的宗教问题又提出了一些重要思想，并对宗教工作作出了新的决策，正确回答了20世纪90年代以来，建设有中国特色的社会主义实践中迫切需要解决的宗教问题，形成了新的理论成果，实现了对马克思主义宗教观的重大创新。

1990年9月，江泽民在新疆考察工作时指出，要加强对党员干部进行马克思主义宗教观教育，引导他们贯彻好党的宗教政策和国家的有关法令。重申了全面、正确地贯彻执行宗教信仰自由政策，政教分离原则，以及加强对宗教团体和宗教活动的依法管理等问题。

1990年12月5日至9日，国务院主持召开了全国宗教工作会议。李鹏总理在会上强调指出："正确对待和处理宗教问题，是我国社会主义建设事业中的一个重要课题，也是建设有中国特色的社会主义的一个重要内容。"（罗广武．新中国宗教工作大事概览．北京：华文出版社，2001.429）第一次在国家的会议中把处理好宗教问题的重要性提高到建设有中国特色的社会主义的一个重要内容这样的高度。会议还首次提出，依法对宗教事务进行管理。"这种管理，是指政府对有关宗教的法律、法规和政策的贯彻实施进行行政管理和监督。""不要把对宗教事务的管理同宗教信仰自由对立起来。"（罗广武．新中国宗教工作大事概览．北京：华文出版社，2001.429）这次会议通过的《中共中央国务院关于进一步做好宗教工作若干问题的通知》（1991年6号文件）中进一步指出，要加快宗教立法工作，要"动员全党、各级政府和社会各方面进一步重视、关心和做好宗教工作，使宗教同社会主义相适应"。（新时期宗教工作文献选编．北京：宗教文化出版社，1995.220）

1991年1月30日，江泽民邀请我国宗教团体5位领导人到中南海做客时说："我们处理同宗教界朋友之间的关系的原则是政治上团结合作、思想信仰上互相尊重。"（罗广武．新中国宗教工作大事概览．北京：华文出版社，2001.433）1993年11月7日，江泽民在全国统战工作会议上指出，民族宗教无小事，全党要高度重视宗教问题。强调了三句话：一是全面、正确地贯彻执行党的宗教政策；二是依法加强对宗教事务的管理；三是积极引导宗教与社会主义相适应。（罗广武．新中国宗教工作大事概览．北京：华文出版社，2001.466）简而言之，就是讲政策、讲管理、相适应。

第一句，讲政策，就是讲宗教信仰自由政策。

每个公民既有信仰宗教的自由，也有不信仰宗教的自由；有信仰这种宗教的自由，也有信仰那种宗教的自由。当然，宗教信仰自由不适应于共产党员和共青团员，共产党员的信仰是共产主义，其世界观是唯物主义的，是无神论者；但是在基本上全民信教的少数民族中，基层党员可以信教。后来，针对社会上出现的"有神论有人传，无神论无人讲"的怪事，中央也提出：要向人民群众特别是广大青少年进行辩证唯物论和历史唯物论的教育，进行关于自然现象、社会进化和人的生老病死、吉凶祸福的科学文化知识的宣传教育；但这并不妨碍我们与有神论者在信仰上的互相尊重，求同存异。这个"求同存异"叫做"求政治之同、存信仰之异"。"同"就是信教群众和宗教教职人员现时的根本利益和社会主义事业及实现的目标是完全一致的。"统一祖国，振兴中华"同样是他们的愿望。这是"相适应"的政治基础，在任何社会，宗教都必须与所存在的社会相适应。"异"就是世界观和信仰上的不同，允许其存在。这些政策并不意味着可以在信教群众中发动有神论或是无神论的辩论。同时，在报刊、广播、电视、戏剧等宣传中，对宗教问题要十分慎重，一方面要尊重宗教信仰自由，另一方面也要注意不去渲染宗教。

讲政策，就是要正确处理宗教与民族的关系。我国是一个多民族、多宗教的国家，宗教问题与民族问题交织在一起。但是，宗教问题与民族问题毕竟是两个不同的概念。对于带有宗教色彩的民族习俗，一般不按照宗教问题对待。我们要尊重少数民族的风俗习惯，对于一些有碍民族进步，不利于现代化建设的习俗，则由本民族自己决定改革的方法和步骤。

讲政策，就是要正确认识宗教信仰与封建迷信的区别和联系。宗教和封建迷信有一定的联系和相同之处，尤其是在我国，在广大文化落后、生产力低下的贫困地区，低层次的宗教信仰常常与封建迷信活动交织在一起。但是，宗教和封建迷信之间是有区别的，在区别的基础上我们制定了相应的不同政策。宗教作为一种世界观，具有完整而系统的教义、教规，有一定的组织形式和活动场所，有经过专门培训的教职人员，拥有一定数量的、相对固定的信徒。正常的宗教活动不会造成对社会的危害。而封建迷信是在我国封建社会中形成的一种巫术活动的残余。它讲鬼神、信天命，没有成文的教义，没有组织形式和戒律。封建迷信活动者通过驱魔、装神弄鬼、占卦算命等手段愚弄群众，骗取钱财，危害社会，因而要坚决取缔。

第二句，讲管理，就是讲依法管理。

讲管理还要区别不同情况，分别争取用好教育的、行政的、法律的手段，既保护公民信仰宗教的权利，也保护公民不信仰宗教的权利；既保护宗教团体、寺观教堂的合法权益，保护宗教教职人员进行正常的宗教活动，又要坚决制止和打击利用宗教和宗教活动进行的违法犯罪活动。这种管理，是为了使宗教活动纳入宪法、法律、法规和政策的范围，而不是干预正常的宗教活动和宗教团体的内部事务。

我国在宗教立法方面已有了长足的进展，除了宪法，民族区域自治法、民法、教育法、劳动法和其他有关法律有专门的规定外，1994 年 1 月 31 日，国务院还颁布了两个全国性的宗教法规，即《宗教活动场所管理条例》和《中华人民共和国境内外国人宗教活动管理规定》。

第三句，相适应，就是宗教与社会主义社会相适应。

做好“相适应”的工作，关键是要不断提高引导主体的素质，也就是党和政府的干部，特别是统战、宗教事务部门的干部需要不断提高自己的素质。正如江泽民所说：“应该相信，我们共产党人有办法、有能力引导爱国宗教团体和广大宗教信徒把爱教与爱国结合起来，把宗教活动纳入宪法和法律的范围，做到同社会主义社会相适应。”（新时期宗教工作文件选编．北京：宗教文化出

版社，1995. 255）

20 世纪 90 年代以来，在与达赖集团利用宗教从事的分裂祖国的斗争中，顺利完成了十世班禅转世灵童的寻访、掣签、册立、坐床等工作。发挥了各爱国宗教团体的作用，同时推动各宗教团体搞好自身组织建设和神学思想建设，鼓励宗教界在社会主义两个文明建设中多作贡献，调动了宗教界和广大信教群众投身社会主义建设的积极性。加强宗教法制建设，从制度上和法律上保证了宗教政策的贯彻执行。政府有关部门及时采取积极有效的措施解决了一些涉及宗教方面的具体问题特别是一些突发事件，保持了宗教领域的稳定。但是，“一些地方宗教活动混乱，教徒发展泛滥，乱建寺观教堂、滥塑佛像和以各种借口敛聚钱财的现象屡禁不止。一些地方早已被废除的宗教封建特权死灰复燃，利用宗教干预行政、司法、教育的情况有所抬头。因民族、宗教因素引发的影响社会稳定的突发事件和群众性事件时有发生。境外利用宗教对我国进行的渗透不断加剧。另外，打着‘宗教’旗号的邪教和其他违法犯罪活动猖獗”。（江泽民文选第 3 卷 . 北京：人民出版社，2006. 383）宗教领域中存在的这些突出问题给新世纪的中国宗教工作带来了新的挑战与思考。

2001 年 12 月全国宗教工作会议上，江泽民作了重要讲话，提出了“四个关系到”的观点：“做好宗教工作，关系到加强党同人民群众的血肉联系，关系到推进两个文明建设，关系到加强民族团结、保持社会稳定、维护国家安全和祖国统一，关系到我国的对外关系。”（江泽民文选第 3 卷 . 北京：人民出版社，2006. 381 ~ 382）再一次将宗教工作上升到全局性的高度。他在讲话中还全面概括了“积极引导宗教与社会主义社会相适应”的基本内涵，论证了我国宗教与社会主义社会相适应的必要性和可能性。提出了新世纪新阶段党对宗教工作的基本任务和重要工作：“全面贯彻党的宗教信仰自由政策，依法管理宗教事务，积极引导宗教与社会主义社会相适应，坚持独立自主自办的原则，巩固和发展党同宗教界的爱国统一战线，维护稳定，增进团结，为推进社会主义现代化建设、促进祖国的完全统一、维护世界和平与促进共同发展而努力奋斗。”（江泽民文选第 3 卷 . 北京：人民出版社，2006. 382）

在党的十六大报告中，江泽民进一步提出了指导宗教工作的“四句话”：“全面贯彻党的宗教信仰自由政策，依法管理宗教事务，积极引导宗教与社会主义社会相适应，坚持独立自主自办的原则。”2003 年 6 月 8 日，中共中央印发了《“三个代表”重要思想学习纲要》，明确将“三个代表”重要思想宗教理论概括为“三性”、“四句话”的理论框架。（“三个代表”重要思想学习纲要 . 北京：学习出版社，2003. 82 ~ 83）

党的十六大以后，以胡锦涛为总书记的党中央继续高度重视宗教问题，进一步发展了中国的宗教理论与政策。在2004年1月4日至6日的全国宗教工作座谈会上，贾庆林明确提出了新一届中央领导集体“充分认识宗教存在的长期性、宗教问题的群众性和特殊复杂性”，以“全面贯彻党的宗教信仰自由政策，依法管理宗教事务，坚持独立自主自办的原则，积极引导宗教与社会主义社会相适应”为党对宗教工作的基本方针。（新华社北京2004年1月6日电）2004年11月30日，国务院总理温家宝签署国务院第426号令，发布了《宗教事务条例》（以下简称《条例》）。这是在新世纪新阶段国家推进依法治国，在宗教法制建设上的又一个里程碑，是今后国家依法管理宗教事务的法律依据，是公民宗教信仰自由权利的法律保障。

在2006年7月的全国统战工作会议上，胡锦涛提出：要着重从政党关系、民族关系、宗教关系、阶层关系、海内外同胞关系等五个方面发挥统一战线优势。会议提出了正确认识和处理社会主义社会的“宗教关系”这一重大的理论和实践课题，揭示了宗教工作在构建社会主义和谐社会中的重要作用，明确指出：在新形势下做好宗教工作的关键，是贯彻党的宗教工作的基本方针和落实宗教事务条例；要积极引导宗教与社会主义社会相适应，使信教群众在全面建设小康社会的宏伟目标下最大限度地团结起来。（新华网7月12日电）2006年10月11日，《中共中央关于构建社会主义和谐社会若干重大问题的决定》提出：“全面贯彻党的宗教信仰自由政策，依法管理宗教事务，坚持独立自主自办的原则，积极引导宗教与社会主义社会相适应，加强信教群众同不信教群众、信仰不同宗教群众的团结，发挥宗教在促进社会和谐方面的积极作用。”（新华社北京10月11日电）

总体上来说，进入21世纪以来，在宗教实践方面，我国公民宗教信仰自由的权利及合法权益进一步得到保障；爱国宗教力量建设力度明显增强，支持推动宗教界为和谐社会作贡献成效显著，影响很大；实施宗教事务条例进一步深入；宗教方面的外事工作有重大进展；加大了宗教方面薄弱环节的工作力度，切实加强县级以下农村牧区基层的宗教工作，着力解决好重点、难点、热点问题，宗教工作平衡有序推进，宗教领域保持了和谐稳定的良好局面。在宗教理论方面，继续将马克思主义宗教观与中国具体的宗教国情相结合，推进了中国特色社会主义宗教理论与政策的发展。

第三节　中国特色社会主义宗教理论与政策总结

一、中国特色社会主义宗教理论的主要内容

中国特色社会主义宗教理论是中国共产党把马列主义宗教观与当代中国实

际相结合的理论体系。它包括中国共产党对宗教基本问题的认识，以及中国共产党对如何处理宗教与社会主义社会关系的认识。这个理论体系历经中国共产党四代领导集体的探索，日臻成熟与完善，形成了中国特色社会主义的宗教理论体系。

（一）关于宗教基本问题的观点

中国共产党对于宗教基本问题的认识可从三个方面来认识，即宗教本质观、宗教历史观、宗教价值观。

对于宗教的本质，中共中央在1982年发布的《关于我国社会主义时期宗教问题的基本观点和基本政策》中指出：“宗教是人类社会发展到一定阶段的历史现象，有它产生、发展和消亡的过程。宗教信仰，宗教感情以及同这种信仰和感情相适应的宗教仪式和宗教组织，都是社会的历史的产物。”（罗广武．新中国宗教工作大事概览．北京：华文出版社，2001. 298）这一表述，把宗教概念从一个意识形态范畴扩大到了一个社会范畴，发展了马克思主义经典作家从宗教本质和宗教社会功能方面所界定的宗教含义。因此，当我们面对宗教问题的时候，既要看到宗教是信仰领域、思想领域的问题，也要看到宗教存在的长期性、宗教问题的群众性和特殊复杂性等基本特征，慎重对待对宗教问题的处理。

对于宗教的产生、发展与消亡，党继承了马克思主义的宗教消亡观，认为宗教有其产生、发展和消亡的历史过程，宗教最终走向消亡可能比阶级、国家的消亡还要久远。社会主义社会宗教将长期存在，不能用行政力量去消灭宗教，也不能用行政力量去发展宗教。因此要对社会主义条件下宗教存在的长期性有一个清醒的认识。对宗教存在长期性的认识是基于对宗教存在根源的分析。马克思、恩格斯和列宁对于宗教存在的长期性侧重于从宗教存在的自然根源、阶级剥削与压迫的社会根源等方面来分析。中国共产党既分析了宗教存在的自然根源、历史根源及社会根源，还指出宗教存在的认识根源和心理根源，进一步指出了宗教的心理支撑和精神慰藉作用，指出了为什么现代社会宗教仍然存在并不断发展变化。中国共产党对宗教消亡问题的认识既是对马克思主义宗教观的继承，又是在新的历史条件下，吸取古今中外人为消灭宗教的错误做法的教训之后得出的，对于克服宗教工作中“左”的思想具有重要意义。

对于宗教的价值，马克思、恩格斯和列宁基于时代限制，多从消极性的一面来否定宗教的社会作用。党在革命和建设的过程中，逐渐认识到宗教价值的双重性。1982年，中共中央下发的《关于我国社会主义时期宗教问题的基本观点和基本政策》一文指出：我国的各宗教，历史上都曾被统治阶级控制和利用，起过重大的消极作用。但是，新的历史时期，我国宗教的状况已经起了根本性的变化。宗教矛盾主要是人民内部矛盾。宗教团体成为党和国家联系信教群众的纽带，信教群众已成为社会主义现代化建设的积极力量，宗教正在逐步走上与社会主义社会相适应的道路。江泽民还曾提出："我国宗教在其产生和发展的过程中，与我国文化的发展相互交融，吸取了我国建筑、绘画、雕塑、音乐、文学、哲学、医学当中的不少优秀成分。"（江泽民文选第3卷．北京：人民出版社，2006.388～389）他还指出，宗教教义、宗教教规和宗教道德中的某些积极因素也可用来为社会主义精神文明建设服务。宗教的社会作用仍然具有两重性，既有积极的一面，也有消极的一面，还会受到一定范围内存在的阶级斗争和国际上一些复杂因素的影响。胡锦涛提出了"宗教关系"和谐的重要性，提出"积极引导宗教与社会主义社会相适应，加强信教群众和不信教群众、信仰不同宗教群众的关系，发挥宗教在促进社会和谐方面的积极作用"。（中共中央关于构建社会主义和谐社会若干重大问题的决定．新华社北京10月18日电）十七大报告指出，全面贯彻党的宗教工作基本方针，发挥宗教界人士和信教群众在促进经济社会发展中的积极作用。

（二）关于当代中国宗教的"五性"论

中国共产党在坚持辩证唯物主义和历史唯物主义的前提下，提出了自己的宗教本质观、宗教历史观及宗教价值观，并把这些应用于对中国宗教的认识上，从而得出了我国宗教具有"五性"的基本结论。这是中国共产党对我国的宗教问题作出的新认识与新判断，是中国共产党宗教观的一个重要内容，也是中国共产党对马克思主义宗教观的一个极大丰富与发展。这一基本认识对于我国宗教工作的开展具有非常重要的意义。宗教有"五性"的基本内容是：中国宗教具有长期性、群众性、民族性、国际性和复杂性。"在宗教同民族的关系问题上，各个民族和各种宗教有不同的情况。有些少数民族基本上全民信仰某一种宗教……那里的宗教问题和民族问题往往交织在一起；但在汉族中……则同民族问题基本上没有联系。因此……善于体察民族问题与宗教问题的区别和联系……"（中共中央关于我国社会主义时期宗教问题的基本观点和基本政策．新时期宗教工作文献选编．北京：宗教文化出版社，1995.68）其实质上指出了"长期性、群众性、复杂性"具有普遍性；但是"民族性、国际性"却不具有普遍性。这是中国共产党在运用马克思主义宗教观对我国宗教作出实事求是分析的基础上提出来的，是对我国宗教情况的准确概括。

（三）中国共产党对待宗教问题的基本原则

1. 尊重和保护宗教信仰自由

宗教信仰自由既是中国共产党处理宗教问题的一项长期的基本政策，也是中国共产党对待宗教问题的一个基本原则。宗教信仰自由受宪法保护，公民有信仰宗教的自由，也有不信仰宗教的自由。

2. 依法管理宗教事务

国家依法对宗教事务进行管理，保护正常的宗教活动和宗教界的合法权益，制止和打击利用宗教进行的违法犯罪活动。依法进行宗教事务管理，既要加强宗教立法，也要提高依法管理的水平。依法管理宗教的目的并不是为了限制人们的宗教信仰自由，而是为了保护合法的宗教活动。依法管理宗教事务的要旨是：保护合法，制止非法，抵御渗透，打击犯罪。

3. 坚持独立自主、自办的原则

在平等的基础上开展宗教对外友好交往，抵御境外敌对势力利用宗教进行渗透，不允许境外任何宗教组织、团体和个人干预我国宗教事务。坚持独立自主、自办教会的原则，既是中国百年来历史经验的深刻总结，也是反对新的历史时期境内外敌对势力利用宗教妄图渗透、控制我国的现实选择。

4. 积极引导宗教与社会主义相适应

宗教界人士和信教群众要树立公民意识，把爱国与爱教结合起来，在法律、法规和政策允许的范围内活动。

5. 共产党员不得信仰任何宗教

宗教信仰自由的政策，是对普通公民来说的。共产党员在这一点上不能把自己混同于一般公民。强调这一点，不仅不会违反党的宗教信仰自由政策，恰恰相反，会更好地促使共产党员更加模范地贯彻好宗教政策。

6. 坚持进行无神论和科学世界观的宣传教育

我们主张宗教信仰自由，但马克思主义性质的政党决定了其无神论的世界观，因此，开展无神论教育，尤其对于中共党员、共青团员与青少年的科学的世界观与文化教育，是必然的。这种教育，既包括自然科学知识的普及和社会科学知识的宣传，也包括用马克思主义哲学理论去科学地认识宗教的本质及其客观规律。

7. 政治上团结合作，信仰上互相尊重

宣传无神论，但不是简单地把有神论和无神论的区别等同于政治上的对立。要坚持政治上团结合作，信仰上互相尊重。马克思主义宗教观强调不能把社会主义、共产主义思想和宗教思想混为一谈，也不能搞任何形式的调和。党与宗教界实行团结合作有着共同的政治、经济利益，这是党处理与宗教界关系的基本准则。这一原则要求同宗教界建立统一战线，要发挥爱国宗教团体的作用，要团结和教育信教群众为祖国富强和民族振兴积极贡献力量，所有宗教团体和宗教界人士都必须维护法律尊严，维护人民利益，维护民族团结，维护国家统一。

8. 正确认识和处理宗教领域里的矛盾

对于宗教领域里的人民内部矛盾，不能用行政命令的办法去解决，要做好人民内部矛盾的疏导工作，即使出点乱子，也要始终立足于信任、争取、团结最大多数群众，以利于坚决、准确地孤立和打击极少数敌对分子。

9. 政教分离的原则

一切宗教都不得干预政治，不得干预政府事务，包括司法、教育、婚姻、计划生育等，都不得进行反对四项基本原则的宣传。

二、加强党对宗教工作的领导

加强党对宗教工作的领导，就是要求各级党委和政府，按照党中央、国务院制定的宗教工作方针政策，高度重视和切实做好宗教工作。

第一，各级党委和政府要高度重视宗教工作。宗教工作如果做得好，可以对社会主义建设起促进作用；如果做得不好，就会被国内外敌对势力所利用。因此，做好宗教工作具有重大的意义。鉴于宗教工作的重大意义，各级党委和政府要高度重视宗教工作。江泽民认为，做好宗教工作是领导干部政治上成熟的一个重要表现，也是党提高领导水平和执政能力的必然要求。

第二，加强马克思主义宗教观和党的宗教政策的宣传教育。党是工人阶级先锋队组织，是以马克思主义为指导思想的，与各种有神论和唯心主义不做任何调和，共产党员不能有宗教信仰。不但如此，共产党员还应带头宣传科学的世界观，主动学习与掌握历史唯物主义与辩证唯物主义。对于马克思主义宗教观、宗教的知识、我国宗教的国情、世界主要宗教的基本教义及宗教文化等，都应该有所知晓。因此，要对广大党员干部加强马克思主义宗教观和党的宗教政策的宣传教育。

第三，完善工作机制，健全管理机构，提高宗教工作干部队伍素质。宗教是一个复杂的社会系统，涉及社会生活的许多方面。做好宗教工作不仅仅是宗教工作部门的事情，还需要各有关部门密切配合，共同做好宗教工作。与此同时，还要健全宗教工作的管理机构，充分认识设置政府宗教事务机构的必要性。从改革发展稳定大局的政治高度看待政府宗教事务机构的设置和建设，确保宗教工作开展的组织基础，努力造就一支高素质的宗教工作干部队伍。

第四，巩固党同宗教界的爱国统一战线。巩固党同宗教界的爱国统一战线是我们党处理宗教与社会主义社会关系的一个基本原则，也是我们党在新的历史时期要着力加强的一项工作。在新的历史时期，构建社会主义和谐社会，要调动包括宗教界人士和广大信教群众在内的一切积极因素。当然，对于宗教界人士中的消极思想和错误行为，不能打着“统战”的幌子置若罔闻、纵容包庇。在团结他们的同时，也要教育他们，不断提高他们爱国爱教的政治觉悟，发挥他们的积极作用。

三、处理宗教问题的主要经验

中国共产党继承和发展了马克思主义宗教观，在解决中国宗教问题的长期实践中积累了丰富经验，特别是成为执政党以后，通过法律途径，将党的意志上升为国家意志，将党的历史经验转化成了中国政府的具体政策与法律制度。总结这些经验，对进一步把马克思主义的宗教理论与中国特色社会主义相结合是很有好处的。

第一，必须把宗教工作上升到党和国家事业发展大局的高度来认识与把握。

“没有民族问题、宗教问题的正确解决，就没有国家的团结、稳定、统一。”（江泽民文选第3卷．北京：人民出版社，2006. 149）江泽民的这一论断，把宗教问题提高到了与国家的团结、稳定和统一的高度，反映了中国共产党审时度势、慎重分析世界宗教问题的发展态势及其对我国社会稳定的影响，慎重分析我国宗教国情的发展变化对我国社会稳定与和谐社会发展的影响而作出的正确判断与对策选择。我国宗教问题直接涉及一亿多各民族群众的精神生活，宗教存在的长期性，宗教问题的群众性和特殊复杂性提示着我们必须正确认识和处理好宗教问题。这关系到加强党同人民群众的血肉联系，关系到推进两个文明建设，关系到加强民族团结、保持社会稳定、维护国家安全和祖国统一，关系到我国的对外关系。只有从党和国家事业发展的大局的高度来分析和把握宗教问题，才能掌握解决宗教问题的主动权。

第二，以“积极引导宗教与社会主义相适应”为主题，创造性地发展马克思主义宗教理论，推动宗教问题的解决。

马克思主义宗教观是指导我们正确处理宗教问题的重要理论依据。新中国成立以来处理宗教问题的曲折历程与历史经验，从根本上来说就是如何正确认识和处理好宗教与社会主义社会的相互关系问题。在长期的宗教工作实践中，党不断探索着将马克思主义宗教观同中国宗教的实际问题相结合，较好地运用并创造性地发展了马克思主义宗教理论。对宗教的本质、起源、根源、特征、社会作用、宗教问题的发展趋势以及无产阶级政党与宗教的关系、宗教与社会主义社会的关系等重大理论问题作出了时代性的思考，将马克思主义宗教理论在中国提到一个新的高度，并以“积极引导宗教与社会主义社会相适应”为主题，揭开了中国处理社会主义时期宗教问题的新篇章。

第三，必须坚持全面贯彻宗教信仰自由政策，坚持依法管理宗教事务，坚持独立自主自办原则，坚持巩固和发展中国共产党同宗教界的爱国统一战线。这四个坚持对于中国处理本国宗教问题具有十分重要的意义。做到四个坚持，也就是做到了讲政策、讲管理、讲原则与讲策略的统一。正反两方面的经验教训证明，必须全面正确地理解宗教信仰自由政策，并坚决贯彻执行，才能有效地处理好少数民族的宗教问题。

第四，加强与改善党的领导，是解决好宗教问题的根本保证。

“宗教工作，最根本的是要做信教群众的工作，是要团结和教育信教群众为祖国富强和民族振兴积极贡献力量。”（江泽民文选第3卷．北京：人民出版社，2006. 393）重视宗教工作，善于做宗教工作，是各级党政领导干部政治上成熟的一个重要表现，也是党提高领导水平和执政能力的必然要求。历史证明，党的宗教政策是否得到落实，宗教事务管理是否走上法制化轨道，与民族、宗教问题相关的矛盾纠纷是否得到有效预防和妥善处理，信教群众与不信教群众是否团结一致共同致力于社会主义现代化建设，是衡量各级党委和政府对宗教工作抓得好不好的标准。为此，各级领导干部必须认真学习、领会和掌握党关于宗教问题和宗教工作的基本观点和基本政策，加强宗教领域工作的调查研究，全面掌握情况，及时研究和解决重大问题。

第十章　中国特色社会主义民族理论的渊源

中国是一个多民族国家，中国共产党在长期的革命与执政时间里，总结了一套具有中国特色的社会主义民族理论。当然，从这个发展过程中我们也可以看到，它是与马克思主义的民族理论有着深厚渊源关系的。

第一节　马克思主义经典作家关于民族和民族问题的主要思想

马克思、恩格斯的民族理论，是马克思主义科学体系的重要组成部分；列宁、斯大林结合俄国的实际继承和发展了马克思、恩格斯的民族理论并进行了实践；马克思、恩格斯、列宁、斯大林的民族理论为中国共产党早期的民族理论和民族政策提供了直接的理论来源和实践基础。马克思主义运用辩证唯物主义和历史唯物主义的基本观点，分析、研究和总结了人类社会中民族和民族问题这一社会历史现象，对中国共产党制定新中国民族政策具有指导性意义，是我国解决民族问题的理论依据。

一、马克思恩格斯的民族理论

马克思恩格斯在19世纪中期的革命实践中，把民族问题和社会革命问题结合起来，探索了民族和民族问题的规律，创立了无产阶级解决民族问题的理论。据统计，马克思恩格斯有关民族问题的论著达300篇以上。

（一）马克思恩格斯民族理论的发展情况

19世纪40年代，马克思恩格斯创立了辩证唯物主义和历史唯物主义，从民主主义转到共产主义，也开始对民族和民族发展规律进行探索。他们发表了《论犹太人问题》、《神圣家族》、《德意志意识形态》、《在伦敦举行的各民族人民庆祝大会》等十多部著作。这些著作阐述了民族平等的思想，探讨了民族形成的问题，揭示了民族关系和民族内部结构决定因素的原理，分析了德国犹太人解放与“政治解放”（资产阶级民主革命）特别是“社会解放”（无产阶级社会主义革命）的关系，提出了用无产阶级国际主义反对资产阶级民族利己主义和世界主义的思想等重要的民族理论观点。

随着1848年欧洲资产阶级民主革命的深入发展，工人阶级作为独立的政治力量登上了历史舞台，亚洲被压迫民族解放运动出现了高潮，这个时候，马克思恩格斯对民族运动进行了全面深入的研究。《共产党宣言》及其前后发表的《共产主义者信条》、《论波兰》、《德国的革命和反革命》、《不列颠在印度统治的未来结果》、《中国革命和世界革命》及《意大利的统一问题》等一批关于民族问题的理论著作，揭示了近代民族问题产生的根源和解决的途径、资产阶级民族国家和资本主义民族形成的规律、落后民族征服先进民族而被自然同化的规律；阐述了被压迫民族解放与资产阶级民主革命和无产阶级社会主义革命的关系，并提出了正确区分两种民族运动等重要的理论观点。

巴黎公社失败以后，马克思恩格斯把主要精力转入理论研究。这一时期，《家庭、私有制和国家的起源》、《论封建制度的瓦解和民族国家的产生》、《1891年社会民主党纲领批判》和关于波兰、爱尔兰问题等文稿书籍相继问世。他们运用大量的资料，以历史唯物主义的观点论证了人类历史上民族最初形成的时间、过程及条件；阐述了欧洲封建制大民族的形成及向资本主义民族过渡的问题；提出了被压迫民族的解放是压迫民族工人阶级解放的前提条件；确定了无产阶级建立民主集中制共和国的根本原则，以及在特殊情况下实行联邦制的问题；论述了坚持被压迫民族自决，实行民族平等，实现各民族自由联合等原则。这说明，关于民族殖民地问题和无产阶级民族革命纲领基本思想已经形成和基本完善，标志着马克思主义民族理论进入了成熟阶段。

（二）马克思恩格斯关于民族问题的主要观点

第一，一个民族的发展，受多种因素的影响。

民族作为人们稳定的共同体，以共同的地域、语言、经济和心理作为其主要特征，是人类社会发展到一定阶段的产物。马克思恩格斯在《德意志意识形态》中提出了“三个过渡”（野蛮向文明过渡、部落制度向国家过渡、地方局限性向民族过渡）的理论，说明民族不是与生俱来的，而是人类社会一定历史阶段的产物。“各民族的原始闭关自守状态则由于日益完善的生产方式、交往以及因此自发地发展起来的各民族之间的分工而消灭得愈来愈彻底，历史也就在愈来愈大的程度上成为全世界的历史。”（马克思恩格斯论民族问题（上册）. 北京：民族出版社，1987. 89）一个民族的发展，受到民族生产力水平、民族同化、政治等因素的影响，并将在共产主义阶段自行消亡。

第二，民族问题是社会总问题的一个部分，只有在解决整个社会问题的过程中才能逐步解决民族问题。在阶级社会，民族问题是从属于阶级问题的。

马克思恩格斯认为，在阶级社会里，阶级剥削和压迫是民族剥削和压迫的主要根源，只有消灭了阶级对阶级的剥削压迫，才能消灭民族对民族的剥削压迫。民族问题是从属于阶级问题的，它是社会总问题的一个部分。马克思在《论犹太人问题》一文中指出，政治解放的国家（指完成资产阶级革命）是不能彻底解决民族问题的；只有依靠全人类的最后解放，才能彻底解决民族问题。他们还揭示了民族问题发展的规律："人对人的剥削一旦消灭，民族对民族的剥削就会随之消灭。民族内部的阶级对立一旦消失，民族之间的敌对关系就会随之消失。"（马克思恩格斯论民族问题（上册）. 北京：民族出版社，1987. 131）从而指明了解决民族问题的根本途径。在解决民族问题的基本方式上，马克思恩格斯提出了民族自决、联邦制和民族区域自治等三种方式，同时指出，要依据各民族具体的历史条件、基本国情决定采取何种政治方式。

第三，民族平等是处理民族问题的基本原则。

马克思恩格斯在《神圣家族》中第一次明确提出了民族平等思想，他们认为，古往今来，每个民族都在某些方面优越于其他民族。一切民族都是平等的，不同民族只有社会发展阶段或水平的差异，而没有先天优劣的区别。民族平等是各国无产阶级团结合作的基础和前提，而只有消灭民族压迫，恢复欧洲各民族的独立和统一，才能实现各民族的平等和团结。民族平等是马克思恩格斯处理民族问题的基本原则，他们指出，要坚持和实现各民族平等权利，必须反对任何形式的民族压迫、民族歧视和民族特权。"任何民族当他还在压迫别的民族时，不能成为自由的民族。"（马克思恩格斯全集第 4 卷. 北京：人民出版社，1965. 410）

要坚持民族平等原则，必须反对任何形式的民族主义。马克思恩格斯的著作中很少有"民族主义"的提法，多用"沙文主义"一词。"沙文主义"是极端的、侵略性的民族主义。马克思恩格斯与当时流行的民族利己主义、泛斯拉夫主义、泛日耳曼主义等反动思想进行了坚决斗争。

要实现民族平等，必须坚持无产阶级国际主义与爱国主义相统一的原则。国际主义是马克思恩格斯民族政治思想的重要内容，其核心内容是加强各民族无产阶级的国际联合。"不恢复每个民族的独立和统一，那就既不可能有无产阶级的国际联合，也不可能有各民族为达到共同目的而必须实行的和睦与自觉的合作。"（马克思恩格斯选集第 1 卷. 北京：人民出版社，1995. 269）

第四，关于无产阶级民族解放运动的观点，要区别两种民族和民族运动。

马克思恩格斯指出，民族解放运动的产生有其社会阶级根源，提出了用阶级分析的方法来观察民族问题；在对待民族解放斗争的问题上，马克思恩格斯把被压迫民族的解放斗争看成是无产阶级天然的同盟者，指出民族解放是阶级解放的先决条件；他们从实际出发，根据各民族在欧洲革命中的地位、作用和态度，把民族划分为“革命民族”和“反革命民族”，严格区分不同性质的民族运动。“任何民族当他还在压迫别的民族时，不能成为自由的民族。”（马克思恩格斯全集第4卷．北京：人民出版社，1965．410）他们依据民族运动是否符合社会发展规律的要求和历史前进的方向，是否符合一般民主的利益，特别是是否有利于无产阶级革命的根本利益的标准，制定了无产阶级在民族运动中的方针：支持进步的民族运动，反对反动的民族运动。他们指出，要坚持和实现各民族的平等权利，必须反对任何形式的民族压迫、民族歧视和民族特权。

二、列宁关于民族问题的理论

在马克思主义经典作家当中，列宁在民族问题上的研究与贡献举足轻重，有关民族问题和理论的论著共有近400篇，约百万字。（华辛芝．列宁的民族理论与实践．世界民族，1996（2））列宁所处的是帝国主义时代，俄国的民族关系也异常复杂，民族矛盾十分突出。因此，列宁关于民族问题的论述中，有相当篇幅论及无产阶级如何在多民族国家中处理好民族关系与民族问题。

列宁关于殖民地民族解放运动的理论是他对民族理论的特殊贡献。列宁建立了关于殖民地民族问题的理论体系；揭示了民族压迫的阶级实质和民族问题的社会内容；阐述了在帝国主义时代应区分压迫民族和被压迫民族；提出了各民族完全平等，各民族有自决权，各民族无产阶级联合起来，反对两种民族主义以及注意各个民族的特点；主张全世界无产者和被压迫民族联合起来。列宁把民族区域自治看做是多民族国家建立真正民主国家所必需的前提，是正确解决民族问题的一般的普遍原则。尤其宝贵的是，列宁已经有过社会主义条件下处理民族问题的实践。

（一）关于民族和民族问题的基本原理

列宁继承了马克思主义关于民族的基础理论，认为一定的地域和共同语言是构成民族的重要条件；民族不是由氏族联系甚至不是由它的延续和综合引起的，“民族是社会发展的资产阶级时代的必然产物和必然形式”。（列宁全集第21卷．北京：人民出版社，1959．53）他认为，“各民族融为一体”，是要在消灭了“人类分为许多小国家的现象”以后才能实现的，因为，民族差别“就是无产阶级专政在全世界范围内实现以后，也还要保持很久很久”。（列宁选集第4卷．北京：人民出版社，1995．200）列宁指出：“民族国家无疑是保证资本主义发展的最好的条件。这当然不是说，这种国家在资产阶级关系基础上能够排除剥削和民族压迫。”（列宁选集第2卷．北京：人民出版社，1995．374）他认为：建立最能满足现代资本主义要求的民族国家，是一切民族运动的趋势；除了高度发展的资本主义民族之外，还有许多很弱小和经济十分不发达的民族；主张各民族自由地、自愿地亲近和融合；民族差别在全世界无产阶级革命胜利以后还将存在很久；一切民族都将走到社会主义，但是形式上必然呈现多样性；要坚持民族平等并保障少数民族权利；资产阶级民族主义和无产阶级国际主义是两种根本对立的民族观。

（二）关于殖民地民族解放运动的学说

列宁认为："在民族问题的各个方面坚持最坚决最彻底的民主主义是马克思主义者的绝对职责。"（关于民族问题的批评意见（1913 年 10～12 月）．列宁论民族问题（上）．北京：民族出版社，1987. 237）他说："如果在资本主义世界还能谈到解决民族问题的话，那就只能有一种解决办法，就是实现彻底的民主主义。"（关于民族问题的批评意见（1913 年 10～12 月）．列宁论民族问题（上）．北京：民族出版社，1987. 242）在建立了殖民地民族解放运动的性质、作用、前途的理论、民族解放运动是无产阶级革命的强大同盟军的理论下，在先进国家无产阶级帮助下，在落后民族和国家可以不经过资本主义发展阶段而过渡到社会主义的理论的情况下，他认为：民族自决权是反对帝国主义的强大武器，"我们应当使民族自决的要求服从的正是无产阶级阶级斗争的利益"。（列宁选集第 1 卷．北京：人民出版社，1995. 451）"所谓民族自决权，就是民族脱离异族集体的国家分离，就是成立独立的民族国家。"（列宁选集第 2 卷．北京：人民出版社，1995. 371）"我们要求民族有自决自由，即被压迫民族有独立自由、分离自由，并不是因为我们想实行分裂，或者想建立小国，恰恰相反，我们是想建立大国，使各民族在真正民主和真正国际主义的基础上相互接近乃至相互融合，但是没有分离自由，这种基础是不可想象的。"（革命的无产阶级和民族自决权（1915 年 10 月）．列宁论民族问题（下）．北京：民族出版社，1987. 494～495）

（三）关于无产阶级政党的民族纲领和社会主义国家解决民族问题的基本原则

列宁在总结资本主义条件下的民族问题发展规律后得出结论："发展中的资本主义在民族问题上有两种历史趋势。民族生活和民族运动的觉醒，反对一切民族压迫的斗争，民族国家的建立，这是其一。各民族间各种交往的发展和频繁民族隔阂的消除，经济、政治、科学等的国际统一的形成，这是其二。这两种趋势都是资本主义的世界性规律。第一个趋势在资本主义发展初期是占主导地位的，第二种趋势标志着资本主义已经成熟，正在向社会主义转化。马克思主义的民族纲领考虑到这两种趋势，因而首先要维护民族平等和语言平等，不容许在这方面存在任何特权（同时维护民族自决权）；其次要维护国际主义原则，毫不妥协地反对用资产阶级的民族主义思想（哪怕是最精致的）毒害无产阶级。”（列宁选集第2卷．北京：人民出版社，1995. 340）因此，“一切民族都将走到社会主义……但是一切民族的走法却不完全一样，在民主的这种或那种形式上，在无产阶级专政的这种或那种类型上，在社会生活各方面的社会主义改造的速度上，每个民族都会有自己的特点”。（列宁全集（第28卷）．北京：人民出版社（中文第2版）．1990. 163）列宁指出：“社会主义的目的不只是消灭人类分为许多小国的现象和各民族间的任何隔离状态，不只是要使各民族互相接近，而且要使各民族融为一体。……正如人类只有经过被压迫阶级专政的过渡时期才能达到阶级的消灭一样，人类只有经过一切被压迫民族完全解放的过渡时期，即他们有分离自由的过渡时期，才能达到各民族的必然融合。”（社会主义革命和民族自决权（1916年1～2月）．列宁论民族问题（下）．北京：民族出版社，1987. 503）“不仅要帮助以前受压迫的民族的劳动群众达到事实上的平等，而且要帮助他们发展语言和图书报刊，以便清除资本主义时代遗留下来的不信任和隔阂的一切痕迹。”（列宁选集第3卷．北京：人民出版社，1995. 739）

“因为在觉悟的工人看来，任何民主要求（其中也包括自决）都要服从社会主义的最高利益。”（列宁选集第2卷．北京：人民出版社，1995. 763）在这些认识的基础上，他指出了无产阶级政党的民族纲领和社会主义国家解决民族问题的基本原则：民族平等、民族自决权与各民族工人的国际主义团结是马克思主义民族纲领的基本原则；民族自决始终同无产阶级革命和社会主义民主相联系的原则；民族自决和平等联合是社会主义民主最充分的体现；联邦制是走向民主集中制的一种过渡形式；只有彻底的民主主义才能解决民族问题；马克思主义与民族主义是不可调和的，尤其是要坚决反对大民族主义；要帮助以前受压迫的民族达到事实上的平等；对各民族的利益极其关心，对少数民族多让步一些，多温和一些，必须慎重地对待民族感情；实行民族区域自治是社会主义国家处理民族问题的一般普遍原则。

三、斯大林关于“民族”的经典定义

斯大林对民族理论的贡献是最有争议性的，但斯大林民族理论对后来的社会主义国家都产生了深远的影响。他写了大量有关民族问题的著作，数量多达150余篇（50余万字）。斯大林在《马克思主义和民族问题》、《民族问题和列宁主义》、《十月革命和民族问题》、《论列宁主义基础》及《关于党在民族问题方面的当前任务》等著作中，阐述了他的民族理论。在探索中，他将民族

区域自治提升为解决民族问题的“一个必要条件”。(斯大林选集（上卷）. 北京：人民出版社，1979. 113）他认为：“列宁不是把民族消亡和民族融合的过程归入社会主义在一个国家内胜利的时期，而是仅仅归入无产阶级专政在全世界范围内实现以后的时期，就是说，归入社会主义在一切国家内胜利的时期即世界社会主义经济基础已经奠定的时期。”（斯大林全集第 11 卷. 北京：人民出版社，1955. 198）

斯大林的民族理论观点主要有：给出了完备化的马克思主义民族定义；提出民族发展和民族类型问题，揭示了民族消亡规律；阐述了民族问题随着社会的变化而不断发展变化，提出了关于民族问题是无产阶级革命和无产阶级专政总问题的一部分的论断；初步探索了关于社会主义民族、民族关系问题，关于消除历史上遗留下来的民族间事实上不平等的问题；提出了解决民族问题的纲领原则：国家完全民主化是解决民族问题的基础和条件；自决权是解决民族问题的一个必要条件；区域自治是解决民族问题的一个必要条件；在一切方面（语言、学校等）实行民族平等是解决民族问题的一个必要条件；工人的民族间团结的原则是解决民族问题的一个必要条件，等等。

他在 1913 年《马克思主义与民族问题》一文中，提出了一个完整的民族概念：“民族是人们在历史上形成的一个有共同语言、共同地域、共同经济生活以及表现在共同文化上的共同心理素质的稳定的共同体。”（斯大林全集第 2 卷. 北京：人民出版社，1953. 294）

根据这一定义可概括出民族具有四个特征：

1. 共同语言

共同语言是民族存在的一个必要条件，是民族统一性和继承性的重要反映之一。但是，每个民族都必须有共同的语言，却并非操同一种语言的人都属于同一个民族。

2. 共同地域

共同地域是民族生存的自然环境，是民族形成的前提条件，是在长期的历史发展过程中形成的。民族区别于氏族、部落组织的最主要特征是：以地域关系为基础的人们的共同体。

3. 共同经济生活

共同经济生活是指民族内部人们的经济联系。这种内部的经济联系能把本民族的各个部分联系成为一个整体。它是民族存在和发展的物质基础和主要条件，所以是决定性的特征。

4. 共同心理素质

共同心理素质是指一个民族生活在共同的环境里，在一定时期所形成的一种共同的心理状态。这个特征主要表现在共同的民族文化和民族习俗方面。这一特征一旦形成，就会在该民族以后发展与全部活动中成为一个最活跃、最有生命力的持久因素。它对维护民族整体、反抗外来侵略具有重要作用。

这四个特征是民族形成和发展的不可缺少的特征。

列宁和斯大林在同各种机会主义思潮的斗争中，在处理俄国民族问题的实践中，继承和发展了马克思恩格斯有关民族问题的理论，制定了无产阶级的民族纲领，在当时的历史条件下，比较成功地处理了俄国民族问题，指导了殖民地国家的民族解放运动，在缔造多民族的苏联国家的实践中，建立了民族理论和民族政策的苏联模式。

第二节　中国共产党在不同历史时期的民族理论与实践

中国共产党的民族理论与实践是伴随着中国共产党革命实践形成与发展起来的。研究中国共产党民族理论的形成与发展，厘清不同时期中国共产党的民族政策，分析中国共产党民族政策在解决中国民族问题中的历史作用，对于探求中国特色社会主义民族理论的渊源具有重要意义。

一、中国共产党在新民主主义革命时期的民族理论

新民主主义时期是中国共产党民族政策由萌芽、发展到基本定型的重要发展阶段。

（一）第一次国内革命战争时期是中共民族理论与政策的萌芽时期

中共二大宣言第一次比较完整地提出了中国共产党对民族问题的纲领。提出了“统一中国本部（包括东三省）为真正民主共和国”；“蒙古、西藏、回疆三部实行自治，为民主自治邦”；“在自治联邦原则上，联合蒙古、西藏、回疆，建立中华联邦共和国”。（中共中央统战部．民族问题文献汇编．北京：中共中央党校出版社，1991.18）由于受列宁关于民族自决和建立联邦制理论的影响，党的三大强调“西藏、蒙古、新疆、青海等地和中国本部的关系由各该民族自决”。（中共中央统战部．民族问题文献汇编．北京：中共中央党校出版社，1991.22）这些观点概而言之就是：各民族一律平等；实现中华民族独立；承认少数民族自决权，用联邦制统一中国。这一阶段对民族问题的研究及少数民族的工作尚处于起步阶段，关于民族问题的理论主要集中在纲领的论述，具体的政策还不是太多。

这一阶段的主要民族理论观点有：

第一，坚持民族平等原则，主张民族自决权。受马克思主义经典作家观点的影响，以及苏联实践中强调民族自决权等影响，中共早期十分强调民族自决权，但只限于一般的提法，没有对自决权的内涵作出具体的诠释。

第二，提倡联邦制与民族自治。中共二大宣言中把“自决”与“自治”并提，把建立民主自治邦视为民族自治的一种形式，提出在中国实行联邦制下的民族自治。如中共二大明确提出，用自由联邦制统一中国本部、蒙古、西藏、回疆，建立中华联邦共和国。

第三，提出民族、民主革命的双重任务。运用阶级分析方法和列宁的“帝国主义阶段”理论认识国际国内民族革命运动，提出了民族、民主革命双重任务的观点，认为国内民族问题是中国民主革命问题的一部分，民族革命以求独立，民主革命以求统一。但在对国内民族问题的分析中效仿苏联，将中国分为“本部”和“疆部”，有联邦建国的主张。

第四，中国民族解放运动与世界无产阶级革命的联合。坚决主张把中国民族解放运动与世界无产阶级革命结合起来，提出了中国民族解放运动（民主革命）是世界无产阶级革命总问题的一部分的理论。

（二）第二次国内革命战争时期是党的民族理论与民族政策初步形成时期

第二次国内革命战争时期，随着党对国内少数民族开展工作的深度和广度不断加大，提出了许多具体的民族政策、措施，进一步完善了党在这一时期的民族政策。主要体现在以下三个方面：

第一，在根据地建设中，将民族平等和民族团结政策以法律形式确定下来，提出了诸如选举权和被选举权等政治权利、发展经济的权利，使用民族语言文字，建立民族学校，培养民族干部，反对大汉族主义，宗教信仰自由等具体的民族平等政策。比较明确地提出了倡导民族团结、民族联合政策。例如，六大通过的《关于民族问题的决议案》、1931 年 11 月《关于中国境内少数民族问题的决议案》和 1931 年《中华苏维埃共和国宪法大纲》等文件中的规定。

第二，提出了与少数民族建立统一战线的任务。红军长征进入少数民族地区后，对少数民族上层的看法发生了转变。如 1935 年 5 月 22 日，刘伯承司令员在彝海按彝族传统习俗与果基小叶丹杀鸡饮血结为兄弟，在彝族同胞的护送下，红军顺利通过彝族地区。中央在 1935 年 8 月的毛尔盖会议上正式提出了建立民族统一战线的任务。（中共中央统战部．民族问题文献汇编．北京：中共中央党校出版社，1991. 390）主张改善与少数民族上层的关系，为实现北上抗日起了重要作用，也为抗日民族统一战线的形成奠定了基础。

第三，提出了帮助少数民族发展经济的政策，明确提出培养少数民族干部的政策。提出了在有少数民族区域的省委建立民族工作机构，并提出了一系列关于民族文化、教育、语言文字和尊重宗教信仰、风俗习惯的政策。这些都为此后中国共产党的民族理论与政策的发展奠定了基础。

（三）抗日战争时期是中共民族理论与民族政策的形成时期

以 1938 年 9 月中共六届六中全会为标志，党的民族理论有了比较大的转变。从民族自决、联邦制等主张转变为在统一国家下的民族自治理论。1945 年 4 月，毛泽东在中共七大上的政治报告——《论联合政府》，全面系统地总结了以往民族工作的历史经验，提出了完整的民族理论观点和民族政策。概括起来为以下三点：

第一，建立广泛的抗日民族统一战线。1937 年，中共发表抗日救国十大纲领，其中第十条提出，“抗日的民族团结在国共两党彻底合作的基础上，建立全国各党各派各界各军的抗日民族统一战线，领导抗日战争，精诚团结，共赴国难”。（中共中央统战部．民族问题文献汇编．北京：中共中央党校出版社，1991. 554）并提出，“动员蒙古、回族及其他一切少数民族，在民族自决民族自治的原则下，共同抗日”（中共中央统战部．民族问题文献汇编．北京：中共中央党校出版社，1991. 553）的方针。1938 年党的六届六中全会通过的政治决议案也提出：“团结中华各民族（汉、满、回、藏、苗、瑶、夷、番等）为统一的力量，共同抗日图存。”（中共中央统战部．民族问题文献汇编．北京：中共中央党校出版社，1991. 608）

第二，丰富了民族平等理论。毛泽东在中共六届六中全会的政治报告《论新阶段》中明确地提出：“允许蒙、回、藏、苗、瑶、夷、番等各民族与汉族有平等权利……同时与汉族联合建立统一的国家。”“对国内各民族，给予平等权利，而在自愿原则下互相团结，建立统一的政府。”（中共中央统战部．民族问题文献汇编．北京：中共中央党校出版社，1991. 595、597）还提出了一系列具体的民族平等政策，包括：各民族有管理自己事务之权，各民族在政治、经济、文化、教育上的权利平等；坚持民族平等，调节好各民族关系，克服狭隘的民族主义的偏向，反对大汉族主义；坚持民族平等，加强民族团结、共同抗日。

第三，明确提出了民族区域自治思想。陕甘宁边区政府 1941 年 5 月颁布的《施政纲领》明确提出“实行蒙回民族与汉族在政治、经济、文化上的平等权利，建立蒙回民族的自治区”。（中共中央统战部．民族问题文献汇编．北京：中共中央党校出版社，1991. 678）根据这个规定，边区政府先后建立了五个回族自治乡和一个蒙古族自治区。《论新阶段》和《论联合政府》都强调在建立统一的国家和政府的前提下，建立各少数民族自我管理内部事务和民族自治的组织。

(四) 解放战争时期中共民族理论的发展与《共同纲领》

解放战争时期，民族工作的主要任务就是联合包括少数民族在内的爱国力量组成广泛的民族统一战线，推翻蒋介石反动独裁统治，建立人民当家作主的新中国。中国共产党提出的《和平建国纲领草案》主张："在少数民族区域，应承认各民族的平等地位及其自治权。"（中共中央统战部．民族问题文献汇编．北京：中共中央党校出版社，1991. 991）1949 年通过的《中国人民政治协商会议共同纲领》具有临时宪法性质。在这份文献中，"民族政策"单独列章，确立了中国共产党解决民族问题的基本政策，用法律形式保障了国内各族人民的平等地位和权利，是新中国成立后党和国家制定具体的民族政策和顺利开展民族工作的基础和行动指南。《共同纲领》规定："中华人民共和国境内各民族一律平等，实现团结互助，反对帝国主义和各民族内部的人民公敌，使中华人民共和国成为各民族友爱合作的大家庭。反对大民族主义和狭隘民族主义，禁止民族间的歧视、压迫和分裂各民族团结的行为。"（中共中央统战部．民族问题文献汇编．北京：中共中央党校出版社，1991. 1290）

《共同纲领》还规定："各少数民族聚居区域，应实行民族的区域自治，按照民族聚居的人口多少和区域大小，分别建立各种民族自治机关。"（中共中央统战部．民族问题文献汇编．北京：中共中央党校出版社，1991. 1290）从此，在少数民族聚居的地区实行民族区域自治得以以法律的形式确立。

《共同纲领》还提出了多方面的民族政策，例如，各民族平等团结，反对大民族主义和狭隘民族主义，禁止民族间的歧视、压迫和分裂各民族团结的行为；少数民族在语言文字、风俗习惯、宗教信仰方面的权利；人民政府帮助少数民族全面发展。

二、新中国成立以来党的民族理论与政策的发展

建国后，党的民族理论与政策的发展可以分为三个阶段：

第一阶段：从新中国成立到 1957 年，各民族之间形成了平等、团结、互助的社会主义的新型民族关系。

1950 年 10 月 1 日，周恩来总理在欢迎各民族代表的讲话中提出，"对于各民族的内部改革，则按照各民族大多数人民的觉悟和志愿，采取慎重稳进的方针"。（当代中国民族工作大事记（1949—1988）．北京：民族出版社，1989. 12）在这个阶段，党和政府制定了一系列的相关文件，提出了民族工作的基本方针。

1950年11月批准的《培养少数民族干部试行方案》和《筹办中央民族学院方案》是新中国颁布的第一个关于少数民族教育的全国性法规文件，对后来的民族教育发展产生了重要影响。1951年2月5日，中央人民政府政务院政务会议作出的《关于民族事务的几项决定》，为建国初期的民族工作布置了新任务。1952年，《中华人民共和国民族区域自治实施纲要》颁布，它是我国第一部关于民族问题的专门法规。同年，又颁发了《各级人民政府民族事务委员会试行组织通则》，对中央和地方各级民族事务委员会的组织原则、机构设置和工作职能等作了具体的规定。（人民日报，1952－08－14）1954年的《中华人民共和国宪法》进一步完善了《共同纲领》中对少数民族问题的法律阐述，并且把民族区域自治确立为我国的基本政治制度。1956年，毛泽东还在《论十大关系》中专门阐述了“汉族和少数民族的关系”问题，为开展民族工作提出了重要的原则。

为大力帮助少数民族发展经济，党和政府从民族地区的实际出发，制定并实施了多种行之有效的特殊政策，主要包括：①“休养生息”的农牧业政策；②“统收统支”的财政政策；③“重点倾斜”的生产力布局政策；④“赔钱补贴”的民族贸易政策；⑤“机动灵活”的政策和“抢救保护”民族用品的生产政策等。仅用了几年时间，就使少数民族地区发生了明显的变化。

为把党的民族政策变为现实，主要的实践工作有：①筹建民族事务机构，在新中国组建的第一届中央人民政府政务院所属机构中，中央民族事务委员会是最早成立的单位之一；②在民族地区推行民族区域自治，内蒙古自治区进一步完善，新疆维吾尔自治区成立；③在少数民族地区清剿残匪；④和平解放西藏；⑤调解民族内部纠纷，改善人民生活；⑥加强调查研究工作，进行民族政策实施情况大检查；组织中央访问团与少数民族参观团，加强中央与少数民族的联系与交流；⑦实施民族语言文字的建设工程。1956年12月24日至27日在北京举行了全国第一次少数民族文化工作会议，确定了积极发展少数民族文化工作的方针。

1957年8月，周恩来在青岛召开的民族工作座谈会上作了《关于我国民族政策的几个问题》的著名讲话，总结新中国八年来的民族工作，全面、系统地阐述了关于我国民族政策的四个原则性问题：一是关于反对两种民族主义的问题。讲话指出特别要注意反对大汉族主义。二是指出民族区域自治有利于实现各民族共同发展、共同繁荣。三是指出民族繁荣的关键环节是进行民族内部的社会改革，主要是经济改革。四是关于民族自治权利和民族化的问题。指出民族自治权利必须受到尊重，民族化问题必须重视。经过民族化，民族自治权利才会被尊重。（建国以来重要文献选编（第十册）．北京：中央文献出版社，

1994. 509～518）

从中华人民共和国成立到1957年，中国共产党以良好的民族政策成功开创了社会主义新型民族关系，各民族获得了政治平等，而一系列的社会改革则成功促成了少数民族地区社会政治结构的转型，迎来了人民当家作主的时期。

第二阶段：1958年到1965年——民族政策的进一步探索。

这个阶段，党的民族政策主要有以下六个方面的完善与发展：①继续推行民族区域自治，先后成立了广西壮族自治区、宁夏回族自治区和西藏自治区；②实现民族平等，加强民族团结，维护国家统一；③发展少数民族经济，提高少数民族人民群众的生活水平；④尊重少数民族的自治权利，贯彻实施民族区域自治政策；⑤继续大力培养、选拔和任用少数民族干部；⑥加快发展少数民族文化教育事业；⑦继续坚持民族语言文字、民族风俗习惯和宗教信仰自由政策。

这个时期，党和国家领导人深切关怀民族自治地方的安定团结和少数民族的生产生活，关心和保护少数民族干部，尽可能地帮助解决少数民族的困难，给少数民族群众留下了不可磨灭的记忆。

1966年到1976年的文化大革命时期，党的民族政策也遭到严重破坏。

第三阶段：改革开放新时期即民族大团结的新时期。

在改革开放新时期，中国共产党的民族观在中国特色社会主义建设中得到了更大的发展，各项政策更加完备，是民族大团结的新时期。

1. 民族平等政策是党的民族政策的基石

民族平等政策的核心是民族不分大小，一律平等，不仅包括政治、法律上的平等，也包括经济、文化上的完全平等。这是马克思列宁主义关于民族问题的一个基本思想，也是党在建立初期就提出的纲领，是中国解决民族问题的基本原则。1982年11月通过的《中华人民共和国宪法》的序言指出："中华人民共和国是全国各族人民共同缔造的统一的多民族国家。平等、团结、互助的社会主义民族关系已经确立，并将继续加强。"（国家民委办公厅政法司政策研究室编．中华人民共和国民族政策法规选编．北京：中国民航出版社，1997. 27）宪法还明确规定："中华人民共和国境内各民族一律平等。国家保障各少数民族的合法权利和利益，维护和发展各民族的平等、团结、互助的关系。"具体来说就是：民族不论大小，不论社会发展程度如何，在一切权利上都是完全平等的，在承担的义务上也是平等的。不允许任何民族有任何特权，禁止民族歧视和民族压迫，禁止一切破坏民族团结和制造民族分裂的行为。祖国统一是各族人民的最高利益，各族人民都要继承和发扬爱国主义传统，自觉维护祖国的安全、荣誉和利益。

这一时期，党的民族政策的发展主要有：①认清民族关系本质，采取维护民族平等和民族团结的新办法；②民族区域自治建设纳入法制化轨道；③采取各种措施发展民族地区经济建设，促进民族地区的改革开放；④旗帜鲜明地反对民族分裂主义活动，维护民族团结和祖国统一；⑤制定新的优惠政策，进一步扶持民族文化、教育事业发展；⑥研究民族地区经济建设中的特殊问题，致力于党的大政方针在少数民族地区的具体化。

2. 民族区域自治是我国的基本政治制度

民族区域自治是中国共产党解决中国国内少数民族问题的一个创举。1984年5月，《中华人民共和国民族区域自治法》颁布，它是仅次于宪法的第二大法。后来，国务院又颁发了《实施〈中华人民共和国民族区域自治法〉的若干规定》，这是国家第一个贯彻实施民族区域自治法的行政法规。2001年，第九届人大又通过了《民族区域自治法修正草案》，这次修改的主题是：根据少数民族和民族地区加快发展经济和社会的迫切要求，为解决民族自治地方经济和社会发展中的实际问题，作出加大对民族自治地方的投入，加快发展自治地方发展的若干新规定。2005年的中央民族工作会议以后，中共中央、国务院颁发了《关于进一步加强民族工作，加快少数民族和民族地区经济社会发展的决定》，这个文件是指导新世纪新阶段民族工作的纲领性文件。

民族区域自治的基本政治制度有三大优越性：一是有利于把国家的集中统一与民族的自主平等结合起来；二是有利于把党的政策与少数民族政策结合起来；三是有利于把国家的发展与少数民族的发展结合起来。也称“三个有利于”。实践已经充分证明，民族区域自治的基本政治制度符合中国国情，有利于中华民族大团结，有深厚的群众基础与凝聚力，是促进社会稳定和谐的、有中国特色的政治制度。

汉族离不开少数民族，少数民族离不开汉族，各少数民族之间也相互离不开。这就是中华民族大团结的深刻总结。

3. 民族工作的主要任务是发展经济、改善生活；各民族共同繁荣与发展是巩固民族团结的重要保证

由于历史原因与地理环境、自然条件的原因，相比较而言，少数民族经济文化落后，发展程度低，形成了事实上的不平等，也就是说民族平等事实上没有得到平等的权利。因此，彻底消除历史遗留下来的各民族间经济社会发展的不平衡状况，是国家解决民族问题的一项主要原则。发展经济、改善生活这一政策的核心，就是党和国家尽一切力量帮助少数民族发展，消灭历史遗留的各民族在发展中的差距。江泽民曾经说：“现阶段，我国的民族问题，比较集中地表现在少数民族和民族地区迫切要求加快经济文化的发展。”（江泽民. 论民族

工作．江泽民文选第1卷．北京：人民出版社，2006.183）

1987年4月，中共中央、国务院批转了中共中央统战部、国家民族事务委员会《关于民族工作几个重要问题的报告》，明确了新时期民族工作总的指导思想和根本任务，“紧密结合少数民族地区和少数民族实际，从民族平等、民族团结、民族进步、相互学习，共同致富出发，以经济建设为中心，全面发展少数民族的政治、经济和文化，不断巩固社会主义的新型民族关系，实现各民族的共同繁荣”。1999年的民族工作会议提出了民族工作的两大历史任务：一是通过进行社会制度的变革，引导翻身解放的各民族人民走上社会主义道路；二是通过进行社会主义建设，加快各民族特别是少数民族和民族地区的经济社会发展，促进各民族的共同繁荣。在这次中央民族工作会议上，江泽民指出，“从现在起到2010年，我国民族工作的主要任务是：高举邓小平理论伟大旗帜，坚持党在社会主义初级阶段的基本路线，以经济建设为中心，加快少数民族和民族地区的经济发展和社会进步，提高少数民族人民群众的生活水平，加强民族团结，维护祖国统一和社会稳定，巩固和发展平等、团结、互助的社会主义民族关系，逐步实现各民族的共同发展和共同繁荣”。（中共中央文献研究室．十五大以来重要文献选编（中）．北京：人民出版社，2001.1056）他还指出，加快少数民族和民族地区的发展，不仅是一个重大的经济问题，也是一个重大的政治问题。这次会议还明确指出，西部大开发是改革开放以来我国解决民族问题的重大战略举措，同时提出了西部大开发的五项主要任务。

全国五个少数民族自治区全部在西部，西部开发战略为民族地区的发展带来了千载难逢的发展机遇。2002年，党的十六大通过的政治报告指出：实施西部大开发战略，关系全国发展的大局，关系民族团结和边疆稳定。要打好基础，扎实推进，重点抓好基础设施和生态环境建设，争取十年内取得突破性进展。党和国家为帮助少数民族发展经济，采取了许多政策措施，如加强基础设施建设，促进基础产业发展，实行财政、税收、金融优惠政策等，极大地促进了各少数民族地区经济的发展。

2005年，中共中央、国务院颁发了《关于进一步加强民族工作，加快少数民族和民族地区经济社会发展的决定》，国务院审议通过了《扶持人口较少民族发展规划（2005—2010年）》。此外，还通过了《少数民族社会事业“十一五”规划》和《兴边富民行动“十一五”规划》等专项规划。因此，改革开放的历史新时期，也是民族大团结的新时期。

第三节　中国特色社会主义的民族政策

一、中国特色社会主义民族政策的主要特点

中国特色的社会主义民族政策是中国共产党人把马克思主义的基本原理同中国革命、建设和改革各个历史时期民族问题的实际密切结合的产物，是在处理中国民族问题的实践中积累和提炼出来的，是对马克思主义民族理论和民族政策的丰富和发展，符合中国实际又具有中国特色。

2005 年，党中央结合实践的发展，从 12 个方面对党关于民族问题的基本理论和政策作了新的总结和概括：民族是在一定的历史发展阶段形成的稳定的人们共同体；民族的产生、发展和消亡是一个漫长的历史过程；社会主义时期是各民族共同繁荣发展的时期，各民族间的共同因素在不断增多，但民族特点、民族差异和各民族在经济文化发展上的差距将长期存在；民族问题既包括民族自身的发展，又包括民族之间，民族与阶级、国家之间等方面的关系；中国特色社会主义道路是解决我国民族问题的根本道路；我国是各族人民共同缔造的统一的多民族国家；各民族不分人口多少、历史长短、发展程度高低，一律平等；民族区域自治是我们党解决我国民族问题的基本政策，是符合我国国情的一项基本政治制度，是发展社会主义民主、建设社会主义政治文明的重要内容，必须长期坚持和不断完善；平等、团结、互助、和谐是我国社会主义民族关系的本质特征，汉族离不开少数民族，少数民族离不开汉族，各少数民族之间也相互离不开；各民族共同团结奋斗、共同繁荣发展是现阶段民族工作的主题；文化是民族的重要特征，少数民族文化是中华文化的重要组成部分；培养、选拔少数民族干部是解决民族问题、做好民族工作的关键，是管长远、管根本的大事，要努力造就一支宏大的德才兼备的少数民族干部队伍。这 12 条基本理论和政策，涵盖了当代中国民族工作的各个方面。归结起来，比较集中和系统地回答了什么是民族和民族问题、怎样解决我国现阶段的民族问题；这 12 条基本理论和政策，凝聚了党的几代领导集体的经验和智慧，是对马克思主义民族理论的重大贡献，也是对世界社会主义运动的重大贡献。现将其特点分述如下：

（一）民族政策从实际出发，理论联系实际

马克思主义思想路线的基本要求是一切从实际出发，理论联系实际。这是制定包括民族政策在内的党的一系列方针政策的基本原则。具有中国特色的民族政策的正确制定和实施，关键在于是否坚持党的正确的思想路线。例如，关

于当代中国民族问题的“五性”论的提出，就体现了党对民族与民族问题等基本概念的深化认识。2005年中央“十二条”认为：“在当今世界，民族问题具有普遍性、长期性、复杂性、国际性和重要性。”这一概括是新世纪中国共产党和中国政府对民族问题的新判断，在揭示出民族问题复杂性的基础上，对于中国共产党和中国政府处理民族问题提出了新的要求。这个认识告诉我们，任何民族社会都存在一定的民族问题，在处理错综复杂的民族问题时，必须着眼于全局，做艰苦的社会调查工作，既要看到历史背景，又要看到现实背景，还要考虑国际社会背景，努力找出症结所在，谨慎采取行动，探索解决我国民族问题的根本道路和具体方略。

（二）民族政策的连续性与发展性相结合

从中国共产党民族政策制定的历史看，既具有连续性，又具有发展性。党处理国内民族问题的根本原则和基本内容是一贯的，但在不同的历史时期，面临的民族问题有不同的内容。党需要根据不同时期的总路线和总任务，提出和解决各个时期的民族问题方面的任务和政策。随着革命、建设、改革的发展，旧的民族问题解决了，新的民族问题又产生了，需要不断加以解决。这就要求具体的民族政策和民族法规措施，要根据时代的发展和情况的变化与时俱进。江泽民曾经在1992年召开的中央民族工作会议上指出：“只要有民族存在，就有民族问题存在。民族问题既包括民族自身的发展，也包括民族之间，民族与阶级、国家之间等方面的关系。”（江泽民文选第1卷．北京：人民出版社，2006.181）这里总结的“两个包括”，即民族问题“既包括民族自身的发展，也包括民族之间，民族与阶级、国家之间等方面的关系”，就是基于对社会主义初级阶段国内民族问题的深刻理解，在坚持马克思主义基本原则的同时，与时俱进符合时代特点的新阐述。因为，马克思恩格斯时代所阐述的民族问题，往往出现在剥削阶级统治的社会中，因此，民族关系常常具有压迫与反压迫的对抗性。而社会主义制度已经在中国建立了几十年，民族关系的本质特征却是平等、团结、互助与和谐。但由于民族间经济、政治、文化以及宗教信仰等方面的差异和差距，社会主义时期，民族之间的关系仍有着相当的敏感性，处理不好就有可能激化民族矛盾。这就是特点，是不同。这些认识充分说明：民族的自身发展既是民族问题产生的根源，又是民族问题变化的动因，也是民族问题解决的归属。

（三）民族政策的制定始终与党的中心任务紧密联系

中国自古以来就是一个多民族的国家。中国各民族有着统一的中华民族精神；近代中国是一个半殖民地半封建的国家，各民族都受到帝国主义的侵略和压迫，都是被压迫民族。在整个反帝反封建的革命斗争中，国内各民族不仅没有出现过分裂，反而团结得越来越紧密。从民族自决、联邦制政策团结各族人民争取民族独立，到建立全民族抗日统一战线，到《共同纲领》规定民族区域自治，到社会主义民族政策基本框架的形成，再到社会主义市场经济条件下具有中国特色的民族政策法规体系的建立，这些都说明，党的民族政策跟党在不同时期的中心任务是紧密联系在一起的，并且在实践过程中不断得到充实和完善，具有与时俱进的特点，因此具有鲜活的生命力。

（四）中华民族是一个不可分割的整体

中华民族是一个大家庭，是一个不可分割的整体，中国各民族是宜合不宜分的，要强调民族合作和互助，反对民族分裂和单干，不管是新民主主义革命时期，还是社会主义建设时期，中国共产党的民族政策都是以统一的多民族国家为依托的，根据马克思主义关于民族平等、民族团结和各民族共同繁荣的原则，在制定民族政策时代表和反映了各族人民的共同意志和愿望。例如，民族区域自治，就是同人民代表大会制度、中国共产党领导的多党合作和政治协商制度一同为我国社会主义民主制度的三大形式。实践证明，在少数民族聚居地实行民族区域自治，符合我国的具体实际，有利于维护国家统一和充分尊重、保障各民族管理自己内部事务的权利，有利于最大限度地发挥各族人民当家作主的积极性，是对马克思主义民族问题理论的丰富和发展。

（五）党的民族政策与法律法规相互补充

民族问题纷繁复杂，许多具体的民族问题，单靠民族政策是解决不了的，虽然由于历史原因，中国共产党长期主要用民族政策处理民族问题，但新中国成立以后特别是党的十一届三中全会以后，随着整个国家社会主义民主和法制建设的推进，重视以法律手段处理民族问题成为必然。但是，许多具体的民族问题具有灵活多变、形式多样等特点，不可能依靠单一的法规就能够解决，有时候，民族政策更为适宜，因此，民族政策和法律法规互相补充，相辅相成，才能更好地解决各种民族问题。

例如，为加快发展少数民族地区经济文化事业，国家采取了多方面的措施，给予优惠政策、加大投资力度、实施对口支援与合作等，扶持民族地区发展经济和社会事业。有计划地大力培养少数民族干部，实践证明，培养和使用少数民族干部是加强党的领导、做好民族工作、强化民族团结进步和国家统一的有效途径，是使社会主义事业在各民族中扎根并取得胜利的可靠保障。尊重和发展少数民族语言文字，除宪法和民族区域自治法都明确规定“各民族都有使用和发展自己的语言文字的自由”外，国家还提倡和鼓励在同一地方工作、生活的各族干部群众互相学习彼此的语言文字。尊重少数民族风俗习惯和宗教信仰自由，党与政府提供了种种帮助支持与便利，也提供了大量财力与物力的支持。

二、中国共产党处理民族问题的主要历史经验

第一，必须始终坚持把马克思主义与我国民族问题的实际相结合，与时俱进，着眼于丰富和发展马克思主义民族理论。坚持这种精神，既全面考虑了我们这个多民族的统一国家走上社会主义道路的基本事实，又全面考虑了我国五十六个民族在发展水平和文化风俗上的多样性与差异性的基本事实；既深刻总结了我国历史上处理民族问题的经验教训，也积极借鉴了世界上一些国家处理民族问题的经验教训，形成了具有中国特色社会主义的民族理论。在这个理论指导下制定的一系列法律、政策符合实际，从而保证了我国平等、团结、互助的社会主义民族关系的形成和巩固，保证了各民族在共同发展、共同繁荣的道路上不断前进，保证了我们多民族国家的政治统一、经济发展和社会稳定。

第二，不断加强和改善党对民族工作的领导。民族问题关系到国家全局。要充分认识民族问题的长期性、复杂性和重要性。对待民族问题要实事求是，出现问题要及时解决。要始终加强党对民族工作的领导，把党建设成为民族团结进步事业的坚强的领导核心。要重视民族问题的研究，充分发挥民族工作部门的作用，动员全社会力量共同做好民族工作。

第三，必须全面贯彻党的民族政策。正确的民族政策是保持民族关系健康发展的保证。要重视对各级干部进行党的民族政策教育，不断提高各级干部贯彻党的民族政策的自觉性。要根据情况的变化对民族政策及时进行调整、充实和完善。要鼓励各地方、各部门根据实际情况创造性地贯彻党的民族政策，充分调动各地区根据本地实际情况制定民族政策的积极性，完善党的民族政策体系。

第四，必须坚持以经济建设为中心，促进各民族共同繁荣。社会主义制度建立以后，我国各民族之间的关系基本上是各民族劳动人民之间的关系。民族矛盾主要表现为少数民族和民族地区日益增长的物质文化需要同民族地区落后的社会生产之间的矛盾。解决民族矛盾的根本途径是通过大力发展各民族和民族地区的生产力，加快少数民族和民族地区的发展，提高各族人民的生活水平，不断缩小各民族之间在经济文化发展上的差距，促进各民族共同繁荣。民族工作只有坚持以经济建设为中心，坚持“三个有利于”的标准，坚持改革

开放，才能调动各民族人民的积极性和创造性，才能使民族关系保持长期健康发展。

第五，必须坚持和完善民族区域自治制度，加强社会主义民族法制建设。

坚持和完善民族区域自治制度是建设中国特色社会主义政治的重要内容，是发扬社会主义民主的重要形式。这个制度作为解决我国民族问题的基本政治制度将长期坚持，但还要依据实际情况的发展变化进行充实和完善。特别是在建立社会主义市场经济体制的新形势下，要不断加强民族法制建设，进一步发展和完善民族区域自治制度，继续发挥它的优越性。

第六，必须大力培养少数民族干部和专门人才，充分发挥他们的作用。努力培养和造就一支用马克思主义武装起来的、掌握现代科学文化知识、密切联系少数民族群众的少数民族干部队伍，是做好民族工作的关键。培养少数民族干部不仅要重视数量的增多，而且要重视质量的提高，并注意改善结构。不仅要培养一般干部，而且要培养中高级干部，重视培养各种专业技术人才。

第七，必须坚持从少数民族地区的实际出发制定经济社会发展规划。贯彻党和国家的大政方针，全国必须统一，但要注意研究少数民族和民族地区的特殊性，处理好共性与个性的关系，体现多民族和民族区域自治地方占一定比重的实际，避免“一刀切”。

第八，必须旗帜鲜明地反对民族分裂，维护祖国统一。要始终高举民族大团结的旗帜，善于集中各族人民的意志，增强各族人民的凝聚力，调动各族人民的积极性，发挥各族人民的聪明才智，共同建设中国特色社会主义。要正确处理民族关系的人民内部矛盾，反分裂斗争要充分依靠最广大的各民族人民群众，维护祖国统一这个全民族的核心利益。

第十一章　中国特色的共产党建设理论的渊源

第一节　马克思列宁主义的建党学说

“十月革命一声炮响，给中国送来了马克思主义”。中国共产党建设理论的渊源，是马克思列宁主义的建党学说。马克思主义党的学说，是关于无产阶级政党建设和实现领导作用的科学理论。它研究无产阶级政党产生、发展和自身建设的客观规律，研究党领导人民夺取政权、巩固政权、运用政权和建设社会主义的客观规律。它从理论上阐明无产阶级为什么需要建立一个党，要建立一个什么样的党，以及怎样建设这个党，这个党如何实现对无产阶级革命事业的领导等问题。马克思主义党的学说，属于科学社会主义理论的范畴。由于科学社会主义的一个重要内容是研究无产阶级解放运动的条件，而无产阶级政党则是无产阶级解放的最根本条件，因此，关于无产阶级政党及其建设的理论就在科学社会主义中具有重要的地位。

如果从总体上对马克思列宁主义在党的学说方面各自的历史地位作一个评价的话，就是：第一，马克思、恩格斯在创建无产阶级革命政党的实践中，阐明了党的性质和指导思想，规定了党的纲领、策略和组织原则，奠定了党的学说的理论基础；第二，19 世纪末 20 世纪初，列宁在同第二国际机会主义的斗争中，在创建俄国布尔什维克党和在十月革命后为加强执政党建设的实践中，丰富和发展了马克思主义的建党理论，建立了完整的新型无产阶级的政党学说。

一、马克思、恩格斯建党学说的基本内容

（一）《共产党宣言》的发表，标志着马克思主义党的学说诞生

列宁曾经说，《共产党宣言》这部著作以天才的透彻鲜明的笔调叙述了新的世界观，即包括社会生活在内的彻底的唯物主义，最全面、最深刻的发展学说辩证法以及关于阶级斗争、关于共产主义新社会的创造者无产阶级所负的世界历史使命的理论。《共产党宣言》关于党的建设方面的主要内容有：

第一，阐明了建立无产阶级政党的必要性。无产阶级在现代社会中起决定

作用，它的存在与发展正是社会进步的前提。但是，无产阶级要实现它的作用，依靠自发、分散的力量是不行的，首先必须组织成为阶级，组织成为政党，这样，才能把工人阶级团结起来，才能使自发的力量变成自觉的力量。

第二，阐明了共产党的性质。其一，党的阶级性。党是工人阶级的先进部队。其二，党的先进性。“过去的一切运动都是少数人的或者为少数人谋利益的运动。无产阶级的运动是绝大多数人的、为绝大多数人谋利益的独立运动。”（马克思恩格斯选集第1卷．北京：人民出版社，1995. 283）共产党以无产阶级为阶级基础，是无产阶级利益和意志的代表，但是，共产党人“没有任何同整个无产阶级的利益不同的利益”。

第三，阐明了共产党的世界观。树立辩证唯物主义和历史唯物主义的世界观，与私有制决裂，与传统观念决裂，共产党人可以用一句话将自己的全部理论概括起来——消灭私有制，进而消灭阶级，实现共产主义。然而，“共产党人的理论原理，绝不是以这个或那个世界改革家所发明或者发现的思想、原则为根据的”。“这些原理不过是现存的阶级斗争、我们眼前的历史运动的真实关系的一般表现。”（马克思恩格斯选集第1卷．北京：人民出版社，1995. 285）

第四，关于共产党的纲领和策略。就是通过暴力革命，推翻资产阶级统治，“工人革命的第一步，就是使无产阶级上升为统治阶级，争得民主”。“无产阶级将利用自己的统治，一步一步地夺取资产阶级的全部资本，把一切生产工具集中在国家即组织成为统治阶级的无产阶级手里，并且尽可能快地增加生产力的总量。”（马克思恩格斯选集第1卷．北京：人民出版社，1995. 293）

第五，提出了共产党的国际主义原则：全世界无产者联合起来！

第六，确定了共产党的组织原则与组织形式。这体现在《共产主义者同盟章程》当中，章程规定：党的各级组织，从基层到中央都由选举产生；党的代表大会为全党的最高权力机关；中央委员会为中央执行机关，并定期向代表大会报告工作；所有党员一律平等；党员的活动要符合党的目的，要承认党纲，要严格遵守党的纪律，保持与党的支部的联系，接受党的组织的领导。

（二）在帮助欧美各国无产阶级建立独立政党的活动中，进一步论述了坚持党的纲领和党的性质的重要性，丰富和发展了党的学说，标志着马克思恩格斯党的建设理论的形成

1869年，马克思、恩格斯帮助德国工人阶级建立了世界上第一个在民族国家范围内建立的工人阶级政党——社会民主工党。第一国际时期，在德国存在着两个派别，即“爱森纳赫派”和“拉萨尔派”，这两个派别合并成立社会民主工党时通过了一个叫《哥达纲领》的文件。恩格斯曾经说：“这个连文字也写得干瘪无力的纲领中差不多每一个字都是应当加以批判的。它是这样一种纲领，一旦它被通过，马克思和我永远不会承认建立在这种基础上的新党，而且我们一定会严肃地考虑，我们将对它采取（而且也要公开采取）什么态度。”（马克思恩格斯选集第3卷. 北京：人民出版社，1995. 325）这种“态度”主要体现在《哥达纲领批判》一文中。文章批判了《哥达纲领》，论述了关于党的纲领问题，所以，文章也叫《对德国工人党纲领的几点意见》。1879年，马克思恩格斯在给奥·倍倍尔等人的通告信中，谈到了德国党怎样对待来自统治阶级和资产阶级等非无产阶级的人的加入无产阶级的先锋队问题。他们指出：“在至今的统治阶级中也有人归附斗争着的无产阶级并且向它输送教育者，这是发展过程所决定的不可避免的现象。但是这里应当指出两种情况：第一，要对无产阶级运动有益处，这些人必须带来真正的教育者……第二，如果其他阶级出身的这种人参加无产阶级运动，那么首先就要求他们不要把资产阶级、小资产阶级等的偏见的任何残余带进来，而要无条件地掌握无产阶级的世界观。”（马克思恩格斯选集第3卷. 北京：人民出版社，1995. 684）这就进一步论述了坚持党的无产阶级性质的重要性。

在建党活动中，马克思曾经在致威·白拉克的信中说：“制定一个原则性的纲领，这就是在全世界面前树立起可供人们用来衡量党的运动水平的里程碑。”（马克思恩格斯选集第3卷. 北京：人民出版社，1995. 296）恩格斯在给奥·倍倍尔的信中说：“一个新的纲领毕竟总是一面公开树立起来的旗帜，而外界就根据它来判断这个党。”（马克思恩格斯选集第3卷. 北京：人民出版社，1995. 325）

马克思恩格斯还提出了关于党内斗争的理论，主要内容有：第一，党内斗争是党发展的规律，只有坚持党内斗争，才能达到党内团结；第二，党内斗争必须坚持以不牺牲运动的无产阶级性质为原则；第三，要用批评和自我批评的方法解决党内矛盾；第四，组织处理务必慎重。

总之，马克思恩格斯有关党的学说的主要内容可以归纳为：无产阶级要获得彻底解放，必须建立自己独立的革命政党；共产党是无产阶级最先进的部分；共产党坚持无产阶级的革命纲领，实行正确的路线和策略；共产党必须按照民主集中制的思想组织起来，实行严格的纪律和制度；共产党必须坚持党的团结统一，正确进行党内斗争；规定了党员和领导者的必备条件；共产党必须坚持国际主义原则。

二、列宁的新型无产阶级政党学说

列宁的无产阶级政党学说是列宁在建党实践过程中创立的，而他的建党活动又是在这个学说思想指导下开展的。之所以用一个“新”字来表述，是因为它是根据新时代（帝国主义时代与无产阶级革命的时代——战争与革命）、新任务（用马克思主义理论武装起来建设党）而提出来的，它划清了马克思主义与机会主义、革命党与改良党的界限。

（一）《怎么办》奠定新型无产阶级政党的思想基础

1895 年 12 月，列宁把彼得堡 20 多个马克思主义小组联合起来，成立了“工人阶级解放斗争协会”，协会第一次把科学社会主义同俄国工人运动结合起来，因此，它是新型无产阶级政党的“雏形”。

1898 年 3 月 1 日至 3 日，多个斗争协会的代表共 9 人，在明斯克秘密举行了俄国社会民主工党第一次代表大会，大会通过了关于成立俄国社会民主工党的决议，选出了由工人组成的委员会，批准《工人报》为党的正式机关报。根据大会的决议，各地的社会民主主义者组织从此称为俄国社会民主工党委员会。当时，列宁正被流放在西伯利亚，与被流放的同志一起加入了俄国社会民主工党。但是，党成立不久，沙皇警察就逮捕了 2 名中央委员和一些党员，《工人报》也被迫停刊，党的活动遭到削弱，各地党组织仍然处于互不相干的分散状态。因此，“俄国社会民主党的人就是要竭力使党彻底巩固起来，制定党纲，恢复党的正式机关报”。

正在这时，俄国工人运动内部出现了以马丁诺夫为代表的“经济派”。他们在俄国党成立的前夕，就趁很大一部分马克思主义干部在监狱和流放之际，夺取了彼得堡等地“斗争协会”的领导权。1898—1900 年，经济派在各个社会民主党委员会中占了优势。列宁看到经济派的宣言后，立即召集被流放在附近的 17 名马克思主义者开会，通过了由他起草的《俄国社会民主党人抗议书》（以下简称《抗议书》）。《抗议书》号召大家对经济主义进行不调和的斗争，并且指出：只有马克思主义的理论，才能成为工人阶级运动的旗帜；只有独立的工人政党，才能成为反专制制度斗争的坚固堡垒；社会民主党依靠无产阶级的阶级斗争，就一定能成为不可战胜的力量。《抗议书》得到各地党组织的支持，在国外的普列汉诺夫等人也起来进行反对经济派的斗争。

列宁认为，要改变各地党组织互不联系、组织涣散的状态，使党集中统一起来，首先必须在政治上、思想上同经济派及伯恩施坦主义划清界限。1900 年，列宁流放期满后到德国莱比锡，和普列汉诺夫、马尔托夫等人创办了《火星报》。《火星报》的代办员和通讯员同时也是各个地方组织的代表。这就把涣散的地方组织联成一体，为党的集中统一做好了思想上和组织上的准备。普列汉诺夫和列宁在《火星报》上发表了一系列文章，揭露和批判伯恩施坦主义和经济派，捍卫了马克思主义的学说。

列宁的《怎么办》就是在上述背景下写成的。它写于1901年秋至1902年，是对当时俄国社会民主党内的机会主义派别——经济派进行系统批判的一部光辉著作。这部著作集中批判了经济主义，第一次系统地阐述了新型无产阶级政党的基本原则，从而奠定了新型无产阶级政党的思想基础。其主要内容有：

第一，党必须以马克思主义革命理论为指南。提出了一个著名的论断："没有革命的理论，就不会有革命的运动……只有以先进理论为指南的党，才能实现先进战士的作用。"（列宁选集第1卷．北京：人民出版社，1995. 311～312）

第二，党是工人运动和社会主义相结合的产物，党必须把社会主义理论灌输到工人运动中去。"我们说，工人本来也不可能有社会民主主义的意识。这种意识只能从外面灌输进去，各国的历史都证明：工人阶级单靠自己本身的力量，只能形成工联主义的意识，即确信必须结成工会，必须同厂主斗争，必须向政府争取颁布对工人是必要的某些法律，如此等等。而社会主义学说则是从有产阶级的有教养的人即知识分子创造的哲学理论、历史理论和经济理论中发展起来的。"（列宁选集第1卷．北京：人民出版社，1995. 318）这个论述以及有关的一系列思想，被后人称为列宁的"灌输"理论。

第三，阐明了政治斗争与经济斗争的关系，强调了无产阶级政党必须通过革命斗争建立无产阶级专政。

第四，论证了建立集中统一的无产阶级革命政党的必要性。

（二）《进一步，退两步》奠定新型无产阶级政党的组织基础

1903年7月30日至8月23日，俄国社会民主工党秘密召开了第二次代表大会。出席大会的有43名代表，共代表26个组织。大会由普列汉诺夫主持，主要议程是制定党纲、党章和选举中央领导机构。原经济派分子要求在纲领中去掉无产阶级专政的内容；他们还反对工农联盟，反对把土地问题列入纲领，反对在纲领中提出民族自决权。经过激烈的斗争，大会通过了《火星报》编辑部提出的党纲草案。这是在马克思、恩格斯逝世后的国际共产主义运动中，第一次通过的以争取无产阶级专政为基本任务的革命纲领。这就是"进了一步"。但是，在大会讨论党章的时候，围绕党章第一条党员条件问题展开了激烈的争论，列宁提出："凡是承认党纲，在物质上帮助党并且参加党的一个组织，都可以成为党员。"而马尔托夫却认为党员不一定参加党的一个组织，他甚至主张不管什么人，只要他表示承认党纲，就可以自行宣布入党；党员可以不服从党的纪律，不受组织的约束。这实际上是要把党建设成为一个不定型的、成分复杂的、没有组织纪律的、没有战斗力的、一切知情者都可以参加的

俱乐部。列宁等反对马尔托夫的主张，但由于马尔托夫得到多数代表的支持，大会通过了他提出的条文。这就是“退了两步”。

为此，列宁写了《进一步，退两步》，文章彻底揭露和批判了孟什维克在组织问题上的机会主义观点，深刻阐明了无产阶级政党所必须遵循的组织原则，为新型的马克思主义政党奠定了组织基础。

他写道：“每一个罢工者都应当有权宣布自己是党员吗？马尔托夫同志的这个论点一下子就把他的错误弄到了荒谬的地步。”“究竟有什么理由，按照什么逻辑，可以根据我们是阶级的党这一事实，就作出结论说不必把加入党的人和靠近党的人区分开来呢？恰恰相反：正因为人们的觉悟程度和积极程度有差别，所以必须区别他们同党的关系的密切程度……忘记先进部队和倾向于它的所有群众之间的区别，忘记先进部队的经常责任是把愈益广大的阶层提高到这个先进的水平，那只是自己骗自己，无视我们的巨大的任务，缩小这些任务。抹杀靠近党的分子和加入党的分子之间的区别，抹杀自觉、积极的分子和帮助党的分子之间的区别，正是这种无视和遗忘的表现。”（列宁选集第1卷. 北京：人民出版社，1995. 475）

该文的意义就在于，彻底揭露和批判了孟什维克在组织问题上的机会主义观点，深刻地阐明了无产阶级政党所必须遵循的基本组织原则，捍卫和发展了马克思主义的建党学说，为新型的马克思主义政党奠定了组织基础。其主要内容可以概括为：党是无产阶级的先进部队；党是无产阶级有组织的部队；党是工人阶级组织的最终形式；党必须与广大人民群众保持密切的联系；党必须按照集中制原则组织起来；党必须有共同遵守的纪律。

（三）《共产主义运动中的“左派”幼稚病》进一步丰富了列宁的建党学说

1920年7月19日至8月7日，共产国际在彼得格勒举行了第二次代表大会，出席大会的有37个国家的217名代表。大会的任务，就是在各国共产党力量迅速增长、革命斗争进一步加强的情况下，研究如何克服国际共产主义运动中的“右倾”和“左倾”机会主义危险，确定共产主义运动的组织原则、行动纲领和战略策略。在此之前，在国际工人运动中出现了一种“左倾”思潮，他们虽然拥护苏维埃政权和无产阶级专政，反对第二国际的机会主义，但是坚持无政府工团主义的错误，因此，列宁称之为“共产主义运动中的‘左派’幼稚病”。

这种毛病有以下表现：其一，在领袖、政党、阶级、群众的关系问题上，把党、阶级、领袖同群众对立起来，甚至提出是党专政还是阶级专政，是领袖专政还是群众专政等问题，实际上将导致否定党和领袖的作用，最终否定无产阶级政党本身存在的必要性。其二，在议会斗争的问题上，完全否定议会斗争，否定把议会内斗争同议会外群众斗争结合起来的正确策略方针。其三，在工会问题上否定工会和工会工作，实际上是否定了共产党人在工会中对工人群众进行宣传、教育和争取工作的必要性。

为此，列宁在共产国际二大召开之前，即1920年4月25日，写了《共产主义运动中的“左派”幼稚病》一书，在二大召开前夕出版，并译成德文、法文和英文，分发给出席大会的全体代表，成为指导大会的一个重要文件。该书是列宁建党著作中最光辉的篇章，它全面地总结了布尔什维克的历史经验，详尽地阐述了新型无产阶级政党学说的基本原理，为各国党的建设提供了有力的武器，进一步丰富了列宁的建党学说。其主要内容有：

第一，论述了无产阶级政党的集中制和纪律对于巩固无产阶级专政的重要性。“俄国无产阶级专政取得胜利的经验向那些不善于思索或不曾思索过这一问题的人清楚地表明，无产阶级实现无条件的集中和极严格的纪律，是战胜资产阶级的基本条件之一。”（列宁选集第4卷. 北京：人民出版社，1995. 135）

第二，无产阶级政党是在“左倾”和“右倾”两条路线的斗争中发展壮大起来的。

第三，党必须正确认识和处理领袖、政党、阶级、群众之间的相互关系。“谁都知道，群众是划分为阶级的……阶级是由政党来领导的；政党通常是由最有威信、最有经验、被选出来担任最重要职务而称为领袖的人们所组成的比较稳定的集团来主持的。”（列宁选集第4卷. 北京：人民出版社，1995. 151）

第四，论述了无产阶级如何看待民主革命、党在民主革命中的地位及夺取民主革命胜利的方式方法。

第五，民主革命的前途——其中的核心问题是无产阶级政党在民主革命中的领导权问题。他在文章的“几点结论”中写道：“共产党人要竭尽全力来指导工人运动以及整个社会发展沿着最直最快的道路走向苏维埃政权在全世界的胜利，走向无产阶级专政。这是无可争辩的真理。”（列宁选集第4卷. 北京：人民出版社，1995. 211）

与马克思恩格斯不同的是，列宁有了社会主义建设的实践体会，有过无产阶级执政的经验，因此，提出了一系列关于执政党建设的基本理论，反映在以下著作中：《苏维埃政权当前的任务》、《关于党纲的报告》、《伟大的创举》、《共产主义运动中的“左派”幼稚病》、《俄共（布）中央委员会的政治报告》。其内容主要有：执政党必须大力发展社会生产力；执政党是无产阶级专政的领导力量，必须实行党政分工的原则；执政党必须同官僚主义作坚决的斗争，党才能健康发展；执政党必须特别注意密切联系群众；执政党必须坚持民主集中制，严格纪律，发扬民主；执政党必须提高党员质量，纯洁党的队伍。

第二节　毛泽东对马列建党学说的丰富和发展

毛泽东建党学说是毛泽东思想的重要组成部分，是马列主义学说同中国共产党建设实践相结合的产物。它是关于中国共产党产生、发展和自身建设规律的科学，是关于中国共产党在革命和建设中的领导地位、作用和实现正确领导的科学。以毛泽东为代表的中国共产党人创造性地把马列主义党的学说同中国共产党的实际结合起来，在中国这样一个特殊社会历史条件下，成功地建设了一个具有广大群众性的、马克思主义的无产阶级政党，形成了毛泽东的建党思想。所以，邓小平说，把列宁的建党学说发展得最完备的是毛泽东同志，毛泽东同志对于建立一个什么样的党，党的指导思想是什么，党的作风是什么，都有完整的一套。

反映毛泽东建党学说的主要文章有：《古田会议决议》、《〈共产党人〉发刊词》、《中国共产党在民族战争中的地位》、《改造我们的学习》、《整顿党的作风》、《反对党八股》、《关于领导方法的若干问题》、《论联合政府》、《关于建立报告制度》、《关于健全党委制》、《党委会的工作方法》、《关于正确处理人民内部矛盾的问题》、《在扩大的中央工作会议上的讲话》等。概括起来，毛泽东建党思想的主要内容有：

一、着重从思想上建设党

党的建设包括思想建设、理论建设、政治建设、作风建设及制度建设等多个方面。思想建设同理论建设相联系；组织建设同作风建设相联系，政治建设又决定了组织建设和作风建设的方向，制度建设则为上述建设提供了党内的法律保障。

思想建设是党的建设的首要任务，是解决党的世界观问题的重要步骤，是党的政治建设的前提，是党的组织建设的思想基础，它同党的作风建设更是密不可分的。因而，它是党的建设的根本问题。党的思想建设是指用马克思列宁主义武装全党，用共产主义思想改造和克服党内非无产阶级思想，保持党的先进性和纯洁性，使党在思想上保持高度一致。

为什么要“着重”从思想上建设党呢？这是一个中国化的命题，要从中国的实际情况出发。

马克思主义是关于无产阶级革命和解放的学说，因此，他是在工业化的过程中产生的、是资本主义发展过程中的产物。要将其移植到中国的土地上，运用到一个具有两千多年封建历史的社会去完成中国的民主革命，就得面对中国的实际。中国共产党无法选择自己所处的环境，关键是怎么解决。在一个以农民为多数的国家建设一个马克思主义的政党，是中国共产党人的一个创举。毛泽东曾经在《井冈山的斗争》一文中说："我们感觉无产阶级思想领导的问题，是一个非常重要的问题。边界各县的党，几乎完全是农民成分的党，若不给以无产阶级的思想领导，其趋向是会要错误的。"（毛泽东选集第1卷．北京：人民出版社，1991. 77）早在1928年，共产国际领导人布哈林在中共六大的发言中，曾不无担心地认为，中国共产党长期在农村会失去无产阶级先进性，变成农民党；他担心红军长久住一地，会像大肚子女人一样，把老百姓的最后一只母鸡吃掉，势必遭到老百姓的反对。

他的担心是有道理的。大革命失败刚刚一年，党的成分就发生了重大变化，由五大时的工人占53.8%，农民占18.7%；变为农民占76.6%，工人只占10.9%。党员的成分由以工人为主变成了农民党员占大多数，党处在农民小资产阶级的汪洋大海中，弄得不好，的确有变质的危险。

"无产阶级思想领导的问题"就是思想上建党的问题。试想，当红军在山沟里进行武装斗争的时候，怎么可能到城市里去拉来工人阶级入党？"几乎完全是农民成分的党"就是现实。工人阶级的先锋队如果成为一个"农民党"，还有什么先进性可言？《古田会议决议》被认为是中国共产党第一个着重从思想上建党和建军的纲领性文件，标志着毛泽东建党思想的初步形成。毛泽东在这里提出了思想上建党的理论：从思想上建党，就是用马克思主义武装党员，主要解决党和党员的世界观问题，从而保持党的先进性及纯洁性。主要办法就是用无产阶级思想克服非无产阶级思想。这一"克服"的结果，就能够把一个以农民为多数成员的党改造成为工人党。

1940年周恩来在共产国际的大会厅里介绍说：我们有毛泽东的领导，从思想上建党，能够建设成一个马克思主义的政党并领导中国革命取得胜利。那些共产国际的执行委员们，那些熟读马克思著作的理论家和权威们，一时大为哗然，不以为然。但是实践早已证明，从思想上建党，是中国共产党的一条成功经验，也是中国革命和社会主义建设取得巨大成功的一个重要保证。

二、加强党的政治、组织和作风建设

1. 政治建设

抗日战争时期是毛泽东建党学说从丰富发展到成熟的时期。毛泽东在《〈共产党人〉发刊词》中说：党的建设必须同党的政治路线密切结合。这就是政治建设，是指在马克思主义思想路线的指引下，实事求是地分析党所处的社会经济、政治、文化状况，制定党在这个历史时期的路线、方针、政策，并以此去教育全体党员，使党在政治上保持高度一致，为完成党的历史使命而积极行动。政治建设是解决党的奋斗目标和行动纲领的问题，为党确立一条正确的政治路线，因而，它是党的建设的核心问题。

党的建设同党的政治路线密切联系是党的建设的一条基本规律。历史经验证明：当党正确制定政治路线并正确处理党的建设同政治路线的关系时，党自身就能进一步巩固和发展，革命和建设事业就能胜利前进；反之，党的建设和党的事业就遭受挫折，乃至停滞、倒退。如何使党的建设围绕党的政治路线来进行呢？其一，要把坚持党的政治路线不动摇作为党的建设全部工作的出发点和落脚点；其二，要根据贯彻党的政治路线的需要来研究和部署党建工作，围绕贯彻政治路线的实践来开展党建工作；其三，要用贯彻党的政治路线的实际效果衡量和检验党建工作。

2. 组织建设

组织建设是指在马克思主义思想路线指导下，加强党员队伍、党的干部队伍、党的各级领导班子的建设，保持党在组织上的高度一致，使党成为组织上牢固的具有战斗力的统一整体，保证党的政治任务的胜利完成。组织建设是解决党组织的纯洁性、统一性的问题，因而，它是党的建设的组织保证。例如，党的组织纪律的基本要求是：个人服从组织、少数服从多数、下级服从上级、全党服从中央。

3. 作风建设

作风建设是指在马克思主义思想路线的指导下，坚持党性原则，不断教育党员和党的干部深入实际，调查研究，理论联系实际，密切联系群众，开展批评与自我批评，不断克服自身存在的各种不良作风，保持和发扬优良作风。党的作风建设是解决党的各级组织和全体党员在思想、政治、学习、工作和生活等方面的作风问题，是群众关系中最直接、最敏感的问题，因而，它是关系到党的生死存亡的问题。

三、正确地进行党内斗争

党内斗争是指党内思想上、政治上和组织上的原则分歧所引起的斗争。党内斗争的实质是思想斗争。为什么会在这些原则性的问题上发生分歧和矛盾呢？这是社会的阶级矛盾和新旧事物的矛盾在党内的反映。因为党不是生活在真空中，而是奋斗在复杂的阶级和阶级斗争环境里，经常处于剥削阶级和小资产阶级的包围之中。加之党员的社会出身不同，思想认识有差别，即使出身是工人阶级，也会存在各种非无产阶级的思想和观点。这样就会有一些不坚定分子侵入党的组织，从而产生各种分歧和争论。特别是在革命处于转变关头，或者在党外压力加大、党自身困难增多的条件下，这种分歧和争论就会更加激烈。毛泽东指出："党内不同思想的对立和斗争是经常发生的，这是社会的阶级矛盾和新旧事物的矛盾在党内的反映。党内如果没有矛盾和解决矛盾的思想斗争，党的生命也就停止了。"（毛泽东选集第1卷．北京：人民出版社，1991. 307）怎么办？矛盾不能回避、掩饰，只能通过正确的党内斗争加以解决。

党的团结和党内斗争是党内矛盾运动的两个方面。它们是辩证的统一，是相辅相成的。团结是斗争的出发点和目的；斗争是解决党内矛盾，实现党的团结的手段。具体来说：其一，党内斗争要站在党的正确立场和路线上，并严格区分两种不同性质的斗争。其二，要实行"惩前毖后，治病救人。弄清思想，团结同志"的方针，采取团结—批评—团结的方法。其三，要科学地评价党史上的错误，正确地对待党内犯过错误的同志。

第三节　邓小平对党的建设理论的新发展

邓小平关于党的建设理论的主要著作有：《完整准确地理解毛泽东思想》、《解放思想，实事求是，团结一致向前看》、《坚持四项基本原则》、《目前的形势和任务》、《党和国家领导制度的改革》、《第三代领导集体的当务之急》及《在武昌、深圳、珠海、上海等地的谈话要点》。邓小平"为了坚持和加强党的领导，必须努力改进党的建设；只有改进党的建设，才能更好地坚持和加强党的领导"的思想，是他的党建思想的总纲，为党的建设提供了一系列课题。

一、为了坚持和加强党的领导，必须改进党的建设

坚持中国共产党的领导，是建设中国特色社会主义伟大事业的根本保证。因为只有坚持党的领导，才能制定和执行正确的路线、方针、政策，保证现代化建设事业不断取得进步，才能把马克思主义基本原理同中国实际结合起来，为中国社会主义现代化建设提供科学的指导思想；只有坚持党的领导，才能够保证现代化建设事业沿着社会主义方向前进，才能保证中国现代化的成功；只有坚持党的领导，才能凝聚全国人民力量，保持社会政治稳定，保证国家的长治久安，为建设中国特色社会主义现代化事业创造一个安定团结的政治局面和社会环境；只有坚持党的领导，才能正确处理各种复杂的社会矛盾，正确调节和协调各方面的利益关系。

但是，邓小平也多次强调："为了坚持党的领导，必须努力改善党的领导。"其基本原理是：为了坚持和加强党的领导，必须努力改进党的建设；只

有改进党的建设，才能更好地坚持和加强党的领导。为什么？因为我们党所处的环境和工作内容都发生了很大的变化，一系列的变化必然要求我们党的领导方式、工作方式和领导制度相应地发生变化，根据新的工作内容和新的历史条件进行改革和创新。在这里，既包括改革和完善党的领导方式和执政方式，也包括以改革的精神，全面推进党的思想、作风、组织、制度建设的新的伟大工程，还包括“借鉴人类一切政治文明的有益成果”。

邓小平关于“为了坚持和加强党的领导，必须努力改进党的建设；只有改进党的建设，才能更好地坚持和加强党的领导”的思想，为党的建设提供了一系列课题。

1980 年 2 月，中共中央在北京举行了党的十一届五中全会，会议的两个重要议题，一是讨论了《中国共产党章程》修改草案，二是通过了《关于党内政治生活的若干准则》（以下简称《准则》）。《准则》是党内生活行动规范的重要文件，是总结了党几十年来处理党内关系的经验教训，特别是“文革”十年间的经验教训而提出来的，是对党章的必要补充。制定《准则》的目的是：“为了全面恢复和进一步发扬党的优良传统和作风，健全党的民主生活，维护党的集中统一，增强党的团结，巩固党的组织和纪律，提高党的战斗力。”（三中全会以来重要文献选编（上）．北京：人民出版社，1982. 415）《准则》共有 12 条，主要内容有：坚持党的政治路线和思想路线；坚持集体领导，反对个人专断；维护党的集中统一，严格遵守党的纪律；坚持党性，根绝派性；要讲真话，言行一致；发扬党内民主，正确对待不同意见；保障党员的权利不受侵犯；党内选举要体现选举人的意志；必须同错误倾向和坏人坏事作斗争；要正确对待犯错误的同志；接受党和群众的监督，不搞特权；努力学习，做到又红又专。《准则》的产生，使党内关系处理原则更加系统化、法规化，对党的自身建设具有重大的现实意义和历史意义。在此之后，全党掀起了一个学习、对照、贯彻落实《准则》的热潮。

为了贯彻《准则》的规定，1980 年 7 月，中共中央又发布了《关于坚持“少宣传个人”的几个问题的指示》；同年 10 月 20 日，中央书记处会议决定，今后二三十年，一律不挂现任领导人的像，以利于肃清个人崇拜的影响。23 日，中央发出《中共中央关于转发华国锋同志的信的通知》，通知中指出，今后在公共场所不再悬挂华国锋的像和题词，个人是否挂哪位去世的或现任的领导同志的像，完全由自己决定，各级组织不得以任何形式加以干预。

在肃清个人崇拜影响的同时，抓紧培养选拔中青年干部，废除干部领导职务终身制。1980 年 4 月 23 日，中央政治局会议通过《关于丧失工作能力的同志不当十二大代表和中央委员候选人的决定》；8 月 13 日，中共中央、国务院发出《关于设置顾问的决定》；10 月 1 日，国务院又发布了《国务院关于老干部离职休养的暂行规定》；1982 年 2 月，中共中央发出《关于建立干部退休制度的决定》。这些重大的改革措施都得以顺利实施，从而也有一大批中青年干部被提拔到各级领导岗位上来，保证了党的各级领导机构能经常保持蓬勃的生机，这在党的组织建设史上具有深远意义。从 1983 年开始，各级领导班子的革命化、年轻化、知识化、专业化都有重大突破，大批德才兼备的年轻干部走上了各级领导岗位。

为了进一步加强党的建设，在 1983 年召开的中共十二届二中全会上，通过了《中共中央关于整党的决定》。整党的任务是统一思想、整顿作风、加强纪律、纯洁组织；方法是在提高思想认识的基础上，开展批评和自我批评，分清是非，纠正错误。在整党过程中加强思想教育，着眼于提高广大党员的思想觉悟，要防止过去那种"残酷斗争，无情打击"的错误做法。为加强对整党工作的领导，还设立了中央整党工作指导委员会。这次整党从 1983 年 11 月开始至 1987 年 5 月 26 日止，历经三年半时间。这次整党是有成绩的，但也有不足和教训。主要是没有认真开展四项基本原则的教育，致使资产阶级自由化思想在一些党员、党员干部中有所滋长；对以权谋私、违法乱纪的重大事件揭露不够，被揭露后处理不够；对一些领导班子的软弱涣散问题还没解决好。

在改革组织制度、领导制度的同时，党进一步抓紧了党风建设。早在 1980 年，陈云就指出："执政党的党风问题是有关党的生死存亡的大问题，因此，党风问题必须抓紧搞，永远搞。"（三中全会以来重要文献选编（上）. 北京：人民出版社，1982. 572）1981 年 7 月，中央批转了中纪委关于贯彻《准则》座谈会纪要，中央的批语指出，纠正不正之风是当前全党的一项重要任务。批语还指出：从领导做起，层层带头，一级抓一级，是贯彻执行《准则》，纠正不正之风的关键。在此之后，党中央、中纪委颁发了一系列端正党风的重要规定，例如，1983 年 2 月，中纪委向全国党政机关、企事业单位各级领导干部发出公开信，要求坚决制止党员干部走建房分房中的歪风；1984 年 12 月，中共中央、国务院发出《关于严禁党政机关和党员干部经商、办企业的决定》；1985 年 5 月，党中央和国务院又发出《关于禁止领导干部的子女、配偶经商的决定》；1985 年 11 月，中共中央办公厅和国务院办公厅发出《关于解决当前机关作风中几个严重问题的通知》，对购小车、出国、公款旅游、请客送礼、不正当收入、干部经商等不正之风作了具体规定；1987 年 6 月，中纪委发出《关于坚决查处共产党员索贿行为的决定》；同年 7 月，中共中央国务院又发布了《关于严格控制党政机关干部出国的若干规定》。

二、"执政党的地位使我们党面临着新的考验"

在1956年党的八大上，邓小平作了《关于修改党章的报告》，报告中明确提出："执政党的地位，使我们党面临着新的考验。"（邓小平文选第1卷. 北京：人民出版社，1994. 214）1980年2月，他在《坚持党的路线，改进工作方法》的讲话中认为："要进一步明确党在四个现代化建设中的地位和作用。"同时提出了一个尖锐的问题："执政党应该是一个什么样的党，执政党的党员应该怎样才合格，党怎样才叫善于领导？"（邓小平文选第2卷. 北京：人民出版社，1994. 276）由于党的中心工作发生了变化，邓小平一直在思考建设一个什么样的党和寻求怎样建设党的答案。

在1989年春夏之交的政治风波中，党经受了一次严峻的考验。"事实表明，从总体上说，党的组织和党员是好的，我们党是坚强的，是任何敌对势力摧不垮的，同时，也暴露出我们党内存在严重问题。"（中共中央关于加强党的建设的通知. 新时期党的建设文献选编. 北京：人民出版社，1991. 446）1989年6月，邓小平在《第三代领导集体的当务之急》的讲话中说："常委会的同志要聚精会神地抓党的建设，这个党该抓了，不抓不行了。"（邓小平文选第3卷. 北京：人民出版社，1993. 314）这个讲话，被人们认为是邓小平对以江泽民为核心的第三代中央领导集体的重要政治交代。20世纪90年代初，在国际形势风云变幻、世界社会主义遭受严重曲折之际，邓小平又以其深邃的战略眼光，谆谆告诫全党同志："中国要出问题，还是出在共产党内部"，强调"对这个问题要清醒"。（邓小平文选第3卷. 北京：人民出版社，1993. 380）

第四节 "三个代表"重要思想在党建理论上的创新

第三代中央领导集体牢记邓小平的"政治交代"，一刻也没有停止过抓党的建设。1989年8月，中央发出《关于加强党的建设的通知》；12月，江泽民在党建研究班发表了《为把党建设成为更加坚强的工人阶级先锋队而斗争的讲话》；1990年，中央作出《关于加强党同人民群众联系的决定》；1992年，党的十四大提出了用邓小平建设有中国特色的社会主义理论武装全党的战略任务；1994年，党的十四届四中全会作出《关于加强党的建设几个重大问题的决定》；1997年，党的十五大郑重地向全党提出"建设一个什么样的党，怎样建设党"的战略性课题；2001年，十五届六中全会作出《中共中央关于加强和改进党的作风建设的决定》。而"三个代表"重要思想的提出，正是十余年来党的建设实践经验的总结，是在此基础上对"建设一个什么样的党，怎样建设党”这个大课题的破解。

回答的出发点是：“党的领导和党的建设，历来是同党的历史任务，同党为实现这些任务而确立的理论和路线联系在一起的。”（江泽民．论党的建设．北京：中央文献出版社，2001. 262）回答的首要问题，就是回答什么是“立党之本，执政之基、力量之源”。“三个代表”重要思想对党的性质、宗旨、任务作了一个新的理论概括。这个思想的核心是保持党的先进性，将加强和改进党的建设，保持党的先进性，巩固执政党的地位，统一于党领导人民进行改革开放和社会主义现代化建设的全过程。因此，它是加强党的建设的伟大纲领，也是先锋队保持先进性的纲领。“把‘三个代表’的要求贯彻落实到党的全部工作中去”，执政党地位面临新考验的难点找准了；“执政党应该是一个什么样的党，执政党的党员应该怎样才合格”在这里得到了明确的回答。所以，党只要坚持了“三个代表”，就无愧于先锋队身份，就能保持先进性。在这方面理论上的创新主要有：

一、中国共产党是中国工人阶级的先锋队，同时是中国人民和中华民族的先锋队

（一）从“一个先锋队”到“两个先锋队”的发展

“中国共产党是中国工人阶级的先锋队组织，是中国社会主义的领导核心，是中国各族人民利益的忠实代表。”党章中的这一规定是一个关系到党的性质的重大问题。从十二大到十五大，党章一直是这样规定的。“工人阶级的先锋队”，反映了党的阶级属性，是阶级属性的规定；“中国社会主义的领导核心”，规定了中国工人阶级及其先锋队的执政党地位；“是中国各族人民利益的忠实代表”，是它的归属。生产力是一切社会发展的最终决定力量，而工人阶级的特点和优点的第一个方面，就是与先进的生产力相联系，在现代化建设中，它总是走在科技革命的前列。因此，它当之无愧地成了我们国家的领导阶级。今天，我国工人阶级队伍不断扩大，由建国初期的800万人，发展到3亿5千万人。工人阶级不仅人数在增加，而且整体素质也大大提高了，又有在长期的革命斗争和建设实践中积累起来的丰富的经验，政治上更加成熟，特别能吃苦、特别能战斗，不愧是我们国家的领导阶级。因此，工人阶级是党的阶级基础，它的先进性是党的力量源泉。

十六大修改后的党章改为：中国共产党是中国工人阶级的先锋队，同时是中国人民和中华民族的先锋队。增加了“中国人民和中华民族的先锋队”，即人们通常所说的从“一个先锋队”增加为“两个先锋队”。这一重大的理论发

展也是经历了一个过程的，在党内甚至引起过激烈的争论。江泽民《在庆祝中国共产党成立八十周年的大会上的讲话》中曾作过这样的表述："看一个政党是否先进，是不是工人阶级先锋队，主要应看它的理论和纲领是不是马克思主义的，是不是代表社会发展的正确方向，是不是代表最广大人民的根本利益。"（江泽民．论党的建设．北京：中央文献出版社，2001. 512）这就明确回答了先进性的首要问题，化解了在此之前人们在这个问题上的重重疑虑，如增加"中国人民和中华民族"为先锋队，党是否会改变阶级性质、是否会失去先进性、是否会成为"全民党"，等等。这个表述实际上是党成立80年来的经验总结。中国共产党成立以后，在目标、纲领中就写进了自己的两大历史任务：民族独立及国家富强。这其实也就是近代以来中国人民前赴后继所追求的目标。其主题是为实现中华民族的伟大复兴，是代表中国最广大人民的根本利益。在这个奋斗过程中，中国共产党在实践中早就成了中华民族和中国人民的先锋队。

从"一个先锋队"增加为"两个先锋队"，是对党成立80多年来的经验总结。中国共产党执政以前，为民族独立的人民利益赴汤蹈火、冲锋陷阵；执政以后为国家富强的人民利益建设中国特色社会主义。所以，我们要实现中华民族的伟大复兴，是全民族的复兴，不仅仅是工人阶级与共产党的复兴，是代表中国最广大人民的根本利益。

从与"三个代表"重要思想的联系来看，要代表最广大人民的根本利益，也必然地提出了如何"代表"的问题。在1935年瓦窑堡会议上，毛泽东就提出了"两个先锋队"的问题，毛泽东说："为什么要把工农共和国改变为人民共和国呢？我们的政府不但是代表工农的，而且是代表民族的——我们党的第六次全国代表大会所规定的十大政纲，不但代表了工农的利益，也代表了民族的利益。……人民共和国去掉帝国主义的压迫，使中国自由独立，去掉地主的压迫，使中国离开半封建制度，这些事情就不但使工农得了利益，也使其他人民得了利益……人民共和国是代表反帝国主义反封建势力的各阶层人民利益的。"（毛泽东选集第1卷．北京：人民出版社，1991. 156～157）所以，党没有任何私利，它始终关注的是工人阶级、中国人民和中华民族的利益。如何代表呢？做先锋队才能代表，二者并不矛盾。邓小平曾经说过："我们党提出的各项重大任务，没有一项不是依靠广大人民的艰苦努力来完成的。"（邓小平文选第3卷．北京：人民出版社，1993. 4）这说明工人阶级利益和最广大人民的根本利益是完全一致的。从一个先锋队到两个先锋队，在党章中除了工人阶级先锋队又加上了中国人民和中华民族的先锋队，表明了在党的性质问题认识上的发展，同时又是紧密结合当代中国的实际的，是一种与时俱进的结果。

（二）必须最广泛最充分地调动一切积极因素，不断为中华民族伟大复兴增添新力量

党以前依靠的队伍主要有五种力量，即工人、农民、知识分子、干部、解放军。随着改革开放的社会发展，在社会变革中又出现了一些新的社会阶层，党的十六大政治报告将其归结为六种人，分别是：民营科技企业的创业人员和技术人员、受聘于外资企业的管理技术人员、个体户、私营企业主、中介组织的从业人员、自由职业人员等社会阶层。十六大政治报告中提出要“巩固阶级基础，扩大群众基础”；提出“必须最广泛最充分地调动一切积极因素，不断为中华民族伟大复兴增添新力量”。“巩固阶级基础”即原来的五种力量，“扩大群众基础”就是指党的组织要吸收上面所说的六种人。除了“私营企业主”以外，吸收民营科技企业的创业人员和技术人员、受聘于外资企业的管理技术人员、个体户、中介组织的从业人员、自由职业人员等社会阶层的成员加入党组织，是没有争议的。但是，对是否吸收“私营企业主”入党，党内在一段时间内曾有过争论，争论的焦点是“私营企业主”是否有剥削，他们的利润是否是剩余价值。如前所述，社会主义本质论是消灭剥削，如果有剥削，吸收他们参加工人阶级先锋队肯定与本质论相违背。

但是，这里我们应该面对两个基本的事实：一是改革开放以来我国社会财富迅速增长、人民生活总体达到小康水平，这种历史性跨越和伟大成就是怎么得来的？是出现了新的资产阶级靠剥削得来的，还是靠亿万人民群众辛勤劳动创造的？显然是后者。二是在社会主义市场经济竞争中，有些人成功了，说他是剥削者、是坏的，不成功的人却是先进的，那这个社会还有希望吗？市场经济还怎么搞下去？所以十六大政治报告还指出：“一切合法的劳动收入和合法的非劳动收入都应该得到保护。不能简单地把有没有财产、有多少财产当作判断人们政治上先进和落后的标准，而主要看他们的思想状况和现实表现，看他们的财产是怎么得来的，以及对财产怎么支配和使用，看他们以自己的劳动对中国特色社会主义事业所作的贡献。”所以，“有没有财产、有多少财产”不能当作判断人们政治上先进和落后的标准，以自己的劳动对中国特色社会主义事业所作的贡献才是判断标准。这里，需要介绍一个重要的基本理论，叫做民营经济必须服从于“普照的光”。马克思说：“在一切社会形式中都有一种一定的生产决定其他一切生产的地位和影响，因而它的关系也决定其他一切关系的地位和影响。这是一种普照的光，它掩盖了一切其他色彩，改善着它们的特点。”（马克思恩格斯选集第2卷．北京：人民出版社，1995.24）那么，以公有制为主体，多种所有制共同发展的基本经济制度，这个主体地位，就是普照的光，在这种光照耀之下的私营经济也是为发展社会主义生产力服务的经济，是社会主义市场经济的重要组成部分，在发展生产力、繁荣市场经济、满足人民生活、安排就业等方面发挥作用，成为现代化建设中不可缺少的组成部分。

所以，十六大政治报告中指出的这六种人，都是中国特色社会主义事业的建设者，给他们定性为“建设者”的话，就与党在市场经济的问题上将除公有制以外的其他各种经济成分都认定为社会主义市场经济的重要组成部分统一起来了。既然同是中国特色社会主义事业的建设者，“能否自觉地为实现党的路线和纲领而奋斗，是否符合党员条件，是吸收新党员的主要标准”。

值得注意的是，对两个先锋队如何相统一、增强党的阶级基础和扩大党的群众基础如何相统一，十六大政治报告的第十部分在用词上表述得很有分寸：“重点做好在工人、农民、知识分子、军人和干部中发展党员的工作，壮大党的队伍最基本的组成部分和骨干力量。注意在生产、工作第一线和高知识群体、青年中发展党员。要把承认党的纲领和章程、自觉为党的路线和纲领而奋斗、经过长期考验、符合党员条件的其他社会阶层的先进分子吸收到党内来，增强党在全社会的影响力和凝聚力。”首先，五种力量仍然是“重点”，“重点做好在工人、农民、知识分子、军人和干部中发展党员的工作”；其次是“注意”，“注意在生产、工作第一线和高知识群体、青年中发展党员”；再次是“要把”，“要把符合党员条件的其他社会阶层的先进防分子吸收到党内来”。

二、既要坚定共产主义信念又要脚踏实地工作

社会主义初级阶段理论是邓小平理论的基础和基石。但是，邓小平从来就没有放弃过共产党人的最高理想。他说：“我们过去几十年艰苦奋斗，就是靠用坚定的信念把人民团结起来，为人民自己的利益而奋斗。没有这样的信念，就没有凝聚力。没有这样的信念，就没有一切。我们共产党人的最高理想是实现共产主义，在不同历史阶段又有代表那个阶段最广大人民利益的奋斗纲领。因此我们才能够团结和动员广大的人民群众，叫做万众一心。”（邓小平文选第3卷．北京：人民出版社，1993. 190）“在不同历史阶段又有代表那个阶段最广大人民利益的奋斗纲领”，这种认识，将远大目标与阶段性目标有机统一起来，其本身也是建立在社会主义初级阶段基本国情上的。

怎样去面对、实现自己的政治目标？在庆祝建党80周年的“七一”讲话中，江泽民对党的最高纲领要实现的目标作了如下描述：物质财富极大丰富、人民精神境界极大提高、每个人自由而全面的发展。与传统的共产主义蓝图相比较这个描述更加简约，为什么？讲话中说：对遥远的未来不可能也不必要作具体的设想和描绘；未来的事情总应该由未来的实践来回答，人的认识是受时

代限制的。讲话还指出：过去，我们对这个问题的认识是肤浅的，因为，在这方面我们是有深刻的经验教训的。例如，在“大跃进”的年代就曾宣布，共产主义在我国的实现已经不是什么遥远、将来的事情了；提出要“跑步进入共产主义”。苏联也犯过这样的错误，他们曾经在 1936 年宣布建成社会主义，三年后又提出“向共产主义前进”的口号，赫鲁晓夫上台后，提出要用 20 年时间在苏联建成共产主义，虽然勃列日涅夫从赫鲁晓夫的立场后退了一些，但仍提出苏联进入了“发达社会主义”社会。

正确的态度是，在如何认识资本主义与社会主义的问题上，我们既要充分认识资本主义的新变化，也要看到它的基本矛盾没有变，因而灭亡的趋势就没有变，因此，从社会主义的巨大生命力和伟大成就中更加坚定起共产主义必胜的信念。同时，也要认识到这将是一个长期的历史过程。“七一”讲话中就引用了 1859 年马克思在《〈政治经济学批判〉序言》中说过的一段话：“无论哪一个社会形态，在它所能容纳的全部生产力发挥出来以前，是决不会灭亡的；而新的更高的生产关系，在它的物质存在条件在旧社会的胎胞里成熟以前，是决不会出现的。”（马克思恩格斯选集第 2 卷．北京：人民出版社，1995. 33）这就是“两个决不会”与“两个必然”的辩证关系。动摇了“两个必然”，就会丧失根本，迷失方向；忽略了“两个决不会”，就会脱离实际，急躁冒进。“七一”讲话在这个问题上保持了高度的清醒，讲话中明确提出：“全党同志既要树立共产主义的远大理想，坚定信念，以高尚的思想道德要求和鞭策自己，更要脚踏实地，为实现党在现阶段的基本纲领而不懈努力，扎扎实实地做好现阶段的每一项工作。”也就是说，只有脚踏实地做好现阶段的每一项工作，才能最终实现共产主义的远大目标；只有胸怀共产主义远大目标，才能在实际工作中保持正确的方向。离开基本纲领，脱离社会主义初级阶段的实际讲共产主义，就容易陷入空谈。

这些思想载入了十六大通过的新党章，新党章在总纲中增加了一个第三段：“马克思列宁主义揭示了人类社会历史发展的规律，他的基本原理是正确的，具有强大的生命力。中国共产党人追求的共产主义最高理想，只有在社会主义社会充分发展和高度发达的基础上才能实现。社会主义制度的发展和完善是一个长期的历史过程。坚持马克思列宁主义的基本原理，走中国人民自愿选择的适合中国国情的道路，中国的社会主义事业必将取得最终的胜利。”这个表述反映在党的政治纲领中，决定了我们是最低纲领与最高纲领的辩证统一论者。2003 年 7 月 1 日，胡锦涛在学习“三个代表”重要思想理论研讨会上指出：“三个代表”重要思想坚持了这两者的统一，为我们坚持马克思主义的最终奋斗目标、根据实际制定和实施推动我国社会主义发展的科学战略提供了新的理论基础；同时又为在锲而不舍的努力中不断朝着实现共产党人的远大理想和最终目标胜利前进指明了现实途径。

第五节　保持先进性是党的建设的永恒课题

胡锦涛总书记曾经在保持共产党员先进性专题报告会上指出："80 多年来，我们党始终高度重视保持党的先进性，总是把党的先进性建设摆在突出位置来抓。以毛泽东同志、邓小平同志和江泽民同志为核心的党的三代中央领导集体关于加强党的先进性建设的理论和实践一脉相承，为我们开展党的先进性建设积累了丰富的实践经验，奠定了坚实的理论基础，提供了科学的思想指南。"确实，四代中央领导集体关于加强党的先进性建设的理论和实践，是党保持先进性的宝贵财富，值得总结。

一、坚持全心全意为人民服务的宗旨

毛泽东说过，全心全意为人民服务，是我们党区别于其他政党的一个显著标志之一。全心全意为人民服务，努力实现最广大人民的根本利益，是中国共产党人奉行的最高准则。"三个代表"重要思想的落脚点是代表最广大人民的根本利益。加强党的先进性建设，提高党的执政能力，最终要落实到实现好、维护好、发展好最广大人民的根本利益上来，这是衡量党的一切工作与是非得失的根本标准，也是衡量党的先进性的根本标准。党在 80 多年的奋斗历程中，为实现国家独立、实现中华民族的伟大复兴作出了伟大的贡献，是共产党全心全意为人民服务宗旨的体现，是党的"先进性"的表现。只要真正代表人民的利益，就能坚持党的先进性。

二、坚持共产党人的理想

理想信念是党的事业不断取得胜利的根本保证，是共产党员保持先进性的力量源泉，是共产党员之所以成为共产党员的思想基础。"坚持理想信念，坚定不移地为建设中国特色社会主义而奋斗"的要求可以分为两个层次：首先"要坚持理想信念"，其次才能做到"坚定不移地为建设中国特色社会主义而奋斗"，这两个层次是互相联系，密不可分的。全党同志既要树立共产主义的远大理想，坚定信念，以高尚的思想道德要求和鞭策自己；更要脚踏实地，为实现党在现阶段的基本纲领而不懈努力，扎扎实实地做好现阶段的每一项工作。老一辈无产阶级革命家不仅在理想信念问题上作过大量的阐述，他们自己在这方面的坚定执著亦给我们树立了光辉的榜样。

三、加强党的思想建设

思想建设是党的政治建设的前提，是党的组织建设的思想基础，同党的作风建设更是密不可分。因为，党的先进性必须具体地落实到共产党员和各个党组织的思想和工作实践中去。而行为是受思想支配的，按照马克思主义的认识论来说，它不会从天上掉下来，不是人的大脑中固有的，只能来源于社会实践，来自于对党的理想、理论、纲领、宗旨的认同，也就是说，要接受党的世界观、价值观。所以，加强思想建设是使党员能够自觉地为实现党的路线和纲领而奋斗的重要任务。只有把党的先进性要求转化为全体党员的实际行动，党才能永远保持先进性。

四、坚持与时俱进、开拓创新

党的十七大报告指出："思想理论建设是党的根本建设，党的理论创新引领各方面创新"；要"坚持用发展着的马克思主义指导客观世界和主观世界的改造，进一步把握共产党执政规律、社会主义建设规律、人类社会发展规律，提高运用科学理论分析和解决实际问题能力"。所以，坚持党的思想路线，解放思想、实事求是、与时俱进，是我们党坚持先进性和增加创造力的决定性因素。与时俱进，就是党的全部理论和工作要体现时代性，把握规律性。要使党和国家的事业不停顿，首先理论上不能停顿。"发展着的马克思主义"的论断，给坚持与时俱进、开拓创新提出了新任务，一部马克思主义史就是一部与时俱进的马克思主义发展史。中国特色社会主义理论体系的发展已经充分说明了这一点。

五、发挥党员的先锋模范作用

党员是构成党的组织的细胞。因此，阶级的先进性与党的先进性要靠党员的先进性来体现，这种体现具体表现在共产党员的先锋模范作用上。这种先锋模范作用说明党的先进性与共产党员的先进性是高度一致的。党的先进性要求党员成为"三个代表"重要思想的实践者，走在群众的前列。如果离开了广大党员的先锋模范作用，党的先进性就无从谈起，先锋队的作用就不能发挥。党员要用自己的先进行为去实践自己信仰的先进思想与先进理论。这种实践，要落实到自己的工作中，落实到社会行为中去，要在社会主义物质文明、精神文明、政治文明建设、社会建设中充分发挥出来。"平时看得出，关键时刻站得出"，是人民群众对党员的基本要求。所以，先锋模范作用不是空洞的口号，而是实实在在的行动要求。革命战争年代有一句话：共产党员是特殊材料做成的。这个“特殊”，就是指他的理想、信念、觉悟、党性、灵魂，等等。先锋模范作用发挥出来了，先进性也就体现出来了。

1938年，毛泽东在六届六中全会上曾专门讲了共产党员的模范作用问题，他要求共产党员应该成为英勇作战的模范、政治工作的模范、团结统一的模范；应该成为十分廉洁、不用私人、多做工作、少取报酬的模范；应该是实事求是的模范，又是具有远见卓识的模范。邓小平也说过：在长期革命战争中，我们在正确的政治方向指导下，从分析实际情况出发，发扬革命精神和拼命精神，严守纪律和自我牺牲精神，发扬大公无私和先人后己精神，压倒一切敌人、压倒一切困难的精神，坚持革命乐观主义、排除万难去争取胜利的精神，取得了伟大的胜利。搞社会主义建设，实现四个现代化，同样要在党中央的正确领导下，大力发扬这些精神。如果一个共产党员没有这些精神，就绝不能算是一个合格的共产党员。邓小平所说的这些精神就是党员先锋模范作用的体现，是共产党员先进性的概括。

党的十四大、十五大政治报告都曾对共产党员的先进性问题作了专门的阐述，要求“把共产党人的先进性在社会主义物质文明和精神文明建设中充分发挥出来”。江泽民曾经要求领导干部经常对自己进行“三问”：“入党为什么，参加工作干什么，身后留下什么”，就是要党员牢固树立全心全意为人民服务的思想，发挥先锋模范作用。这一“作用”是否能够发挥得好，关系到党的形象，只有广大党员具备先进性，整个党的先进性才会有坚实的组织基础和坚强的组织保证，才能发挥好党组织的战斗堡垒作用。

六、保持艰苦奋斗的优良作风

艰苦奋斗是中国共产党人在长期的革命、建设和改革的实践中形成的奋发图强、不畏艰辛的革命斗志和勤俭节约、艰苦朴素、与人民群众同甘共苦的优良传统和作风。“进京赶考”之前，毛泽东在西柏坡党的七届二中全会上提出了“两个务必”的著名论述：务必使同志们继续地保持谦虚、谨慎、不骄、不躁的作风，务必使同志们继续地保持艰苦奋斗的作风。毛泽东还说：艰苦奋斗是我们的政治本色，它集中反映了共产党人对待党的事业、对待困难、对待物质生活的根本态度。1991年9月，江泽民在西柏坡发表了保持艰苦奋斗优良作风的重要讲话，将艰苦奋斗称之为共产党人的政治本色。保持艰苦奋斗优良作风，是因为我们在一个经济文化比较落后的国家进行革命和建设，我们所进行的新民主主义革命所面对的敌人极其凶恶强大，我们是在“敌强我弱”的情况下与敌人拼搏的，那种“小米加步枪”的史诗般的战斗，就是依靠艰苦奋斗而取得胜利的。我们从事的社会主义建设家底极为薄弱，没有艰苦奋斗的精神，很难想象如何能取得今天的成就，并继续开创中国特色社会主义的新局面。

邓小平早就告诫：艰苦奋斗是我们的传统，艰苦朴素的教育今后要抓紧，一直抓六十至七十年。我们的国家越发展，越要抓艰苦创业。提倡艰苦创业精神，也有助于克服腐败现象。所以，要把艰苦奋斗作为一种精神是永恒的，然而，艰苦奋斗的内容却是相对变化的，它随着党的任务、环境的变化而有着不同的要求和表现。

七、以扩大党内民主带动人民民主

党的十七大报告指出："党内民主是增强党的创新活力、巩固党的团结统一的重要保证。要以扩大党内民主带动人民民主，以增进党内和谐促进社会和谐。"但是，对党内民主本身的探索来说，已经有 80 多年的历程了，其理论与实践的渊源很长，今天，无论从内容、形式还是制度规范上都达到了一个前所未有的高度，这是党的四代中央领导集体不懈探求的结果。

（一）党内民主建设理论发展的历史回顾

党内民主建设的理论，按照其发展的推进情况可以分为以下七个阶段：

1. 从民主集中制的确立到党内民主的提出

1927 年 6 月，中央政治局讨论和通过了依据中共五大精神所形成的《中国共产党第三次修正章程决议案》，在"党的建设"一章中第一次规定："党部的指导原则为民主集中制"；"按照民主集中制的原则在一定区域内建立这一区域内党的最高机关，管理这一区域内党的部分组织。党部之执行机关概以党员大会或代表大会选举，上级机关批准为原则；但特殊情形之下，上级机关得指定之。"（中共中央文件选集第 3 集．北京：中共中央党校出版社，1989. 144 ~ 155）从此，民主集中制作为党的根本组织制度确立了。抗日战争前后，通过正反两方面经验教训的总结，结合党的政治路线建设，又提出了党内民主建设的任务。1937 年 5 月 2 日至 14 日，在延安召开了中国共产党全国代表会议，提出了"巩固和平"、"争取民主"、"实现抗战"这样三位一体的口号，毛泽东在会议所作的结论即《为争取千百万群众进入抗日民族统一战线而斗争》中专门设置了"民主问题"和"党内民主问题"各一节，在"民主问题"中说："对于抗日任务，民主也是新阶段中最本质的东西，为民主即是为抗日。"在"党内民主问题"一节中说："要达到这种目的，党内的民主是必要的。要党有力量，依靠实行党的民主集中制去发动全党的积极性。在反动和内战时期，集中制表现得多一些。在新时期，集中制应该密切联系于民主制。用民主制的实行，发挥全党的积极性。”（毛泽东选集第1卷．北京：人民出版社，1991.275、278）“用民主制的实行，发挥全党的积极性”，就是党内民主和这种民主制的作用。同时，从这里也可以看出，在那个时候，党的建设就是围绕党的基本路线进行的。

1938年10月，毛泽东在六届六中全会上所作《论新阶段》的报告中，又专门用一节篇幅讲了“党内民主”的问题，他指出：“处在伟大斗争面前的中国共产党，要求整个党的领导机关，全党的党员和干部，高度地发挥其积极性，才能取得胜利。所谓发挥积极性，必须具体地表现在领导机关、干部和党员的创造能力，负责精神，工作的活跃，敢于和善于提出问题、发表意见、批评缺点，以及对于领导机关和领导干部从爱护观点出发的监督作用。没有这些，所谓的积极性就是空的。而这些积极性的发挥，有赖于党内生活的民主化。党内缺乏民主生活，发挥积极性的目的就不能达到。大批能干人才的创造，也只有在民主生活中才有可能。由于我们的国家是一个小生产的家长制占优势的国家，在全国范围内至今还没有民主生活，这种情况反映到我们党内，就产生了民主生活不足的现象。这种现象，妨碍着全党积极性的发挥。”因此，他强调指出：“扩大党内民主，应看做是巩固党和发展党的必要的步骤，是使党在伟大斗争中生动活跃，胜任愉快，生长新的力量，突破战争难关的一个重要的武器。”（毛泽东选集第2卷．北京：人民出版社，1991.528～529）张闻天则在讲话中提出了发展党内民主的四条措施：召集必要的经常的会议、大会，集体讨论，共同决定问题，交换意见与总结经验，报告工作等；各级党委负责人的选举及定期的改选；发展党内的自我批评，下级可越级控告；上级对下级多采用说服教育工作方法。（陈至立．中国共产党建设史．上海：上海人民出版社，1991.337）

全会通过了党的建设史上的三个重要文件，即《关于中央委员会工作规则与纪律的决定》、《关于各级党部工作规则与纪律的决定》、《关于各级党委暂行组织机构的决定》，从制度上进一步保证了党的民主集中制、党内民主、党内纪律的实现，是党内民主建设史上的一个良好开端。

1945年5月，刘少奇在《关于修改党的章程》的报告中说：“现在必须放手地扩大我们党内的民主生活，必须实行高度的党内民主，同时，在实行高度民主的基础上实行党的领导上的高度集中。”“然而，就全党来说，就各个地方来说，党内民主生活至今还是不足的，还应该继续发展。因此，党章上有许多扩大党内民主的规定。”（刘少奇选集（上）．北京：人民出版社，1981.366）例如，七大党章明确规定：“党的各级领导机关，必须遵照党内民主的原则进行工作，才能发挥党员的革命积极性、创造性与巩固党的纪律，并使这种纪律成为自觉的而不是机械的纪律，才能使领导机关的领导工作臻于正确，才能建立与巩固在民主基础上的集中制。”（中国共产党党章汇编．北京：人民出版社，1979. 59）在这里，以党内根本大法的形式将民主集中制与党内民主统一起来了。

2. 党内民主的新认识与新设想

第一，新认识——监督的关键在于发展党和国家的民主生活。

建国头七年，党一直在探讨如何实现党内民主的问题，刘少奇的多篇文章都曾专门谈及这个问题，例如，1951 年，刘少奇在第一次全国组织工作会议上说：“适当地扩大党内民主，实际地而不是形式地建立党的各级党委制、代表会议与代表大会制，并使他们加强工作，是加强我们党的各级组织机构的重要环节。”（建国以来重要文献选编（第一册）．北京：中央文献出版社，1992. 190）1954 年 2 月 6 日，刘少奇在《为增强党的团结而斗争》的讲话中说：“为了增强党的团结，我们党不但不允许缩小党内民主和缩小党内的批评与自我批评，而且必须保证充分发展党内民主，充分发展党内的批评与自我批评。”（刘少奇论党的建设．北京：中央文献出版社，1991. 260）

1956 年，邓小平在党的八大上所作《关于修改党的章程》报告中说：“党除了应该加强对于党员的思想教育之外，更重要的还在于从各方面加强党的领导作用，并且从国家制度和党的制度上作出适当的规定，以便对于党的组织和党员实行严格的监督。”他还强调：“我们需要实行党的内部监督，也需要来自人民群众和党外人士对于我们党的组织和党员的监督。无论党内的监督和党外的监督，其关键都在于发展党和国家的民主生活，发扬我们党的传统作风。”（邓小平文选第 1 卷．北京：人民出版社，1994. 214 ~ 215）这个“关键”就是毛泽东后来所说的：“我们的目标，是想造成一个又有集中又有民主，又有纪律又有自由，又有统一意志，又有个人心情舒畅、生动活泼，那样一种政治局面。”（建国以来重要文献选编（第十册）．北京：中央文献出版社，1995. 485）

第二，新设想——党代表常任制的提出。

1956 年 4 月 28 日，毛泽东在中央政治局扩大会议上的总结讲话中说：“是否可以仿照人民代表大会的办法，设党的常任代表。我们有人民的国会，有党的国会，党的国会就是党的代表大会。设常任代表有什么好处呢？就是可以一年开一次代表大会。我们已经有 10 年没有开党的代表大会了，有了常任代表制度，每年就非开会不可。是不是可以考虑采用这个办法，比如五年一任。这还没有写到党章草案上去，提出来请大家考虑，看是否可以。”（毛泽东文集第 7 卷．北京：人民出版社，1999. 54）

根据毛泽东的设想和提议，1956 年 9 月 16 日，邓小平在《关于修改党的章程》的报告中对此作了详尽的说明，他说："党内民主生活中的一个重要缺点，就是党的各级代表大会没有充分发挥作用，为了彻底克服这个缺点，把党的民主生活提高到更高的水平，党中央委员会在党章草案中，决定采取一项根本的改革，就是把党的全国的、省一级的和县一级的代表大会都改作常任制，多少类似各级人民代表大会那样。""代表大会常任制的最大好处，是使代表大会可以成为党的充分有效的最高决策机关和最高监督机关，它的效果，是几年开会一次和每次重新选举代表的原有制度所难达到的。按照新的制度，党的最重要的决定，都可以经过代表大会讨论。党的中央、省、县委员会每年必须向它报告工作，听取它的批评，答复它的询问。代表由于是常任的，要向选举他们的选举单位负责，就便于经常地集中下级组织的党员群众和人民群众的意见和经验，他们在代表大会会议上，就有了更大的代表性，而且在代表大会闭会期间，也可以按照适当的方式，监督党的机关的工作。因此，我们相信，这种改革，必然可以使党内民主得到重大的发展。"（邓小平文选第1卷. 北京：人民出版社，1994. 233）

党代表常任制度写进了八大通过的党章。根据这一规定，八大二次会议于1958年5月5日至23日在北京举行。后来由于种种原因，这一制度终未按党章规定实行。再后来，由于对国内主要矛盾的认识发生了变化，以及阶级斗争任务的提出，党内民主遭到了彻底破坏。

3. 党内民主建设的恢复与发展

《关于党内政治生活的若干准则》共有12条，关于党内民主的内容就有6条：坚持集体领导，反对个人专断；要讲真话，言行一致；发扬党内民主，正确对待不同意见；保障党员的权利不受侵犯；党内选举要充分体现选举人的意志；接受党和群众的监督，不搞特权。《准则》既提出了"发扬党内民主"的任务，也规定了党内纪律并提出了监督的任务。

其后几年，党内民主与监督机制有了进一步的发展。1987年，党的十三大政治报告提出："健全党的集体领导制度和民主集中制，要从中央做起。主要是：建立中央政治局常委向中央政治局、中央政治局向中央全会定期汇报工作的制度；适当增加中央全会每年开会的次数，使中央委员会更好地发挥集体决策的作用；建立中央政治局、中央政治局常委会、中央书记处的工作规则和生活会制度，使集体领导制度化，加强对党的领导人的监督和制约。"报告还强调指出："要疏通党内民主渠道和健全民主生活，使党员对党内事务有更多的了解和直接参与的机会。"（十三大以来重要文献选编（上）. 北京：人民出版社，1991. 51）

4. 两个《条例》的产生——党内民主有了制度保障

邓小平曾经强调指出："在总结经验的基础上，党的十一届三中全会提出一系列新的政策。就国内政策而言，最重大的有两条，一条是政治上发展民主，一条是经济上进行改革，同时相应地进行社会其他领域的改革。”（邓小平文选第3卷．北京：人民出版社，1993.116）事实正是如此，党内民主制度的建设也是与经济改革共同发展的。1990年3月12日，十三届六中全会通过了《中共中央关于加强党同人民群众联系的决定》，首次明确提出要拟定党内监督条例，十四大之后即着手起草工作，1995年制定了《中国共产党党员权利保障条例（试行）》。2003年年底，出台了《中国共产党监督条例》和《中国共产党纪律处分条例》。这不仅是党的制度建设的重大发展，也是党内民主的重大举措。例如，规定中央政治局向中央委员会全体会议报告工作；中央纪委常委会向中央纪委全体会议报告工作；地方各级党委常委会、纪委常委会分别向委员会全体会议每年报告工作一次；设常委会的基层党组织的党委常委会、纪委常委会分别向委员会全体会议每年报告工作一次。监督条例规定了一系列党内民主的措施，为进一步发展党内民主提供了制度保障，使党内的民主氛围更加浓厚。

5. 党代表常任制的再次提出——把毛泽东邓小平想做而没有做完的事做起来

邓小平曾经说：“从许多方面来说，现在我们还是把毛泽东同志已经提出、但是没有做的事情做起来，把他反对错了的改正过来，把他没有做好的事情做好。”（邓小平文选第2卷．北京：人民出版社，1994.300）党的十六大提出了一系列推进党内民主的新举措，例如，“扩大在市、县进行党的代表大会常任制的试点。积极探索党的代表大会闭会期间发挥代表作用的途径和形式”。（本书编写组．十六大报告辅导读本．北京：人民出版社，2002.46）如果将其一系列表述与1956年党的八大政治报告比较一下的话，可以发现它们之间有如下共同特点：其一，目的都是为了推进党内民主；其二，充分发挥党代表作用；其三，使党的代表大会真正成为“党的国会”，成为最高决策机关和监督机关；其四，常任党代表制度便于集中群众的意见向党代会反映，真正体现代表性。在46年之后，党的代表大会报告重提党代表常任制，把毛泽东、邓小平想做而没有做完的事情做起来，是新形势下加强和改进党的建设的需要，是坚持和健全民主集中制的需要，是对党内民主的有力推动。

党的十六届四中全会通过的《中共中央关于加强党的执政能力建设的决定》中指出：“完善重大决策的规则和程序，通过多种渠道和形式广泛集中民智，使决策真正建立在科学、民主的基础之上。”（中共中央关于加强党的执政能力建设的决定．北京：人民出版社，2004.17）党代表常任制就是“通过多种渠道和形式广泛集中民智”，“使决策真正建立在科学、民主的基础之上”的重要举措。

6. *以党内民主推进人民民主——提高发展社会主义民主的能力*

1987 年 10 月，党的十三大报告曾经提出："以党内民主来逐步推动人民民主，是发展社会主义民主政治的一条切实可行、易于见效的途径。"（十三大以来重要文献选编（上）. 北京：人民出版社，1991. 50～51）这一思想到十六大有了进一步的发展，十六大报告指出："党内民主是党的生命，对人民民主具有重要的示范和带动作用。要以保障党员民主权利为基础，以完善党的代表大会制度和党的委员会制度为重点，从改革体制机制入手，建立健全充分反映党员和党组织意愿的党内民主制度。"这个思路不仅提出了以党内民主推进人民民主的任务，同时也是建设社会主义政治文明的思路，而且与全面建设小康社会紧密联系起来。因为在十六大报告中，已经把"发展社会主义民主政治，建设社会主义政治文明"作为全面建设小康社会的重要目标。

7. *发展党内民主新的里程碑：以保障党员民主权利为根本*

新中国成立 60 周年前夕召开的党的十七届四中全会通过了《中共中央关于加强和改进新形势下党的建设若干重大问题的决定》（以下简称《决定》），围绕当前党的建设中带有战略性、根本性、紧迫性的突出问题，对进一步以改革创新精神推进党建设新的伟大工程作出了部署。同时，以新的理念、新的思路提出了推进党内民主建设的新举措。尤其值得注意的是，发展党内民主，以保障党员民主权利为根本的内容："党内民主是党的生命，集中统一是党的力量保证。必须坚持民主基础上的集中和集中指导下的民主相结合，以保障党员民主权利为根本，以加强党内基层民主建设为基础，切实推进党内民主，广泛凝聚全党意愿和主张，充分发挥各级党组织和广大党员的积极性、主动性、创造性，坚决维护党的集中统一。坚持以党内民主带动人民民主，以党的坚强团结保证全国各族人民的大团结。"如何"发展"，《决定》提出的措施有："逐步扩大基层党组织领导班子直接选举范围"；"推广基层党组织领导班子成员由党员和群众公开推荐与上级党组织推荐相结合的办法"；"提高选人用人公信度"，"正确分析和运用民主推荐、民主测评结果，增强科学性和真实性"；"以落实党员知情权、参与权、选举权、监督权为重点，进一步提高党员对党内事务的参与度，充分发挥党员在党内生活中的主体作用"。这些措施正是多年来党内民主建设中的难点与重点，"以保障党员民主权利为根本"可以说是抓住了牛鼻子，因此，十七届四中全会是发展党内民主新的里程碑。

（二）党内民主建设理论发展的宝贵经验

1. 党内民主的发展要围绕党的基本路线进行

党的建设要围绕党的基本路线进行，是党的历史经验总结，那么，作为党的建设的一个重要方面的党内民主建设，也必然是围绕党的基本路线进行的。在上面的历史回顾中，我们已经充分地认识到这一点。什么时候党的建设搞得好，就是党内民主建设最好的历史时期，也是党的事业兴旺发达不断胜利的历史时期。例如，前面所说的抗日战争中的六届六中全会以后、党的八大前后、十二大、十三大、十六大、十七大前后等时期。因为如果“民主生活不足”，就“妨碍着全党积极性的发挥”；党内民主建设得好，不仅不会造成个人专断、“一言堂”，而且“是巩固党和发展党的必要的步骤，是使党在伟大斗争中生动活跃，胜任愉快，生长新的力量”的“重要的武器”。

2. 党内民主是党的民主集中制原则实施的有力保障

民主和集中、权利和义务是统一的，没有民主就没有集中，权利行使得不充分，承担义务就难免打折扣。集中是在民主基础上的集中。如果没有民主，只有集中和服从，有不同意见的人就不会心情舒畅，就不利于党的团结，即使有正确的决策，也不利于顺利和有效地实施。因此，充分发扬党内民主是正确处理党内矛盾和意见分歧的正确方法。还有，由于党组织中各个党员的经历和所处的环境不同，对实际情况了解的深浅程度不同，思想方法和觉悟程度不同等原因，在党员之间、党员个人与组织之间、党的各级组织之间也经常会发生各种各样的矛盾。只有按照民主集中制的原则正确处理党内的各种矛盾，建立正常的党内生活秩序，才能使党的团结统一不断得到巩固和发展，更加朝气蓬勃和富有战斗力，才能造成“又有集中又有民主，又有纪律又有自由，又有统一意志、又有个人心情舒畅、生动活泼”的政治局面。

3. 民主本身就是监督

监督与民主，二者不仅互为前提，而且互为实现条件。没有监督，就等于没有民主；没有民主，也就形不成监督。因此，监督的过程就是民主的实现过程；而民主的实现过程也一定包含着监督。在党内民主建设中，党内监督的完善和发展一向是党内民主建设的重要内容，党内民主的本质又决定了党内民主的建设和发展方向。对于党内民主的建设和发展来说：民主生活是基础，民主监督是关键，民主决策是根本。所以，加强党内监督，是党内民主发展的内在要求。可以看到，每一个时期，伴随着党内民主建设的一系列文件出台，也会有一系列与之相配套的党内监督的规定或文件的产生，如在《准则》中既提出了“发扬党内民主”的任务，也提出了“为了保持党和广大人民群众的密切联系，防止党的领导干部和党员由人民的公仆变成骑在人民头上的老爷，必须采取自下而上和自上而下相结合、党内和党外相结合的方法，加强党组织和群众对党的领导干部和党员的监督”的任务。

4. 纪律是维护党内民主运作的保证

纪律对于党内民主政治建设和发展来说，具有重要的意义。因为纪律的本质是维护党章、党规和党法，保证党章、党规和党法的有效执行。纪律在维护党章、党规和党法的同时，实际上就是维护了党内民主的正常运作。因此，制度是党内民主的基础，党内政治生活制度化是党内民主发展的动力，而这一切都需要严格的党内纪律作为保证，纪律执行的一个重要后果，必然是对违反纪律的处分。党的纪律与党内自由决定了在党内民主中，纪律与自由是有机统一的：没有党的纪律，就没有党内民主；没有党内民主，党的纪律也无法确立。在每一个时期强调党内民主的时候也必然重申党的纪律。例如，党的六届六中全会在提出“扩大党内民主”的同时，通过了《关于中央委员会工作规则与纪律的决定》、《关于各级党部工作规则与纪律的决定》；党的十六大提出了一系列推进党内民主的新举措，不久则出台了《中国共产党纪律处分条例》。

今天，中国共产党作为执政党，党内民主建设的意义绝不限于共产党自身，党内民主的不断推进，必将带动整个国家政治生活的民主化，正如十七大政治报告强调的那样：人民民主是社会主义的生命；发展社会主义民主政治是我们党始终不渝的奋斗目标。

第十二章　中国特色社会主义外交政策的渊源

中国人民站起来了，不仅推翻了“三座大山”而站起来，而且还巍然屹立于世界东方，越立越挺拔。这里面，不仅有社会主义祖国的巨大成就，也与中国外交政策的成功与巨大影响分不开。建国初期，以毛泽东为核心的中国共产党第一代领导集体“打扫干净屋子”，一下子废除了帝国主义强加在中国人民头上的一千多个不平等条约；又广交朋友，与一百多个国家建立了外交关系，恢复了中国在联合国的合法席位。在这个过程中，坚持独立自主的外交方针，创造性地提出了和平共处五项原则，使之成为中国外交的基本原则。改革开放以后，中国共产党的第二、三、四代领导集体从中国社会主义建设的实际出发，面对新的国际局势和中国外交的新问题，提出了和平与发展的外交新思想，发展并完善了独立自主与和平共处的外交思想。在新世纪，面对新的国际局势和中国外交的新问题，中国共产党第四代领导集体与时俱进地提出了和平崛起与发展、建设和谐世界的外交新战略，把独立自主和平共处的外交思想发展到了一个新阶段。同时，中国特色社会主义的外交理论也越来越成熟起来，从这些理论中，我们也可以看到“老祖宗”的影子。

第一节　马克思列宁主义的外交思想

马克思恩格斯坚信：社会主义事业不仅是国际性事业，也是解放全人类的事业；无产阶级不但要解放自己，而且要解放全人类。他们早就认识到：“资产阶级由于开拓了世界市场，使一切国家的生产和消费都成为世界性的了”，所以，“过去那种地方的和民族的自给自足和闭关自守状态，被各民族的各方面的互相往来和各方面的相互依赖所代替了。物质的生产是如此，精神的生产也是如此。……民族的片面性和局限性日益成为不可能。”（马克思恩格斯选集第1卷．北京：人民出版社，1995. 276）因此，“随着资产阶级的发展，随着贸易自由的实现和世界市场的建立，随着工业生产以及与之相适应的生活条件的趋于一致，各国人民之间的民族分隔和对立日益消失了。……联合的行动，至少是各文明国家的联合的行动，是无产阶级获得解放的首要条件之一”。（马克思恩格斯选集第1卷．北京：人民出版社，1995. 291）所以，他们完全有理由希望：社会主义的胜利必将从根本上改变国际关系的旧模式。伴随着社会主义的胜利，将不再是新的大国、强国对其他国家、民族的威胁、侵略、征服和奴役，而是各民族之间的和平、发展、互惠、互利。即使是在自己掌握政权之前，无产阶级也应该“努力做到使私人关系间应该遵循的那种简单的道德和正义的准则，成为各民族之间的关系中的至高无上的准则”。（马克思恩格斯选集第2卷．北京：人民出版社，1995. 607）

国际工人运动的发展表明，同那个经济贫困和政治昏聩的旧社会相对立，正在诞生一个新社会，而这个新社会的国际原则将是和平。直到晚年，恩格斯在预测德、俄、法很可能爆发的战争时，还强调国际社会主义者应该不惜一切代价争取和平。马克思恩格斯坚持国家主权平等原则，主张任何国家不论大小、强弱、贫富都应该相互尊重，不对他国的事务说三道四、指手画脚。马克思主义创始人的上述观点实际上是对近代国际关系中司空见惯的大国、强国干涉弱小国家内政做法的有力回应，表达了革命导师消灭旧的不合理的国际秩序、建立新的体现公平正义的国际秩序的良好愿望。

1915年8月，列宁根据新的世界形势，创造性地发展了马克思主义的上述思想，列宁提出：“经济政治发展的不平衡是资本主义的绝对规律。由此就应得出结论：社会主义可能首先在少数或者甚至在单独一个资本主义国家内获得胜利。这个国家内获得胜利的无产阶级……就会起来反对其余的资本主义的世界……必要时甚至用武力去反对剥削阶级及其国家。”（列宁全集第26卷．北京：人民出版社，1988. 367）1917年，列宁提出了和平外交政策。但当时列宁多次强调西方爆发革命以便支持俄国一国的革命。所以，苏维埃国家成立之初，列宁并没有捍卫“和平共处”政策。另外，西方发达的资本主义国家并不甘心自己的失败，极端仇视社会主义制度的存在。但是它们在经历三次武装干涉的较量后，不得不承认它客观存在的事实。经过三年国内战争后，列宁也认识到国际关系出现了“一种均势”，这样又逐步地提出了“和平共处”的外交政策。也就是说，由于苏俄军事上、政治上的胜利和政权的巩固，国际关系上出现了“一种均势”，这种“均势”局面要求苏维埃国家在外交上采取更加现实的政治、经济战略和策略。为此，列宁认为，苏维埃俄国应该采取“和平共处”的策略。1919年12月，在俄共（布）第八次全国代表大会上，列宁指出，俄罗斯苏维埃联邦社会主义共和国希望同各国人民和平共处，把自己的全部力量用来进行国内建设，以便能在苏维埃制度的基础上搞好生产、运输和社会管理工作。

1920年，列宁在共产国际第二次代表大会草拟的《民族和殖民地问题提纲初稿》中，提出了“两个联盟”的思想，这个文件提出：在殖民地半殖民地国家里，首先要进行反帝反封建的民主革命，无产阶级及其政党不仅要与农民结成同盟，而且要与资产阶级民主派联合，并在联合中保持自己的独立性，包括思想、政治和组织上的独立。这不仅是无产阶级政党先进性的必然要求，同时也是外交战略的转变。据此，列宁在马克思“全世界无产者联合起来”的基础上提出：“全世界无产者和一切被压迫民族联合起来。”

1921 年，列宁在全俄苏维埃第九次代表大会上的报告中强调：“我们暗下决心，我们既已着手进行和平建设，就要用一切力量不间断地把它进行下去。”“在国际关系中已经形成某种均势，这种均势虽然极不稳定，但终究是一种均势。”（列宁全集第 42 卷. 北京：人民出版社，1987. 320 ~ 321）据此，列宁语重心长地告诫全党：“我们非常清楚地知道，战争会给工农带来空前的浩劫。因此我们在这个问题上必须慎之又慎。我们可以作最大的让步和牺牲，只要能保住我们用高昂的代价换来的和平。”（列宁全集第 42 卷. 北京：人民出版社，1987. 325）1922 年 3 月，列宁在俄共（布）第十一次代表大会上作中央委员会的政治报告时，更加坚定地指出：“要知道，资本主义列强近年来最迫切、最实际和表现得最突出的利益，是要求发展、调整和扩大对俄国的贸易。既然存在这种利益，那么，尽管会有辩论、会有争执、分歧各方会有不同的组合——甚至很可能闹到决裂的地步，但这个基本的经济需要最终还是会发生作用的。……我可以十分有把握地说，苏维埃共和国同整个资本主义世界的正常贸易往来一定会得到进一步的发展。”（列宁全集第 43 卷. 北京：人民出版社，1987. 71）事实上，列宁已经根据历史进程的实际情况，放弃了简单地将十月革命看成是即将开始的世界革命的序幕，将苏俄仅仅看成是世界革命大军对资本主义发动总进攻的桥头堡的思想，而转变为在苏俄将与资本主义世界长期和平共处的前提下，以培育苏俄的综合国力为中心任务，力争苏俄较顺利、较迅速地发展以改变世界范围内两种社会制度力量对比的战略思想。

列宁的“和平共处”思想为苏俄进行社会主义建设实践提供了理论指导。根据这一思想，1921 年，苏俄首先同英国签订了贸易协定，建立了通商关系。从 1921 年 5 月到 1922 年初，苏俄又先后同德国、意大利、挪威、希腊、奥地利、瑞典等国签订了贸易协定。苏俄以贸易为突破口，促进了政治关系的事实化。1924 年，英国率先宣布承认苏联，与此同时，国际上出现了一股同苏联建立外交关系的“建交热”。到 1924 年，除美国外，主要资本主义大国都承认了苏联。苏联完全结束了十月革命胜利后头几年的孤立状态，赢得了同资本主义国家和周边邻国较长时间“和平共处”的有利局面。至此，不同社会制度的国家“和平共处”的局面形成。

我们不难发现，世界上第一个社会主义国家——苏维埃共和国刚诞生时，处于帝国主义的汪洋大海之中，随时有被帝国主义的汹涌波涛吞噬的危险，但以列宁为首的布尔什维克党以高超的政治智慧，利用当时国际上存在的各种矛盾，一步步地冲破了帝国主义的包围，并逐渐与一切国家建立和平共处的外交关系，为自身的建设创造了一个较好的外部环境，为欧洲及世界的战后和平作出了巨大贡献。

第二节　毛泽东的国际战略思想与外交方针

1949 年 9 月，《中国人民政治协商会议共同纲领》明确规定：独立自主是新中国外交政策的根本立足点，即实行“为保障本国独立、自由和领土主权的完整，拥护国际的持久和平和各国人民间的友好合作，反对帝国主义的侵略和战争”的外交政策。新中国成立后，中共中央和毛泽东根据第二次世界大战后国际政治格局的新变化，把马克思主义同中国具体实际相结合，制定了新中国的外交方针和原则，在平等互利的基础上，加强同世界各国人民的友好往来，坚持反对帝国主义、霸权主义、殖民主义和种族主义，坚决捍卫本国的主权和独立，全力支持第三世界国家人民的正义斗争。这些不懈努力，维护了中国人民的根本利益，为中国国内建设创造了有利的国际环境，也为世界和平与人类的进步事业作出了重大贡献。

一、和平共处五项原则

1949 年 4 月 30 日，毛泽东在为中国人民解放军总部发言人起草的一份声明中指出：“中国人民革命军事委员会和人民政府愿意考虑同各外国建立外交关系，这种关系必须建立在平等互利、相互尊重主权和领土完整的基础上，首先是不能帮助国民党反动派。”（毛泽东选集第 4 卷．北京：人民出版社，1991. 1461）建国以后，为了给新中国建设创造有利的国际环境和条件，毛泽东、周恩来制定了独立自主的外交政策，和平共处五项原则就是在这一政策指导下提出来的。

1953 年 12 月 31 日，周恩来在会见来北京参加谈判的印度代表团时，首次提出了和平共处五项原则，即互相尊重主权和领土完整、互不侵犯、互不干涉内政、平等互利、和平共处。1954 年 6 月，周恩来应邀先后访问了印度和缅甸，分别与两国总理发表联合声明，一致同意以和平共处五项原则作为指导相互关系的基本准则，并倡议将这五项原则作为处理国际关系的准则。和平共处五项原则是中国共产党和中国政府对世界和平事业的突出贡献，在国际上产生了广泛而深远的影响。

和平共处五项原则，是中国共产党人发展了列宁关于不同社会制度国家可以和平共处的思想，结合战后国际形势发展的新情况而提出的崭新的国际关系准则，它不仅适用于处理社会制度不同的国家之间的关系，而且适用于处理社会制度相同的国家之间的关系，因此得到了许多国家的赞成和响应。但也偶有一些国家持观望或怀疑态度，认为这是中国的权宜之计。为此，毛泽东及时提出"五项原则是一个长期方针"。其根本依据就是中国的社会主义性质和社会主义建设需要长期的和平环境的客观要求。

二、新中国外交战略的演变

新中国外交战略的演变大体上可以分为以下四个阶段：

第一阶段：新中国成立初期，世界局势是革命与战争，是"冷战"的初级阶段。1950 年 10 月，中国政府出兵朝鲜后，美国第七舰队进入台湾海峡。中国在国际上的处境是，经济上被封锁、政治上受孤立、军事上遭到包围。为了打破这种局面，中国的外交政策是"另起炉灶，打扫干净屋子再请客"；"一边倒"，倒向社会主义阵营。

第二阶段：20 世纪 50 年代末至 60 年代，中国采取"两个拳头出击"政策。1958 年，苏联两次提出在中国领土和领海上建立中苏共有共管的长波电台和联合舰队的建议，显露出它在军事上控制中国的意图。毛泽东斩钉截铁地对赫鲁晓夫说，"在军事上搞合作是不适当的"；"要讲政治条件，连半个手指头都不行"；"你们可以说我是民族主义，如果你们这样说，我就可以说，你们把俄国的民族主义扩大到了中国海岸"。由于赫鲁晓夫推行大国沙文主义，中苏关系更加紧张，分歧进一步扩大。苏联不但片面废除了帮助中国建立原子能工业和制造原子弹的协定，还在中印边界事件中支持印度一方，公开指责中国，并发展到激烈地攻击中国的对内对外政策，甚至干涉中国内政，要求中国作出对台湾放弃使用武力的承诺。这种要求理所当然地遭到了毛泽东的坚决拒绝。因此，这个时期的外交政策采取了对美国、苏联实行"两个拳头出击"的政策。

第三阶段：20 世纪 60 年代末到 70 年代是"一条线战略"。就是争取美、日、韩即一切可以争取的力量对付苏联，改变腹背受敌的局面。其实，早在 1959 年，毛泽东在接见美国安那·路易斯·斯特朗等三位记者时，就谈到自己经常游泳，游长江，还说，如果你们三位允许，我愿意去横渡你们的密西西比河。据基辛格回忆：美国人很迟钝，没了解毛泽东的意图；事实上，毛泽东早就准备跟美国建交，早就放了气球，给了消息；可是，那三个人没把信带回去。

后来，是人们通常说的“小球转动大球”的乒乓外交，使事情有了转机。事情经过是这样的：1971 年，曾经获得第 26、27、28 三届世乒赛的单打冠军庄则栋，率领中国乒乓球代表团出席第 31 届世乒赛（第 29、30 两届因“文革”而没出席）。代表团出发前，周总理给了他们一个任务：为加强与各国乒乓球队的交流，赛后要邀请几个国家的代表团来中国访问。听到中国队邀请南斯拉夫访华的消息后，美乒协主席斯庭霍文碰到中国代表团领队宋中时，忙问他还准备邀请哪些队访问中国，并说：如果有机会，美国队可以到中国参加比赛。宋中当即将该消息发回国内。据有关人员回忆，毛泽东在吃了安眠药躺下以后，又起床亲自安排中国邀请美国乒乓球队访华的事宜。周恩来还接见了美、加、匈等到访代表团。

第四阶段：改革开放以来，我国外交战略又有了新的转变：一是更加鲜明地提出了独立自主的外交战略；二是在国际关系上不再以社会制度和意识形态来决定国家关系的亲疏；三是韬光养晦，有所作为又埋头苦干，发展自己的战略，具体是不当头（输出革命）、不砍旗、不树敌；四是在坚持独立自主的同时，积极对外开放；五是在中国经济不断发展的过程中，为应对中国“威胁”论，适时地提出了和平崛起、和平发展与建设和谐世界的理念。

三、两个中间地带理论和三个世界划分的理论

毛泽东提出了“两个中间地带”和“三个世界”的战略思想，奠定了我国的外交格局，对于打破美苏霸权主义、维护世界和平，起了不可估量的作用。

（一）“两个中间地带”理论

1963 年 9 月至 1964 年 7 月，毛泽东提出了存在“两个中间地带”的思想，即“亚洲、非洲、拉丁美洲是第一个中间地带；欧洲、北美加拿大、大洋洲是第二个中间地带，日本也属于第二个中间地带”，这两个中间地带“都反对美国的控制，在东欧各国则发生反对苏联控制的问题”。以此为依据，毛泽东得出了“世界性的战争有可能避免”的论断。两个中间地带是说：美国与中国之间有两个中间地带，一个是欧洲、北美加拿大、大洋洲；一个是亚非拉等发展中国家。这样就有了非常好的缓冲地带，可以很好地为我所用。

（二）“三个世界”划分理论

20 世纪六七十年代，国际政治力量进一步分化改组，亚非拉许多民族纷纷独立建国，并在国际事务中的作用有所增强；社会主义阵营由于苏联推行霸

权主义而不复存在；西方资本主义国家之间由于发展的不平衡和利益的冲突，矛盾重重。毛泽东敏锐地注意到这一变化，对世界格局作出了新的判断，提出了划分“三个世界”的思想。1974 年 2 月，毛泽东在会见赞比亚总统卡翁达时说：“我看美国、苏联是第一世界。中间派、日本、欧洲、澳大利亚、加拿大是第二世界。咱们是第三世界”，“第三世界人口很多”，“亚洲除了日本，都是第三世界。整个非洲都是第三世界，拉丁美洲也是第三世界。”同年 4 月，邓小平在联合国大会第六届特别会议上的发言中，向世界全面阐述了毛泽东划分“三个世界”的理论，引起全世界的关注，受到第三世界国家和人民的欢迎和支持。

毛泽东划分“三个世界”的理论，主张以经济为基础划分世界政治格局，改变了传统的以意识形态为标准划分世界政治格局的思路，不仅为我国独立自主的和平外交政策奠定了坚实的理论基础，促进了中国同广大第三世界国家和人民的团结与合作，而且使世界反殖民主义、反霸权主义的力量得到了最大限度的扩大和巩固，对维护世界和平与安全产生了重大影响。

三个世界划分的理论以美国、苏联为第一世界，由于其实力无人可敌，又称超级大国；第三世界是指亚洲、非洲、拉丁美洲广大的发展中国家；处于二者之间的是第二世界，指欧洲、日本、加拿大、澳大利亚等发达国家和地区。经过这样的划分，我们的外交政策就非常明朗了，即广泛地团结第三世界的国家和人民，与第二世界也搞好关系、和平共处，共同反对美国及苏联两个大国的霸权主义，维护世界和平。

第三节　世界主题的转变与邓小平的外交思想

一、和平与发展是当代世界的主题

正确分析时代主题，并以此作为根据确定我国的对外政策，是邓小平外交思想的核心，也是邓小平理论的重要组成部分。所谓主题就是时代特征，只有正确地分析世界形势，才能把握历史发展趋势，确定正确的战略和策略。

20 世纪 70 年代以前，世界形势是帝国主义和无产阶级革命的时代。当时，列宁对世界形势的分析是：帝国主义就是战争；战争将导致革命。第一、二次世界大战的爆发，一大批社会主义国家的建立，殖民地国家争取民族独立的运动风起云涌，证明了列宁的分析是正确的。

1943 年的斯大林格勒保卫战胜利，苏军从防御转向反攻，反法西斯同盟国家召开了一系列会议，此后，随着国际形势的发展，逐渐形成了两极格局。1943 年 11 月至 12 月德黑兰会议、1945 年 2 月雅尔塔会议以后，雅尔塔体系逐渐形成。1946年，丘吉尔宣布：铁幕已经降下，冷战已经开始。1949年成立了以美国为首的北大西洋公约组织；1955年成立了以苏联为首的华沙条约公约组织。实际上，标志着以苏美两个超级大国为首的两大阵营形成、两极格局逐渐形成。1991年，东欧剧变、两极格局被打破之后，新的世界格局尚未形成，出现了多极化的趋势。

面对20世纪80年代以来国际政治格局的巨变、世界经济发展、科学技术革命的现实以及由此产生的一系列新矛盾、新问题，邓小平不失时机地提出和平与发展是当代世界两大主题的科学论断。这一论断精辟地概括并准确地把握了时代特征，丰富和发展了马克思主义的时代观。是新时期党对国际形势认识的最重要成果，是中国共产党对国际问题的论识与国际战略成熟化的标志，是中国国际战略与外交政策的一次理论飞跃。

和平与发展是当代世界的两大主题，是我们对时代特征的基本概括。和平问题主要是维护世界和平，防止新的世界大战问题，也包括用和平的手段解决国际争端、制止局部战争的问题。发展问题主要是发展中国家与发达国家之间的经济关系问题，是谋求世界经济，尤其是发展中国家经济整体健康发展的问题。和平与发展是紧密关联的。发展依赖于和平的国际环境，和平需要以经济与社会的充分发展作为坚实的基础。和平是发展的条件，发展是和平的基础和主要内容。当然，邓小平也充分认识到：“这两大问题一个也没解决。”

二、邓小平外交思想的主要内容

（1）发展总趋势：和平与发展。

（2）坚持反对霸权主义，维护世界和平。

（3）在“和平共处”五项原则的基础上，建立和平、稳定、公正的国际新秩序。

（4）坚持同各主要国家继续打交道，搞好关系，反对制裁。

（5）中国永远不称霸，也永远不当头。

（6）坚持在“和平共处”五项原则的基础上同所有的国家搞好关系。

（7）坚持独立自主的和平外交政策。

（8）要根据独立自主、完全平等、互相尊重、互不干涉内部事务四项原则处理同各国共产党和其他政党的关系。

三、中国对外政策的基本纲领和基本原则

（一）基本纲领

1. 反对霸权主义，维护世界和平

在新的历史时期，把反对霸权主义、维护世界和平作为中国对外开放政策的纲领，是出于中国人民和世界人民根本利益的需要。虽然战争的危险减少，世界出现了和平与发展的趋势，但霸权主义和强权政治依然存在；不合理、不公正的国际政治经济旧秩序仍未消除；世界各种矛盾在深入发展，局部战争和冲突接连不断。这些因素都阻碍着世界和平与发展的进程。中国面临着发展和摆脱落后的任务，既需要有一个稳定的国内环境，也需要有一个和平的国际环境。中国要发展，必须反对霸权主义，维护世界和平。同时，中国作为一个社会主义大国和联合国安理会常任理事国，也应该在促进世界和平与发展方面作出更大的贡献。因此，反对霸权主义维护世界和平是我国对外政策的出发点。

2. 独立自主

独立自主是中国对外政策的基石，也是反对霸权主义、维护世界和平的必要前提和保证。没有独立自主的权利和能力，就没有中华民族的自尊、自立和自强，更谈不上在反对霸权主义、维护世界和平方面发挥更大的作用。所以，我们的外交政策是独立自主的和平外交政策。

（二）基本原则

1. 坚持把国家主权和国家利益放在首位

主权是国家的根本属性，是各国人民长期奋斗的结果，也是国际法赋予一个国家独立自主地处理对内对外事务的最高权力。国家活动的目的是追求国家利益。坚决维护国家主权、领土完整、民族尊严，维护中国的社会主义制度，维护中国人民的生存权、发展权和对世界政治经济事务的参与权，是我国的根本利益，也是我国外交的根本任务。现阶段，中国外交在维护国家主权和国家利益方面的工作重点是：坚决反对一些西方国家利用所谓的人权问题、台湾问题、藏独问题、疆独问题等干涉中国内政、破坏中国的统一；坚决抵制它们用资产阶级的价值观和其他手段对中国进行渗透、颠覆、分化、西化的图谋。中国希望同一切国家保持友好合作的关系，但绝不能以损害国家主权、国家利益和改变中国的社会主义制度为代价。

2. 坚持独立自主和不结盟

就是不怕孤立、不怕侵略和威胁，不怕封锁和制裁，不屈服于任何外来压

力，不做任何外国的附庸，不允许任何外国侵害中国的利益，本国的事情按照本国的实际情况来办；在处理国际事务时，中国根据问题本身的是非曲直独立自主地决定自己的立场和政策，坚持实事求是，伸张正义，不拿原则做交易；在国际关系中，中国既维护自己独立自主的权利，也尊重世界所有的国家都享有的同一权利。中国反对恃强凌弱、以富压贫，主张国家不分大小、贫富、强弱，一律应独立自主地参与国际事务。不结盟也是中国对外政策的一个重要原则。所谓不结盟，就是不与任何国家和国家集团结盟，不参加任何军事集团、不搞政治游戏、不打政治牌。

3. 坚持和平共处五项原则

在处理国家之间关系中，坚持相互尊重主权和领土完整、互不侵犯、互不干涉内政、平等互利、和平共处五项原则，这五项原则是中国独立自主和平外交政策的本质特征，也是得到国际社会普遍赞同的处理国家关系的基本准则和最好方式，其根本宗旨就是反对霸权主义和强权政治、维护世界和平与稳定、促进人类社会的进步与繁荣。和平共处五项原则不仅适用于社会制度和意识形态不同的国家关系，也适用于社会制度相同的国家关系，还适用于经济发达程度相似或悬殊的国家关系。

4. 加强同发展中国家的团结与合作

发展中国家数量多、人口多，是反对霸权主义、维护世界和平的主力。发展中国家以前叫做第三世界，中国同第三世界有着共同的遭遇和命运，中国属于第三世界，站在第三世界一边。今天，中国仍然属于发展中国家，因此要加强同发展中国家的团结与合作。

5. 中国永远不称霸，永远不当头

不搞霸权主义，是中国独立自主和平外交政策题中的应有之义，是由中国的社会主义性质所决定的。“不当头”是“不称霸”思想的延伸和发展。1982年8月21日，邓小平在会见联合国秘书长德奎利亚尔的谈话时指出：“很多朋友说，中国是第三世界的头头。我们说，头头不能当。头头一当就坏了。搞霸权主义的名誉很坏，当第三世界的头头名誉也不好。这不是客气话，这是一种真实的政治考虑。”（邓小平文选第2卷. 北京：人民出版社，1994. 416）

第四节　中国特色社会主义外交战略总结

20世纪90年代以来，国际形势发生了重大而深刻的变化。以江泽民为核心的党的第三代中央领导集体，高举邓小平理论伟大旗帜，面对世界格局多极化进程的加快，在坚持独立自主的和平外交政策的同时，也突出强调：世界要和平，人民要合作，国家要发展，社会要进步，是时代的潮流，争取较长时期的和平国际环境是可以实现的，但影响和平与发展的不确定因素在增加，这是当前和今后一个时期国际局势的基本态势。这一科学判断为新世纪新阶段中国外交提供了正确的理论指导。

21 世纪以来，以胡锦涛为总书记的党的中央领导集体，坚持独立自主的和平外交政策，统筹国内国际两个大局，作出了“走和平发展道路”的重大战略决策。党的十七大政治报告对我国的外交战略和外交政策作了全面阐述，进一步指出将“始终不渝走和平发展道路”。这标志着以“和平发展”战略为指导的中国特色社会主义外交理论日趋完善。

一、新的外交理念

在一国的外交中，外交理念占有非常重要的地位，直接影响到外交政策的制定。纵观新中国的外交，在 60 年里，中国外交战略理念发生了很大变化，由过去强调“一边倒”和“反帝反修”为主要内容的“斗争观”，逐渐转变为当今主张的“国际合作”。中国外交战略理念的转变不仅是为了顺应当前和平、发展、合作时代潮流的发展，而且也是为了实现我国和平发展与构建和谐世界的需要。如今，中国倡导互利共赢的国际合作观推动了以国际合作为基础的国际关系民主化，开创了以多边合作为主要特点的中国外交新局面。

经过改革开放 30 余年的飞速发展，中国逐步由一个贫穷落后的发展中国家成长为国民生产总值和综合国力居于世界前列的有重要影响的大国。中国实力不断增强，国际地位不断提高，这必然使我们更多地参与国际事务。在安全问题上，我们应始终维护领土完整和国家安全；在政治问题上，我们应该努力消除国际上“中国威胁论”的疑虑和恐惧；在国际问题上，中国需要和国际社会一起面对我们共同的问题，如恐怖主义、环境保护、国际犯罪和流行病等问题的挑战。今天的中国，已经由一个独善其身的发展中国家变成一个具有全球利益、兼济天下的世界大国。国家身份的变化决定了观念的变化，我们已经意识到中国的发展给世界带来的巨大影响，认识到中国作为一个“负责任的大国”应逐渐承担更多的国际责任。“有所作为”，就是为世界的和平与发展作出更大的贡献。基于此，中国在外交理念上先后提出了“和平发展”和“和谐世界”的外交战略。

十七大报告提出：“在国际关系中应弘扬民主、和睦、协作、共赢的精神。政治上相互尊重、平等协商，共同推进国际关系民主化；经济上相互合作、优势互补，共同推动经济全球化朝着均衡、普惠、共赢方向发展；文化上相互借鉴、求同存异，尊重世界多样性，共同促进人类文明繁荣进步；安全上相互信任、加强合作，坚持用和平方式而不是战争手段解决国际争端，共同维护世界和平稳定；环保上相互帮助、协力推进，共同呵护人类赖以生存的地球家园。”（本书编写组．十七大报告辅导读本．北京：人民出版社，2007）

推动建设和谐世界，是中国党和政府在新世纪新阶段提出的重大战略思想。进入新世纪以来，和平与发展依然是时代的主题。经济全球化加速发展，各国相互依存度明显加深，世界格局多极化趋势和文明多样性继续发展。全球性问题日益凸现，各国加强协调与合作势在必行。另外，世界仍然很不安宁。单边主义继续作祟，国际关系民主化远未实现。局部冲突和热点问题此起彼伏，全球经济失衡加剧，南北差距拉大，传统与非传统安全问题交织，世界和平与发展面临诸多难题和挑战。机遇前所未有，挑战也前所未有。在新的历史条件下，共同分享发展机遇，共同应对挑战，推进人类和平与发展的崇高事业，事关各国人民的根本利益，也是各国人民的强烈心愿。正是在这一历史和国际背景下，中国共产党和政府倡导：为了人类的美好未来，各国人民应携手努力，推动建设一个持久和平、共同繁荣的和谐世界。

二、新的外交布局

随着中国的日渐崛起，中国外交布局也日益呈现出全方位和均衡化的特质。

第一，大国是关键。中国始终把大国之间的外交关系作为外交的重点，特别是中美关系。近年来，中国积极发展大国关系，大国关系基本保持平稳。中美关系在稳定中进一步发展，中俄战略协作伙伴关系不断加强，中国和欧盟的关系也具有良好的发展势头，中印关系又进一步发展，中日关系打破僵局。同时，持续高速增长的中国经济已经成为促进世界经济增长的一个重要动力来源。这不仅直接增强了中国的硬实力，也间接增强了中国的软实力，使中国在大国关系中的影响力相应上升。中国在国际政治中倡导多边磋商，谋求互利合作，影响力还在进一步增强。

第二，周边是首要。中国十分重视发展与周边国家的关系。“远亲不如近邻”，周边外交在我国外交全局中始终占有重要位置。与周边邻国关系搞好了，有利于为“聚精会神搞建设，一心一意谋发展”开创必要的外部环境；有利于更有效地维护国家安全、民族团结和社会稳定；有利于我们站稳脚跟，运筹外交全局，开展好中国特色大国外交。新世纪以来，中国提出了“与邻为善，以邻为伴”的周边外交方针和“睦邻、安邻、富邻”的周边外交政策。十七大更深入地提出加强“务实合作”，共同营造“和平稳定、平等互信、合作共赢的地区环境”的外交战略，把周边外交提升到一个整体的新高度。近年来，中国以和平发展为前提，以经济合作为主题，兼顾政治、军事、文化、环境等多种务实合作，营造安全可靠、经济繁荣、长期稳定的周边和平环境，坚持以邻为善、以邻为伴，奉行睦邻、亲邻、富邻的政策。在中国的努力下，近几年中国的周边外交取得了累累硕果，周边环境日益改善，开放、健康和互利的合作局面正在中国周边形成。

第三，发展中国家是基础。中国作为世界上最大的发展中国家，巩固和加强同广大发展中国家的友好合作是我国外交工作的基石。胡锦涛总书记曾就构筑亚非新型战略伙伴关系提出“政治上相互尊重、相互支持，经济上优势互补、互利共赢，文化上相互借鉴、取长补短，安全上平等互信、对话合作”的四大原则。中国同亚、非、拉美等广大发展中国家的友好合作也得到了深入发展。在积极发展与各类国家关系的同时，中国积极融入国际社会，重视发展多边外交，努力发挥负责任的大国作用。

中国积极推动国际政治经济秩序向公正合理的方向发展，促进国际关系民主化。积极推动通过多边合作解决地区冲突和发展问题。如中国在处理国际热点问题上发挥了建设性作用；在“朝核”、“伊核”、中东等重大国际问题上一贯持劝解和促谈的立场；中国不断加强与各种文明之间的对话与交流，促进不同文明相互包容。中国政府更加注重在应对和解决国际争端或危机的过程中提升中国形象和影响力，既强调双边的沟通和协调，也注重多边的合作与磋商；不是消极的促谈者，而是积极的斡旋者；不满足危机的简单控制，而是推动问题的最终解决。中国外交因此而赢得了广泛好评。

三、新的外交策略

在外交策略上，我们坚持邓小平的“韬光养晦，有所作为”策略，有所为、有所不为，量力而行，把发挥中国独特作用的重心，放在维护国家的核心利益上，放在通过合作共赢，增强自身实力上，放在减少和化解前进阻力上。在直接涉及我国国家主权、安全和重大经济利益等问题上，我们不能碌碌无为。关键是要区分核心利益、重要利益及一般利益，分清轻重缓急，要善于把握形势和利用机遇，顺势而为，这样才能在韬光养晦的基础上有所作为。韬光养晦和有所作为是一个有机的整体，是长期的战略方针，我们应在外交关系中长期坚持。

在近年来的外交实践中，“韬光养晦，有所作为”的外交策略正逐步演变，更加强调在“有所作为”的前提下“韬光养晦”。具体表现为在事关重大国家利益的问题上主动出击并力争主导局势，但在具体过程中则强调讲究策略、把握时机、拿捏分寸。在“有所作为”中注意“韬光养晦”，体现了中国外交的灵活自信。近年来，中国外交的许多成绩正是在积极主动的作为和新的探索中取得的。如进一步扩大和加强“上海合作组织”的影响；积极建立中国—东盟对话关系；定期举办中非合作论坛；拓展中美战略经济对话渠道；加速中日关系解冻；推动六方会谈的艰难突破等，无不是“有所作为”的结果。正是因为中国的“有所作为”，中国的外交空间才得以扩大，国际地位和实力才得以提升和增强。

总之，始终不渝地走和平发展道路，致力于建设一个共同繁荣的和谐世界，是以胡锦涛为总书记的党中央基于对国内外形势的科学判断提出的重大战略思想。在继承了我们党几代领导人的外交战略理论的基础上，和平发展道路的思想又进一步丰富了中国特色社会主义的外交理论。

参考文献

[1] 马克思恩格斯选集第1~4卷. 北京：人民出版社，1995

[2] 列宁选集第1~4卷. 北京：人民出版社，1995

[3] 毛泽东选集第1~4卷. 北京：人民出版社，1991

[4] 毛泽东著作选读（上、下）. 北京：人民出版社，1986

[5] 毛泽东文集第6~8卷. 北京：人民出版社，1999

[6] 顾龙生. 毛泽东经济年谱. 北京：中央党校出版社，1993

[7] 刘少奇选集（上、下）. 北京：人民出版社，1981

[8] 邓小平文选第1~3卷. 北京：人民出版社，1994

[9] 冷溶，汪作玲. 邓小平年谱（1975—1997）. 北京：中央文献出版社，2004

[10] 江泽民文选第1~3卷. 北京：人民出版社，2006

[11] 江泽民论中国特色社会主义（专题摘编）. 北京：中央文献出版社，2002

[12] 江泽民. 论党的建设. 北京：中央文献出版社，2001

[13] 薄一波. 若干重大决策与事件的回顾（上、下）. 北京：中共中央党校出版社，1991、1993

[14] 三中全会以来重要文献选编（上、下）. 北京：人民出版社，1982

[15] 中国共产党党章汇编. 北京：人民出版社，2007

[16] 中共中央文件选编. 北京：中共中央党校出版社，1992

[17] 十二大以来重要文献选编（上）. 北京：人民出版社，1986

[18] 十三大以来重要文献选编（上、中、下）. 北京：人民出版社，1991、1993

[19] 十四大以来重要文献选编（上、中、下）. 北京：人民出版社，1996、1999

[20] 十五大以来重要文献选编（上、中、下）. 北京：人民出版社，2000、2001

[21] 十六大以来重要文献选编（上、中、下）. 北京：中央文献出版社，2006

［22］本书编写组．十七大报告辅导读本．北京：人民出版社，2007

［23］中共中央统战部．民族问题文献汇编．北京：中共中央党校出版社，1991

［24］国家民委办公厅政法司政策研究室．中华人民共和国民族政策法规选编．北京：中国民航出版社，1997

［25］罗广武．新中国宗教工作大事概览．北京：华文出版社，2001

［26］周恩来统一战线文选．北京：人民出版社，1984

［27］科学发展观重要论述摘编．北京：中央文献出版社，党建读物出版社，2008

［28］中国振兴之路——改革开放纪事第1～3册．北京：中央党校出版社，1999

［29］《中国共产党中央委员会关于建国以来党的若干历史问题的决议》

［30］习近平．关于中国特色社会主义理论体系的几点学习体会和认识．求是，2008（7）

后　记

中国特色社会主义理论体系是当代中国的马克思主义，也是我们要始终坚持高举的旗帜。探求本源、梳理脉络对于全面科学地理解和把握中国特色社会主义理论尤为重要。我们围绕这一主题分别从三个方面进行了深入的研究：其一，中国特色社会主义与马克思主义的关系，主要是弄清楚继承、发展和超越的关系；其二，中国特色社会主义理论与中国传统文化的关系，主要是弄清楚对中国传统文化的改造、继承和时代化的问题；其三，中国特色社会主义理论体系的内在逻辑，其中也包括与毛泽东思想的关系。

《中国特色社会主义理论体系渊源研究》一书是广东省教育厅2008年课题（课题编号：2008ZY046）的最终研究成果。本书的分工为：课题组负责人余信红负责全书大纲的拟定与统稿，并撰写第二、三、七、八、十一章；薛安泰撰写绪论与第五、六章；张春华撰写第一、四、十二章；刘鸿鑫撰写第九、十章。需要说明的是，本书并没有涵盖这一领域的所有问题，也不可能穷尽对所涉及问题的认识，对有些问题的认识仍有待深化和拓展。由于受能力和水平所限，书中难免会存在这样或那样的问题和错误，敬请专家学者雅正。

本书的出版得到了广东金融学院的资助，暨南大学出版社也给予了大力支持和帮助，尤其是副编审潘雅琴同志为本书的出版花费了很多心血，在此一并表示衷心感谢。

作　者

2010年3月